教育创新与创新型国家建设重大问题研究

Research on Education Innovation and Fundamental Problems of National Innovation System

刘川生 等◎著

北京师范大学出版集团
BEIJING NORMAL UNIVERSITY PUBLISHING GROUP
北京师范大学出版社

教育创新与创新型国家建设重大问题研究

刘川生　等著

北京师范大学出版集团
BEIJING NORMAL UNIVERSITY PUBLISHING GROUP
北京师范大学出版社

图书在版编目(CIP)数据

教育创新与创新型国家建设重大问题研究/刘川生等著.
—北京：北京师范大学出版社，2017.2
ISBN 978-7-303-20766-4

Ⅰ.①教… Ⅱ.①刘… Ⅲ.①教育改革—国家创新系统—建设—研究 Ⅳ.①G511 ②G322.0

中国版本图书馆 CIP 数据核字(2016)第 130016 号

营销中心电话 010-58805072 58807651
北师大出版社学术著作与大众读物分社 http://xueda.bnup.com

JIAOYU CHUANGXIN YU CHUANGXINXING GUOJIA JIANSHE ZHONGDA WENTI YANJIU

出版发行：北京师范大学出版社 www.bnup.com
北京新街口外大街 19 号
邮政编码：100875

印　　刷：三河市兴达印务有限公司
经　　销：全国新华书店
开　　本：730 mm×980 mm 1/16
印　　张：25.25
字　　数：500 千字
版　　次：2017 年 2 月第 1 版
印　　次：2017 年 2 月第 1 次印刷
定　　价：98.00 元

策划编辑：陈红艳　　责任编辑：齐　琳　陈　倩
美术编辑：王齐云　　装帧设计：李尘工作室
责任校对：陈　民　　责任印制：马　洁

序

党的十八届五中全会提出“坚持创新发展、协调发展、绿色发展、开放发展和共享发展”的理念，并重申了党的十八大报告中提出的“实施创新驱动发展”的重大战略举措，标志着“创新发展”已经成为我们国家的核心发展政策和重大战略部署。改革开放近四十年以来，我国经济得到了快速发展，国内生产总值（GDP）成长为世界第二。与此同时，我国正在快速进入老龄化社会，改革开放以来经济社会快速发展所依赖的低成本劳动力带来的人口红利正在消失；以要素驱动为主要方式的经济增长模式难以提供持续长久的发展动力；经济社会快速发展中所累积的社会民生问题集中显现，资源短缺、匮乏与使用效率低下共存，环境退化严重；等等。特别是后金融危机时代，自主创新能力成为世界各国综合国力竞争的核心要素。知识经济、全球化和信息化已经成为世界发展的基本趋势。国家之间的竞争日益体现为以自主创新能力为核心的综合国力的竞争。全球的产业链条加速调整，经济增长方式逐步从要素驱动、效率驱动向创新驱动转变，以知识和技术创新为基础、以产业结构升级为主要内容的新发展方式已被普遍接受。世界主要国家都将创新作为提高国家竞争力的重大战略，纷纷建设国家创新体系。在这样的背景下，我国经济社会发展需要由要素驱动、效率驱动快速转变为创新驱动，需要由中国制造快速转变为“中国智造”，需要从单一 GDP 增长模式转变为“创新发展、协调发展、绿色发展、开放发展与共享发展”的发展模式。

创新的关键在人才，人才的成长靠教育。2014 年 8 月 18 日，习近平总书记主持召开中央财经领导小组第七次会议，研究实施创新驱动发展战略时提出，要“强化激励，大力集聚创新人才”。教育是国家创新体系的一个有机组成部分，在集聚、培养创新人才方面具有决定性作用，在建设创新型国家进程中具有基础性、先导性、动力性作用。一方面，教育系统通过创新人才培养、知识创新、创新文化建设和成果转化，可以有力支撑国家创新体系的发展；另一方面，教育作为一个有效的纽带可以把各个创新系统有机联系起来，促进其协同发展。离开了教育系统的创新，创新型国家建设就会成为无源之水、无本之木。

北京师范大学刘川生教授主持的国家社会科学基金重大招标项目“科学发展观引领下的教育创新与创新型国家建设重大问题研究”，正是在世界范围内“创新驱动发展”趋势和教育地位日益重要的背景中，系统全面地研究教育创新及其在创新型国家建设中的作用等一系列重大问题。项目于2008年立项后，整合了北京师范大学、清华大学、中国人民大学等教育学科领域的优势科研力量，集结10余位国内专家，组建了一支代表我国教育科学领域高水平的专家研究团队。课题组经过多年的潜心研究，主要就教育创新与创新型国家建设的理论研究、教育创新促进创新型国家建设——发达国家的经验、我国教育创新若干问题的现状调查、教育创新与创新型国家建设的主要问题、教育创新与创新型国家建设的政策建议五个方面的主题进行了全面研究。课题组系统研究了教育创新与创新型国家建设的若干理论问题，从理论上论证了教育创新与创新型国家建设的关系，认为教育创新是创新型国家建设的基石，是建设创新型国家的根本动力，具有基础性、先导性和动力性作用，同时也是创新型国家建设在教育领域的实践创新；提出影响创新型人才培养的因素是综合性的重要观点。课题组围绕大学生创造力、博士生教育、科研评价、校企结合和教师教育等专题开展了系统的调查研究，掌握了大量第一手新材料，得出了一些新结论。课题组在实施课题研究中充分开展了国际学术交流活动，开展实质性的国际科研合作，邀请了美国、欧洲、澳洲等国家和地区的著名国际创新研究专家来华参加了教育创新国际研讨会。课题组在研究中系统运用了理论研究、比较研究、实证研究、对策研究和行动研究，研究方法具有集成性、综合性、科学性和针对性。课题组在研究中取得了丰富的研究成果，提出了若干具有创新性的研究结论和对策建议，其中基于项目研究成果撰写的两篇政策咨询报告《关于加强高校国际研究机构建设的建议》和《创新人才与教育创新的研究》获得国家领导人以及有关部门的重要批示，为相关政策制定提供了决策咨询。由项目组报送的《关于建设“5＋1”国家创新系统的建议》等三篇要报被国家社科基金办公室编发《成果要报》，报送国家有关部门，为相关领域的决策咨询提供了学术支撑。

在创新发展的大背景中，我国教育政策必须做出主动的、系统的、前瞻性的反应。我们必须着力于建设我国有利于促进系统的教育创新的教育创新政策体系，以推动建设与现有国家创新体系紧密联系和相辅相成的教育创新体系，最终形成以知识创新为基础，以技术创新为龙头，以创新人才培养为核心的符合社会主义市场经济规律和教育、科技自身发展规律的国家创新体系和宏观科教管理新体制。

国家社会科学基金重大招标项目“科学发展观引领下的教育创新与创新型国家建设重大问题研究”课题组最终成果正式出版之际，作者嘱我写几句话，是为序。

中国教育学会名誉会长、北京师范大学资深教授

2016年9月13日

目　录

第一章 教育创新与创新型国家建设的理论研究

一、科学发展观、创新发展与建设创新型国家的本质联系

(一)发展是时代主题

发展是当代世界的主题，也是当代中国的主题。从全人类的角度看，发展是世界范围内实现现代化的过程。从中国的特殊国情看，发展则是一个实现社会主义现代化的过程。①

坚持用发展的办法解决前进中的问题，是新中国成立以来特别是新时期以来我国的一条基本经验。

发展是一个历史的概念。在不同的发展阶段，人们面临着不同的发展条件，承载着不同的发展使命，规定着不同的发展目标和发展方式。纵观发展历程，新中国成立后，我国在短时间内建立了独立的、比较完整的工业体系和国民经济体系，取得了巨大成就，但也经历了严重挫折。党的十一届三中全会以后，国家的工作中心转移到经济建设上来，实行改革开放的历史性决策。邓小平指出："中国解决所有问题的关键是要靠自己的发展"，"发展才是硬道理"。随后，党中央又进一步提出"发展是党执政兴国的第一要务"，提出坚持"用发展的办法解决前进中的问题"。改革开放三十多年来的实践证明，坚持以发展为主题，用发展的眼光、发展的思路、发展的办法解决前进中的问题，就能把中国特色社会主义事业不断向前推进。② 党的十八届五中全会提出"坚持创新发展、协调发展、

---

① 庞元正．科学发展观是推动经济社会发展、加快推进社会主义现代化必须长期坚持的重要指导思想[N]．人民日报，2005年12月24日．

② 党的十七大报告解读：科学发展观第一要义是发展[N]．新华网，2007年11月11日．

绿色发展、开放发展和共享发展”的理论，从更高层次、更高水平上谋划中国的发展问题。

发展对于我国新世纪新阶段全面建设小康社会、加快推进社会主义现代化具有决定性意义。经过新中国成立以来，特别是改革开放以来的不懈努力，我国取得了举世瞩目的发展成就。我国发展已经站在一个新的历史起点上，但我国仍处于并将长期处于社会主义初级阶段的基本国情没有变，人民日益增长的物质文化需要同落后的社会生产之间的矛盾这一社会主要矛盾没有变。当前，中国正处在一个发展的重要机遇期，又处在一个发展的矛盾凸显期。21 世纪，中国的发展进程不可避免地遭遇到如下六大基本挑战：人口三大高峰(即人口总量高峰、就业人口总量高峰、老龄人口总量高峰)相继来临的压力；能源和自然资源的超常规利用；加速整体生态环境“倒 U 形曲线”的右侧逆转：实施城市化战略的巨大压力；缩小区域间发展差距并逐步解决三农问题；国家可持续发展的能力建设和国际竞争力的培育。① 现在我国还面临着美国次贷金融危机和全球金融危机的巨大考验。我们应当看到，解决面临的挑战和问题，实现全面建设小康社会和现代化建设的战略目标，在中国特色社会主义道路上实现中华民族的伟大复兴，必须始终抓好发展这个第一要务，任何时候、任何情况下都不能动摇、不能放松。

(二)科学发展观和创新发展是我国当代经济社会发展的根本指导思想

发展观是关于发展的本质、目的、内涵和要求的总体看法和根本观点。发展观问题之所以重要，就是因为有什么样的发展观，就会有什么样的发展道路、发展模式和发展战略，就会对发展的实践产生根本性、全局性的重大影响。② 发展是一个永无止境的历史过程，指导发展的观念也必须与时俱进。在国外，发展观问题的研究较早，从工业革命以来，主要沿着以下的路径进行研究：经济自由主义—经济发展观—以人为导向的发展观—综合发展观。③ 而马克思主义在科学分析的基础上接受了进

① 田鼎．中国可持续发展的根本保障[J]．环境杂志，2004 年第 5 期．

② 庞元正．科学发展观是推动经济社会发展、加快推进社会主义现代化必须长期坚持的重要指导思想[N]．人民日报，2005 年 12 月 24 日．

③ 金乐琴．发展观与发展战略的演变：全球视角[J]．学术研究，2004 年第 11 期．

步主义历史观，以实践为动力，对人本主义的抽象性、空幻性进行了批判和改造。国外发展观的研究及反思对于深刻理解和定位我国的科学发展观具有重要的借鉴价值。

科学发展观和创新发展是在准确把握当前我国发展的阶段性特征、适应发展新要求的基础上提出来的。党的十七大报告对科学发展观的内涵概括为："第一要义是发展，核心是以人为本，基本要求是全面协调可持续，根本方法是统筹兼顾。"科学发展观创造性地回答了"实现什么样的发展"和"怎样发展"的问题，成为我国经济社会发展的重要指导方针。科学发展观与新的时代特点和当前国情相结合，赋予发展以新的时代内涵。① 总的说来，就是发展目的更鲜明、发展思路更清晰、发展内涵更丰富、发展方略更完整、发展要求更具时代性。②

党的十八届五中全会把"创新发展"置于五大发展理念的首位，重申了党的十八大提出的"实施创新发展"的重大举指。提出"必须把创新摆在国家发展全局的核心位置，不断推进理论创新、制度创新、科技创新、文化创新等各方面创新""必须把发展基点放在创新上，形成促进创新的体制架构，塑造更多依靠创新驱动、更多发挥先发优势的引领型发展"③。党的十八大以来，习近平总书记关于创新和创新发展的系列讲话，确立了我国实施创新发展战略的重大政策方向。④

(三)创新是推动发展的根本动力

创新是人类文明进步的本质特征和独有品格。纵观整个人类发展历史，改革创新历来是推动社会文明进步和生产力飞跃的强大力量，是从根本上解决制约经济社会发展诸多矛盾和问题的必由之路。正是人类的创新实践活动，推动经济和社会生生不息地向前发展。

从哲学视角看，创新是发展的灵魂和标志。马克思主义哲学认为，发展是物质世界的基本特征，发展的基本含义是指事物由低级到高级、由简单到复杂的前进上升的运动，发展的实质是旧的灭亡新的产生。旧

① 丁晋清．科学发展观昭示人类发展的新途径[N]．南方日报，2009年3月10日．

② 丁晋清．科学发展观昭示人类发展的新途径[N]．南方日报，2009年3月10日．

③ 中共十八大报告．

④ 刘复兴，檀慧玲．论建设我国的教育创新政策体系[J]．教育研究，2016年第10期．

的灭亡新的产生就是创新。可以说，发展的实质就是创新，不创新就没有发展。①

从社会发展历史角度看，创新的实质是解放和发展社会生产力。从生产力与创新的关系来考察，生产力创新本身就是发展，生产力因创新而发展，生产力发展又需要创新、促进创新。创新和生产力发展相互作用，相互促进，形成良性循环，推动生产力不停地前进和飞跃。生产力是社会发展的决定力量，创新又是生产力变革的直接体现和根源，所以说创新是人类社会发展的根本动力。②

从时代特征上看，人类正在经历一场全球性的科技革命，知识经济迅速发展，科技进步日新月异，科学技术越来越成为综合国力竞争的核心。当今世界，创新，尤其是科学技术的创新，已经成为国家发展的动力源，成为民族兴旺的助推器。③ 芯片设计、新能源、物联网、云计算等高新技术产业的快速发展，传统产业的转型升级，商业和企业管理模式的创新，促进了经济和社会现代化。随着社会的发展，“创新”的含义也不断丰富和发展，既包括人类社会和文化的革新与改造，也包括科学与技术的发现和发明。创新的核心特质是在一定的社会水准层面上，围绕人才、投资和基础设施而组织运作，实现创造发明潜在的经济和社会价值的过程，是包括科技创新、教育创新、文化创新、组织管理创新和社会创新等多层次、多形式的创新形式和过程。

在如何实现发展的问题上，世界各国在现代化过程中，发展道路不尽相同。有的是依靠本国的自然资源，有的是依附于外部的资本和市场，而有的则是凭借自己的科技创新。我国目前仍处于社会主义初级阶段，特定的国情和需求，决定了我们不可能选择资源型和依附型发展模式，而必须建设创新型国家，大力加强科技进步，依靠自主创新，推动经济增长方式从要素驱动向创新驱动的根本转变，实现经济社会全面协调可持续发展。④ 党的十七大报告强调要“更好地实施科教兴国战略、人才强

---

① 殷石龙，陈素红．落实科学发展观贵在创新[J]．今日科苑，2009年第19期.

② 殷石龙，陈素红．落实科学发展观贵在创新[J]．今日科苑，2009年第19期.

③ 光明日报评论员文章：论创新[N]．光明日报，2005年10月27日.

④ 本报评论员．论创新——学习十六届五中全会精神系列评论之四[N]．光明日报，2005年11月4日.

国战略、可持续发展战略，着力把握发展规律、创新发展理念、转变发展方式、破解发展难题，提高发展质量和效益，实现又好又快发展”①。党的十八大报告指出“科技创新是提高社会生产力和综合国力的战略支撑，必须摆在国家发展全局的核心位置。要坚持走中国特色自主创新道路，以全球视野谋划和推动创新，提高原始创新、集成创新和引进消化吸收再创新能力，更加注重协同创新”②。党的十八届五中全会又提出创新、协调、绿色、开放、共享的发展理念。③ 这些都为我国科学发展指明了根本方向。

历史的发展昭示：没有创新，就没有人类的进步，更没有人类的未来。中国改革开放三十多年的实践也证明，改革创新是经济社会发展的必由之路。我们必须把提高自主创新能力、建设创新型国家作为经济社会发展的重大战略，作为我国经济长期平稳较快发展的重要支撑。

（四）科学发展观、创新发展与创新型国家建设的内在联系

科学发展观是我国经济社会发展的根本指导思想。创新发展与创新型国家建设是我们党在综合分析世界发展大势和我国所处历史阶段后提出的面向未来的重大抉择。坚持科学发展观、创新发展与建设创新型国家之间是辩证统一、相互促进的。一方面，科学发展中蕴含了创新型国家建设的内涵，科学发展观的提出对建设创新型国家提出了新的要求，提供了具有时代特征和符合世界发展趋势的指导思想，创新型国家的建设要靠科学发展观的指导；另一方面，科学发展观的实现，要靠创新型国家的建设，建设创新型国家是科学发展的具体体现和落实，同时，创新型国家建设的实践又不断丰富和发展科学发展观的内涵。

1. 科学发展观本质决定了中国必然走创新发展和建设创新型国家道路

科学发展观本质要求必须适应国际环境的复杂变化，立足本国国情，选择最科学、最适合的发展模式。④ 从国际发展趋势来看，面对现代经济

① 胡锦涛在党的十七大上的报告[N]. 新华网，2007年10月24日.

② 胡锦涛. 坚定不移沿着中国特色社会主义道路前进，为全面建成小康社会而奋斗——在中国共产党第十八次全国代表大会上的报告[M]. 北京：人民出版社，2012年.

③ 中共十八届五中全会公报.

④ 王忠明. 科学发展观的创新型国家与创新型企业[C]. 中国企业家论坛第六届年会，2006年2月11日.

正在发生和将要在更大程度上发生的深刻形态转变，各国特别是发达国家也纷纷调整和制定了新的发展战略。无论是发达国家还是发展中国家，都把推动科技进步和创新作为国家战略，在日趋剧烈的国际竞争中争夺主动权。① 我国的发展模式必须适应国际发展潮流，从宏大的国际视阈中选择适合自身的发展模式。② 从国内形势来看，科技自主创新能力的薄弱，愈益成为制约我国经济社会健康发展的瓶颈，妨碍了我国经济结构的调整和经济增长方式的转变，制约了生产力的进一步解放，必须进行调整和改革。

创新是发展的强大动力，只有自主创新才能获得持久发展。因此，坚持科学发展内在决定了中国当前的发展道路是走自主创新的道路、建设创新型国家，这既是科学发展观的本质要求和题中应有之义，也是更加自觉地促进科学发展的重要体现。

2. 创新型国家建设是科学发展观的伟大实践，不断丰富和发展了科学发展观的内涵

创新能力和科技的竞争是当代国际竞争的焦点。一个国家能否在激烈的国际竞争中站稳脚跟，立于不败之地，越来越取决于其科技进步的速度与自主创新的能力。如果自主创新能力不强，缺乏具有自主知识产权的核心技术和关键技术，就会在国际竞争中处于不利境地，发展就会受到制约。③ 经过三十多年的发展，我国经济发展成就世界瞩目，但同时也暴露出资源枯竭、环境污染、经济结构不合理、产业结构失调等诸多现实问题，特别是自主创新能力不足，企业普遍缺乏核心技术、自主知识产权和技术专利。历史和经验证明，这样的发展必将缺乏可持续性。这些现实问题的解决必须依靠增强自主创新能力来完成，促进经济增长由要素驱动向创新驱动转变④，从而使经济增长在时间上得以延续，在空

---

① 毛立言．建设创新型国家与落实科学发展观[N]．人民网，2006 年 7 月 22 日．

② 贾芳丽．科学发展观引领下的创新型国家建设：战略框架与思路[D]．河北师范大学，2010 年 11 月．

③ 广东省邓小平理论和“三个代表”重要思想研究中心．加快建设创新型国家[N]．人民网，2005 年 12 月 16 日．

④ 贾芳丽．科学发展观引领下的创新型国家建设：战略框架与思路[D]．河北师范大学，2010 年 11 月．

间上得以扩大，在质量上得以提高。① 建设创新型国家，核心是通过自主创新能力的提高，探索出适合中国的特色创新道路，从而推动我国经济社会又好又快发展。② 我国的国家创新体系是以政府为主导、充分发挥市场配置资源的基础性作用、各类科技创新主体紧密联系和有效互动的社会系统，核心目标是让自主创新成为中国未来发展的主要模式。

坚持和促进以科技进步为基本动力源泉的创新发展模式，是科学发展观的基本要求。提高自主创新能力是落实科学发展观的本质和动力，创新不仅会推动生产力产生质的飞跃，而且还能同时引起人类社会、经济、环境等各个方面实现新的变化和组合。③ 所以，从这个意义上来说，创新是推动各项事业科学发展的根本动力，既解决了科学发展观的动力机制问题，也不断丰富和发展了科学发展观的内涵。

二、创新型国家的基本特征

(一)创新型国家概念的理论演变

创新型国家概念的提出经历了一个复杂的演变过程，从重视企业技术创新开始，到技术创新和非技术创新(管理创新、组织创新、市场创新等)的整合，再到国家系统层面的创新，最后逐步演变出了创新型国家的概念④，演变的不同阶段之间有着密切的关系，不同阶段理论之间有着继承性。

熊彼特 1912 年出版了《经济发展理论》，最早将“创新”(Innovation)思想引入经济学，建立了以“创新”为核心的经济发展理论。他认为“创新”是指新技术、新发明在生产中的首次应用，是指建立一种新的生产函数或供应函数，是生产要素与生产条件的新组合。⑤ 创新概念提出之后，国外学者开始了大量的理论和实证研究。美国斯坦福大学商学院的奈特(Kenneth Knight，1967)认为创新是采纳某种变革的过程，此种变革对于该组织和

---

① 鲁敏，关嘉麟．我国经济可持续发展的一般分析[J]．财政研究，2011 年第 10 期．

② 以科学发展观为指导 建设创新型国家[N]．光明日报，2006 年 4 月 10 日．

③ 辛勤．创新与社会发展的哲学思考[D]．中央民族大学，2009 年 5 月．

④ 贾芳丽．科学发展观引领下的创新型国家建设：战略框架与思路[D]．河北师范大学 2010 年 11 月．

⑤ 苗向荣．论国家创新系统的理论演变[J]．人民论坛，2013 年第 5 期．

相关环境是新的。[①] 美国学者曼斯菲尔德(Mansfield, 1968)认为，一项发明，当它被首次应用时，可以称之为技术创新。[②] 在美国的相关研究中，创新被实用地界定为一种有意义的、新颖的、特定的变化。这种变化被认为在完成系统目标方面更加有效，既可在一个系统中也可在一个特定的项目中进行。[③] 美国创新行动计划认为："创新是一种特殊的、可定义的现象，其核心特质是在一定的社会水准层面上，围绕人才、投资和基础设施而组织运作的，是关于制订计划并自力更生实现自我的活动。"美国知识管理专家阿米登(Amidon, 1996)对创新的定义是：新思想到行动。[④] 经济合作与发展组织(OECD)(以下简称经合组织)将创新的内涵扩大到知识的应用，指出创新是不同主体间生产、传播和应用不同类别知识过程中方向复杂的互相作用的结果。[⑤]

20 世纪 80 年代中后期，伴随着知识经济、全球化、信息化、网络化的发展，创新理论也出现了新的演化范式，催生了"国家创新体系"的概念。[⑥] 国家创新体系(National System of Innovation)这个概念是由克里斯托弗·弗里曼在 1987 年首先提出的。他通过研究日本企业组织、生产组织、企业之间、政府的作用，深入分析了日本的技术创新机制，于 1987 年出版了《技术和经济运行：来自日本的经验教训》。他指出国家创新系统是一种在公、私领域里的机构网络，其活动和行为启发、引进、改造和扩散新技术。弗里曼在此所定义的国家创新系统实质上是国家技术创新系统。[⑦]

20 世纪 90 年代，世界经济由工业经济向知识经济转型，竞争层次由

---

① Knight K. E. *A Descriptive Model of the Intra-firm Innovation Process*[J]. *The Journal of Business*, 1967, 40(4).

② Mansfield E. *Industrial Research and Technological Innovation: An Econometric Analysis*[M]. New York: W. W. Norton&Company, 1968.

③ Michael N. B. *Bastedo. Bringing the State Back In: Promoting and Sustaining Innovation in Public Higher Education*[J]. *Higher Education Quarterly*, 2007, 61(2).

④ D. M. Amidon Rogers. *The Challenge of Fifth Generation R&D*[J]. *Research Technology Management*, 1996, 39(4).

⑤ OECD. *National Innovation Systems*[R]. OECD Publications, 1997.

⑥ 贾芳丽. 科学发展观引领下的创新型国家建设：战略框架与思路[D]. 河北师范大学，2010 年 11 月.

⑦ 苗向荣. 论国家创新系统的理论演变[J]. 人民论坛，2013 年第 5 期.

企业上升到国家，政府开始从总体上对科学技术知识的生产、扩散和应用进行指导，促进了对国家创新系统的进一步研究，国家创新系统理论体现了创新研究的“系统范式”。① 伦德瓦尔在其1992年主编的《国家创新系统：建构创新和交互学习的理论》中进一步发展了国家创新系统概念。他详细研究了国家创新系统的构成与运作，认为创新是一个经济系统内用户和制造商相互作用的过程，市场是一个有组织的市场，由此创新就成为一个系统。② 经合组织在1996年的报告中指出：国家创新体系是政府、企业、大学、研究院所、中介机构等为了一系列共同的社会和经济目标，通过建设性地相互作用而构成的机构网络，其主要活动是开发、引进、改造与扩散新技术，创新是这个体系变化和发展的根本动力。③简言之，国家创新体系是一个国家的创新主体以及相关的各种制度、政策，在推动创新活动过程中相互作用的网络体系。创新主体包括企业、政府部门、大学、公共研究机构以及社会中介等。

在国家创新系统理论的指导下，世界各国都制定了许多促进技术创新的制度和政策，通过政府力量推动自主技术创新和国家层面的创新互动，提高国家整体的创新能力。④ 美国竞争力委员会2004年12月发表了《创新美国》的研究报告。报告指出，创新是美国的灵魂，是确保美国在21世纪领导地位的非常重要的手段。⑤ 为了确保美国能够在21世纪的全球经济中成功地进行竞争，保持繁荣和确保安全，布什总统在2006年2月正式签署了《美国竞争力计划——在创新中领导世界》。欧盟于2005年通过“研究与创新战略”，巩固和发展泛欧研究与创新活动，争取到2010年将欧盟建设成为世界上最具活力和竞争力的知识社会，建设创新型欧洲。日本2006年9月颁布了《创新25战略》，旨在通过增加对科学和技术的投入，促进经济增长。俄罗斯2008年提出《2020年前国家发展战略》构

① 贾芳丽．科学发展观引领下的创新型国家建设：战略框架与思路[D]．河北师范大学，2010年11月．

② 苗向荣．论国家创新系统的理论演变[J]．人民论坛，2013年第5期．

③ OECD. *National Innovation Systems*[R]. OECD Publications，1997.

④ 贾芳丽．科学发展观引领下的创新型国家建设：战略框架与思路[D]．河北师范大学，2010年11月．

⑤ Council on Competitiveness. *Innovate America*：*Thriving in a World of Challenge and Change*[R]. *National Innovation Initiative Interim Report*，2004.

想，改变过分依赖能源资源的经济发展模式，建立创新型经济。

(二)创新型国家的共性特征

创新型国家的出现不是偶然的，它是人类社会发展到一定阶段的产物。世界经济论坛《全球竞争力报告》基于两个标准来判断国家发展程度，一是人均国内生产总值市场变换率，一般以工资水平来衡量；二是矿物资源出口占出口总量(货物和服务)的比重，以五年为一周期，如果平均值超过70%，就是典型的要素驱动阶段①，或者叫作资源型国家。有别于传统的“资源型”“依附型”的国家发展战略，创新型国家是以追求原始性科技创新为国家发展基本战略的取向，以原始性创新作为经济发展的主要驱动力，以企业作为科技创新的主体，通过制度、组织和文化创新，积极发挥国家创新体系的作用，不断把国民经济推向从事高技术经济活动，从而处在世界科学技术与经济社会发展链条高端的一种国家类型。②纵观创新型国家的形成过程我们可以发现，虽然不同国家由于历史文化、经济体制以及自然资源享赋的不同而形成了不同的发展道路，但是它们形成创新型国家的过程存在诸多共性，这些共性构成了创新型国家形成的基本特征。

目前世界上公认的创新型国家有20个左右，包括美国、瑞士、芬兰、德国、瑞典等。它们具有的显著共性特征是，第一，创新投入高。国家的研发(R&D)投入占国内生产总值的比例一般控制在2%以上③，有的甚至高达3%。④ 例如，芬兰2010年在科研方面的投入占国内生产总值的比例达到3.9%；德国在2006年发布的《德国高科技战略》报告提出，到2010年德国的科技研发投入将达到国内生产总值的3%。第二，科技进步贡献率高。一般控制在70%以上，美国和德国高达80%。⑤ 第三，自主创新能力强。国家的对外技术依存度指标通常在30%以下。美国和

---

① 全球竞争力指数由12个类别(竞争力支柱)组成：制度、基础设施、宏观经济环境、健康与初等教育、高等教育与培训、商品市场效率、劳动力市场效率、金融市场发展、技术就绪度、市场规模、商业成熟性和创新。

② 谢富纪．创新、教育与人才培养[N]．上海交通大学新闻网，2012年11月18日．

③ 科技部长徐冠华解读“创新型国家”[N]．央视网，2006年1月11日．

④ 廖伟．中国与OECD国家R&D投入比较研究[J]．特区经济，2010年第8期．

⑤ 中国科技创新贡献率只及德美一半[N]．法制网，2011年4月26日．

日本作为世界上科技最发达的国家，二者研发投入占世界的份额高达52%，美国和日本对国外的技术依赖度低于10%。第四，创新产出高，所拥有的发明专利数量占全世界总数的99%。① 世界知识产权组织（WIPO）报告指出，经由《专利合作条约》（PCT）途径提交的专利申请，欧、美、日占据五分之三。第五，具有较为完整的工业体系。创新型国家除了具有强大的科技力量之外，还表现为已经完成旧产业结构的调整，新产业结构实现了完整的优化和重组。第六，将自主创新作为促进国家发展的主导战略。美国2005年制定《国家创新法》，确保其在创新、研发方面的世界领袖地位。德国政府2006年发布的《德国高科技战略》报告，系统提出了国家高科技发展战略，目的是确保未来的竞争力和技术领先地位，并使高科技创造更多的就业机会。芬兰的国家创新体系庞大且功能齐全，工作流程严密高效，自上而下可以分为六个层次：首要政治机构、政策解析与描述机构、政策调制与指导机构、研发创新执行机构、知识与技术转移机构、商品供应与服务供应机构。②

（三）中国特色的国家创新体系

国家创新体系是国民经济可持续发展的基石。世界各国的国家创新体系不尽相同，但其对国民经济持续发展所起的支撑作用却日益增大。《2011年世界知识产权报告——变化中的创新面貌》报告的序言指出，创新增长不再只是高收入国家的特权。穷国与富国之间的技术差距正在缩小。在推动经济和社会发展方面，增量形式和地方性更强的创新正发挥着与世界级技术创新相同的作用。③

1. *发展需要*

经过近四十年的改革开放，我国经济社会发展取得了举世瞩目的成就，但同时我国发展也呈现出一系列新的阶段性特征。当前，我国经济发展进入新常态，“十三五”时期我国发展既要看速度，也要看增量，更要看质量，要着力实现有质量、有效益、没水分、可持续的增长，着力在转变经济发展方式、优化经济结构、改善生态环境、提高发展质量和

① 什么是创新型国家[N]. 新华网，2006年1月10日.

② 潘琦. 解析芬兰国家创新体系[N]. 复旦管理学院官网，2013年9月19日.

③ 2011年世界知识产权报告——变化中的创新面貌[R]. 陈新，译. 2011年11月27日.

效益中实现经济增长。① 无论是与我国改革发展的现实需要相比，还是与发达国家相比，我国自主创新能力仍存在较大差距。要把中国从一个制造业大国，变为制造业强国，不仅要发展战略性新兴制造业，还要下功夫改造和提升那些传统而又有前途的制造业。例如，我国每年生产380亿支圆珠笔，但笔尖钢珠近90%来自进口，墨水80%进口或用进口设备制造。常用的中性笔，在美国卖1.99美元，我们制笔厂利润才1毛钱，在整个圆珠笔的产业链和价值链当中我们有严重的缺失。引申到其他的重要产业，包括我们现在自称为高技术产业的产业上，我们的笔记本电脑利润连1%都不到，鼠标、手机利润更少。增强自主创新能力、转变经济增长方式、调整经济结构的任务十分艰巨。② 落实好发展这个党执政兴国的第一要务，实现经济社会又好又快发展，促进人口健康，保障公共安全，维护国家安全和战略利益，迫切需要坚实的科学基础和有力的技术支撑，迫切需要我们加紧建设创新型国家，实现我国科学技术跨越式发展。③ 正是基于这样的全局性考虑，党的十七大提出，要提高自主创新能力，建设创新型国家。党的十八大提出创新驱动发展的要求，党的十八届五中全会提出创新发展的理念。这是国家发展战略的核心，是提高综合国力的关键。

2. 国家创新体系发展目标

2006年，我国制定的《国家中长期科学和技术发展规划纲要(2006—2020年)》，提出了建设创新型国家的战略，确定了中国未来15年科学与技术发展的总体目标，即到2020年前后，把我国建设成为创新型国家，自主创新成为中国未来发展的主要模式；明确了我国国家创新体系是以政府为主导、充分发挥市场配置资源的基础性作用、各类科技创新主体紧密联系和有效互动的社会系统。现阶段，有五个建设重点：一是把以企业为主体、产学研结合的技术创新体系作为推进国家创新体系建设的突破口。二是科学研究与高等教育有机结合的知识创新体系。三是军民

① 习近平在省部级主要领导干部学习贯彻党的十八届五中全会精神专题研讨班上的讲话[N]. 中国青年网，2016年1月18日.

② 专访科技部部长万钢：中国自主创新“十二五”[N]. 新华网，2011年3月10日.

③ 胡锦涛在两院院士大会上的讲话[J]. 人民网，2012第14期.

结合、寓军于民的国防科技创新体系。四是各具特色和优势的区域创新体系。五是社会化、网络化的科技中介服务体系。① 我国科技创新的基本指标是，到2020年，全社会研究开发投入占国内生产总值的比重超过2.5%，力争科技进步贡献率超过60%，对外技术依存度低于30%，本国人发明专利年度授权量和国际科学论文被引用数均进入世界前五位。②

3. 教育创新尚未成为国家创新体系的有机组成部分

当前，我国国家创新体系存在结构性矛盾，主要体现在以下几个方面。

一是特定的发展阶段和市场环境决定了企业难以承担起创新的主要责任。完善的国家创新系统一般以企业为创新的主要力量，企业是研发投入的主体、技术创新活动的主体、创新成果应用的主体。在我国，处于垄断地位的"国企"兼具生产性、非营利性和非竞争性等属性于一体，对市场的依赖度较低，国企这些特性决定了其缺乏强劲的创新动机和自觉性。而作为传统上最具创新活力的中小企业和私营企业，利润微薄使其面临着强大的生存压力，难以满足技术革新所需的大量研发经费投入，也难以承担创新所耗费的时间成本以及知识产权制度不完善所带来的风险。与跨国公司相比，我国企业不仅在研发投入占比方面低于跨国公司，在研发投入总量上更是远远落后。比如，2010年微软公司研发投入达86亿美元，英特尔公司84亿美元，而我国当年电子信息百强企业全部研发经费仅737亿元，约合113亿美元。③ 所以，市场经济发展的完善程度以及产业结构的特点，影响了我国企业技术创新的动力和能力。

二是高水平、原创性科研成果的不足制约了国家创新系统的活力。国家创新系统建设最关键的是要大幅提高自主创新能力，必须重视作为创新之源的基础研究，为实现科学发展提供知识基础和创新动力。美国科学基金会的研究表明，美国近25年的经济增长，其50%要归功于以基础研究为动力的研究工作。④ 当前基础研究仍然是我国科技工作的薄弱环

---

① 国家中长期科学和技术发展规划纲要(2006—2020年)[N]. 人民网，2006年2月10日.

② 国家中长期科学和技术发展规划纲要(2006—2020年)[N]. 人民网，2006年2月10日.

③ 苏波. 以新求进：制造业强国路径[J]. 瞭望新闻周刊，2012年第14期.

④ 祝魏玮. 白春礼：从事基础研究应更多考虑对科技发展原始性贡献[N]. 科学时报，2011年6月21日.

节，科技整体水平和主要发达国家相比存在较大差距。尽管近年来我国论文产出数量不断提升，但具有国际影响力的重大原创性成果仍然较少。例如，2005—2009年，中国作者在《科学》和《自然》上发表的文献类型为Article的论文数一共444篇，但是与主要发达国家，如日本、德国相比，数量上差距仍然较大。汤森路透科技信息集团更新了ESI-SM(基本科学指标)数据库，根据各个国家和地区于1999—2009年在汤森路透索引期刊上发表的论文，统计分析出前20名国家和地区排名。排名参照指标为总引用次数、文章数和单篇文章引用次数。其中，中国的总引用次数排名第9，文章数列第5，而单篇文章引用次数未进前20。① 《2013—2014年全球竞争力报告》显示，在148个国家中，2013年中国"高等教育与培训指数"排名为第70位，"健康与初等教育指数"排名为第40位。②

三是创新型人才短缺使得国家创新系统难以获得可持续性发展。在国家创新体系建设中，人才发挥着纽带作用。当前我国创新人才短缺已经成为国家创新系统建设面临的最严重问题。从人才总量来看，我国劳动人口中的人才密度依然较低。经合组织2009年数据显示，我国每千名劳动力中的研究人员数量在所比较的35个国家中排名倒数第5，而世界主要创新型国家这一指标排名均靠前。从人才资源的素质来看，《中国人才发展报告(2010)》认为，从总体上看，中国基本进入了人才资源综合实力强国的行列，但这主要依托于中国巨大的就业人口规模，而不是中国人才资源的平均科学文化素质。中国人才资源的平均素质，不仅远远落后于发达国家，而且也大幅度落后于一般的发展中国家。我国的领军人才匮乏，在世界6400余位高被引科学家中，我国大陆地区目前仅有37位，香港地区有20位，台湾地区有13位。国内(不含港澳台地区)高被引科学家仅占全世界高被引科学家总数的0.06%，不仅远远低于美、英、日、德等发达国家，也低于印度、俄罗斯、巴西等主要发展中国家。③ 一方面，适应经济发展的新产业、新行业的人才更是短缺。例如，教育部等六部委联合发布的《紧缺人才报告》显示，由于中国的任何大中专院校

① 梅进．近十年论文发表前20名国家地区最新排名出炉[N]. 科学网，2011年12月7日.

② World Economic Forum. *The Global Competitiveness Report 2013—2014*[R]. 2013-8-29.

③ 薛二勇．协同创新与高校创新人才培养政策分析[J]. 中国高教研究，2012年第12期.

都没有汽修市场专业，导致汽修市场人才奇缺，到2010年我国汽修人才需求量至少存在80万的缺口。① 又如，截至2015年年底，中国网民规模达到6.88亿，互联网普及率达到50.3％。中国手机网民规模达到6.20亿，网络视频、网络音乐、网络游戏和网络文学等娱乐应用规模不断增长。2015年12月，我国网络游戏用户达到3.91亿。②据非官方的统计数字显示，目前中国动漫游戏人才缺口达到了30万。另一方面，当前我国的教育系统尤其是高等教育系统面临着质量和声望危机，优秀人才大量流失。例如，从1999年到2009年，中国始终是美国国际博士生的最大来源国，占到了美国国际博士生数的45％，其中约90％都集中在科学与工程领域。美国《纽约时报》公布的数据显示，2002年在美国拿到科学和工程博士学位的外国留学生，到2009年仍然滞留在美国的比例以中国内地比例最高，大约91％。③ 2008年7月，美国《科学杂志》把清华、北大比作“最肥沃的美国博士培养基地”，因为美国一项研究报告称，查询任意一个2006年美国博士学位获得者的大学本科院校，答案最有可能的是中国的清华大学，次之是北京大学。因此，2007年的《全球政治与安全报告》显示，中国是世界上最大的移民输出国，更是精英人才第一大流失国。

四是教育创新缺失使得协同创新缺乏根基。成熟的国家创新系统是分工明确且各要素之间能够有效协作并最大限度地发挥自身能量的系统。创新既不单纯是企业的事情，也不单纯是科研机构的事情，它需要动员社会各种力量有效合作和沟通，共同致力于国家创新事业。与我国企业羸弱的创新力量相比，高校具有很强的研发和人才培养的能力。但企业与高校间相互促进、相互影响的互馈机制和联结网络尚未建立起来，导致知识传播与知识应用脱节。从一些创新型国家的经验来看，知识传播与应用、科研与教育的结合所产生的效果比单纯的某一个活动更有效。长久以来，作为知识传播者的高校和作为知识应用者的企业之间联系松散。一方面，高校的很多课程设置脱离企业的需要，学生在学校难以及

① 倪光辉．紧缺人才报告：我国汽修人才缺口80万[N]．人民网，2010年10月12日．

② 中国互联网络信息中心(CNNIC)．第36次中国互联网络发展状况统计报告[R]．2015年4月8日．

③ 王辉耀．转型的中国：海归的新机遇和新使命[N]．价值中国网，2011年4月14日．

时获取企业最新的知识和技术，导致教育所培养的人才不能成为企业急需的技术创新的主力军；另一方面，其他创新系统与教育体系缺乏合作使得最实用和前沿的知识技术难以及时回流到教育体系中，作为最新知识及时传递给学生。

自主创新，人才优先，教育为本。成功的富于竞争力的创新并不一定局限于技术领域，竞争优势的获得关键在于能够充分发挥自身的资源、技术和产业的综合优势。作为传统的人力资源大国，实现从大到强的转变需要教育创新，封闭、守旧的教育系统难以承担国家创新赋予的艰巨使命。国家创新系统建设要以实施国家教育、科技、人才三个规划纲要为契机，大力推进教育与科技、经济的紧密结合，推动协同创新，充分发挥高等教育作为科技第一生产力和人才第一资源结合点在国家发展中的重要作用，实施教育创新联合行动计划，使教育创新体系成为国家创新系统中最为活跃、最具竞争优势的创新要素。教育或学校(特别是大学)作为社会创新网络最大的“节点”，它发挥着集结与辐射的作用。只有集研究、人才培养于一体的教育创新体系的建立才能够将各创新主体及体系有效整合，形成合力，共同致力于国家创新能力的提升。

三、教育创新是建设创新型国家的基础

(一)教育创新是创新型国家建设的基石

在建设国家创新体系的时代背景下，教育创新的基础性、全局性和先导性作用更加凸显。江泽民同志在2002年北京师范大学建校100周年庆祝大会上发表重要讲话，指出教育是培养人才和增强民族创新能力的基础，必须放在现代化建设的全局性战略性重要位置。① 习近平同志在2014年同北京师范大学师生代表座谈时发表重要讲话，指出教育是提高人民综合素质、促进人的全面发展的重要途径，是民族振兴、社会进步的重要基石，是对中华民族伟大复兴具有决定性意义的事业。② 将教育创新提到了与理论创新、制度创新、科技创新同样重要的高度。2006年全国科技大会提出自主创新、建设创新型国家战略，颁布了《国家中长期科

① 江泽民．在庆祝北京师范大学建校一百周年大会上的讲话[N]．人民网，2002年9月8日．

② 习近平．同北京师范大学师生代表座谈时的讲话[N]．人民日报，2014年9月10日．

学和技术发展规划纲要(2006—2020年)》。在创新型国家进程中，国家把推进教育创新、培养创新型人才作为实现这一战略目标的核心措施。2011年，胡锦涛同志在清华百年校庆大会上发表重要讲话，强调全面提高高等教育质量，必须大力增强科学研究能力，要积极提升原始创新、集成创新、引进消化吸收再创新和协同创新能力。① 经合组织在《国家创新体系》报告中指出，创新是不同主体间生产、传播和应用不同类别知识过程中方向复杂的互相作用的结果。② 一个国家的创新能力在很大程度上取决于这些主体在创造知识的大系统内彼此如何发生作用。这些主体包括政府部门、企业部门、科研部门和教育部门，它们在各自范围内各司其职，并且协同合作，组成一个网络系统，推动国家创新体系的协调运行。③

我国国家创新体系包括知识、技术、区域创新体系以及国防科技和科技中介服务体系，它们都是具有特定结构和功能指向的。教育的核心价值在于为其他创新体系和主体提供前沿知识、创新人才以及孕育创新所需要的先进文化。教育如果长期游离于国家创新体系外，必然导致国家创新体系出现关键的结构性缺失，也使得其他创新主体和组织的创新活动缺乏根基。在2011年度国家科学技术三大奖评选中，全国高等学校共获得214项，占总数(295项)的72.5%。其中，高校为第一完成单位的157项，占总数的53.2%。尤其是两项国家技术发明奖一等奖项目均为高校获得，可以看出高校具有原始创新的能力。④ 在建设创新型国家进程中，教育具有基础性、先导性、全局性的作用。⑤ 所以，很多国家和地区都将教育创新作为驱动国家创新的核心和动力。参考经合组织的分类，国家创新体系包括知识创新系统、技术创新系统、知识传播系统和知识应用系统四个主要部分。⑥ 教育系统在国家创新体系中有着举足轻重的地

---

① 胡锦涛．在清华大学百年校庆大会上的讲话[N]．人民日报，2011年4月25日．

② OECD. *National Innovation Systems*[R]. OECD Publications，1997.

③ 部振廷，等．创新能力培养线路图一流三联三个零[M]．北京：中国经济出版社，2009年．

④ 教育部科技发展中心．高校获2011年度国家科学技术奖情况[N]．教育部门户网站，2012年2月14日．

⑤ 刘川生．教育创新——建设创新型国家的根本动力[N]．光明日报，2009年6月3日．

⑥ 路甬祥．建设面向知识经济时代的国家创新体系[N]．光明日报，1998年2月6日．

位，发挥着知识供给、创新和传播的核心作用，扮演着知识的生产者、使用者与扩散者的角色。从这个意义上来说，在科学发展观指导下的教育创新是创新型国家建设的基石。教育创新是建设创新型国家的根本动力，具有基础性、先导性和全局性的作用，同时也是创新型国家建设在教育领域的实践创新。教育创新的终极目标是促进人的全面发展，促进综合国力的提高，也可以说是促进创新型国家的建设。建设创新型国家是教育创新的基本目标和方向，也为教育创新提供了发展条件和环境。

（二）教育创新的时代内涵

1. 创新的语义分析

“创新”是近几年使用频率很高的词汇之一，但同时又是一个模糊的概念。尽管论述的很多，但是对其理解上差异很大。“创新”一词最初作为一个经济学概念被提出。1912 年，约瑟夫·熊彼特在《经济发展理论》中首次提出“创新”一词，认为“创新”是在新的体系里引入“新组合”，是“生产函数的变动”。在英语里，创新一词的英文翻译是 innovate（动词）和 innovation（名词）。根据韦伯斯特词典的解释，其含义是：引入新东西、新概念（to introduce something as or as if new）和制造变化（to make changes）。在熊彼特之后，有许多研究者把这一概念引入到科学与技术领域。在这些研究的基础上，经合组织在 1988 年《科技政策概要》中，把创新看作是“发明”首次的商业化应用。此后，许多学者对这一概念的运用超出了科学和技术领域。到 1992 年，经合组织把创新扩展到了包括教育在内的各种领域。综合各种研究，关于创新的定义可以归纳为以下几种：创新是开发一种新事物的过程；创新是运用知识或相关信息创造和引进某种有用的新事物的过程；创新是对一个组织或相关环境的新变化的接受；创新就是从产生新思想到行动；创新是指新事物本身。

在《现代汉语词典》第 6 版上“创新”有两种解释：抛开旧的，创造新的；指创造性；新意。从词义上分析，创新分为两种，一种是绝对创新，强调原创性、首创性；另一种是相对创新，突出“新”，强调对原有事物的再次发现和重新整合。在应用中，“创新”具有多重含义。它可以是一种“目标设定”（努力探索、创新……），可以是一种“手段选择”（通过改革创新，实现……），也可以是一种“状态描述”（具有创新意识和创新能力的优秀人才……），还可以是一种“价值判断”（成果颇具创意……）。

创新与教育有着密切的关系。这种密切的关系可以从两个基点进行考察和审视：一是创新的基点，表征为创新教育；二是教育的基点，表征为教育创新。为研究的需要，尽管二者之间可以进行这样的分解，但其间客观存在的互适互促的关系，即创新需要教育，教育需要创新，又必然要求我们不能将其截然分割开来，应该在创新教育中考虑教育创新，在教育创新中考虑创新教育。[①] 根据需要，本研究仅着重探讨教育创新。

2. 西方教育创新理论的演变

教育创新理论诞生于一般创新理论之中。美国经济学家熊彼特和传播学家罗杰斯对创新理论做出了突出贡献，他们分别以经济创新理论和创新扩散理论享誉世界。教育创新理论在创新扩散理论中孕育、发展，并积极吸纳了经济创新理论。[②]教育创新研究最早可以追溯到 20 世纪二三十年代美国哥伦比亚大学教育学院教授保罗・莫特等的研究[③]，他们提出衡量学校创新的最佳标尺是生均费用，指出新的教育思想被广泛采纳需要相当长的时间。[④] 20 世纪 60 年代后期弗朗西斯・富勒提出“关注理论”，指出教师对创新存在着不同的感觉和需要，应该认识这些差别对于教师专业发展的影响，在此基础上设计和实施干预活动。[⑤]

1973 年，经合组织下属的教育研究与创新中心（CERI）将“教育创新”界定为“根据某些既定目标，为改进现有实践而进行的有意识的尝试”。20 世纪 70 年代罗杰斯出版了《创新传播：跨文化方法》，总结了技术创新所具有的一些传播规律，分析了创新的传播过程、采纳创新的决策过程以及社会系统中各种创新类型，对各个领域的创新变革研究及实践带来

---

① 刘继萍．论教育创新的内涵与内容[J]．天中学刊，2009 年第 3 期．

② 孟照海．西方教育创新理论的演变[J]．比较教育研究，2010 年第 8 期．

③ 汪琼．迎接数字化校园的挑战——教育变革模型及其应用[J]．北京大学教育评论，2005 年第 3 期．

④ E. M. Rogers. *Diffusion of Innovations* (*5th edition*)[M]. New York: Free Press, 2003.

⑤ G. E. Hall & S. M. Hord. *Change in Schools: Facilitating the Process*[M]. New York: State University of New York Press, 1987.

了很大影响。后来书名改为《创新扩散》。① 20世纪60—70年代这一时期，由于美国政府更加重视为全体公民提供平等的教育和经济机会，推动了教育改革政策、教育改革计划及教育改革工程的开展，被称为“创新策略的采纳与实施的变革时代”。② 20世纪80年代中期，以微机为代表的信息技术的应用广泛影响了学校周遭的社会、政治和经济结构，对学校带来前所未有的改变，这种改变将不仅发生在课堂(改变教师如何教、学生如何学、考试如何考)，而且也改变了学校的组织管理，即要求重新定义校长、教师、家长和学生在学校的责任和角色。③ 所以，在20世纪80年代这十年中，工业化国家出现了大批的教育报告，如美国的《国家处在危机之中》，不仅表达了对教育结果的失望，还突出了对教育失败可能带来的结果的忧虑，呼吁进行严肃的、意义深远的改革。④ 发展中国家的教育创新开始于20世纪70年代⑤，主要是因为在转型时期，人们也对教育系统寄予很高的期望。在这样的社会里，教育被视为一个“通往一切的路径”。教育被认为是获得学术技能和职业技能的主要工具，是人们理解他们自己在世界和社会中所扮演的角色的主要工具，是他们获得自我意识和责任感的过程。⑥ 所以，在近三十年里，对教育系统改革的研究以及对教育变革影响的研究成为“显学”。一般来说，研究教育创新在教育系统中传播的过程和规律，其目的是为了确定可采用的干预手段，通过一些系统化策略，使变革过程变得更加有效，并维持变革的持续性。

在教育变革研究中，各有所侧重。⑦

有些是研究引起变革的创新特点的。例如，罗杰斯认为创新推广应

---

① 汪琼．迎接数字化校园的挑战——教育变革模型及其应用[J]．北京大学教育评论，2005年第3期.

② (加)许美德，等．比较与国际教育导论：教师面临的问题[M]．徐辉，王正青，主译．北京：教育科学出版社，2009年.

③ 汪琼．迎接数字化校园的挑战——教育变革模型及其应用[J]．北京大学教育评论，2005年第3期.

④ (以)丹·英博．教育政策基础[M]．史明洁，等，译．北京：教育科学出版社，2003年.

⑤ (加)许美德，等．比较与国际教育导论：教师面临的问题[M]．徐辉，王正青，主译．北京：教育科学出版社，2009年.

⑥ (以)丹·英博．教育政策基础[M]．史明洁，等，译．北京：教育科学出版社，2003年.

⑦ 汪琼．迎接数字化校园的挑战——教育变革模型及其应用[J]．北京大学教育评论，2005年第3期.

该具有五个特征：相对优越性、兼容性、复杂性、可实验性、可观察性。又如，哈夫洛克扩展提出了影响创新的六个因素，简称STORCS（Simplicity，Trialability，Observability，Relativeadvantage，Compatibility，Support），其中Support代表采用创新所需要的资源，如时间、能源、资金、政策等。①

有些是研究变革发生发展所需要的环境条件的。例如，伊利提出了创新实施成功所必需的八个条件。一是对现状的不满，从而产生变革的愿望。二是知识与技能。创新的最终采纳者要具备胜任这项工作所需的知识和技能。三是充足的资源，主要包括资金、软硬件等。四是时间保障。保证有充足的时间学习创新、实施创新、反思行为。五是回报与激励。创新实施前后都有奖励回报，包括内在激励和外在奖励。六是多方参与。每个人都有参与感，有充分交流、共同决策的机会。七是责任感。组织中的各种人员尤其是高层领导能够给予积极支持。八是领导能力。各种监督与管理人员应该及时给予创新的使用人员以支持。②

大部分研究集中于变革代理的角色和作用，阐述变革代理在变革推进过程中可能遇到的阻力、可以采用的对策等。③ 例如，哈夫洛克和兹罗托洛提出了"变革过程的七个阶段"④。阶段0：关心(这里有些问题或有些地方还可以改进)；阶段1：关系(这个系统由谁/什么构成，彼此之间有什么关系)；阶段2：调查(问题究竟是什么，有哪些机会在握)；阶段3：获得(有哪些信息和资源可用，如何得到)；阶段4：尝试(哪种方案在这里可行，如何修改)；阶段5：扩展(如何巩固变革采用率，并推广到其他人群)；阶段6：更新(如何在客户系统中建立自我更新的能力)。⑤

还有些研究关注变革采纳者，如罗杰斯把创新的采用者分为革新者、

---

① 汪琼．迎接数字化校园的挑战——教育变革模型及其应用[J]．北京大学教育评论，2005年第3期．

② D. P. Ely. *Conditions that Facilitate the Implementation of Educational Technology Innovations*[J]. *Journal of Research on Computing in Education*, 1990, 23(2).

③ 汪琼．迎接数字化校园的挑战——教育变革模型及其应用[J]．北京大学教育评论，2005年第6期．

④ 即C-R-E-A-T-E-R模型（Care-Relate-Examine-Acquire-Try-Extend-Renew）。

⑤ 汪琼．迎接数字化校园的挑战——教育变革模型及其应用[J]．北京大学教育评论，2005年第3期．

早期采用者、早期追随者、晚期追随者和落后者。一个人接触创新大概要经过五个阶段：了解阶段、说服阶段、决定阶段、实施阶段、采纳阶段。① 霍尔、霍德共同创建了关注为本采纳模型(CBAM)。该模型由三个诊断维度组成，即测定采纳者关注阶段的分析模型，测定变革采纳水平的分析模型以及允许变革变异的创新配置表。② 功能是根据变革采纳者的情况调整推广活动和进程，为变革的采纳者提供其所需要的支持，引导变革采纳者尽快地成为改革的忠诚支持者和实施者。

总体而言，按照理论发展的脉络，20 世纪 60 年代以来西方教育创新研究大致经历了技术视角、政治视角、组织文化视角的转变。③ 20 世纪 60 年代，源于技术领域的创新研究成为主宰教育创新研究的理论范式。研究者采用技术视角，遵从研究—开发—扩散这一线性模式，研究了创新的扩散和采纳。70 年代，研究者转向对创新的社会动因的考察，将创新视为不同利益相关者之间的妥协和斗争。80 年代，研究者开始关注创新的实施问题，将学校的组织文化作为研究的重点，并运用新制度主义理论和复杂性理论解释教育创新中的趋同现象和复杂过程。90 年代以来，研究者开始以综合的视角研究教育创新。另一维度，根据改革内容的不同，麦肯锡将这些子领域分为结构改革(如建立新学校类型，改变学制、系统责任的去中心化等以改变教育结构)、资源改革(如增加教育经费或人力以改变资源分配)和过程改革(如修改课程、教师教学方式、校长领导方式，以改变学习过程)。

3. 国内教育创新的研究

2002 年，江泽民同志在北京师范大学建校 100 周年庆祝大会上发表重要讲话，强调不断培养大批合格的有中国特色社会主义的建设者，不断造就大批具有丰富创新能力的高素质人才，不断提高全民族的思想道德素质和科学文化素质，必须不断推动教育创新。“教育创新”正式进入公众话语体系。“政治话语”在中国当前教育创新话语的形成过程中发挥

① E. M. Rogers. *Diffusion of Innovations* (*5th edition*)[M]. New York: Free Press, 2003.

② 赖俊明．基于教师视角的新课程实施程度评量模式研究：“关注为本采纳模式”的探索与应用[J]. 教育测量与评价(理论版)，2010 年第 2 期.

③ 孟照海．西方教育创新理论的演变[J]. 比较教育研究，2010 年第 8 期.

了关键作用，推动着教育创新研究如雨后春笋般涌现。然而，现实的中国教育创新研究却存在两种倾向，即“物化”和“虚化”。前者意指以纯粹技术视角对待学校教育创新，将之还原为具体技术的应用，并将此种思维模式应用于其他学校管理领域；后者意指将研究中心放在为博得上级教育管理者赞许而实施的花样翻新、名不副实的新措施，未能深究学校教育创新的动因和效果。此两种倾向使教育创新研究走向庸俗化的边缘。①

虽然，教育创新与教育变革(变迁)、教育改革、教育革新等差异明显②，但总的来看，在国内各类教育文献中，这几个概念在使用时并无太大差异。它们都强调：过程中发生变化，目的在于提高系统运作效能，最终目标在于推动教育事业进步。但从语义上分析，教育创新更强调“创”，创造才是其永久的核心和最高层次，具有不确定性、探索性、试验性、社会合法性和有成本的风险性。③ 所以，有必要从指导实践出发，多层次、多角度对其内涵进行科学界定。否则，容易导致教育创新的泛化、形式化，使本来就十分有限的创新资源趋于分散，导致真正的教育创新得不到有效的集中支持。综合而言，国内专家学者对教育创新的内涵表述既有共同点，又有不同之处。相同点是：他们普遍认为教育创新是对既存教育范式的一场变革，是积极的、动态的教育实践活动。不同之处如下：一是对教育创新的定位认知有差异，或以时代潮流或宏大叙事为直接背景，强调其战略取向、外生动力，包含着赋权过程；或以具体情境为直接背景，强调其微观性、随机性和能动性，来自内源动力。二是对教育创新的主体认知有差异，或从教育实践者(校长和教师)，或从教育决策者，或从教育研究者等不同的视角研究教育创新实践。三是对教育创新方法途径认知有差异，或认为重心在基层，学校或教师是教育创新的主体，是一个自下而上的带有草根性的社会变化过程，影响高层且受制于高层；或认为其重心在高层，源于基层且领导基层，是一个

---

① 孟照海．西方教育创新理论研究[D]．北京师范大学教育学部，2009年．

② 英文 educational innovation 在国内有“教育创新”和“教育革新”两种通用译法(少数翻译为教育改革)；educational change 一般被译为教育变革/变迁；educational reform 一般被译为教育改革。

③ 项贤明．论教育创新与教育改革[J]．高等教育研究，2007年第12期．

自上而下的过程。总体而言，教育创新被分为三类：迫于生存压力而进行的教育创新；追求教育理想而提出的教育创新；附于政策变革而引发的教育创新。① 四是对教育创新的外延认知有差异。或强调新的观念和体制，或强调新技术、新手段，或强调新的形式与方法，或强调系统构建，等等。有学者归纳总结认为教育创新主要有六种方式：①推行一种新制度、新体系或新教育模式；②采用一种新教育观念或新理论；③开发新的教育形式和教育领域；④发现并应用新的教育组织方式和管理方法；⑤发现或推行新的教学方法或技术手段；⑥建立一种新的教育投入体系。②

4. 本研究关于教育创新内涵的界定

在进行概念界定之前，有必要对几个相似概念进行辨析。一是教育创新与教育革新。在英文中 educational innovation 在国内有“教育创新”和“教育革新”两种通用译法（少数翻译为教育改革），但细加推敲，二者具有某些差异，前者重在创设、引入新的事务，后者重在破除、清理旧的事务。③二是教育创新与教育变革（educational change）。变革是“在两个时间点之间，某些事物发生了明显的变化，即体系的目标、结构或过程发生了改变。而创新则是有目的的、新的、具体的变革，旨在更有效地完成系统的目标”④。因此，创新隶属于变革，但变革不一定是创新。三是教育创新与教育改革（educational reform）。改革“乃是政治当局或者对整个教育系统，或者对教育系统的重要组成部分进行的大规模变革（初等教育改革、课程改革等），旨在改进整个教育系统或它的重要组成部分。教育改革与教育创新的区别在于，前者一方面是政治当局发动的，另一方面是大规模的。而教育创新是在比较有限的范围内（学校、班级等）进行的”⑤。

本研究认为，教育创新在学术研究领域是一个不断发展的概念，其

---

① 孟照海．中国教育创新话语的形成和重建[J]．现代教育管理，2011 年第 2 期．

② 冯增俊．论教育创新与民族创新精神[J]．教育研究，2001 年第 11 期．

③ 孟照海．西方教育创新理论研究[D]．北京师范大学教育学部，2009 年．

④ M. B. Miles. *Innovation in Education*[C]，New York：Teachers College Press，1964．

⑤ [法] 黎成魁．教育改革[A]．教育学文集：法国教育变革[C]．北京：人民教育出版社，1994 年．

内涵与外延与某一国家在一定时期的经济和社会发展背景密切相关。理解教育创新的内涵首先要正确理解教育创新概念提出的时代背景，其次要考虑我国的基本国情、经济社会发展水平现状和战略目标，再次要把握教育创新产出特点和教育系统现有的创新能力。综上所述，教育创新是国家创新体系的重要基础和有机组成部分，是以实现教育最优化、全面实施素质教育和培养创新型人才为基本价值取向，以遵循教育规律为根本要求，全面、系统、持续性的教育理论与实践的整体变革过程。其内涵主要有以下三个关键点。

第一，基本价值取向。意义的问题是理解变革的核心问题。[①] 只有逐步理解微观和宏观的愿景，才能有助于从自发转化为自觉。衡量变革必须永远要与变革所服务的特定价值观、目标和结果相联系。[②] 近些年，虽然教育创新研究如火如荼，但教育创新在理论和实践两个方面却并没有获得实质性的创新进展。究其根源，一是对教育本位的认识缺乏辨明，二是对教育缺少整体定位。教育本位问题涉及"教育为何"和"教育何为"两个基本问题。回顾 30 年来我国教育的发展历程，客观地看，"教育为何"长期以来一直随波逐流，教育改革的根本动因不在于教育自身，而在于社会经济和科技进步提出的客观需要，教育改革的价值诉求明显侧重于国家主义和经济主义等。[③]但人类教育得以存在的根本理由却是人本身，即只有通过对人的全面服务，才能获得其经济的或政治的服务功能。国际 21 世纪教育委员会的报告指出："不应再像过去那样，只从教育对经济发展产生影响的角度，而应以一种更加开阔的眼光，即以促进人的发展的眼光来确定教育的定义。"[④]教育为人服务是直接而根本的，为经济或政治服务是间接的，二者之间是本与用的关系，若处理不好必然导致教育创新本位丧失，教育创新最终只能成为一句不能落在实处的口号。[⑤]

---

① [加]迈克尔·富兰．教育变革新意义(第 3 版)[M]．赵中建，陈霞，李敏，译．北京：教育科学出版社，2005 年．

② [加]迈克尔·富兰．教育变革新意义(第 3 版)[M]．赵中建，陈霞，李敏，译．北京：教育科学出版社，2005 年．

③ 石中英，张夏青．30 年教育改革的中国经验[J]．高等学校文科学术文摘，2008 年第 6 期．

④ 联合国教科文组织总部．教育——财富蕴藏其中[M]．北京：教育科学出版社，2001 年．

⑤ 唐代兴．教育创新的理论期待与实践需求[J]．学术前沿，2005 年第 3 期．

概括地讲，教育目的设定了教育的终极人本追求和价值方向，教育目标设定了教育的根本实践指向和时代任务。① 以此双重指向为视界来阐释，首先，当代教育创新具有其特定的目标定位，即努力培养造就数以亿计的高素质劳动者、数以千万计的专门人才和一大批拔尖创新人才，推动我国进入人力资源强国行列。② 基于这一目标定位，当代教育创新的根本任务有三：一是实现教育最优化，科学配置教育资源和要素，转变教育发展方式，实现教育结构和功能的最优化；二是全面实施素质教育，坚持以人为本，面向全体学生，促进学生全面发展；三是培养创新型人才，强化视野开阔的学习认知能力、多元开放的生活实践能力、开拓进取的创新能力的培养。教育创新目标的核心是解决好培养什么人、怎样培养人的重大问题。③ 三个根本任务之间层次递进，关系密切。转变教育发展方式，实现教育结构和功能的最优化，是教育创新的内在本质要求，是全面实施素质教育的基础和保障。面向全体学生，坚持以人为本，全面实施素质教育是教育创新的战略主题④，是培养创新型人才的路径选择。培养创新型人才是教育创新的外在价值体现，是全面实施素质教育的必然结果，反过来又会有助于教育最优化的实现。

第二，教育规律。教育规律是不以人的意志为转移的教育内部诸因素之间、教育与其他事物之间内在的、必然的本质性联系，以及教育发展变化的必然趋势。现代教育体系是在现代经济社会的快速发展和深刻变革的时代背景下应运而生的，其本质特征就是对经济社会发展和全体社会成员自身发展的全面需求的适应性。因此，现代教育体系不仅要适应社会发展、产业结构调整和经济增长方式转变的客观要求，还要遵循教育自身的发展规律，满足学习者全面发展的需要。

外部规律，即教育与社会经济发展之间互动演进的动态关系。社会和经济不断发展，促进了教育的发展；而教育也必须不断进行自我创新，以最佳的方式反作用于社会，成为促进社会发展的因子。新的社会发展

① 唐代兴．教育创新的理论期待与实践需求[J]．学术前沿，2005年第3期．

② 国家中长期教育改革和发展规划纲要(2010—2020年)[N]．新华网，2010年7月29日．

③ 国家中长期教育改革和发展规划纲要(2010—2020年)[N]．新华网，2010年7月29日．

④ 国家中长期教育改革和发展规划纲要(2010—2020年)[N]．新华网，2010年7月29日．

要求教育以新的模式或主动创新原有的作用方式，来适应和推动社会发展。现代话语体系下的教育创新，究其本质是指教育从传统向现代的转变。现代教育是以现代社会为基础的教育，教育创新是把教育置于现代社会的基础之上。这是因为现代生产力的发展不仅为教育发展提供了经济技术条件，包括资金、硬件设备、物质资源以及教育对象等，也对教育的发展提出了客观要求，对教育的培养目标、内容、手段、发展的规模和速度等都有决定作用。① 美国教育学者鲍尔斯和金蒂斯在研究美国教育改革时提出，各种教育改革运动由于拒绝深入考察经济生活中财产和权力的基本结构而踉跄前进，教育改革的前提是广泛的经济改革。只有当教育系统为实现充分民主地参与社会生活和平等地分享经济活动成果而培养青年时，它才可能是平等的和自由的。②站在新的历史起点上，我国教育体系还不能完全适应国家经济社会发展的需求，尤其是适应经济发展方式转变和产业结构调整要求以及知识经济发展对人才结构、培养模式和培养质量的要求；另外，在适应人民群众接受良好教育需求和满足社会成员的个性化的学习和发展需要方面的能力有限。只有不断提高经济社会发展水平，实现教育的基础置换，使教育的发展植根于现代经济发展的需要，我们的教育创新才能走上健康的轨道。③

内部规律。其一是教育内部各系统、各要素相互协调，形成纵向衔接、横向沟通、纵横整合、内外协调、整体优化的教育系统结构。各种教育法律法规、政策和制度建设都必须体现现代教育的基本理念和思想，服务于构建现代国民教育体系和终身教育体系，满足个人多样化的学习和发展需要。一般而论，教育创新在不同的时代有不同的要求和内涵，当前而言，就是实现教育的现代化，即在现代生产方式的推动下，教育的目标、体制、组织、内容、结构及教育与社会的关系、人们对教育的态度等的变革过程。通过教育创新实现教育的现代化，这是摆在我们面

---

① 何美然，刘春静．我国教育创新的理论模式探析[J]．宁波大学学报(教育科学版)，2004年第6期.

② [美]鲍尔斯，金蒂斯．美国：经济生活与教育改革[M]．王佩雄，等，译．上海：上海教育出版社，1990年.

③ 何美然，刘春静．我国教育创新的理论模式探析[J]．宁波大学学报(教育科学版)，2004年第6期.

前的艰巨任务。[①] 其二是人才培养和学生身心发展规律，全面实施素质教育，提高学生的思想道德素质、科学文化素质和身心健康素质，促进学生全面和谐发展。教育是开发人力资源的主要途径，教育创新必须把育人作为根本要求。坚持以学生为本，充分发挥学生的主动性，把促进学生健康成长作为一切工作的出发点和落脚点，为每个学生提供适合的教育。[②]

第三，理论与实践相结合。理论来源于实践，当实践产生出新的困境与迷惘——而实践本身又不能解决这些困境与迷惘时——理论必须先于实践而前行，因而，理论为实践突围其困境和迷惘而提供新的视野、新的道路、新的方法与力量。[③] 理论创新在教育创新中起着先导作用，是通过在原有教育理论扬弃的基础上进行创造性、突破性的思维活动，产生新的认识，进而提出新的教育理论的过程。实践创新是将教育理论转变为教育行为，并通过要素的创新和过程的创新实现教育最优化，形成相对稳定的教育模式的一个动态过程。艾雷斯认为，教育创新的过程包括三步：第一步是理论建构，甚至是远离课和教学的纯理论研究；第二步是经验或实践研究，或者是定量和定性研究或者是其中之一；第三步是项目评价，创新项目或课程被成功应用，并扩展到整个学校或学区。[④]

教育理论与教育实践之间存在着密切的关系，一切教育理论和教育政策都必须首先转化成行动者的实践理性和行动意志，才可能真正在教育实践中得到贯彻，这是理论真正联系实践的唯一途径。实际上，理论和政策都来源于教育实践并指导教育实践。教育实践及教育实践中的教育创新，才是推动教育理论和教育改革不断发展和深化的根本动力。有研究者根据教育创新的作用及其表现形式，把教育创新分为三级历史实践形态：一级是学习借鉴型；二级是学习借鉴基础上再改进型；三级是根本性、革命性的教育创新，是带有质变的飞跃形式。从一级到三级，

---

① 何美然，刘春静．我国教育创新的理论模式探析[J]．宁波大学学报(教育科学版)，2004年第6期.

② 国家中长期教育改革和发展规划纲要(2010—2020年)[N]．新华网，2010年7月29日.

③ 李江新．关于“中国模式”若干问题的理性审思[D]．南京大学，2012年5月28日.

④ Arthur K. Ellis，Jeffrey T. Fouts. *Research on Educational Innovations*[M]. New York：Eye on Education Inc.，1997.

是从量变到质变、从低级到高级的发展过程，即从借鉴模仿向自主创新，从小领域的创新到实现对旧教育模式根本变革的教育革命的历史进程。①这个历史过程不是自然发生的，它既是社会、经济、文化发展的要求，更是一个民族对现代教育发展规律有了深刻把握，从而积极推动教育改革所获得的重大成果。② 由于每个层次内部及各个层次之间充满着双向互动和相互影响，将思想融入实践是一个远比人们所认识的更为复杂的过程。这个过程具有动态生成性，意味着教育创新的实现是在过程中，而不是外在于过程；教育创新的实现是在动态中，而不是一劳永逸。

(三)教育创新的基本特征

全球化和信息化不仅对推动教育创新、培养创新型人才提出了迫切的要求，而且提供了前所未有的可能性。我们要在全新的国际视野中思考中国教育问题，必须首先明确和把握教育创新的基本特征。

1. 教育创新的系统性

创新研究的系统范式认为，创新是不同参与者和机构的共同体大量互动作用的过程和结果。创新系统是一个系统内部的各种要素和关系的集合，它们相互作用于新的、有用的知识生产、扩散和使用之中。教育创新系统是由多个主体构成的，具有特定结构和功能，并同外部环境不断进行物质、能量和信息交流的开放系统。③ 教育改革是一种复杂的现象，是理念、政策和体制结构、历史和文化的大杂烩。④ 创新的目标就是尝试实质性的改革，在整个系统内始终通过持续地追求多层面的意义来实施变革，在教育改革系统所有的节点和核心的互补因素之间建立联系。⑤ 我们需要先研究正在发生变革的系统，分析这个系统原有的假设(如目标、人员组成、运作管理等)是否因变革发生了变化，要向内了解系统的子系统构成及彼此的影响，向外了解该系统与其他系统的关系，

---

① 冯增俊．论教育创新与民族创新精神[J]. 教育研究，2001年第11期．

② 冯增俊．论教育创新与民族创新精神[J]. 教育研究，2001年第11期．

③ 李进忠．坚持与时俱进，构建具有中国特色的教育创新指数[C]. 全面小康：发展与公平——第六届北京市中青年社科理论人才“百人工程”学者论坛(2012)论文集，2012年．

④ (加)莱文．教育改革——从启动到成果[M]．项贤明，洪成文，译．北京：教育科学出版社，2004年．

⑤ [美]迈克尔・富兰．教育变革新意义(第3版)[M]. 赵中建，陈霞，李敏，译．北京：教育科学出版社，2005年．

在此基础上确定创新的当前目标，认识出现的具体问题，诊断系统的需求，了解创新如何服务和影响这些需求。《教育规划纲要》着力强调了教育改革的系统性，涉及六大任务，包括人才培养体制改革、考试招生制度改革、学校制度改革、办学体制改革、管理体制改革和扩大教育开放。只有整体设计、系统推进，才能合理配置创新系统中的各组成要素，有效协调各行为主体的创新实践，实现教育创新系统的最佳效率。①

2. 教育创新的非线性

随着经济社会的发展和进步，受教育者的教育需求由低层次向高层次发展，由简单稳定转变为复杂多变，这使得教育需求的多样性和层次性越来越突出。纵观人类整个教育的发展过程，教育创新在不同的历史时期具有不同的生成形式。早期工业化国家的教育创新主要是得益于社会发展的推动和原先教育改革所积累的经验，有很强的自发性。随着人类对现代教育认识的提高，教育创新开始从早期自发型逐步向成熟期自主型转变，其特征是教育创新逐步表现为通过系统研究认识教育对未来经济的作用之后，对教育发展做出预期性的重大变革，即实现了教育创新从不自觉到自觉自主的演变。② 教育创新系统只有随环境的变化而不断进行自身的调整，才能做出适应时代的选择。外部环境的动态性和不稳定性、技术和市场的不确定性以及教育创新系统内部创新主体的多元化和系统结构的多层次性，无疑增加了教育创新过程的复杂性，使得创新过程绝不是一种线性的直线模型，而是非线性的网络模型。③ 变革过程并非以创新起始点到下游终点的完美的线性顺序出现，而是产生于复杂系统的各种反馈循环之中。考察教育创新的过程，我们就会发现，正是这种从创新需求——模式变革——走向创新——形成创新发展模式——出现发展落后现象——产生新的创新需求——新的模式变革等的不断循环的过程，推动着教育创新与社会发展互动水平及其方式的不断发展。在现实中，风险是创新固有的一部分，教育创新是一个复杂的应答过程。

---

① 李进忠．坚持与时俱进，构建具有中国特色的教育创新指数[C]．全面小康：发展与公平——第六届北京市中青年社科理论人才“百人工程”学者论坛(2012)论文集，2012年．

② 冯增俊．论教育创新与民族创新精神[J]．教育研究，2001年第11期．

③ 李进忠．坚持与时俱进，构建具有中国特色的教育创新指数[C]．全面小康：发展与公平——第六届北京市中青年社科理论人才“百人工程”学者论坛(2012)论文集，2012年．

教育创新的复杂性决定了不可能有一成不变的实施模式，应把创新看作一项旅程，而不是一张蓝图，变革是非直线的，充满着不确定性，有时还违反常理。①

3. 教育创新的复合性

教育创新包含了主体、客体和时空结构三个基本要素。教育创新发展是个复杂的过程，不是一种单一实体的活动。伴随着全球化和信息化，教育所依赖和所面对的时间、空间、场景、条件都将发生根本的变化，教育所处的社会环境从整体上变得更加复杂，更加多元，更富于变化，同时也意味着创生新的教育思想和观念，建立新的知识体系，探索新的教育途径和方式，构建新的体制机制的可能性大大增强。② 一是多层次性。“我们需要把教育变革的动力理解成一种社会政治过程，这一过程涉及产生相互作用的所有个体的、课堂的、学校的、地方的、地区的和国家的各种因素”。③ 教育创新系统在纵向上包括宏观上的教育发展环境和体制创新，中观上的各级各类教育的协调融通与机制创新，微观上的学校在教育内容、方式、方法以及课堂文化、学校文化的创新；在横向上，又有知识创新系统、管理创新系统、市场创新系统和组织创新系统，等等。无论是宏观的、中观的，还是微观的，无论是知识创新还是管理创新，它们都是由许多要素构成。创新活动可以在个人、学校、地区和国家等各个层次上分别进行，而各个层次本身还有多种不同的组合，不同的组合又可以产生不同的创新效果。④ 一场有效的教育变革创新，只有得到学生、家长和广大教育工作者的支持，形成政府、学校和社会的良性互动，才能真正推行，取得成功。二是多维性。中国作为现代化的后起国家面临着时空条件的复杂性。中国的社会经济发展目标具有双重性，既要完成农业社会到工业社会转型的任务，又要迎接网络化、信息化的

① ［美］迈克尔·富兰．变革的力量——透视教育改革［M］．中央教育科学研究所，加拿大多伦多国际学院，译．北京：教育科学出版社，2004 年．

② 李进忠．坚持与时俱进，构建具有中国特色的教育创新指数［C］．全面小康：发展与公平——第六届北京市中青年社科理论人才“百人工程”学者论坛(2012)论文集，2012 年．

③ ［美］迈克尔·富兰．教育变革新意义(第 3 版)［M］．赵中建，陈霞，李敏，译．北京：教育科学出版社，2005 年．

④ 李进忠．坚持与时俱进，构建具有中国特色的教育创新指数［C］．全面小康：发展与公平——第六届北京市中青年社科理论人才“百人工程”学者论坛(2012)论文集，2012 年．

挑战。① 这又制约着作为社会发展之根基的教育，使其变革和创新的任务呈现多维性，在目标上具有复合型的特点：不仅要培养工业化发展所需的技术技能型人才，又要培养信息化和知识经济发展所需要的智力智能型人才，还要进行科学文化知识的普及以消除文盲和半文盲。在教育发展中既要追求效率和质量，又要体现平等和公正；既要促进教育体制由计划型向市场型的转变，又要把握好国家对教育的宏观调控和督导，实现教育资源的优化配置；既要扩大教育开放，又要注意维护我国的教育安全和人才安全。② 因此，仅从某个方面去确定教育创新显然是远远不够的，这需要我们从全局去认识、理解和把握教育创新发展的复合性，探寻教育创新的轨迹和规律，最终推动教育科学发展。③

(四)教育创新的主要内容

全球化带来资本民主化、技术民主化、金融民主化的同时，带来了教育的民主化。教育民主化对各国的教育发展战略、教育创新内容和方式、方法，以及每个公民的学习成长道路和方式都产生深刻的影响，必须重新改造教育结构。④ 教育创新从来就不是一个纯粹的技术性过程。尽管创新常常是必要的，但是它不仅仅是结构变化。教育创新涉及教师、家长、学生、教育管理者以及政治家的行为变化。它要求克服或者避免旧的观念以增加成功创新的可能性。⑤ 2002 年，江泽民同志在北京师范大学建校 100 周年庆祝大会上发表的重要讲话中，对推进教育创新提出了“五个要求”：首先要坚持和发展适应国家和社会发展要求的教育思想；关键是通过深化改革不断健全和完善与社会主义现代化建设要求相适应的教育体制；根本的目的是要推进素质教育，全面提高教育质量；必须充分利用现代科学技术手段，大力提高教育的现代化水平；必须面向现

---

① 冯建军．论当代中国教育的双重转型[J]．南京师大学报(社会科学版)，2011 年第 3 期．

② 何美然，刘春静．我国教育创新的理论模式探析[J]．宁波大学学报(教育科学版)，2004 年第 6 期．

③ 李进忠．坚持与时俱进，构建具有中国特色的教育创新指数[C]．全面小康：发展与公平——第六届北京市中青年社科理论人才“百人工程”学者论坛(2012)论文集，2012 年．

④ 联合国教科文组织国际教育发展委员会．学会生存——教育世界的今天和明天[M]．北京：教育科学出版社，1996 年．

⑤ (以)丹·英博．教育政策基础[M]．史明洁，等，译．北京：教育科学出版社，2003 年．

代化、面向世界、面向未来，加大教育对外开放的力度。① 2010 年，国家颁布实施的《国家中长期教育改革和发展规划纲要(2010—2020 年)》，提出“优先发展、育人为本、改革创新、促进公平、提高质量”的工作方针，强调要把教育摆在优先发展的战略地位，把育人为本作为教育工作的根本要求，把改革创新作为教育发展的强大动力，把促进公平作为国家基本教育政策，把提高质量作为教育改革发展的核心任务，并在全国范围内推行重大改革创新试点项目。习近平同志在中国科学院考察工作时发表重要讲话，指出我国科技队伍规模是世界上最大的，主要问题是水平和结构，世界级科技大师缺乏，领导人才、尖子人才不足，工程技术人才培养与生产和创新实践脱节，人才政策需要完善，教育方面也需要进一步改革，以更好培养青少年的创新意识和能力。② 因此，需要对当下中国教育创新的内容和形式做一番理论探讨，以便诊断现实中存在的问题，并做出相应的改进。

1. 教育理论创新

教育是教育者向受教育者施加影响的过程，因此，教育者(包括教师、管理者、教辅人员等)的教育思想、教育观念、办学思路、现代教育知识、创新意识及能力，在教育创新的过程中起着主导作用。回顾我国最近三十多年来的教育发展，教育实践改革可谓频频不断，但实际收效与改革目标和公众期盼有较大落差。一个重要原因在于，虽然教育改革从不缺乏自上而下的观念理想，却缺乏实实在在地引导教育走创新之路的理论资源，包括思想资源和方法资源。当没有真正体现其时代要求和创新张力的理论、思想和方法为引导、为支撑、为推动力量时，任何形式的教育实践创新都最终成为形式主义的过场。所以从现实与理论的双重要求来看，当代教育实践创新必须以教育理论创新为前提。③ 方法创新是理论创新的先导，没有方法创新就不可能实现理论创新，没有理论创新就不可能有理论体系创新。我们现在的教育观念不能创新，最关键的

---

① 江泽民．在庆祝北京师范大学建校一百周年大会上的讲话[N]．人民日报，2002 年 9 月 8 日．

② 中共中央文献研究室．习近平关于科技创新论述摘编[M]．北京：中央文献出版社，2016 年．

③ 唐代兴．教育创新的理论期待与实践需求[J]．学术前沿，2005 年第 3 期．

因素是仍然拘泥于现有的方法。推进教育创新，必须立足中国教育实践，吸收借鉴国外教育理论创新成果，推动方法创新，构建中国特色的教育理论体系。

2. 教育管理创新

管理的对象涉及人、财、物，管理的途径涉及管理体制、运行机制、制度规范、激励约束机制、资源配置、管理心理等诸多的管理办法和手段。管理创新在教育创新中起着重要的激励和规范的作用。进行教育创新，关键是通过深化改革不断健全和完善与社会主义现代化建设要求相适应的教育体制；要扫除制约教育发展的体制性障碍，努力提高教育资源的利用效益，优化教育结构，扩大教育资源；要进一步转变政府管理教育的职能和模式，建立和完善现代学校制度，增强学校依法自主办学的能力，建设充满活力、富有效率、更加开放、有利于科学发展的学校制度体系①；要深化教育经费投入体制改革，建立与社会主义市场经济体制相适应、与建设创新型国家需要相适应的教育经费投入体制②；要创新学校管理机制，提高学校管理水平，优化资源配置，以合理的利益分配制度激活创新动力；要建立中国特色教育教学质量保障与评估制度，建立以创新与质量为导向的科研管理与评价体制，激发师生的创造意识和创造激情；要建立能够充分调动广大教师主动性、积极性和创造性的激励机制，引导广大教师积极投身于教育创新。③ 对于学校而言，松散连接的特征，以及不严格的控制和复杂的问题等特征，不太可能使之成为一个确保所有参与者产生预期行为的灵活的网络组织。因此教育创新以及变革的完成取决于教师、学生、家长和管理者的意愿和动机。④ 推进管理创新的关键在于创建教育创新网络组织，形成创新实践共同体，通过缩短“信息距离”⑤，使成员从合法的边缘性参与者逐步到共同体中的核心成员，有助于减少教育规划的抽象性，消弭组织内分歧，形成共同愿景，

---

① 刘川生．教育创新——建设创新型国家的根本动力[N]．光明日报，2009年6月3日.

② 刘川生．教育创新——建设创新型国家的根本动力[N]．光明日报，2009年6月3日.

③ 刘川生．教育创新——建设创新型国家的根本动力[N]．光明日报，2009年6月3日.

④ (以)丹·英博．教育政策基础[M]．史明洁，等，译．北京：教育科学出版社，2003年.

⑤ (以)丹·英博．教育政策基础[M]．史明洁，等，译．北京：教育科学出版社，2003年.

产生共同的责任感，把创新变成一项共同体成员共享的事业。①

3. 知识创新

21世纪将是人类依靠知识创新的世纪。区别于传统农业经济和工业经济的知识化经济形态，知识经济是“直接依据知识和信息的生产、分配和使用”的经济，是人类经济社会发展的新阶段。知识经济本质上是一场知识价值的革命，它不仅改变着经济的性质和生产要素，也使教育从经济社会边缘走向经济社会中心②，成为智力动力源、产业孵化器、发动机。教育要在社会变革中有所作为，必须积极主动地适应知识经济的挑战，把握发展机遇，努力成为知识传播和创新人才培养的基地、基础研究和应用基础研究的重镇、国家知识创新和技术创新的生力军；要充分发挥学科门类齐全、人才众多和教学科研紧密结合的优势，着力增强自主创新能力，主动服务国家发展战略，服务区域经济和社会发展，使之成为国家和区域发展的动力源泉③；要面向学科前沿，以创新团队建设为基础，推动多学科、多领域交叉融合、协调发展，积极提升原始创新、集成创新、引进消化吸收再创新和协同创新能力，努力提高自主创新水平④；要面向国际学术前沿，勇于承担重大技术攻关项目，创造高水平的研究成果和标志性的创新成果；要建设产学研合作的国家平台，促进企业、科研院所和高校积极开展合作，加快科研成果转化，推动经济社会发展与科技进步。⑤

4. 人才培养模式创新

教育的根本任务是立德树人。从道德的目标视角考量，学校教育应包含四项道德原则：一是促进批判性的文化适应，学校在于培养有教养的人，获取对真、善、美的认识；二是提供学习知识的机会，学校为年轻人提供具有人类交往一切题材的学科课程等；三是建立有效的师生联

① ［美］J. 莱大，［美］E. 温格．情景学习：合法的边缘性参与［M］．王文静，译．上海：华东师范大学出版社，2004年．

② 许磊．略论知识经济时代我国高等教育的发展［J］．阜阳师范学院学报（社会科学版），2002年第4期．

③ 刘川生．教育创新——建设创新型国家的根本动力［N］．光明日报，2009年6月3日．

④ 刘川生．教育创新——建设创新型国家的根本动力［N］．光明日报，2009年6月3日．

⑤ 刘川生．教育创新——建设创新型国家的根本动力［N］．光明日报，2009年6月3日．

系；四是训练良好的道德责任。例如，承担探索、知识、能力、关怀、自由、福利和社会公道等责任。①教育创新的首要任务在于培养和造就出一大批深基础、宽视野、高素质，具国际竞争力的创新型人才。② 课堂是培养创新型人才的前沿阵地。学校教育创新的终极目的是改进课堂教学，促进学生发展。麦肯锡发现，进步最多的学校系统大多致力于改变学生的学习过程，特别是改变教师的教学方式。要锐意推进教学改革，以学习者为中心，改革教育教学的内容、方法和手段，充分吸纳当代自然科学和人文社会科学的最新成果，充分利用现代教育信息技术，建立符合受教育者全面发展规律、激发受教育者创造性的新型教育教学模式，形成相互激励、教学相长的师生关系，努力创造有利于创新型人才成长的良好教育环境和社会环境，使每一个受教育者都能充分发挥自身潜能，激发学习成长的主动性，实现全面发展。③ 要创新人才培养模式，探索学企结合、学研结合等新方式，进一步创建鼓励跨部门实质性合作的政策环境。要着力推进素质教育，注重理论教学，强化实践教学，培养学生的创新能力、实践能力、创业能力、职业拓展能力和终身学习能力。要坚持实行开放式培养，加强与国际高水平科研院所的合作，注重提升人才培养的复合性、国际性和创造性。④ 要创新人才评价模式，探索建立科学合理的考试评价制度和教学评估制度，培养和造就符合创新型国家建设要求的大批拔尖创新人才。⑤

5. 文化创新

创新的主体是人，而人是文化的存在物，文化的本质是“以文化人”。文化一方面为创新提供了知识和智力的基础，另一方面为创新提供了思想背景和支撑体系，更重要的是还为创新提供了确定其发展方向和发展趋势的价值观及意识形态。⑥ 因此，要大力推进文化创新，促进创新文化

---

① [美]迈克尔·富兰．变革的力量——透视教育改革[M]．中央教育科学研究所，加拿大多伦多国际学院，译．北京：教育科学出版社，2004年．

② 刘川生．教育创新——建设创新型国家的根本动力[N]．光明日报，2009年6月3日．

③ 刘川生．创新型人才培养是高校核心使命[N]．人民日报，2012年9月8日．

④ 刘川生．教育创新——建设创新型国家的根本动力[N]．光明日报，2009年6月3日．

⑤ 刘川生．教育创新——建设创新型国家的根本动力[N]．光明日报，2009年6月3日．

⑥ 刘川生．创新文化是教育创新的灵魂[N]．光明日报，2011年12月29日．

的生成。创新文化指的是以创新为意旨的文化精神与文化理念的最终形成，它代表着一种塑造创新主体的总体文化精神和文化环境。教育创新必先进行文化创新，文化观念没有真正创新之前，教育创新便没有根基和源泉，难以承担起培养创新型人才和支撑国家创新体系的重任。当前，我国社会文化、学校文化、课堂文化建设方面普遍缺乏创新精神，阻碍了创新型人才的培养进程。因此，我们要把培育创新文化作为基础工程，着力营造追求真理、自由探索的学术氛围，培养创新所需要的科学精神、价值取向、思维方式和行为方式；要坚持把观念创新放在首位，大力倡导敢于创新、勇于竞争、宽容失败的精神，努力创造鼓励、支持创新的有利条件；要坚持将创新精神和创新能力的培养贯穿国民教育的全过程，提高公民的科学文化素质，塑造公民的创新精神，使创新成为人们的理性自觉行动；要加强舆论引导，在全社会形成尊重劳动、尊重知识、尊重人才、尊重创造的良好氛围。①

6. 提升国际文化水平

随着知识全球范围的即时传播和应用、人才全球范围的流动与竞争、宽带数字多媒体网络的全球性利用等，全球化已成为知识经济的重要特征。全球信息网络化和知识经济成熟化的发展趋势，必将推动传统教育的功能、目标、组织、结构以及培养人才的规格和模式，以全新的面貌进行深化、组合、更新和改造。中国教育必须摆脱狭隘眼界和封闭模式，积极主动参与全球化过程，实现教育的国际化②，进入世界“教育坐标系”之中，才能站在世界和时代的新高度，提高教育的国际竞争力，培养造就具有国际交往能力、能够迎接未来挑战的新型人才。要开展多层次、宽领域的教育交流与合作，提高我国教育国际化水平。要适应国家经济社会对外开放的要求，培养大批具有国际视野、通晓国际规则、能够参与国际事务和国际竞争的国际化人才。③ 要加强与国外高水平大学合作，建立教学科研合作平台，联合推进高水平基础研究和高技术研究。要创

① 刘川生．教育创新——建设创新型国家的根本动力[N]．光明日报，2009年6月3日．

② 张光明，等．加入WTO：中国高等教育面临的挑战与对策[J]．科技进步与对策，2001年第4期．

③ 国家中长期教育改革和发展规划纲要(2010—2020年)[N]．新华网，2010年7月29日．

新和完善公派出国留学机制，在全国公开选拔优秀学生进入国外高水平大学和研究机构学习，进一步扩大外国留学生规模。① 要积极参与和推动国际组织教育政策、规则、标准的研究和制定。要搭建高层次国际教育交流合作与政策对话平台，加强教育研究领域和教育创新实践活动的国际交流与合作。要做社会化教育的先行者，敢于打开高校围墙，拓展教室和实验室的原有功能②，向社会开放，向世界开放，建立一个以网络环境为基础的资源开放系统，以便支持教育资源共享。

四、影响创新型人才培养的相关因素

作为创新活动的主体，创新型人才是创新过程中最活跃的因素。创新型人才的成长是一个综合培养的过程，教育是这个过程的源头和关键环节。从创新型人才的素质特征来看，素质教育是培养创新型人才的前提，实践是培养创新型人才的根本途径，通识教育是培养创新型人才的必要条件，社会责任感是创新型人才成长的必备要素，课程教材和教师教育改革是培养创新型人才的两大基本保障，创新人才培养与国家创新体系建设依赖于课堂文化、学校文化与社会文化的变革。

建设创新型国家，人才是关键因素。如何培养大批创新型人才，不仅关系到教育改革的成败，也直接影响到我国创新型国家建设和民族兴衰。

(一)素质教育是培养创新型人才的前提

知识经济与全球化已经成为当今世界发展的基本趋势，国家之间的竞争日益体现为以自主创新能力为核心的综合国力的竞争。世界上多数国家都将创新作为提高国家竞争力的重大战略，其中又把推进教育创新、培养创新型人才作为实现这一战略目标的核心措施。因此，建设创新型国家，培养大批拔尖创新人才，也已成为我国当今的重要战略之一。

创新型国家依赖于教育创新。2000 年，江泽民同志强调，“教育在培养民族创新精神和培养创造性人才方面，肩负着特殊的使命”；胡锦涛同志在 2006 年两院院士大会上曾深刻地指出，“建设创新型国家，教育是

① 国家中长期教育改革和发展规划纲要(2010—2020 年)[N]. 新华网，2010 年 7 月 29 日.

② 武毅英 . 催生知识经济是高等教育新的历史使命[J]. 新华文摘，2008 年第 3 期.

源头，人才是关键”；党的十七大报告也强调指出，“优先发展教育，建设人力资源强国”，对教育事业发展和改革创新进行了全面的部署；《国家中长期教育改革和发展规划纲要(2010—2020年)》同样明确指出，教育的发展对“实现我国从人口大国向人力资源大国的转变”起重要作用。2013年，习近平同志在听取科技部汇报时的讲话中指出，“人才工作很重要，科教兴国、人才强国、产学研结合等，都与教育工作紧密相关”，要求不断完善创新人才培养、使用、管理的一系列政策。① 可见，教育创新对培养创新型人才起着极其重要的作用，其中高等教育扮演着核心角色。因此，素质教育思想必定成为培养创新型人才的前提。

1. 素质教育是高等教育的核心教育思想，其核心为创新素质的培养

1999年6月，中共中央国务院颁布了《中共中央国务院关于深化教育改革全面推进素质教育的决定》(下文简称《决定》)。《决定》中指出，由于主观和客观等方面的原因，我国的教育观念、教育体制、教育结构、人才培养模式、教育内容和教学方法相对滞后，影响了青少年的全面发展，不能适应提高国民素质的需要。因此，全党、全社会全面推进素质教育，构建一个充满生机的有中国特色的社会主义教育体系，为实施科教兴国战略奠定坚实的人才和知识基础。素质教育理念的提出与实施，作为教育思想与模式的重大突破，成为改革开放以来我国教育发展取得的一项重大成果。

素质教育应作为高等教育的核心教育思想。高等教育作为国家教育体系中的重要有机组成部分，肩负着培养具有创新精神和实践能力的高级专门人才、发展科学技术文化、促进社会主义现代化建设的重要使命。而素质教育思想的核心是以提高国民素质为根本宗旨，以培养学生的创新精神和实践能力为重点，造就“有理想、有道德、有文化、有纪律”的、德智体美等全面发展的社会主义事业建设者和接班人。因此，在高等教育中贯彻素质教育思想十分必要，对于我国高等教育改革和人才培养有着重要的指导意义。

素质教育的核心为创新素质的培养。素质教育是促进学生全面发展

---

① 习近平在听取科技部汇报时的讲话[EB/OL]. http://news.sciencenet.cn/htmlnews/2016/3/339631.shtm，2013-08-21.

的教育，旨在培养学生融思想道德素质、科学文化素质和健康素质于一体的综合素质，而这种综合素质的一个极其重要的方面就是创新素质，因为创新是民族发展之魂，国家强盛之本。只有国民创新素质提高，涌现大批创新人才，才能更好地建设创新型国家。因此，创新素质的培养可作为实施素质教育的有效突破口，是素质教育的具体和深化。《决定》中指出的“实施素质教育，以培养学生的创新精神和实践能力为重点”，就充分阐述了素质教育与培养创新型人才之间的辩证关系。

2. 创新型人才的内涵要求高等教育实施素质教育

创新型人才最大的特征是具有创造性。创造性是指根据一定目的，运用一切已知信息，产生出某种新颖、独特、有社会或个人价值的产品的智力品质。

创新型人才是创造性思维和创造性人格的统一。创造性思维属于智力因素，通常采用以下五个特点加以衡量：①创造性活动表现出新颖、独特，且有意义的特征；②思维和想象是创造性思维的两个重要成分；③在创造性思维过程中，新形象和新假设的产生带有突然性，常常被称为灵感；④在思维意识的清晰性上，创造性是分析思维和直觉思维的统一；⑤在思维形式上，创造性是发散思维与辐合思维的统一。

创造性人格属于非智力因素，有五个方面的特点：①健康的情感，包括情感的程度、性质及其理智感；②坚强的意志，即意志的目的性、坚持性(毅力)、果断性和自制力；③积极的个性意识倾向，特别是兴趣、动机和理想；④刚毅的性格，特别是性格的态度特征，如勤奋、动力特征；⑤良好的习惯。

在创新活动中，人们不仅展示了创造性思维，同时也体现了各自独特的创造性人格。因此，要培养和造就创造性人才，不仅要重视培养创造性思维，而且要特别关注创造性人格的训练。

创新型人才的内涵符合素质教育的要求。高等教育中的智育工作需要培养学生的科学精神和创新思维习惯，重视培养学生收集处理信息的能力、获取新知识的能力、分析和解决问题的能力等；德育工作注重培养学生坚韧不拔的意志、艰苦奋斗的精神；体育注重培养学生健康的体魄，从而有助于其他素质的提高；美育不仅能陶冶情操、提高素养，而且有助于开发智力，对于促进学生全面发展具有不可替代的作用；劳育注重组织学生的社会实践、参与科学研究等活动。结合创新人才的内涵——“创造性思维和创造性人格的统一”，我们不难看出，这种智力因素与非智力因素的统一与素质教育中强调的全面培养学生的各项素质十分契合。创造性思维的培养依赖于智育工作的开展，而创造性人格的培养则是德、体、美、劳诸育的整体任务。

因此，培养创新型人才，需要在高等教育中实施素质教育。

3. *以创新教育培养拔尖人才，创建创新型校园环境*

创新型人才的培养和造就要靠创新教育。所谓创新教育，意指在创造型的管理和学校环境中由创造型教师通过创造型教育方法培养出创造型学生的过程，它是以培养学生创新精神和创新能力为基本价值取向的教育。如何在素质教育的大背景下开展创新教育？关键在于转变旧有的教育观念，创建创新型校园环境。

校园环境是影响学生创新素质发展的重要外部因素。教师、课堂文化、学校文化等都是校园环境的重要组成部分。

创新型人才的培养依赖于创新型教师。创新型的教师就是那些善于吸收最新教育科学成果，将其积极运用于教学中，并有独特见解，能够发现行之有效的新教学方法的教师。一名优秀的教师应该具有创新性的教育观念、知识结构、教学方法和个性特征等。教师应当认识到，学生是创新教育的主体。教师的主要任务是创造各种条件，帮助学生生动活泼、主动全面地发展自己的创新意识、创新精神和创新能力。同时，教师应充分贯彻素质教育的育人理念，不是单纯地向学生传授知识、经验和文化，更重要的是塑造学生心灵，变革学生的精神世界；在传授知识的同时，也要讲清知识来自创造、重在应用的道理。因此，一位优秀的教师应该是教育目的的实现者、教学活动的组织者、教学方法的探索者和教育活动的创造者。他们具有创造性的教育观、知识结构、个性特征、教学艺术和管理艺术，特别是创造性的教育教学方法。创造型的教师队伍的建设是培养和造就创造性人才的关键。

创新型人才的培养依托于民主、宽松的课堂文化。素质教育是针对应试教育提出的教育思想。应试教育中的课堂文化，更多地强调以教师教学为主，学生并不是主体，而只是一个被动地接受知识的客观对象。学生对知识和权威的态度是尊重与遵从的，缺乏对知识和权威的质疑、批判精神。这种教育理念和课堂文化严重束缚了学生创新素质的发展。而素质教育所倡导的课堂文化，则是鼓励学生进行创新，允许并积极对待学生在课堂上犯的错误，坚持多元视角，关照不同学生个性和智力发展的不同，做到因材施教；强调学生在教育过程中的中心地位，突出学生的主体性，倡导启发式和讨论式教学，从而激发学生独立思考和创新的意识，使得学生能够更加积极、更加主动地参与学习过程，完成创造性学习。

创新人才的培养需要创新型的学校文化。学校是实施素质教育的主阵地，也是实施创新教育的主渠道。课堂文化依托于学校文化，只有学校拥有一个提倡创新、鼓励创新的文化氛围，教师在课堂教学中才能进行创新教育。营造创新型的学校文化有多种途径。例如，开设各种科研创新活动，培养学生的多元化能力和创新素质；充分利用高等院校自身的科研资源，向本科生开放实验室，鼓励其进行科学研究探索；实施“本科生导师制”，重视学生个性发展和创新意识培养等。总的来说，学校要构建出彰显学校特色、全体成员一致认同的教育价值观，并使这种教育价值观潜移默化地影响师生的价值选择、人格塑造、思维方式、学术氛围、道德操行和行为习惯等，从而有利于创新教育和创新学习。

创新是民族发展之魂，国家强盛之本。培养综合素质全面发展的创新人才是建设创新型国家的重要途径。高等院校必须以强烈的紧迫感和高度的责任感，全面推进素质教育，并以此为前提开展创新教育，全面深化教学改革，从而全面提高学生的创新精神和创新能力，为增强自主创新能力、建设创新型国家提供强有力的人才支持和知识贡献。

(二)实践是培养创新型人才的根本途径

从创新型人才的素质特征来看，实践是培养创新型人才的根本途径。为了有效推动我国创新型人才的培养，必须树立基于实践的人才培养观念，积极探索以实践为导向的创新型人才培养模式。

1. 创新精神的培养源于不断地创新实践与反思

实践是认识的基础，创新源于对实践的反思。马克思主义哲学认为，认识来源于实践。毛泽东同志指出，人的正确思想只能从社会实践中来，没有实践，就不可能获得对客观事物的正确认识。根据马克思主义经济学理论，创新是人类对于其实践范畴的扩展性发现、创造的结果。辩证唯物主义认为，实践是认识发展的动力。正是通过对实践的不断反思与总结，凭借实践得来的经验和手段，人们的认识才不断由低级向高级发展，解决问题的方法和途径也不断更新。

创新实践是培养创新精神的重要源泉。创新精神属于科学精神和科学思想的范畴，包括不满足已有认识，不断追求新知；不满足现有的生活、生产方式、方法等，根据实际需要或新的情况，不断进行改革和革新；不墨守成规，敢于打破原有框框，探索新规律、新方法；不迷信书本、权威，敢于根据事实和自己的思考，向书本和权威质疑；不盲目效仿别人等。意识以物质为基础，创新精神的养成离不开创新实践。在创新实践过程中，我们对知识意义、内涵和作用的认识不断加深，独立思考、团结协作的能力逐渐提高。在不断地创新实践中，自信和勇气得以不断提高，并形成对科学研究的基本认识与兴趣，养成科学严谨的治学态度和勇于质疑的科学精神、百折不挠的探索精神和孜孜不倦的钻研精神。

2. 实践是创新能力培养的必由之路

创新能力是运用知识和理论创造性地解决问题的能力，而实践是创新能力养成的必由之路。

(1)实践是知识转化为能力的必要途径

知识是人们在改造世界的实践中所获得的认识和经验的总和，实践性是知识的根本属性。能力是对知识的运用，是通过实践来形成并在实践当中来体现的，具有典型的实践特性。因此，实践是连接知识和能力的桥梁。通过实践活动，知识的意义、内涵、作用等才能够被清晰准确地掌握，学生才能够学会如何运用知识分析问题、解决问题，知识才有可能转化为能力。当然，一次实践活动并不能保证对知识形成全面的认识，知识转化为能力往往需要以大量的实践为基础。多年来，“高分低能”现象一直困扰着我国教育发展。树立实践教育观，建立和完善实践教育人才培养体系，让学生在专业实践中去体会创新态度、意志、精神和情感，实现知识向能力的转换，对于我国创新型人才培养具有重要意义。

(2)实践是创新能力养成的重要渠道

只有通过实践人们才能更全面地了解知识以及理论的意义和内涵，才能科学识别知识和理论的真伪，才能把握知识作用的发挥机制；只有在解决问题的实践中，才能培养个体运用所学知识分析问题、解决问题的能力。通过大量实践，在全面掌握知识理论、准确把握事物发展规律的基础上，个体才能够超越现实表象，有所发现、发明和创造。创新的基础是对多学科知识技能的创造性综合应用，需要广博的知识基础和精尖的专业基础，而实践是多学科知识融会贯通的有效途径。

(3)实践是创新能力形成的必要环节

人类的认识过程有两次飞跃，第一次是从感性认识到理性认识，第二次是从理性认识到实践。与第一次飞跃相比，第二次飞跃是为了实现理性认识本身的要求和实践的要求，是一次意义更为重大的飞跃。这次飞跃，使认识物化或对象化，使认识变为现实，使精神力量转化为物质力量。从人类的认识过程来看，第二次飞跃的实质是人类在对客观现实详尽分析的基础上综合运用认识成果解决现实问题的实践过程。这个过程涉及对已有认识的统合、对认识成果的验证及创造性使用，也常常会涌现出新思想、新方法、新知识等，可以说这个过程也是一个创新的实践过程。人类的创新能力来源于不断的“实践—反思—实践”，反思推动新思想、新方法和新知识的产生，而在不断的实践中，创新思想、方法、知识等逐步得到验证，逐渐转化为创新能力。

(三)通识教育是培养创新型人才的必备要素

目前，通识教育已然在当代世界教育体系中崭露头角。一大批国际名校已经开始关于通识教育的诸多尝试。例如，耶鲁大学作为世界上较早开展自由教育的知名学府，鼓励学生在自主选课的时候积极选修人文艺术课程，以培养学生的文艺素养；哈佛大学则直接在课程规划中加入通识核心课程模式，该模式主张文理交叉，学科综合，全面扩展学生的知识领域和思维模式；北京大学、芝加哥大学、台湾大学、香港中文大学等，也都先后开始关于通识类课程与教育理念的尝试。

通识教育是现代学科综合教育理论的发展方向，是中国传统文化，尤其是中国传统教育哲学思想的传承，同时也是教育在素质培养、新时代德才观、以人为本与科学发展等思想领域的融合与新的探索。具体来讲，通识教育从狭义上看，是指学科的融合与互补，是指大学教育中面向所有学生的关于语言、文化、历史、科学和全学科教育，是打破学科界线的基础教育和普及教育。而从广义上来看，通识教育不仅仅是知识的传授，而且包含了诸如个性与品质的培养、能力与素质的训练、感知与情操的渗透，以及其他不直接地具有实用性和功利性成长要素的培育。从本质上来看，通识教育的核心目标是育人，而非教书。所以，通识教育是超越实用性和功利性的，其过程不是以培养专业的、实用的人才为目标，而结果却往往能够促成人的全面发展和人才的自由成长。

1. 通识教育强调学科融合，是培养创新型人才的必要支撑

2009年，教育进展国际评估组织对全球21个国家进行的调查显示，中国学生的计算能力排名世界第一，想象力却排名倒数第一，创造力排名倒数第五。在中国的中小学生中，认为自己有好奇心和想象力的只占4.7%，而希望培养想象力和创造力的只占14.9%。中国学子每年在美国拿博士学位的有2000人之多，为非美裔学生之冠，虽然成绩突出，想象力却大大缺乏。① 如何才能深化人才培养机制改革，创新人才培养模式，造就富有想象力和好奇心的拔尖创新人才，是现代教育面临的新的历史任务。耶鲁大学校长理查德·雷文认为，目前中国大学的本科教育缺乏两个非常关键的因素，第一就是跨学科的广度，第二是对于批判性思维的培养。② 2011年，胡锦涛同志在庆祝清华大学建校100周年大会上的讲话中指出，要“推动学科融合，培育新兴学科，建设重大创新平台和创新团队”。通识教育强调文理学科融合，强调知识与道德融合，强调学问与能力融合，为培养创新型人才提供了必要的支撑。

通识教育是全学科教育，为学生构建合理的知识结构提供了雄厚的知识基础和广阔的研究视野。从科学发展的历史进程来看，学科之间的相互融合与交叉学科的不断产生，不仅是学科发展的必然趋势，也是学

① 21个国家调查显示：中国中小学生想象力倒数第一[N]. 中国新闻网，2010年11月24日.

② 教育部中外大学校长论坛组委会. 中外大学校长论坛文集(第4辑)[C]. 北京：外语教学与研究出版社，2010年.

术研究中产生重大创新性成果的必要支撑。只有透过学科之间的交叉、影响、渗透和融合，打破各门学科之间的各种限制的界线，才能将知识还原为一个有机的联系的体系，才能将世界还原为一个整体。因此，促进学科交叉融合发展，是教育发展的方向，也为培养创新型人才提供了必要的支撑。从通识教育的表现形式上来看，通识教育是全学科的教育，最为直观地体现了学科的交叉与融合，其范围是广泛的，其内容是全面的，是非专业性的，是多元的。通识教育将原本被细划、孤立，甚至拆分、割裂的各门学科综合起来，为学生提供全学科的教育，不仅使学生重新获得了一个庞杂而有机联系的全面的知识体系，使学生更接近真实的世界，而且使学生的思维方式不再孤立，发展方向不再片面。这样，学生可以获得更为雄厚的知识基础，可以拥有更为广阔的研究视野，也就可以建立更为合理的知识结构和思维方式。

通识教育是一种人文教育，为创新型人才培养提供了必要的道德支撑。从古至今，德与才的关系一直是人才观讨论的焦点，而在经济飞速发展的今天，现代教育中对于传统的德行教育和古典人文教育的缺失，使得教育中急功近利等不可避免的弊端日渐显露。我们当然不能否认科学知识与实用能力在当今社会发展当中不可取代的重要意义，但是，学生在获得知识与能力之前，必须要有一定的人文素养作为积淀，必须要有一定的道德修养作为支撑。通识教育强调人文教育，即在知识的传授之先，引导学生思考关于人生道理、终极目标及各种关于永恒存在的问题，使学生在获得知识和进行创新活动之前，首先具有完整的人格、个性与不偏颇的思维和发展方向。通识教育力求给学生以优良的思想道德修养、强烈的社会责任感以及与人沟通和为善的能力，尤其使得学生具有正确的判断能力和自我约束、自我管理、自我教育能力，以使其成长与创新的方向和最终成果是有益于人类的发展和社会进步的，使得学生最终成为理性的、人文的和道德的优秀创新型人才。

通识教育是社会化的教育，强调能力培养与实践的重要性。在传统教育理念当中，对于学生知识的传授是教育的核心目标，特别是我国的应试教育长期存在，使得教育的目标更趋向于单一化发展。但是，随着社会的不断发展与进步，知识教育的弊端日益显现，人们开始越来越多地关注学生的实际能力与综合素质的培养。诸如素质教育、全人教育等一系列先进教育理念开始兴起。而通识教育也正是针对这种将社会、文化与知识割裂的教育现状，强调在学校教育之余，要有社会化教育，要着重培养学生的社会化能力与社会实践水平。这种能力的培养既包括沟通、包容、适应等人的社会化功能的能力，也包括跨文化的理解与交流能力，还包括动手能力、实践能力和对于社会发展与人类进步的洞察能力和创新能力。通识教育培养出来的人才，不是教科书里的人才，也不是学校里的人才，而应当是社会的人才，其目光是远大的，其能力是全面的，其见识是先进的。只有这样的人才，才能够具有有益于社会发展的创新能力，才能够成为真正的创新型人才。

2. 通识教育强调自主自由，为挖掘人才创新潜能提供可能

从全学科融合的意义上延伸来看，通识教育因其基础的广阔性和庞杂性，使得其在内涵方面具有了哲学意义上的自主和自由。从这个层面看来，通识教育的实质是以人为本，以人的发展为本体和最终目标，是对人性的一种尊重，能够从最根本上挖掘人才的创新潜能。

通识教育超越了功利性和实用性，在融会贯通的同时强调个体的自主性和特长的自由发展。通识教育是非功利性的、不直接为职业做准备的知识和能力的教育，其涉及范围宽广全面。因此，通识教育认为，精神和物质同样重要，知识也没有高低之分，人的情感在成才的过程中在某种程度上甚至先于各门具体科学。通识教育没有直接的功利性，甚至没有可见的实用性，但是，正是这种不以功利为目的的教育方式，才能从根本上为人才提供发展的可能和创造的可能。教育不是单纯的社会统治的工具，人也不再是经济利益驱动下的机械个体，每个人都是一个完整的个体，是精神与物质的统一体，是自由的，是自主的。在这种完全的融合下，人才的发展才能摆脱知识与能力、学习与生活的强硬分割，以一种全面的方式自由发展。在这样自由的前提下，人才的潜能也就能得以无限发挥，其创新思维也能够有所发展。

自主是对于“才”的普遍尊重，直接决定了人才创新的可能性。在

1998年联合国教科文组织发布的两份“纲要”①当中，高等教育的目的和使命被定义为：培养一个真正能够服务于社会，保障社会可持续发展的人才，而这样的人必须要具备良好的文化素养，具有独立的精神，具有批判的意识，具有可以承担起社会责任的勇气。这里面所说的独立的精神，也就是学术的自主性，是创新型人才的最基本条件。通识教育对于个体没有过多的限制，其在教育内容上体现了教育的公平性，而这种公平也就相应地承认了个体的独立性和自主性。学生在通识教育下，可以更为自主地选择自己的兴趣和特长，可以自主地选择自己的研究方向。相较专识教育对于人才其他才能的抹杀来看，通识教育为人才的发展提供了无限的可能。从某种程度上说，通识教育决定了人才创新的可能性。

自由对人才发展方向的不限制、不束缚，直接决定了人才创新的发展程度。针对以往过分强调专业教育而忽视人文教育的教育理念，如今，越来越多的高校开始试图引导学生自主选择语言、文学、历史、文化等方面的课程。这样，学生的学习内容不再受传统的专业限制，而有了更为广阔的发展空间。通识教育理念下，学生的学习内容、方式与结果都是自由的。通识教育为学生提供了一切发展的可能，也就给了学生无限的创新空间。从这个意义上而言，通识教育不仅仅局限于课程教学，它实际上渗透于大学教育的方方面面，也就给人才发展以无限的发挥空间，无垠的基础土壤，为创新型人才培养提供了无限的可能。通识教育实际上是一种以人为本的自由的教育，其自由表现在对人才发展方向的不限制、不束缚，为人才的创新提供了宽松的环境，也直接决定了人才创新的发展程度。

3. 通识教育强调“全人”教育，是培养创新型人才最有效的实现方式

著名教育家蔡元培指出：“教育是帮助被教育的人，给他能发展自己的能力，完成他的人格，于人类文化上能尽一分子的责任。”这里提出的“完成人格”，也是通识教育所强调的“全人”教育。

“全人”教育培养学生在道德、知识、能力等所有方面和谐发展，反映了时代的最新需求。创新是时代发展的需求，它涵盖了政治、军事、

---

① 在1998年，联合国教科文组织曾经发表了两份非常重要的文件，一份是关于“21世纪高等教育的纲要”，一份是关于“高等教育变革与发展的先行行动纲要”。

经济、文化等诸多领域。但就创新型人才而言，创新要求各领域的协调发展，而且要求其在心理上与能力上的全面与和谐。可以说，现代意义上的创新不再仅仅表现为表面上的简单的创新和突破，而是表现为一种集成式的创新。通识教育所强调的“全人”，是在知识结构、社会化程度、实践能力、情感认知能力等诸多方面都有一定发展的人才，体现时代发展的最新需求。通识教育的目标在于使学生树立开放的思想观念，培养学生全面的素质，构筑合理的知识和能力结构，拓展知识背景和能力基础，为发展创造性思维能力奠定基础，同时也为人才跨学科、跨领域创新以及进行新领域开发研究提供条件。实践证明，具备多元文化背景和国际化视野的人才更能够掌握更多的前沿信息，更好地进行国际合作；具备厚基础、宽口径、文理交融知识结构的人才才能有基础进行创新活动。

通识教育关注人的知识、能力、生活、道德、情感和理智的和谐发展，是对当前高等教育的修正。早在19世纪，不少欧美学者就发现，现代大学在发展当中显现出诸多弊端。尤其在大学学科建设过程中，学术分科随着学术的不断发展与细化，呈现出学科专业化过强，甚至导致知识割裂而无法正常发展的态势。于是，通识教育理念应运而生。最初的通识教育大抵是为了修正高等教育中学科细化的问题，但随着高等教育的问题不断凸显，通识教育的内涵和外延也不断被丰富。当前，在现代教育中，学科的细致划分、应试教育的偏重、过分强调文理分科、学校教育的独揽、性情与能力的缺失，等等，使得高校培养出来的高水平人才往往不能很好地适应社会，其研究成果也往往不能跨越既成的思维模式。而通识教育的目的是培养能独立思考，且对不同的学科有所认识，在人格方面力求完善，能够有效避免这些弊端的学生。通识教育既强调以人为本的发展理念，又超越个体的小境界，融合人与社会、人与自然，实现人的全面、协调、可持续发展，全面促进创新型人才的培养。

通识教育强调人的身心的全面发展，将创新型人才培养理论实际化、具体化、操作化。通识教育包含的内容很多，既要求学生有宽广的知识面和全面的学习、研究能力，同时要求学生有健康的人性、理想的人格、广博的知识、优雅的气质、优良的素质教育和高水平的社会实践能力，等等。总的说来，通识教育强调人的身心的全面发展，强调人的各种能力和素质的全面发展。从这个意义上来看，通识教育不仅仅培养的是人才，而且在培养过程中让受教育者形成开阔的视野，为创新型人才培养的理论提供了实际化、具体化和操作化的可能。因此，通识教育是培养创新型人才的最有效的实现方式。将通识教育运用于高等教育当中，并以之指导课程设计和教育模式，无疑是培养创新型人才的最佳途径。

(四)社会责任感是创新型人才成长的重要前提

当前，我国经济体制深刻变革、社会结构深刻变动、利益格局深刻调整、思想观念深刻变化、社会思想文化越来越多元多样多变，给青少年健康成长带来了深刻冲击。① 一方面，当代青少年精神世界的主流是积极向上的，他们接触新事物多，信息面广，思想活跃，观念新颖，兴趣广泛，主体意识、独立意识强；另一方面，市场经济的负面影响和社会环境的大变革，导致部分青少年为了自身利益和自我价值的实现，淡漠国家和集体利益，逃避或放弃自己应承担的社会责任，甚至连最起码的“有所为有所不为”的基本生活准则也难以遵循，缺少对责任追求的向度。加强青少年的责任教育已成为教育工作者不能回避的重大课题和时代任务。②《国家中长期教育改革和发展规划纲要(2010—2020年)》明确提出，坚持以人为本、全面实施素质教育是教育改革发展的战略主题，并将“着力提高学生服务国家服务人民的社会责任感”作为未来高水平创新型人才的核心素质。③

1. 创新型国家呼唤公民提升社会责任感

在这个世界上，每一个人都扮演着不同的角色，每一种角色又都承担着不同的责任。人是社会性的动物，而社会性作为人的先在规定性，其重要体现之一就是责任性。社会责任感主要是指一个享有独立人格的社会成员对国家、集体以及他人所承担的职责、任务和使命的态度。作为一种道德情感，社会责任感是知、情、行的统一，是人的内在精神价

---

① 刘川生．社会责任感是创新型人才成长的核心素质[J]．中国高等教育，2012年第10期．

② 刘川生．社会责任感是创新型人才成长的核心素质[J]．中国高等教育，2012年第10期．

③ 国家中长期教育改革和发展规划纲要(2010—2020年)[N]．新华网，2010年7月29日．

值和外部行为规范的有机结合。①

社会责任感是个体德行的根本体现，是现代社会的道德基础与人类永存和进步的不竭精神动力。当前我们正处在一个越来越凸显“责任”的时代，高度的社会责任感是未来社会对公民素质的基本要求。② 美国波士顿大学伦理道德和品德教育发展中心主任凯文·顿安指出，人们越来越认识到高校所面临的最重要的挑战是在它们的学生中培养道德、品德、公民义务和社会责任感。联合国教科文组织在1998年召开的首次世界高等教育大会上明确指出，高等教育首先要“培养高素质的毕业生和负责任的公民”。③ 美国提倡“品格教育”，将学生责任感的培养作为人文教育和道德教育的核心内容之一，从而培养“责任公民”。德国在《联邦德国教育总法》中规定：培养学生在一个自由、民主和福利的法律社会中……对自己的行为有责任感。日本在《教育基本法》中规定教育的中心目标是：充分发展个性，大力培养有强烈责任感和充满独立精神的人。

当今世界正处在大发展、大变革、大调整时期，科学技术突飞猛进，知识经济已深入发展，国际竞争日趋激烈，全球化日益向纵深发展。我国改革开放和现代化建设的伟大实践，赋予责任感日益丰富的时代内涵，负责任的大国、负责任的政府、负责任的公民，更加鲜明地呈现在世界面前。责任成就卓越，强调责任问题，显然有着很强的时代紧迫性和现实针对性，也具有更加深刻的本土意蕴：我国和谐社会和创新型国家的建设需要社会道德责任文化的支撑；科学发展观内在地要求公民社会责任品质的提高；政治民主化过程的推进，要求人对自主的选择承担普遍的社会责任。培养什么人、怎样培养人，事关党和国家长治久安，事关中华民族前途命运。培育和增强当代青少年学生的责任感，对于培养造就社会主义合格建设者和可靠接班人，更好地赢得青年、赢得未来，确保中国特色社会主义事业薪火相传、兴旺发达具有重要的战略意义。

2. 高度的社会责任感是培养创新型人才的内在要求

创新是一个国家兴旺发达的不竭动力。世界上越来越多的国家将创

---

① 冯霞．当代大学生社会责任感教育与培养探究[J]．学术论坛，2009年第2期.

② 刘川生．社会责任感是创新型人才成长的核心素质[J]．中国高等教育，2012年第10期.

③ 刘川生．社会责任感是创新型人才成长的核心素质[J]．中国高等教育，2012年第10期.

新作为提高国家竞争力的重大战略。建设创新型国家，关键靠创新型人才。未来高素质人才创新精神与实践能力的有效提升，不仅需要良好的专业知识与实践技能，需要对社会需求的体察和刻苦钻研的精神与实践，更需要勇担重任的勇气和气魄。所以，爱因斯坦在怀念居里夫人时说："第一流人物对于时代和历史进程的意义，在其道德品质方面，也许比单纯的才智成就方面还要大。即使是后者，它们取决于品格的程度，也远超过通常所认为的那样。"①

责任不仅是一种品德，更是一种能力，而且是其他所有能力的统帅与核心。包括IBM(国际商业机器公司)、微软以及惠普在内的很多卓越的创新企业都把履行社会责任作为其提升竞争力的重要举措，非常注重员工责任感的培养。在微软公司，责任感贯穿于员工们的全部行动，强调人可以不伟大，但不可以没有责任心。一项关于诺贝尔奖获得者医学创新的原动力的调查表明，在他们的创新行为中，既具有好奇心、求知欲和兴趣这些心理层面的科学创新原动力，还同时表现出强烈的社会责任感和人类责任感等精神层面的科学创新原动力。强烈的社会责任感既是高尚品德和健康人格的重要标志，也是创新行为和实践能力的动力之源。一方面，强烈的社会责任感驱动创新主体更加自觉地寻找社会需求与自身所从事专业、事业的结合点，对社会的关注和观察更加敏锐，思维更加活跃，对现实中不科学、不合理的生产方式和生产内容等产生强烈的批判和改造欲望，不断激发创新动机，从而促进创新能力的形成和提升，为创新提供直接驱动力。② 另一方面，创新是一种艰苦探索的过程，是一种批判、质疑、求证的过程，是一种坚持独立见解的过程，是一种接受新事物、维护新观点的过程，往往要经历曲折反复、失败误解，只有坚持到最后才能最终成功，这就需要创新主体具有高度、稳定和恒久的对社会、对人类的责任感，给自己创新行为提供持久动力。

(五)课程教材和教师教育改革是培养创新型人才的两大基本保障

课程教材和教师教育改革的关键在于改革大学课堂，这是因为大学课堂是大学课程教材和教师教育改革的关键场域。只有改革大学课堂，

① 张剑敏．一个刚强正直、平淡超然的灵魂[J]．南方文物，2009年第2期．

② 刘川生．社会责任感是创新型人才成长的核心素质[J]．中国高等教育，2012年第10期．

建立以大学课堂为改革核心的课程教材和教师教育制度，才能从根本上培养大学创新人才。

1. 大学课堂[①]学术文化的内涵

现代教育是通过课堂来实现的，而课堂从本质上说是一种文化在空间和时间上的存在。这种文化的存在是因为人的存在而体现精神文化的存在，也因为学校这个特殊组织的存在而体现出制度文化的存在，我们称之为课堂文化。同样，现代大学教育也是通过大学课堂来实现的。大学课堂文化更是一种精神的存在，是一种批判精神、自由精神、探究精神、创新精神的存在，是一种学术文化存在，是一种学术阅读、学术写作、学术表达的文化存在。大学课堂还是一种学术制度文化的存在，不仅要受制于一定的学术制度，同时还要通过学术制度培养精神文化的存在。因此，大学课堂文化主要是大学课堂学术文化。大学课堂学术文化是师生在共同创造课堂历史的过程中赋予学术精神和制度成果全部总和以及师生的课堂行为方式以学生和教师成长过程化的形式的特殊活动。大学课堂学术文化本质上是育人的文化，是学生学术精神和学术制度的养成。师生既是课堂学术文化的创造者，又是课堂学术文化的创造物。由于大学是以学术学科制度而存在的，因此大学课堂又分为科学文化和人文文化的课堂。实验室是现代大学科学文化的一种标志，它表现出科学逻辑的文化，但人文文化主要通过课堂来体现，因此大学课堂学术文化成为人文、社会科学的一个重要标志。

2. 大学课堂学术文化存在的问题

大学课堂学术文化的重建主要是针对当下大学课堂学术文化存在的问题，包括课堂学术文化的失落，教材中心的课堂文化对于学生学术精神养成的阻碍，知识中心的课堂文化对于学生学术能力全面发展的消极作用，以及普遍存在的课堂“幼稚文化”问题。

---

① 这里的“课堂”不是狭义上的只有发生在教师和学生在规定时间内共同行为表现的空间和时间的结合体场所，它还包括这个课堂所赋予的各种任务布置而完成的一系列行为和所产生的结果。因此，学生的作业完成、阅读材料的扩充和因课程需要而走出课堂的参观访问、访谈等的课堂程序都是本文所理解的大学课堂的内容。

(1)大学课堂学术文化的失落

大学因学术而存在，因此学术文化应该是大学的核心，然而当今大学学术文化的失落成为制约大学创新型人才培养的重要原因。大学课堂学术文化的失落主要表现在没有课堂学术批评，没有课堂学术训练，没有课堂学术探究，更没有课堂学术创新，更不用说大学学术课堂要去关注学术规范、学术礼仪的养成，即使使用了学术 presentation(展示)制度，也只是形式，而不是阅读、写作和 presentation 一体化的安排。为此，必须重建大学课堂的学术文化，拯救大学的课堂学术，使其回归到大学本来意义上的学术文化中。

(2)教材中心的课堂文化阻碍大学生学术精神的养成

高等学校教材制度是阻碍大学学术发展的重要因素之一。大学本不应该有教材，教材制度导致的最恶劣的结果就是学生背诵行为的盛行，形成了“背习型的教学文化”①。做教师上课内容的笔记成为大学课堂的学习行为模式，教材、做笔记、背诵、考试成为大学课堂的基本程式，这是典型的教材中心的课堂文化。这种课堂文化造成的后果就是教师千篇一律的教学，统一僵化的教学策略和以不变应万变的教学模式，而更严重的后果是学生的学习行为产生主要迫于大学的制度权威②，结果是学生课堂行为的异化，如带笔记本电脑玩游戏、趴桌子上睡觉、用手机发信息等，为此，必须重建大学课堂学术文化，把课堂变成学生和教师精神文化共享的境域。

(3)知识中心的大学课堂失去了大学生精神文化的涵育

大学课堂不是单纯的知识课堂，它更应该是文化课堂，而今天的大学变成了简单易行的知识课堂，它失去的是大学生精神文化的涵育。大学课堂的知识中心的文化导致教师只教知识，只教技术性知识，把课堂变成工具主义、功利主义的课堂，可怕的是因为工具主义、功利主义而消解了理想和崇高，崇拜权力、欲望和金钱，追逐形式和浮夸，消失自

---

① 谢翌，张同柏．论大学课堂文化的重建[J]．江西师范大学学报(哲学社会科学版)，2010 年第 1 期．

② 吴小鸥．问诊大学课堂教学[J]．现代大学教育，2004 年第 1 期；吴小鸥．大学课堂文化人格的共生与化育[J]．高教探索，2005 年第 6 期．

我和价值，没有知识批判，没有问题的探究，没有师生心灵的学术交往，相反存在的是学生学术人格的扭曲，最终失去了学生精神文化的涵育，因此重建大学课堂学术文化已然成为一项紧迫任务。

(4)大学课堂“幼稚文化”盛行

本来“大学之所以存在是因为她能把青年人和老年人联合在对知识的富有想象力的思考当中，并维持了知识和生活的联系。大学的确是传授知识，但却是创造性地传授知识”①，这是怀特海说的。而今天大学课堂从主体角度来判断，可以说是一种“幼稚文化”。它不是“老年人对着青年人”，而是一张稚嫩的脸面对无数稚嫩的脸。大量应届毕业生进入大学教师队伍中，走上讲台，用教材中心、知识中心的典型教学程式传授着功利主义和工具主义所需要的“体系化” 知识，表现出知识中心与幼稚经验的课堂文化。一本教材成为师生博弈的手段，体现出教材中心的课堂文化。教师的一言堂成为学生被动学习的唯一途径，体现出了教师中心的课堂文化。这些文化的出现自然有其客观原因。例如，高等教育大众化带来了大学教师队伍的扩大，因而大量以学生身份为特征的博士、硕士毕业生进入大学教师行列，无法避免“幼稚文化”的产生，但没有制度文化的保障是这种“幼稚文化”盛行的重要原因。为此，应重建大学课堂学术文化，降低因客观存在的“幼稚文化”而导致的学生学术精神的失缺程度。

五、科学发展观与创新发展引领教育创新

教育创新系统是一个有机的整体，包含多种要素，如教育管理体制、教育政策、教育资源及其协调程度、市场需求、科技教育水平等。这些不同特征的因素都对教育创新的形成产生作用和效果，各种要素之间也会相互影响，从而导致创新过程及结果的变化，即教育创新系统是一个多层次、多变量、多子系统的多维复合系统。同时不断变化的外部环境构成了教育创新动态变化的外部条件，对其也会产生不同程度的影响。

(一)教育创新是一项复杂而艰巨的系统工程

近年来，国外关于模块(Module & Modular)问题的相关研究已经开

① (英)杰勒德·德兰迪．知识社会中的大学[M]．黄建如，译．北京：北京大学出版社，2010年．

始涉足组织结构、管理程序、产业发展机制、经济系统运行等多个社会科学领域。经典的解释认为，模块是指具有某种确定独立功能的半自律性的子系统，它可以通过标准的界面结构与其他功能的半自律性子系统按照一定的规则相互联系而构成更加复杂的系统，而模块化则是一个将系统进行分解和整合的动态过程。① 模块与模块化的提出，其重要的意义在于它所呈现出的用于解决复杂系统问题的方法。

创新系统可以视为由一个个复杂的子系统构成的系统。从模块的视界看，一个完整的教育创新过程，应具备四个模块。一是动力模块。变革的动力被定义为对变革的本质和变革的过程具有自觉的认识。动力要素是教育创新的起搏器。创新行为的产生是外部动力和内部动力共同作用的结果。外部动力为创新提供适当的环境，主要包括政策保障、体制机制、竞争、社会及市场的需求、激励机制等。内部动力促使内部各要素主动地积累自身的创新能力，从而产生创新行为，包括发展目标、技术、知识、制度、服务等要素的稀缺、发展不协调、创新瓶颈等因素。教育创新系统的整个运行过程都是在内外合力作用下进行的，各种因素动力在不同的创新过程中表现出的动力大小也有所不同。总体而言，从动力角度分析，教育创新被分为三类：迫于生存压力而进行的教育创新；追求教育理想而提出的教育创新；附于政策变革而引发的教育创新。② 二是要素模块。教育发展要素主要包括人力资源、财力资源、物质资源和信息资源。人力资源是教育创新的主体，是教育创新系统中最重要的部分。财力资源涉及教育的经济实力以及用于创新的资金情况。物质资源包括基础设施以及所拥有的自然资源和社会资源等。而信息资源是指教育的信息化以及知识经济的发展水平，此外，还包括制度和管理因素等。为构成更大的变革能力，还需要作为生成基础的四项核心能力：个人愿景的形成、探索能力、控制能力和协作能力。③ 教育发展要素是教育创新的基础和主体，同时也是教育创新价值不断转化后的积累。不同的教育

---

① 赵兰香，方新．模块重构：构建我国国家创新系统的新思路[J]．科学学与科学技术管理，2005 年第 11 期．

② 孟照海．中国教育创新话语的形成和重建[J]．现代教育管理，2011 年第 2 期．

③ [美]迈克尔·富兰．变革的力量——透视教育改革[M]．中央教育科学研究所，加拿大多伦多国际学院，译．北京：教育科学出版社，2004 年．

发展方式，对教育资源的依赖程度有所不同，对教育资源配置和使用的要求也往往存在差异。三是运行模块。创新是个人、组织和环境因素之间进行复杂交互作用的结果。创新绩效不仅依赖于特定的行动者如何行动，而且更依赖于他们作为创新系统中的要素如何在机构、地区、国家和国际层次上相互作用。创新要素与创新价值之间的桥梁是创新运行。没有创新运行，创新资源难以转化为创新价值，从而使整个教育创新活动失败。教育发展方式的差异，直接体现为教育发展要素的不同组合；教育发展方式的转变，必将体现为教育资源配置方式的转变，而教育资源配置方式反过来也会影响教育发展方式的实施。四是价值模块。无论创新的源头来自哪里，无论创新的形式怎样，如果没有新价值的实现，创新就是不完整的，或者说就不能称其为创新。在经济全球化和知识经济背景下，创新活动与价值实现关系越来越密切，从而使得创新活动及其创新组织的绩效备受关注。教育创新的价值应当具有可感性，并能给社会发展带来利益。创新价值是教育创新系统运行的结果反映。现阶段教育所具有的各个方面的创新能力正是前一阶段创新价值结果的体现。有研究认为，一种教育创新至少要引发三个方面的变化：一是教育与文化包括经济作用方式的演进，或在作用方式、方向以及作用的水平上的转变或变革；二是教育内在结构的演进，如教育制度、专业结构等作用方式的转变；三是教育过程中学习、学生和学业方面的转变。① 教育创新溢出价值还包括经济发展水平、科技进步程度、国民素质提高状况、教育综合实力以及教育的国际竞争力等方面的提升。

教育创新系统这四个模块互为因果，形成一个封闭的循环系统，各个模块之间以不同形式的、直接或间接的相互作用共同完成教育创新过程。教育创新由三个系统性过程完成：一是创新动力转化为创新运行的驱动系统。其中有两个关键的阶段，其一叫作创新主体整合阶段，不同的创新政策引导就会对教育创新主体进行不同形式的组合，主要以管理干预实现；其二叫作创新资源优化配置，创新主体与其他创新资源的结合形式，主要以市场调节手段实现。② 二是创新运行创造创新价值的价值

① 冯增俊．论教育创新与民族创新精神[J]．教育研究，2001 年第 11 期．

② 张宏性，程晞．国家创新模型及评价指标体系研究[J]．统计研究，2005 年第 7 期．

实现过程。由于市场供求的关系，系统中旧结构不断打破，新秩序不断建立，体现出来的是不同形式的、内生的和外生的创新行动，其结果是产生不同形式和程度的创新价值。三是由创新价值引发的新的创新动力的反馈系统。教育创新系统的主要作用是促进提高教育竞争力，促进社会的发展繁荣。教育创新的直接结果首先是教育综合资源的升级。创新的直接结果往往首先是创新资源的升级，技术资源、人力资源、知识资源和信息资源先后成为生产动力资源。资源升级往往是先在教育内部实现，使教育发展产生跨越。因此，教育的进步是资源升级的结果，而资源升级是教育创新的结果。① 教育资源的一个升级是一次教育创新循环周期的终结，教育创新系统由此进入更高层次的创新过程。这三个系统构成了教育创新的基本模式。在这一模式下，教育创新系统中各要素的不同形式的作用和组合，会形成教育创新的不同结果。

（二）教育创新必须坚持科学发展观与创新发展引领

教育作为社会发展的重要动力，应重视自身的现代变革。教育创新是现代教育发展规律的表现，是教育走出陈旧落后教育堡垒，与具体社会发展实际相结合，并形成一个互动共进的发展模式的必要条件。然而，这种发展模式不是一成不变的，而是与时俱进，呈现为一个不断循环递进的历史进程。②

1. 教育创新必须坚持发展和创新为第一要务，转变教育发展方式

新中国成立以来，特别是改革开放三十多年来，我国教育事业取得了举世瞩目的成就。义务教育全面普及，学前教育、高中阶段教育和职业教育发展迅速，高等教育进入大众化阶段，教育供给总量不足的矛盾得到根本缓解，成为世界教育大国，实现了从人口大国向人力资源大国的转变。③ 站在新的历史起点上，我们的教育还不适应经济社会发展的要求，不适应国家对人才培养的要求。加快从教育大国向教育强国、从人力资源大国向人力资源强国的转变，迫切需要加快教育改革与发展的步

---

① 张宏性，程晞．国家创新模型及评价指标体系研究[J]．统计研究，2005 年第 7 期．

② 方增泉．坚持科学发展观引领，大力推进教育创新[C]．全面小康：发展与公平——第六届北京市中青年社科理论人才“百人工程”学者论坛(2012)论文集，2012 年．

③ 国家中长期教育改革和发展规划纲要(2010—2020 年)[N]．新华网，2010 年 7 月 29 日．

伐，就目前而言，关键的是要加快教育发展方式的转变。①

从世界各国的发展经验来看，教育是经济发展方式转变的“助推器”。教育发展在三个方面对经济发展方式转变起着推动作用：为经济发展方式转变提供高素质的劳动力队伍；提高劳动者的“配置能力”，使劳动者减少失业风险并获得更高的收入；推动科学技术的发展，加快产业结构的调整。此外，教育发展本身也是促进经济发展的重要因素。② 当前，加快经济发展方式转变已经成为我国进一步深化改革开放、促进经济社会科学发展的一项核心任务。随着经济社会的发展和教育改革的深化，经济社会发展对高质量多样化人才的需要与教育培养能力不足的矛盾、人民群众期盼良好教育与资源相对短缺的矛盾、增强教育活力与体制机制约束的矛盾成为当前我国教育领域的主要矛盾。③ 主要矛盾的转化势必导致教育发展重心的调整，提高教育质量、促进教育公平、推进教育国际化已经成为今后一个时期教育发展的时代任务。我国教育正在从以规模扩张为主的外延发展，进入以全面提高质量为核心的内涵发展的新阶段，这意味着教育供求关系将发生重大变化，即教育市场将从卖方市场转变为买方市场。④ 显然，既往的教育发展方式和资源配置方式已不能适应我国经济发展方式转变和建设人力资源强国等重大战略的实施，不能适应教育发展重心调整的需要。必须根据新的发展目标，实现教育发展的主题切换，选择更加符合教育规律、更加适合国情的发展方式和资源配置方式，形成新的发展共识，确立新的发展模式。

教育发展方式转变是一个系统工程，涉及教育理念、办学方式、办学体制、教学方式、教育评价方式等方方面面，必须坚持以科学发展观为指导，做好顶层设计，以教育发展的重点领域和关键环节为切入点，

---

① 方增泉．坚持科学发展观引领，大力推进教育创新[C]．全面小康：发展与公平——第六届北京市中青年社科理论人才“百人工程”学者论坛(2012)论文集，2012 年.

② 赖德胜，李长安．转变经济发展方式：教育改革发展新课题[N]．中国教育报，2010 年 7 月 6 日.

③ 国家中长期教育改革和发展规划纲要(2010—2020 年)[N]．新华网，2010 年 7 月 29 日.

④ 王本陆．关于我国现代教育发展阶段问题的探讨[J]．北京师范大学学报(社会科学版)，2011 年第 3 期.

突出重点，循序渐进，积极推进[①]，必须坚持以创新发展的理念为指导，全面推进教育创新。一要转变思想观念，树立科学的教育观。教育资源配置机制的决定性因素是教育观念。对“教育是什么”“教育有什么用”“教育的功能如何发挥”等根本性问题的回答，直接影响了教育资源的投向。[②]当前教育资源配置要紧扣人才培养这个中心，引导学校遵循教育规律和人才成长规律，将科学的教育观贯穿于人才培养的各个环节，促进受教育者的全面发展，促进社会文明的不断进步，从而使教育的功能得以全面发挥，使命得以全面实现。[③] 二要加快简政放权，切实转变政府职能。政府是公共教育服务的提供者，是公共教育资源的配置主体，其职能定位及履行对教育资源配置具有决定性作用。完善教育资源配置机制，必须切实转变政府职能，加快简政放权的步伐。要以中央向地方放权、政府向学校放权为重点，约束政府在资源配置中过度膨胀的权力，增强地方政府统筹教育资源的能力，落实和进一步扩大学校办学自主权。要切实发挥资源配置的导向作用，改善政府对教育的宏观管理。要扩大教育资源配置的社会参与，充分发挥中介机构、学校在教育资源配置中的作用，促进教育资源配置公共决策的民主化和科学化。[④] 三要落实教育优先发展，扩大教育资源总量。实现教育科学发展，必须坚持教育优先发展，这是教育发展方式转变的基础，是完善教育资源配置机制的重要保障。落实教育优先发展，必须按照教育规划纲要的要求，即经济社会发展规划要优先规划教育发展，财政资金要优先保障教育投入，公共资源要优先满足教育和人力资源开发的需要。即便在财政性教育经费占国内生产总值的比例达到4%以后，与目前经合组织内的国家的平均水平(6%)仍有很大差距。因此，各级政府仍要继续加大投入，并构建可持续增长的机制。四要建立利益协调机制，减小改革阻力。要处理好改革、发展、稳定的关系，将改革创新的力度、发展的速度和社会的可承受程度有机统一起来。完善教育资源配置机制，一方面，需要对现有利益格局进行

① 方增泉．坚持科学发展观引领，大力推进教育创新[C]．全面小康：发展与公平——第六届北京市中青年社科理论人才“百人工程”学者论坛(2012)论文集，2012年．

② 钟秉林．教育资源怎样配置[N]．光明日报，2011年12月5日．

③ 钟秉林．教育资源怎样配置[N]．光明日报，2011年12月5日．

④ 钟秉林．教育资源怎样配置[N]．光明日报，2011年12月5日．

调整，否则难以取得实质性突破；另一方面，教育利益相关者合理合法的既得利益得不到尊重和保护，资源配置机制的完善缺乏群众基础，也将使调整和改革寸步难行。为此，有必要建立利益协调机制，平衡教育利益相关者各方面的利益和诉求。五要完善监督考评机制，确保责任落实。完善教育资源配置机制、推进教育发展方式转变，是长期性和系统性的变革，涉及各级党委政府和相关部门、各级各类学校的职责。由于教育工作具有涉及面广、周期长、环节多等特点，只有建立和完善一整套监督机制，相关政策措施才能落到实处。为确保责任落实，需要将完善教育资源配置机制的任务层层分解，明确各级政府的工作职责，建立监督机制、考核评价机制和问责机制。六要尽快建立教育创新政策体系。①

总之，完善教育资源配置机制，推进教育发展方式转变，是我国教育科学发展的必然选择，是关乎我国教育命运的深层次变革。②

2. 教育创新必须坚持以人为本，培养创新型人才

人力资源是我国经济社会发展的第一资源，教育是开发人力资源的主要途径。当代教育创新具有其特定的目标定位，即努力培养造就数以亿计的高素质劳动者、数以千万计的专门人才和一大批拔尖创新人才，推动进入人力资源强国行列。坚持以人为本、全面实施素质教育是教育改革发展的战略主题，是推进教育创新的时代要求，其核心是解决好培养什么人、怎样培养人的重大问题。③

完善教育资源配置机制，要以促进学生全面发展为着力点，在学生发展的薄弱环节加大资源投入力度。一要更新人才培养观念。把促进学生健康成长作为学校一切工作的出发点和落脚点。树立全面发展观念，努力造就德、智、体、美全面发展的高素质人才。树立人人成才观念，面向全体学生，促进学生成长成才。树立多样化人才观念，尊重个人选择，鼓励个性发展，不拘一格培养人才。树立终身学习观念，为持续发展奠定基础。树立系统培养观念，推进小学、中学、大学有机衔接，教学、科研、实践紧密结合，学校、家庭、社会密切配合，加强学校之间、

① 刘复兴，檀慧玲．论建设我国的教育创新政策体系[J]．教育研究，2016年第10期.

② 钟秉林．教育资源怎样配置[N]．光明日报，2011年12月5日.

③ 国家中长期教育改革和发展规划纲要(2010—2020年)[N]．新华网，2010年7月29日.

校企之间、学校与科研机构之间合作以及中外合作等多种联合培养方式，形成体系开放、机制灵活、渠道互通、选择多样的人才培养体制。① 二要创新人才培养模式。适应国家和社会发展需要，遵循教育规律和人才成长规律，深化教育教学改革，创新教育教学方法，探索多种培养方式，形成各类人才辈出、拔尖创新人才不断涌现的局面。要以学生为主体，关心每个学生，促进每个学生主动地、生动活泼地发展，为每个学生提供适合的教育。要着力提高学生的学习能力、实践能力、创新能力，教育学生学会知识技能，学会动手动脑，学会生存生活，学会做人做事，促进学生主动适应社会，不断提高学生服务国家服务人民的社会责任感、勇于探索的创新精神和善于解决问题的实践能力。② 三要改革教育质量评价和人才评价制度，改进教育教学评价。根据培养目标和人才理念，建立科学、多样的评价标准。开展由政府、学校、家长及社会各方面参与的教育质量评价活动。探索促进学生发展的多种评价方式，激励学生乐观向上、自主自立、努力成才。改进人才评价及选用制度，为人才培养创造良好环境。树立科学人才观，建立以岗位职责为基础，以品德、能力和业绩为导向的科学化、社会化人才评价发现机制。强化人才选拔使用中对实践能力的考查，克服社会用人单纯追求学历的倾向。③

3. 教育创新必须坚持统筹兼顾，实现可持续发展

在当前的新形势下，教育改革创新已经进入深水区，面临着很多前所未有的新情况、新问题、新矛盾，改革的难度大、压力大，矛盾也比较多。从复杂性来看，教育创新既涉及体制机制，也涉及思想观念，还涉及群众的切身利益，社会期待高。④ 从艰巨性来看，教育是培养人的事业，周期长，教育改革的成败直接影响亿万学生的成长，影响国民素质和国家竞争力。教育创新必然是整体的、系统的构建。因此，为了尽可能地少走弯路，避免折腾，使创新的收益最大化，创新的风险最小化，

① 国家中长期教育改革和发展规划纲要(2010—2020 年)[N]. 新华网，2010 年 7 月 29 日.

② 国家中长期教育改革和发展规划纲要(2010—2020 年)[N]. 新华网，2010 年 7 月 29 日.

③ 国家中长期教育改革和发展规划纲要(2010—2020 年)[N]. 新华网，2010 年 7 月 29 日.

④ 方增泉. 坚持科学发展观引领，大力推进教育创新[C]. 全面小康：发展与公平——第六届北京市中青年社科理论人才“百人工程”学者论坛(2012)论文集，2012 年.

必须积极稳妥地推进教育创新，做到统筹谋划，系统设计，循序渐进。①

第一，处理好内涵发展与外延发展的关系。新中国成立以来，我国教育规模扩张经历了一个长期、持续和不断递进的过程。进入21世纪以来，教育规模已经趋于稳定，而且未来缺乏规模扩张的可能空间。当前，我国现代教育发展正逐步进入质量提升阶段。规模扩张的阶段关注的焦点是教育资源，质量提升阶段关注的焦点就是教育效能。质量提升阶段的到来，意味着教育资源配置方式从物力投资为主向人力投资为主，教育供求关系从卖方市场为主到买方市场为主，教育发展模式从外延扩张性向内涵创造性的重大转变。② 教育虽然不是独立存在于社会，但它具有独立的规律性。走内涵发展道路就是遵循教育的自身规律去发展，重点是全面调动和充分发挥内部教育资源的积极性及其作用。空间就是外延，外延的条件越好、空间越大，教育改革和发展的速度就越快。当今的教育应该是开放型的、无围墙、无界限的教育。把两种生产力有机整合，内外相互促进、相互补充，形成教育科学发展的强劲动力。③

第二，处理好当前发展与长久发展的关系。要重视顶层设计，对各项创新都有一个前瞻性的通盘考虑和设计。创新是一个过程，有阶段之分，需要在教育改革总体目标、重点领域和配套政策措施的基础上，立足当前与兼顾长远相结合，与国家总体改革趋势相符合，与其他领域改革相协调，综合改革与专项改革相结合，明确目标任务、改革措施、配套政策、保障条件、风险防范和实施评估。④ 要突出重点，厘清系统创新中“次优”的先后顺序，抓住那些长期困扰教育科学发展的难点问题和社会充满期待的热点问题，集中力量重点突破，进一步明确教育改革创新

---

① 国家教育体制改革领导小组办公室负责人答记者问．少走弯路避免折腾 积极稳妥推进教改[N]．中国青年报，2010年12月6日．

② 王本陆．关于我国现代教育发展阶段问题的探讨[J]．北京师范大学学报(社会科学版)，2011年第3期．

③ 方增泉．坚持科学发展观引领，大力推进教育创新[C]．全面小康：发展与公平——第六届北京市中青年社科理论人才“百人工程”学者论坛(2012)论文集，2012年．

④ 方增泉．坚持科学发展观引领，大力推进教育创新[C]．全面小康：发展与公平——第六届北京市中青年社科理论人才“百人工程”学者论坛(2012)论文集，2012年．

工作的“路线图”和“时间表”。①

第三，处理好公平与效率的关系。公平和效率是教育资源配置追求的两大核心目标。一方面，教育具有准公共产品属性，特别是义务教育，本身就是纯公共产品。政府有责任本着公平原则提供惠及全民的公共教育服务。公平的缺失，可能导致教育被“异化”，偏离正确的发展方向。另一方面，教育资源具有稀缺性，教育资源配置必须考虑效率问题，尽可能最大限度地发挥教育资源的使用效益。效率的缺失，将带来教育资源的浪费，影响教育发展的可持续性和教育改革发展的活力。② 从现实情况来看，在公平和效率这两个方面都面临诸多问题。比如，地区之间人均拥有教育资源的差距过大，农民工随迁子女、农村留守儿童等弱势群体平等受教育权还没有得到有效保障，教育资源浪费现象还较为普遍等。完善资源配置机制，推进教育发展方式转变，必须同时兼顾公平和效率。要在完善家庭经济困难学生资助体系、保障弱势群体的平等受教育权、缩小地区之间和学校之间教育发展差距、促进基本教育公共服务均等化等方面加大投入，切实保障教育公平；要在提高教育资源利用效益、推进学校不断提高办学水平和效益等方面有新的思路和举措，为教育改革发展不断增添新的活力。③ 总体而言，公平与效率这两个目标如何协调兼顾还需要在理论和实践上进行深入探索。

第四，要处理好“保守”与创新的关系。新的社会发展要求教育以新的模式或主动创新原有的作用方式，来适应和推动社会发展。然而，教育作为社会遗传机制，本身就具有很强的因袭传承特性，极易转向“保守”。教师的培养培训方式，学校的组织形式，教育层级的运作方式及政治决策者对待教育的方式都容易导致维持现状和难以变革的制度。在这种情况下，变革的尝试将导致排异或表面化，最多也不过是眼前的小小

① 袁贵仁．继续解放思想 坚持改革创新 努力开创教育事业科学发展新局面[J]．中国高等教育，2010年第5期．

② 方增泉．坚持科学发展观引领，大力推进教育创新[C]．全面小康：发展与公平——第六届北京市中青年社科理论人才“百人工程”学者论坛(2012)论文集，2012年．

③ 钟秉林．教育资源怎样配置[N]．光明日报，2011年12月5日．

成功。[①] 创新与“保守”之间，并不必然是相互对立的，其实二者有着相当深刻的关联。作为保守对象的传统，并不从来就是传统的，它必然也是以创新的姿态出现，如学校的出现、班级授课制的产生、产业科技教育思想的形成等，这些创新在得到人们的历史性承认与认可后，便成了人们保而守之的对象，并且因为它得到了人们的历史性承认，在主导历史的同时它也必然要循迹于时代之道而求得一种延续与恒久，其内部必然含有一种与时俱进的创新机制。科学技术是经济社会发展中最活跃、最具革命性的因素。以计算机、电信、网络等为代表的现代数字技术的快速变革正在改变着社会及其机构。技术进步促进生产发展，从而对人才提出新的要求，即要求改革旧的教育制度，培养更多更好的知识经济要求的人才，这就必然导致教育创新。终身教育观及创建终身教育体系、创新性学习概念的提出，多媒体网络教学的广泛应用等就是其外在体现。[②] 用历史的、辩证的观点看，教育既有其保守性，又有其超越性，是保守性与超越性的对立统一。所以，创新必须依托传承，借鉴经验，吸取教训，规避风险，最大限度地减少改革和发展成本。同时，创新又必须超越前人，解放思想，锐意进取，奋发有为。在传承基础上开拓创新，才是科学的态度。[③]

第五，要处理好自下而上和自上而下的关系。放眼世界，20 世纪 80 年代以来的学校教育改革此起彼伏，“但自上而下或从外部强制推行教育改革的种种尝试显然都失败了。改革在一定程度上获得成功的国家都是鼓励当地社区、家长和教师果敢地参与”。[④]现实的困境迫使各国将视角转向自上而下和自下而上方式的结合，并对基于学校实践层面的教育创新给予更多的关注。从国内看，改革开放三十多年的实践证明，中国的改革是自下而上和自上而下的成功结合。一方面，坚持政府主导，即选取

---

① ［美］迈克尔·富兰．变革的力量——透视教育改革［M］．中央教育科学研究所，加拿大多伦多国际学院组织，译．北京：教育科学出版社，2004 年．

② 方增泉．坚持科学发展观引领，大力推进教育创新［C］．全面小康：发展与公平——第六届北京市中青年社科理论人才“百人工程”学者论坛（2012）论文集，2012 年．

③ 郭天保．加强国有企业思想政治工作需要处理好几种关系［N］．中国共产党新闻网，2011 年 12 月 28 日．

④ 联合国教科文组织．教育——财富蕴藏其中［M］．联合国教科文组织中文科，译．北京：教育科学出版社，1996 年．

的改革形式是自上而下的指导和推动，有利于集中精力处理好某一领域的事情，同时在这一过程中避免大范围矛盾的出现，从而实现社会的整体安定。① 另一方面，也需要自下而上的实践和创造，地方和基层也充满了改革创新的活力，会出现原创性的改革创新举措，往往会成为宏观教育制度改革的生长点，表现出局部带动整体的改革推动。② 教育创新是一个系统整体演进的过程，着眼于破除制约教育事业科学发展的体制机制障碍，着眼于解决人民群众关心的重点难点问题和突出矛盾，必须把整体部署和局部试点结合起来，应从宏观、中观、微观三个层面系统推进教育改革③：一是重大标准、重要制度的改革以及复杂、敏感、系统性强的改革，由国家层面进行统筹谋划，在做好整体设计的基础上统一组织实施；二是对一些重点领域和关键环节的改革，由省级人民政府和中央有关部门在国家指导下开展试点，取得经验后，再总结推广；三是鼓励各地各校结合自身实际，自行组织改革试验，发挥示范带动作用，在此基础上形成科学合理、统筹协调、符合发展阶段和教育规律的全国性改革思路和推进策略，确保改革积极稳妥推进和卓有成效。④ 教育创新的立足点应该放在日常的教育实践中，重视自下而上的变革过程，并将微观层面的学校教育创新的生成、扩散、采纳和制度化作为重点。⑤

第六，处理好顶层设计与制度执行的关系。体制机制带有根本性、基础性、长期性和稳定性的特征，要努力用体制机制的创新成果为教育创新增添动力和保障。教育创新不是废除制度另辟蹊径，也不是规避制度标新立异，而是寻求方法使已有的制度予以贯彻落实，使不符合实际和落后于形势的制度予以改进和完善。建立制度仅仅是解决问题的前提，

---

① 方增泉．坚持科学发展观引领，大力推进教育创新[C]．全面小康：发展与公平——第六届北京市中青年社科理论人才“百人工程”学者论坛(2012)论文集，2012年．

② 刘万军．改革的形式寄希望于自上而下，但关键还在于自下而上[N]．价值中国网，2006年4月9日．

③ 方增泉．坚持科学发展观引领，大力推进教育创新[C]．全面小康：发展与公平——第六届北京市中青年社科理论人才“百人工程”学者论坛(2012)论文集，2012年．

④ 国家教育体制改革领导小组办公室负责人答记者问．教育体制改革应少走弯路[N]．人民网，2010年12月6日．

⑤ 方增泉．坚持科学发展观引领，大力推进教育创新[C]．全面小康：发展与公平——第六届北京市中青年社科理论人才“百人工程”学者论坛(2012)论文集，2012年．

而落实制度，才是搞好工作的关键，再好的制度不抓落实就是一纸空文，有制度规范，就必须严格按制度办事，并且使制度要在实践中才能得以创新和提升，① 从而不断适应社会的发展。所以在教育创新中，不仅要解决制度创新的问题，更要解决创新手段抓制度落实的问题，创新手段抓制度落实与解放思想抓制度创新同样重要。一要加强制度设计，完善制度体系建设。要制定保障教育投入的有关法规，建立与社会主义市场经济相适应、与建设创新型国家需要相适应的教育经费投入机制，真正实现教育"优先"发展；要按照科学发展观的要求，建立和完善现代学校制度，建设充满活力、富有效率、更加开放、有利于科学发展的现代学校制度体系；要创新学校管理机制，提高学校管理水平，优化资源配置，以合理的利益分配制度激活创新动力；要建立中国特色教育教学质量保障与评估制度，建立以创新与质量为导向的科研管理与评价体制，激发师生的创造意识和创造激情；要建立能够充分调动广大教师主动性、积极性和创造性的激励机制，引导广大教师积极投身于教育创新。② 二要加强教育行政执法和依法治教，确保教育创新的各项措施落到实处。要探索教育行政执法体制机制改革，落实教育行政执法责任制，依法维护学校、学生、教师、校长和举办者的权益。要完善教育信息公开制度，保障公众对教育的知情权、参与权和监督权。要建立完善符合法律规定、体现自身特色的学校章程和制度，依法办学，从严治校，认真履行教育教学和管理职责。三要建立督促检查机制和监督问责机制。要按照教育创新实施的计划进度，开展跟踪调研，定期进行评估，在实践中不断完善变革方案，确保改革创新平稳推进。要实施严格的教育问责制度，明确各级政府发展和管理教育的责任，建立相应的考核机制和问责制度，一旦出现问题，就要依法依规问责。③

---

① 嘉禾县委组织部．在解放思想中处理好干部监督工作几个关系[N]．湖南领导人才网，2008年9月27日．

② 刘川生．教育创新 建设创新型国家的根本动力[N]．光明日报，2009年6月3日．

③ 新华社特约评论员：回应人民呼声 推进纲要落实[N]．新华网，2010年7月31日．

第二章 教育创新促进创新型国家建设
——发达国家的经验

在知识经济时代，随着经济发展模式的转变和全球化新挑战的出现，创新成为国家繁荣富强、民族兴旺发达的动力源，决定着国家和民族的综合实力和竞争力。因此，建设创新型国家就成了必然选择，而要建设创新型国家首先就要制定国家创新战略。其中十分重要的一环就是建立国家创新体系。所谓国家创新体系，是指由公共和私有部门组成的制度网络，其活动是为了创造、改进和扩散新的知识和技术。其中政府政策、企业、科研机构和高校是这一体系中最重要的要素。高等教育作为其中的要素之一，承担了为经济社会发展培养创造性人才、形成各个领域的科技创新成果、将科技创新成果转化为现实生产力和竞争优势等的重要任务，因此在创新型国家建设上起着举足轻重的作用。

一、教育创新——促进创新型国家建设的中介

客观事物之间发生联系，必须通过一定的中间环节，需要凭借一定的手段和条件。这些起桥梁作用的中间环节、手段和条件就是中介。要对事物进行深入地认识，就要考察它的各个方面，包括一切中介。所以，研究清楚高等教育创新与国家创新战略的中介，对于推动创新型国家建设有着重要的意义。

高等院校在国家创新体系中主要具有人才创新、知识创新和技术创新三大功能。① 而这三大功能正是高等教育创新与国家创新战略发生联系

① 周绍森．科技创新论[M]. 北京：高等教育出版社，2002年.

的三大中介，也就是说高等教育创新主要是通过这三条途径对建设创新型国家发生作用的。

(一)人才创新

人才是一切创新活动的主体，没有人才的创新，就不可能有整个国家的创新。对于高等教育来说，人才创新就是要培养创新型人才。这种创新型人才既不是农业经济时代的创新型人才，也不是工业经济时代的创新型人才，而是知识经济时代的创新型人才，有着一定的特殊性。

1. 创新型人才的特点

创新型人才是指“能够运用智慧和技能创造产生经济社会价值的新奇迹的各种人才”①。这种人才身上所具备的核心素质就是创新能力。具体地说，创新能力包括敏锐的观察力、良好的记忆力、主动的学习能力、出色的动手能力和科学的预见能力。这种创新能力又是由创新意识、知识技能和思维技巧(包括创新技法)三大关键因素来决定的。其中，包括强烈的创新欲望、持久集中的兴趣、饱满的自信心、无畏的创新勇气和持之以恒的毅力在内的创新意识是动力，要求博专相济、宽厚相补的知识技能是基础，而要求逻辑思维与非逻辑思维、求同思维与求异思维、自觉意识与非自觉意识辩证统一的思维技巧(包括创新技法)则决定了创新能力的发挥程度。②

根据发达国家的经验来看，要培养具有上述创新能力的知识经济时代的创新型人才的核心途径就是进行创新教育。

2. 培养创新型人才的核心途径——创新教育

教育创新与创新教育是两个既有区别又有联系的概念。教育创新是主体(人)为了一定的目的，遵循教育发展的规律，对教育的整体或其中的某个部分或某些部分进行变革，从而使教育得以更新与发展的活动。③而创新教育则是“依据人的个性发展，通过教育过程，以启发诱导的教育方式为手段，以激发和开拓人的创新意识为核心，以提高人的创新精神、

---

① 李宣海，沈晓明．教育：塑造未来奇迹的创造者——深化教育综合改革完善创新人才培养体系研究报告[C]．上海：华东师范大学出版社，2007 年．

② 周绍森．科技创新论[M]．北京：高等教育出版社，2002 年．

③ 张武升．教育创新论[M]．上海：上海教育出版社，2000 年．

创新能力为重点，以提高人的整体素质为目的，全面落实创新人才的培养目标”①。由此，我们可以清晰地看出这两个概念之间有着明显的区别。但与此同时，二者又有着非常紧密的联系。教育创新为创新教育的开展提供了保证，而创新教育的要求又成为教育创新的动力。

（二）知识创新

知识创新有狭义和广义之分。“狭义的知识创新是指通过科学研究获得新的科学知识的过程和行为。广义的知识创新是指为了社会和经济利益获取或创造新的知识的过程和行为。知识创新可以发生在知识的生产、传播和应用的全过程中。”②国家创新体系可以分为三个阶段：第一个阶段可以称为“国家技术创新体系”阶段，即只注重技术创新；第二个阶段即“国家创新体系”阶段，技术创新与知识创新并重；第三个阶段即“国家知识创新体系”阶段，在注重技术创新的同时，更加突出知识创新的作用和地位。由此，我们可以看出，知识创新对于国家创新战略而言是何等重要。

1. 知识创新的必然性

首先，知识创新是知识经济时代的要求。从知识经济学的角度来说，知识经济是指“以智力资源的占有、投入和配置，知识产品的产生（生产）、传播（分配）和使用（消费）为最重要因素的经济”③。在这样一个时代，如果我们要想高效地繁荣经济、提高生产力，就必须进行知识创新。因为，“知识的生产，或者叫知识的创新是知识经济的核心”④。知识创新是知识经济区别于其他经济类型的根本特征。农业经济、工业经济虽然也需要知识创新，但是周期长、速度慢、数量少，经济的增长、生产力的发展主要依靠土地、劳动力和资本等因素，知识创新并不是主要推动力。⑤ 知识创新与知识经济是不能分离的，没有知识创新也就无所谓知识经济了。

其次，知识创新是知识本身的要求。从认识论的角度来说，“认识”

---

① 杨曼英．创新教育导论[M]．长沙：湖南师范大学出版社，2009年．
② 何传启，张凤．知识创新[M]．北京：经济管理出版社，2001年．
③ 吴季松．知识经济学[M]．北京：首都经济贸易大学出版社，2007年．
④ 吴季松．知识经济学[M]．北京：首都经济贸易大学出版社，2007年．
⑤ 殷石龙．创新学引论[M]．长沙：湖南人民出版社，2002年．

一词有动词和名词上的两种理解。从动词的意义上来说，认识“是在实践活动基础上人脑对客观世界的能动反映，是主体和客体之间的反映活动”①。从名词的意义上来讲，认识就是人脑对客观世界的能动反映的结果或成果，在这个意义上，“认识”与“知识”的含义是相同的。这就是说，认识论一方面要研究“认识的来源，认识的形成、发展过程，及其证实等问题”②。另一方面，认识论还要研究认识的结果，即知识问题，在这里认识论也就是知识论。

关于“什么是知识”的问题，从柏拉图开始就一直没有定论。因为这个问题“不仅要涉及认识论的问题，而且还要涉及价值论的问题；不仅要涉及逻辑学的问题，而且还要涉及社会学的问题；不仅要涉及合理性的问题，而且还要涉及合法性的问题”③。其中的根本原因就在于人类的认识是不断变化发展的，作为认识成果的知识也必然不断地发生变化。

2. 知识创新的核心途径——教师科研

19 世纪之前，学者基本上都坚持高等教育只有唯一的职能，即传授知识，培养人才。例如，纽曼通过对历史的考察，指出科学和哲学上的发现基本上都是在大学之外产生的，所以大学教育的目的是传授普遍知识，而不是进行科学和哲学发现。波隆那大学、巴黎大学以及牛津大学都是按照这样的理念进行教育实践的。19 世纪之后，随着自然科学的迅速发展，大学单一职能的观念受到了挑战。1809 年，洪堡创立了柏林大学，提倡教学和科研相统一。洪堡认为“由于现代科学的迅速发展，教师所掌握的知识可能已经十分陈旧了，教师只有高度注意自己的专门领域的发展，才能在教学中处于真正对学生有利的位置，而这个注意本身就同时要求教师对此展开追问和探索，而且为了教好书，研究已经成为必然之需。他说，如果没有对科学持续不断的独立的探索和认识，教师也根本不可能以科学的精神来讲授科学。所以，现代大学的教师不仅要教，而且要科研，科研是教授的前提和内容”④。尽管这一新颖的观点遭到了

① 黄济，王策三．现代教育论[M]．北京：人民教育出版社，1996 年.

② 张斌．技术知识论[M]．北京：中国人民大学出版社，1994 年.

③ 石中英．知识转型与教育改革[M]．北京：教育科学出版社，2001 年.

④ 张斌贤，刘慧珍．西方高等教育哲学[M]．北京：北京师范大学出版社，2007 年.

赫钦斯等人的否定，但是随着知识在社会发展中的作用越来越大，再加上高等教育在知识创新上具有得天独厚的优势(如学科齐全，综合性强；人才聚集，创造力强；基础研究设施先进，实力雄厚等①)，所以，科研不再仅仅是科研机构的任务，高校同样需要进行科研。科研是高等教育进行知识创新的核心途径。

高校的科研从主持者或参与者来说，可以分为学生的科研和教师的科研。根据研究，美国研究型大学本科生科研的模式主要有四种：降低辍学率的模式、科学职业发展的模式、研究学徒的模式和基于研究的学习模式。② 从这些模式来看，学生的科研往往带有练习或者为教学服务的性质，所以，学生进行科研的主要目的并不是进行知识创新。知识创新的主要推动力来自教师的科研。

(三)技术创新

技术创新是指“新产品和新工艺设想的产生(获取)、研究开发、应用于生产、进入市场销售并实现商业利益以及新技术扩散整个过程的一切技术经济活动的总和”③。世界主要发达国家无不把技术创新视为增强综合国力的重要因素。

1. 技术创新的必然性

技术创新任务的主要承担者应该是企业，那么高等教育为什么要进行技术创新呢？原因如下。

首先，知识创新作用的发挥需要技术创新这个环节。科学知识对社会进步、经济发展、生产力提高的作用是间接性的，知识本身并不能直接转变成生产力，这中间的一个必要环节就是技术，从知识转变成技术，再通过技术去提高生产力。所以，知识创新必须通过技术创新的环节才能对经济发展起作用。正如周绍森先生所说的那样：“知识创新是技术创新的源泉，技术创新是知识创新成果在生产体系和市场条件下的再创新”；“知识创新和技术创新在逻辑上是前后相继的两个过程，在实践上

---

① 傅树京．高等教育学[M]．北京：首都师范大学出版社，2007年．

② 刘军仪，杨春梅．美国研究型大学本科生科研的模式[J]．清华大学教育研究，2007年第2期．

③ 王明友．知识经济与技术创新[M]．北京：经济管理出版社，1999年．

是相互融合的两个环节……知识创新是技术创新的基础和源泉，技术创新是知识创新的应用和发展；知识创新的进步推动技术创新水平的提升，反过来，技术创新的发展也会为知识创新提出新的问题，提供新的工具、经验和素材，从而增强知识创新的能力。”①因此，高等教育在知识经济时代，要实现自己服务社会的职能，使知识创新真正对建设创新型国家起到促进作用，那么就必须承担一部分技术创新的任务。

其次，合作关系是影响技术创新的外部因素之一。在知识经济时代，技术创新的综合性和复杂性越来越强。没有哪一项技术的创新是某个机构可以独立包办的，必须进行互相合作。所以，企业与高等院校、科研机构、政府之间的合作关系，就成了影响技术创新效果的重要外部因素。再加上全球性的市场竞争越发激烈，只有互相合作、互帮互助，实现资源共享、优势互补，才能提高企业的市场竞争力。所以，“在强调企业是技术创新主体的同时，也应强调科研院所和高等院校在技术创新中的重要功能。在科技、人才和经济越来越紧密结合的今天，科研院所和高等院校在技术创新中扮演着越来越重要的角色”②。

2. 技术创新的核心途径——产学合作

高等院校要完成技术创新的任务，就必须与技术创新的主体——企业进行合作，走产学合作的道路。产学合作就是指高等教育部门(高校)与产业部门(企业)这两个部门和两类实体之间的结合。高等学校与产业部门的结合，是新的历史时期教育与生产劳动相结合发展到一个较高阶段的体现。

高等教育创新与国家创新战略的三大中介——人才创新、知识创新和技术创新，并不是相互独立，毫无联系的。培养创新型人才是高等教育创新的核心，因为“人才是知识的载体，是知识创新和技术创新的唯一源泉，是知识的创造者和应用者，是国家最宝贵的资源和资本，是最重要的创新要素”③。而创新人才的培养必须通过知识创新和技术创新才能实现，只有用创新的知识和技术，才能培养出符合社会发展要求的创新

① 周绍森．科技创新论[M]．北京：高等教育出版社，2002年.

② 周绍森．科技创新论[M]．北京：高等教育出版社，2002年.

③ 周绍森．科技创新论[M]．北京：高等教育出版社，2002年.

型人才。如前文所述，知识创新和技术创新又有着非常紧密的联系。所以，三大中介形成了一个相互联系的循环结构，共同对建设创新型国家产生影响。那么，高等教育创新就是一种综合性的创新，而不是其中某一方面的创新。如果只有其中某一方面的创新，高等教育创新是不可能实现的，甚至还会给经济的发展、生产力的提高造成负面影响。20 世纪 70 年代，日本从关注基础研究向单一的技术创新转移。由于强调企业在技术创新中的主体地位，并且有相关政策的保证，从而出现了日本的经济高速发展，而欧美的经济却相对滞后的现象。到了 90 年代，仅仅强调技术立国的日本，其经济发展速度明显减缓，而美国的经济迅速回升，实现了连续 10 年的增长。究其原因，就是美国历来重视基础研究和知识创新，使知识创新和技术创新并驾齐驱，而日本由于忽视了知识创新，造成技术创新乏力，从而影响了经济的发展。鉴于此，日本政府于 1996 年调整国策，提出“科技创新立国”的战略，重建国家创新体系。① 有了这样的前车之鉴，高等教育创新就必须兼顾三大中介，使三者真正形成一个良性互动的循环体系。只有这样，才能促进创新型国家的建设。

二、教育创新促进创新型国家建设的国际经验

(一)创新人才培养方面

发达国家在进行创新教育的过程中，主要做了提供政策保障、制定明确的培养目标、改革课程与教学、构建良好的教学合作关系、规范师生准入机制、完善产学研合作办学模式等方面的工作。其中改革课程与教学作为创新教育的核心。

1. 提供政策保障

政策是高等教育发挥培养创新人才功能的重要保障，没有有力、到位的政策，高等教育为培养创新型人才而进行的一系列改革都难以实现，很难完成国家赋予的培养创新人才的任务。纵观发达国家的创新人才培养模式，它们在各个时期都为大学培养创新人才提供了强有力的政策保障。

---

① 周绍森．科技创新论[M]. 北京：高等教育出版社，2002 年.

美国联邦政府历来重视创新型人才的培养。其政策的核心是为高校各方面的工作提供充足的经费保障。其中包括：第一，为大学提供充足的研发经费。1952 年，美国国家科学基金会把用于资助基础研究的经费 350 万美元几乎全部放在大学里，1983 年增加到 1092 万美元。2013 年，美国全部研发经费中的 17.5%被用于大学研发。[①] 为了让大学获得更多的研发投入，美国政府还把大量的为联邦政府所有的国家实验室下放至大学。第二，为大学提供充足的教师培养经费。从 1958 年的《国防教育法》开始，美国政府对大学师资的培养进行了资助。第三，资助贫困生。《国防教育法》在规定资助师资培养的同时，还规定资助贫困生。第四，为重点学科的发展提供经费保障。目前，STEM（科学、技术、工程和数学）和外语教育的实践活动和项目成为重点资助学科。[②]

日本政府近年来也出台了一系列举措对大学创新型人才的培养进行干预。具体措施表现为：第一，将创新型人才培养工作提升到国家战略的高度。日本政府通过“240 万名科技人才计划”来贯彻这一政策，目标是到 2006 年，培养精通 IT（信息技术）、环境、生物、纳米材料等尖端技术的人才 240 万名。第二，开展校际竞争，建立综合性研究基地。2002 年，日本政府实施了“21 世纪优异中心计划（COE）”，打破国立、公立、私立大学三者之间的界限，公平竞争，向各大学公开募集卓越的研究基地，政府对被选中的基地进行重点资助。第三，加大对研究生的经济补助。到 2008 年获生活补助费的博士研究生达到 4500 人，而为了给青年科学家以动力，长期派他们到海外一流研究机构进行研究，派出时间从两年延长到三年。[③]

2. 制定明确的培养目标

明确的目标是培养创新人才各项工作的指挥棒，也是检验各项工作情况的标准和依据，决定着创新人才培养的质量。大学要为培养创新人才进行改革，首先就必须制定明确的、具体的、符合实际情况的培养目

---

① *U. S. R&D Increased in* 2013, *Well Ahead of the Pace of GDP*. www. nsf. gov.

② 李宣海，沈晓明. 教育：塑造未来奇迹的创造者 深化教育综合改革完善创新人才培养体系研究报告[C]. 上海：华东师范大学出版社，2007 年.

③ 李宣海，沈晓明. 教育：塑造未来奇迹的创造者 深化教育综合改革完善创新人才培养体系研究报告[C]. 上海：华东师范大学出版社，2007 年.

标。这一点至关重要。

美国普林斯顿大学在本科生培养12项目标设计中就包含了创新型人才所需要的知识、能力和素质结构：具有清楚的思维、表达和写作的能力；具有以批评的方式系统推理的能力；具有形成概念和解决问题的能力；具有独立思考的能力；具有敢于创新及独立工作的能力；具有与他人合作的能力；具有判断什么意味着彻底理解某种东西的能力；具有辨识重要的东西与琐碎的东西、持久的东西与短暂的东西的能力；熟悉不同的思维方式；具有某一领域知识的深度；具有观察不同学科、文化、理念相关之处的能力；具有一生求学不止的能力。针对这一具体明了的培养目标，大学的创造性人才培养工作不仅有的放矢，而且有章可循、有据可查。①

3. 改革课程与教学

课程与教学是学校教育工作的核心，无论培养创新型人才的理念多么完美，培养创新型人才的目标多么明确，最终都要通过课程与教学的环节才能落到实处，培养出社会所需的各种人才。所以，在主要发达国家的创新型人才培养模式中，课程与教学的改革都占据了主要位置。

(1)在课程改革方面

第一，丰富课程资源。主要发达国家在课程资源方面的首要特点就是非常丰富。例如，斯坦福大学2001年有任课教师1701名，本科生6636人，开出5735门本科课程；哈佛大学文理学院有700名教员，开设有1500种不同类型的课程。②

第二，继承优秀的传统课程。课程改革准确地说应该是一种扬弃，即发扬旧事物中的积极因素，抛弃旧事物中的消极因素。这才是一种理性的改革，而不是疯狂的革命。哈佛大学在这方面就做得比较到位。

哈佛大学自1982年正式实施核心课程以来，虽然一直在不断发展和完善，但其基本主旨尚未发生大的变更，仍保留其核心课程的传统。这

① 眭依凡．大学：如何培养创新型人才——兼谈美国著名大学的成功经验[J]．中国高教研究，2006年第12期．

② 陈煜，汤智．创新人才培养：美国比照下的反思与变革[J]．中国高教研究，2008年第4期．

些核心课程的目的是向学生介绍教师认为本科生必须知道的获得各方面知识的主要途径，重点在于研究知识的方法，而不是知识本身。其课程分类与培养目标如下："①外国文化，其课程目的是要拓宽学生对人们生活形成过程中文化因素重要性的理解，并为他们自己的文化认定和传统提供新鲜观点。②历史研究，其课程目的是培养学生对历史的综合理解力，这是一种研究和理解问题的方式。③文学和艺术，其课程目的是培养对艺术表达的鉴别力和理解力。④道德推理，其课程目的是探索做出合理的道德或政治选择的途径。⑤定量推理，其课程目的是向学生介绍数学的或定量的思考模型。⑥科学，其课程的共同目的是传授对科学的一般理解，获得观察我们自身和世界的方法。⑦社会分析，其课程的共同目的是使学生熟悉社会科学的某些主要概念和方法，并显示这些方法怎样加强我们对当代人类行为的理解。"[①]对于核心课程的设置虽然仍有不同的声音，但它是符合美国社会对人才的特殊要求的。据有关方面统计，美国人一生中平均要更换五次工作。而像核心课程这样一种注重学习方法的全面发展的培养体系，从长远来看更有利于培养学生成长为终身独立的学习者。他们可以在一生中不断地扩展或改变自己的专业和发展方向，以对付不断变化的社会新格局的挑战。

第三，加强跨学科之间的课程整合。人们在解决问题时，往往需要各个学科的综合性知识，而不是某一学科的单一知识。创新人才不仅是某个领域的专家，更是一种复合型人才，视野开阔、思维活跃、见多识广，能够解决复杂的综合性问题，并在工作岗位上创造出新的奇迹。这就要求我们用于培养创新人才的课程不能是单一的，而应该是综合性较强的，所以必须加强跨学科之间的课程整合。

罗斯-霍曼理工学院(Rose-Hulman Institute of Technology)开展了一系列旨在推动跨学科建设的课程改革。其中，一年级科学、工程与数学课程整合计划(IFYCSEM)尤其引人注目。

在高等学校教学过程中，数学、物理、化学和工程往往被看成互不相干的学科。该校许多教授认为，造成这种现象的原因是教师在讲授这

① 李雪飞．美国大学创新人才培养与课程改革之路——一种历史的视角[J]．全球教育展望，2006年第11期．

些课程时自成系统、相互割裂。IFYCSEM 计划就是要把一年级的 11 门课程综合为一门课。来自电子工程、数学、机械工程、物理、化学系的六位教师合作开发了 IFYCSEM 的教学大纲、基本模块与主题内容。其具体的教学方式是数学由数学教师教，化学由化学教师教，区别是主体概念由不同学科的教师同时来教。例如，假定主体概念是变化率，那么，作为一种变化率的微分数学概念就要结合速度变化的物理概念和反应速率的化学概念统一教学。①

一般来说，综合课程有三个层次。①分科与综合是相对的，不要绝对化，物理相对于化学是分科的，但物理中已经综合了电学、力学等知识。②合并相邻学科，如社会一科中包括历史、公民等学科。③认为第二个层次上的综合课程仅仅是一种拼盘，提倡一体化，把理化生打乱重新抽出一个综合性学科。罗斯-霍曼理工学院的 IFYCSEM 计划选择的正是第二种课程整合方法。从目前世界各主要发达国家的情况来看，第二种做法比较普遍，且可操作性较强。

人类所面临的问题，如环境、战争等，都是综合性的，需要运用各方面的知识才能有效地解决。这就决定了解决这些问题的路径的综合性趋势越来越强，交叉科学的兴起就是明证。但我们必须认识到科学发展的另一面，即越分越细。科学往往是在分化与综合的并行不悖中发展的，所以，我们有必要对高校培养创新型人才的课程体系进行适当的调整，该综合的综合，该细化的细化，而不是一味地、不分具体情况地强调综合或细化。

第四，促进课程组织合理化。课程不仅仅是教学内容，还是教学内容的进程和安排。相同的要素，不同的要素组织方式，其产生的结果是有天壤之别的。所以，合理的课程组织对课程发挥培养创新型人才的功能起着非常重要的作用。

美国研究型大学的本科课程内容一般是分为四部分来组织的：第一部分是共同必修课程，即实施普通教育、通识教育的课程内容，这类课程的学分数占总学分数的 20%～25%；第二部分是主修课程，即实施专

① 孙旭东，李成刚．工程本科创新人才培养模式的探索——美国 Rose-Hulman 理工学院的案例[J]．高等工程教育研究，2007 年第 3 期．

业教育的课程内容，约占总学分数的20%～30%；第三部分是辅修课程，即与主修课程内容关系密切的课程内容，约占总学分数的15%；第四部分是选修课程，即与学生自己的兴趣和需要相关的课程内容。哈佛大学本科生的课程由专业课(即主修课)、选修课(包括前述的选修课与辅修课)和核心课程(即共同必修课)三部分组成。在本科四年所选的32门课程中，16门必须是专业课，8门选修课，8门核心课程。核心课程与选修课都是哈佛的创举，经过漫长的演变，成为美国研究型大学本科人才培养的决定性因素。①

日本东京工业大学的学生从第一年进校到第四年的论文研究，四年课程形成一个连贯的、不断深化的、螺旋上升式的创造性人才培养模式。下面以控制系统工程学科的四年教学计划为例，具体看一下这种螺旋上升式的课程在东京工业大学的实施情况和特征。

第一学年：一年级新生在进校后不久即参加“演习”课。该课程是以工科基础知识为主的初级阶段的创造性教育科目，以实习为基本形式，唤起学生制作成品的乐趣，提高去企业参观的问题意识。该科目还组织常规的一天两夜的外出研修。在研修期间，学生可以得到一些已废弃的照相机、集成电路板等常见物品，对它们进行拆卸、组装。通过这种方式，增加学生对材料科学、工学的兴趣。另外，有兴趣的学生还可参加诸如微型机器人竞赛、试制发电机等活动，体验参与制作成品的乐趣。

第二、第三学年：创造性教育课程包括两个科目，即“竞争的创造性教育”和“独创的创造性教育”。控制系统工程学科的创造性教育课程一般都很重视团队合作。全班划分为数个小组，采取讨论、实验、设计、演示、发表等方式共同完成作业。这样，为了兼顾各个小组的指导，多会配备数位教师、教学助手。以45名学生的课堂教学为例，5名学生组成一个小组，由3名任课教师和3名兼职教师(通常为企业研发人员)一起负责整个教学过程。

第四学年：学生们通过学位论文的研究工作，以先进的科学技术为

---

① 胡建梅．培养创新型人才的美国研究型大学本科课程研究——以MIT为主案例[D]．浙江师范大学，2005年．

题材，进行“发现问题、自我学习”的实践。①

第五，重视非正式课程的作用。作为非正式课程，美国大学的各种社团活动和暑期学校也是人才培养的重要途径。

正是社团活动让美国大学学生的兴趣特长得到充分的展示，让他们的创新意识和自主意识得以充分发展。② 例如，斯坦福大学的社团活动就非常有特色。①社团数量众多。斯坦福大学共有595个志愿性学生社团，其中包括60个学术社团、63个体育社团、75个服务社团、72个艺术创作社团、102个民族文化社团、19个健康卫生社团、26个媒体出版社团、5个哲学社团、44个政治社团、59个专业预科社团、10个娱乐消遣社团、38个宗教社团和22个社交社团。②学术社团与大学学科结合，所覆盖的学科范围非常广泛。在斯坦福的60个学生学术社团中，学科范围涵盖法学、政治学、社会学、经济学、工商管理、财务、国际发展、国际安全、文化与社会人类学、哲学、化学、数学、生命科学、天文学、地质学、能源、工程、半导体科学、医学等众多学科。③各学生社团每年举办丰富多彩的活动。例如，一个由14个系的近600名生物科学研究生所组成的生物医学社团，每年要举行一次大会，每季要举办一次沙龙，双月举办一次职业研讨班，此外，还经常组织会员到一些生物技术公司实地考察，每年春天要举办生命科学事业展，每年九月要举办新生导引活动，等等。③

暑期学校则是一些学生自己付费学习的补充课程与培训项目，如科学研究训练、素质拓展教育、专业深化教育、工程实践教育、职业培训教育等。暑期学校是学生根据自我兴趣进行个人知识学习和自我能力提升，打造个人竞争力的一条重要途径。④

第六，重视通识课程、创业课程、写作训练和外语课程的作用。通

---

① 丁妍．日本高校创造性人才培养研究——以东京工业大学的课程改革为例[J]．清华大学教育研究，2005年第6期．

② 李雪飞．美国大学创新人才培养与课程改革之路——一种历史的视角[J]．全球教育展望，2006年第11期．

③ 张晓鹏．美国大学创新人才培养模式探析[J]．中国大学教学，2006年第3期．

④ 李雪飞．美国大学创新人才培养与课程改革之路——一种历史的视角[J]．全球教育展望，2006年第11期．

识课程是全体学生必修的公共课程，其在培养创新型人才中的地位非常重要，因为创新型人才必然是文理兼通的复合型人才。例如，MIT(麻省理工学院)为了满足学生人文素质发展、开阔和培养形象思维、陶冶情趣的需要，让学生从紧张的理工科学习中放松精神和情绪，从而更有利于科学创造，开设了几十门之多的音乐和艺术课程。[①] 又如，斯坦福大学要求所有的本科生都学习一年的人文学科导论课程，如“自我、神和人之善”这门课就非常有特色。“所讨论的著作写作的时间跨度长达 2300 年，描绘了非常不同的文化和历史的情形，采用非常不同的形式和体裁写成。将它们结合在一起，就是一场有关人类生存方式的严肃的谈话，内容涉及人类在世界上的地位，他们在遇到各种社会和个人的邪恶、心灵的怀疑时是如何给予生命的意义和尊严的。面对这些困难和失败，人类怎样建设价值体系，是依据个人、神还是社会的权威？生活的意义与善恶的标准之间是何关系？它们是共处的还是对立的？所阅读的这些著作给予了各种各样的回答或干脆拒绝回答。它们提供了独一无二的审美视角和充满说服力的论证。它们的不同回答提供了一种创造性的张力使学生来考察这些问题。”[②]

创业是每个大学毕业生都将面临的、关系到自身生存和发展的重要问题。大学理应为学生将来的生活做准备，这是大学教育的重要任务之一。美国大学开设创业课程的特点是：①开设创业课程的高校数量多。截至 2010 年，美国已有 700 多所高等学校开设创业教育课程。[③] 据调查，37.6％的大学在本科教育中开设创业课程，23％的大学在研究生教育中开设创业课程，38.7％的大学同时在本科和研究生教育中开设创业课程。[④] ②创业课程的教学形式丰富多样。百森学院本科生从大一开始就必修创业教育课程。学生要在教师的指导下分组撰写创业计划，并可得到创业教育中心提供的 3000 美元启动资金，面向客户做市场调研，研发并

---

① 眭依凡．大学：如何培养创新型人才——兼谈美国著名大学的成功经验[J]．中国高教研究，2006 年第 12 期.

② 张晓鹏．美国大学创新人才培养模式探析[J]．中国大学教学，2006 年第 3 期.

③ 黄兆信，赵国靖．中美高校创业教育课程体系比较研究[J]．中国高教研究，2015 年第 1 期.

④ 沈东华．美国高校创业教育课程设置及其启示[J]．中国高教研究，2014 年第 11 期.

销售产品，小组之间进行比赛看哪组挣的钱多。到三、四年级时，学生在选修创业课程的同时，创业教育中心为学生提供孵化器服务，设立了创业种子基金，有志于创业的本科生创业团队和研究生创业团队都可以申请到5000美元到20000美元不等的创业基金。1983年，奥斯汀德州大学举办了首届大学生创业计划竞赛。其内容是鼓励大学生以一无所有的创业者的身份，就某一项具有市场前景的新产品或新服务撰写出具有可行性的计划，向风险投资家游说，从而取得投资并创办公司。①

写作对于学习、工作和生活来说，对于所有专业的学生来说都是非常重要的。人们每天都离不开写。写作已经成为人类生存与发展的一项基本技能。在创新人才的培养中，写作更是不可或缺的。在哈佛，所有新生必须学习说明文写作这门课程。哈佛设立于1872年的说明文写作是美国最古老的一个项目，其设立的课程哲学理念在于认为写作与思考是密不可分的，好的思考需要好的写作。该课程由教师专门对学生进行指导，对学生文章提出批评意见，但更主要的是让学生自己花时间学会论证的策略——通过一个起草和修订的过程来发现和安排有说服力的观点和证据。②

创新型人才应该熟悉本专业领域的最新最高水准的研究成果，了解热点问题，把握发展走向，走在时代的最前沿，成为领军人物。要做到这一点，高校就必须加强外语课程的教学。日本大学低年级学生学习公共英语的方式与我国类似，而大四学生、硕士生、博士生的英语学习，则以近期内SCI(美国《科学引文索引》)收录的引用的英文版科技论文为教材的专业英语教学。他们每两周召开一次英文科技论文报告会，每位学生必须选择一篇SCI收录的、并与自己研究课题相关的英文论文，向师生们进行讲解，其后教师给予提问和点评。事前，学生必须花相当的时间和精力推敲、理解、吃透全文的意思，尤其要会解析文章中的各种数理统计方法。科技论文是否有科学价值，就在于它的数据统计处理是否严谨正确。一开始，学生的理解能力较差，但经过一次次报告会的反复

① 张晓鹏．美国大学创新人才培养模式探析[J]．中国大学教学，2006年第3期．

② 李雪飞．美国大学创新人才培养与课程改革之路——一种历史的视角[J]．全球教育展望，2006年第11期．

翻译练习，英语水平和专业知识水平得到很大提高。如此直接、大量、长时间地学习领会当今世界上最新最先进的科学技术理论和方法，不仅对学生完成课题研究和论文撰写极有帮助，而且对今后能够借鉴和掌握本专业领域国际水准的科学技术，成为胜任国际竞争与合作的创新型人才创造了良好条件。[①] 我国与日本都是非英语国家，日本高校在英语课程上的严格要求，值得我们借鉴。

(2)在教学改革方面

总的来说，各主要发达国家在教学改革方面的共性就是把重点从“教学内容”转到了“教学对象”，把更多的目光聚集到了学生身上，教学活动以学生为中心展开。从这一理念出发，教学方法、教学组织形式等都发生了一定程度的变革。

第一，灵活多样的教学方法。在教学过程中使用的教学方法应该是灵活多样的，没有哪一种教学方法是万能的，或者最好的。针对不同的课程内容应该选择合适的教学方法，只有这样才能收到良好的教学效果。

英国高校常用的教学方法主要有如下几种。

一是教师讲授。讲授法能够很容易地将某学科的知识系统地传递给众多学生，快速高效。但是讲授法不容易激发学生的兴趣，调动学生的积极性，学生主体性的发挥有限。针对讲授法的这些弱点，大多数英国教师讲课内容新鲜生动、充实而富有启发性，讲课语言比较幽默，教师会经常开些玩笑，以活跃课堂气氛，提高学生的注意力。

二是师生问答和讨论。这种教学方法一般以一个有意义的问题为中心，让学生进行 5～10 分钟的小组讨论，讨论结束后，给出各自的观点，最后教师做总结。当然，学生在教师讲课的过程中也可以随时提问并和教师一起讨论，甚至展开辩论。这种教学方法有利于培养学生质疑问难的精神，对学生创新能力的培养是有积极意义的。

三是自学指导。由于英国高校大多没有统编教材，教师的教学内容一般来自于学科发展的最新前沿。因此，英国高校一门课涉及的内容非常丰富。而英国高校每门课程的讲授课时都较少，一般只有 10～20 个课

---

① 韦秉兴，冯键玲，廖丽珍．日本高校培养创新型人才的一些主要做法[J]．广西广播电视大学学报，2006 年第 3 期.

时。因此，教师讲课也就大多只做纲要性的介绍，其他大部分内容则由教师以每次课后罗列大量参考书的方式留给学生自学，而这些课后自学是属于教学计划的一部分的，教师会对学生的自学情况进行严格的考察。以朴次茅斯大学信息系统专业的硕士课程为例，总课时为150的“无线网络”课就有114个学生课外自学和研究的课时，教师讲授仅为20个，而在总课时为150的“知识媒体的训练应用”课里，除114个学生自学和研究的课时外，剩余的36个课时也全部用于学生在课外自学基础上进行的每周在线的同步与异步学习。这种教学方法有利于培养学生发现问题，查找资料分析问题，最后提出自己观点解决问题的研究能力以及为寻求真理不断深入钻研的科学精神。

四是操作练习与实验。英国大学教学非常重视动手操作练习和实验，只有亲身经历和尝试，才能理解和发现问题。只有动手做才能真正培养学生的综合能力。因此教师在每门课程中都会安排适当的实验和操作练习，学生动手尝试和探索的机会非常多，动手能力普遍都较强。①

第二，注重实践性教学环节。要使学生具有创新能力，除了让他们读“有字之书”外，还要让他们读实践这本“无字之书”，把理论和实践结合起来，用理论来指导实践，用实践来改进理论，使二者互相促进、双向互动。

美国大学对实践时数给予充分保证，课程计划中实践环节比例均在30%以上，如伊利诺伊大学为34%，斯坦福大学为36%，南加州大学为32%。它们很注重学生的实习过程，学生在掌握了一定专业知识后，通常会到有关企事业单位实习半年到一年，以提高观察能力和动手操作能力，积累各方面的经验。学生带着这些经验以及发现的一些问题再回到学校学习，往往会激发创造的欲望并付诸行动。② 这种从学校学习到单位实习再到学校学习的实践性教学模式，与我国高校从学校学习到单位实习，然后毕业的模式是有所不同的。美国大学的学生在学习期间，经过

---

① 刘忠，张维明，张勇．英国高等教育创造性人才培养模式的特点研究[J]．高等教育研究学报，2007年第4期．

② 陈煜，汤智．创新人才培养：美国比照下的反思与变革[J]．中国高教研究，2008年第4期．

了从理论到实践再到理论这样的循环锻炼，这对以后的工作是大有帮助的。而我国的大学生则缺少这样一种循环锻炼，仅仅是从理论到实践，至于怎样从实践到理论，就只能在社会中去慢慢摸索了。

第三，教学与科研紧密结合。教学与科研紧密结合包括教学与教师的科研结合、教学与学生的科研结合。大学教师重视教学，加强研究，研究生的教学包含研究在内，这些都没有什么特殊之处。综观世界主要发达国家的创新型人才培养模式，最具特色的是让本科生参加科研活动。

本科生科研在创新型人才培养中有着重要的意义和作用。首先，本科生通过科研，可以接触科学家，受到科研文化的熏陶。其次，本科生通过科研，可以掌握科研的方法，提高科研能力，增强探索精神。再次，本科生通过科研，可以增强对课题学习的理解。然后，本科生通过科研，可以顺利进入研究生阶段的学习。最后，本科生通过科研，可以陶冶性情和人格，培养合作精神和技巧。

为了保证本科生科研的开展，美国大学非常重视本科生科研的领导与组织管理工作，一般都在学校一级成立本科生科研管理机构。例如，为了加强本科生科研工作，伯克利大学于1997年成立了“本科生研究办公室”。“本科生研究办公室”的工作包括对本科生研究工作的组织与服务，如提供各种研究机会和项目申请的信息，组织项目申报、审核以及验收工作；此外还承担一定的教育职能，如组织各种关于研究方法方面的讲座、讨论会来帮助学生了解什么是研究、如何撰写项目申请书、拟订预算等。该办公室把本科生科研项目从资助来源的角度分成了三种类型：一是由学校、院系以及其他跨学科研究领域提供的研究机会；二是由学校系统所管理的国家实验室提供的研究机会；三是校外所提供的机会。从本科生在研究中的地位来看又有两种类型：一是本科生参加教师的课题项目，在教师的指导下，承担一部分研究工作；二是本科生自己规划、申请的课题项目，在学校组织的专家委员会评审通过之后，获得学校的资助，独立地进行研究，当然有问题也可以请教教师。这样多角度的明确分类就非常有利于组织管理工作。除此之外，“本科生研究办公室”还建设一个网站，能迅速地发布各种信息，包括项目申请方面的信息、最新的学术讲座通知、指导性的专门讨论会、报告会的广告等。①

第四，颇具特色的教学组织形式——习明纳。习明纳是德国大学一种教学和研究制度，源于德国大学的传统学术制度。习明纳是在教授指导下，由高年级学生和优秀学生组成研究小组，定期集中在一起，共同探索新的知识领域。随着众多高校相继开展本科生科研，它们逐渐认识到不能让学生一下子直接由课堂过渡到科研，中间还必须要有一个缓冲地带，来逐渐培养本科生的科学思想、研究的精神，并能从研究中得到乐趣。习明纳就是很好的前奏，本科生一般在一、二年级参加习明纳，在三、四年级做科研。这样的教学组织形式充分考虑了学生的实际情况，既与学生已有的经验挂钩，又稍稍有所提升，为学生今后的发展，为把学生培养成合格的创新型人才奠定了基础。

习明纳在美国大学中有着广泛的运用。斯坦福大学运用习明纳这种教学组织形式进行教学，就对培养创新型人才起到了重要作用。首先，斯坦福大学通过提供习明纳有效地提高了学生的质量，增进了学生在大学的学习满意度，培养了学生科学研究的兴趣和能力。其次，习明纳形成了学生对教授和学校的深厚感情。据斯坦福大学的网站介绍，该校教授普遍认为接受习明纳的学生能很快地对学术产生景仰之情。经过四年的本科习明纳的熏陶和锻炼，本科生们的收益非常大。他们和学校及教授们的关系更密切了，他们当中的很多人都成了工作上的伙伴和生活上的朋友。师生在接触中撞击出许多新颖独特的想法，在交流中培育出良好的科学素养和创新能力。②

4. 构建良好的教学合作关系

创新是一项建立在诸多基本素质之上的综合性的高层素质，对创新能力的培养离不开一体化的教学环境，一体化的教学环境建立于综合的学科与整合的课程基础上，但是仅有综合的学科与整合的课程是不够的，因为教育的结果、学习的效果都离不开不同教师引导作用的融合，也离不开学生学习过程的相互作用。因此，研究型大学要培养出创新型的本

---

① 刘宝存．美国大学的创新人才培养与本科生科研[J]．外国教育研究，2005 年第 12 期．

② 苏玉霞．美国研究型大学本科习明纳的创新型人才培养功能研究[D]．东北师范大学，2008 年．

科人才，除了加强课程门类的整合之外，还必须加强教学合作，包括教的合作、学的合作、教与学的合作，分别对应师师关系、生生关系、师生关系。

美国1998年的“博耶报告”(《重建本科教育：美国研究型大学发展蓝图》的简称)的十条建议中明确提出要“消除跨学科教育的障碍”“结合交流技能与课程学习”这两条要求教学合作的途径。要想真正消除跨学科教育的障碍，不仅需要不同院系在人才培养上的合作，更需要作为个体的教师之间在人才培养上的合作。一般说来，大学对每个教师的教学行为不会有太多一致性的要求。如果教师之间不协调，对培养创新型人才的目标不明确、不一致，那么他们的教学过程就很可能互相矛盾，教学效果就可能互相抵消。因此，从大学组织的特征而言，也只有教师之间相互合作，研究型大学对本科生创新性培养的复杂任务才可能完成。

同时，人类面临的社会问题异常复杂，只靠一个人的创新性几乎不可能解决，而必须依靠各个专业领域的创新性人才进行通力合作才能解决。因此，本科教学中必须培养学生的合作能力和合作意识。小组合作的研究性学习是培养学生合作能力的有效途径，此外，在一般讲授式的课程教学中采用的小组学习的方式也是培养学生合作意识与合作能力的良好途径。①

罗斯-霍曼理工学院鼓励师生共同参加课外活动，以促进师生相互了解，建立亦师亦友的融洽的师生关系。只有关系融洽，师生之间才可能进行平等的对话和讨论，才能开诚布公地传达自己的想法，虚怀若谷地接受别人的观点，在交谈中闪现创新思维的火花。②

5. 规范师生准入机制

(1)科学的生源选拔机制

大学要培养创新人才，很重要的一环就是要选择那些有发展潜力的、可塑造的优秀学生到大学里去进一步深造。所以，作为培养创新型人才

---

① 胡建梅．培养创新型人才的美国研究型大学本科课程研究——以MIT为主案例[D]．浙江师范大学，2005年．

② 孙旭东，李成刚．工程本科创新人才培养模式的探索——美国Rose-Hulman理工学院的案例[J]．高等工程教育研究，2007年第3期．

重镇的高校需要一套科学的生源选拔机制。

学生不可能是十全十美的，关键要看学生与某个学校是否合适，要尽量使学生的某方面潜力在该校能够得到最大限度的发挥，并且有所提高。罗斯-霍曼理工学院就认为招收合适的学生是非常关键的。十分优秀的学生一般不会选择罗斯-霍曼理工学院，而太差的学生又很难培养成优秀的工科创新人才。为此，该校把目光放在招纳那些既对工程学科感兴趣，又有能力学习本校课程的学生身上，对申请本校的学生进行严格筛选。每年有数万名高中生意欲报考罗斯-霍曼理工学院，学校通过函件与学生联系有关申请事项，最后约有 10％的学生提出申请，而真正秋季入学的学生仅占申请人数的 10％。①

日本从 20 世纪 90 年代起，就废止了统一一次的大学入学考试制度，取而代之的是“大学入学中心测试”制度。在这种考试制度中，学校可以利用指定科目或者是利用其他考试形式，如面试、调查书、论文、实践考试等对学生进行测试。这样不仅可以根据学校招生的特点选择适合的考试，经考试录取适合本校特色的学生入学，而且学生也可以根据自己的才能特长和喜好来选择自己有兴趣并能发挥自己才能和个性的学校学习。②

(2)严格的教师数量和质量要求

教师的数量和质量都关系着优秀创新型人才的培养。主要发达国家对二者，尤其是教师质量都有着严格的要求。

主要发达国家的生师比相对较低，加州理工学院生师比为 3∶1，麻省理工学院和耶鲁大学为 6∶1，斯坦福大学和哥伦比亚大学为 7∶1，哈佛大学为 8∶1，华盛顿大学为 11∶1。国内高校的生师比则普遍偏高，绝大部分在 18∶1 以上。③

教师数量固然重要，而教师质量则是创新人才培养的生命线。马萨诸塞州的波士顿大学招聘新教员时，必要的条件是应聘者具有博士学位，

---

① 孙旭东，李成刚．工程本科创新人才培养模式的探索——美国 Rose-Hulman 理工学院的案例[J]．高等工程教育研究，2007 年第 3 期．

② 马力．浅谈日本大学的创新教育[J]．吉林商业高等专科学校学报，1999 年第 2 期．

③ 陈煜，汤智．创新人才培养：美国比照下的反思与变革[J]．中国高教研究，2008 年第 4 期．

且不能是本校毕业生，还要具有一定的研究工作经历，且5～6年后有望处于国内本领域研究的前沿，10年后有望成为本领域世界级领袖。①

6. 完善产学研合作办学模式

产学研合作办学就是充分利用学校与企业、科研单位等多种不同教学环境和教学资源以及在人才培养方面的各自优势，把以课堂传授知识为主的学校教育与直接获取实际经验、实践能力为主的生产、科研实践有机结合的教育形式。这从根本上解决了学校教育与社会需求脱节的问题，缩小了学校和社会对人才培养与需求之间的差距，增强了学生的社会竞争力。产学研合作办学是现代教育发展的趋势。

英国的工程博士具有双重的身份。在学校，他们是学生，需要按照学校的要求完成专业课程，参加其他必要的活动；在合作公司，他们被称为研究型工程师，是公司的职员，与其他正式职员一样遵守公司的各种制度，完成相应的工作量。他们有两位导师，一位是学校的导师，一位是公司的导师，这样的导师制度有效弥补了学校和公司各自的不足。导师团队既有学术知识，也有实际工作经验，他们共同确定研究题目和培养方案的实施计划。工程博士生的培养周期一般是四年，其中四分之三的时间在合作公司工作，一年时间在学校完成课程。工程博士的经费来源除了工程和自然科学研究委员会之外，公司还需要每年付给工程博士中心一笔捐款，用于支持工程博士中心的运作。捐款额度为每人每年3000到7000英镑不等，有的还被要求支付定额的费用以资助工程博士生参加会议、出差或其他额外的开支。②

在日本，产学研合作被称为“产学官合作”，这道出了日本产学研合作的官方主导性质与特征。他们对“产学官合作”的理解是：全社会共同努力，培养下一代的技术者。日本在20世纪30年代就开始注意高校和企业的科技合作。经过几十年的发展，正建立如联合研究制度、合作研究制度、合同研究制度等多种形式的横向联合。日本高校引入市场机制，努力建立教学、科研、开发利用与生产实践一元化体系，引入竞争机制，

① 田德新，张喜荣．美国创新人才培养机制[J]．西安外国语学院学报，2003年第9期．

② 雷环，王孙禺，钟周．创新型高水平工程人才的培养——英国工程博士培养的创新与矛盾[J]．学位与研究生教育，2007年第12期．

让高校与生产科研内部发生直接联系，如高校与企业签订培养合同等。①“产学官合作”模式的有效实施，是日本战后经济起飞的重要经验。

即使是在印度这样的发展中国家，也大力鼓励著名软件产业公司办学。例如，印度著名软件公司——全国信息技术研究所有限公司现已在印度和世界上其他20个国家设立了800个教育中心，每年培养15万名信息技术专业的学生和专业技术人员。印度阿普特克计算机教育公司也在印度和其他30个国家设立了1500个教育中心。②

7. 营造良好的学习环境

学习环境的营造包括营造良好的科研资源环境、行政环境、学术环境和文化环境。

科研资源环境：美国研究型大学的图书馆和实验室也是培养创新型人才的重要场所。哈佛大学的图书馆是世界最大的高校图书馆，藏书量超过1300万册。优雅的环境、完善的设施及高素质的服务人员，使这些图书馆成为广大师生学习研究的好助手，其广博的信息资源更是为创新型人才的培养提供了方便。研究型大学的实验室更是世界闻名，如加州大学的劳伦斯国家实验室、麻省理工学院的德雷伯实验室等。这些实验室设备精密，利用率高，始终保持科技尖端水平，成为许多实验人员梦寐以求的理想实验室。③ 所以，高水平的硬件资源也是创新型人才培养的有利因素。

行政环境：美国的研究型大学向来有“教授治校”的传统。合格的教授，不仅具有广博的知识、独到的眼光、批判的思维，更具有崇高的道德品质和精神文化素养。因此，他们对学生的利益特别关心，对学校的发展前途也很重视，对教学质量和学术的要求也更加严格。这种教学行政一体化的管理模式，使得学校没有庞大的脱离教学的行政人员队伍，甚至在耶鲁大学，许多教授身兼行政职务，连专门办公的行政大楼都省

---

① 马安伟，杨国权，于彩虹，张喜梅．日本研究生创新型人才培养模式探索[J]．中国冶金教育，2006年第5期；乔继红，乔宇静．日本创新型人才培养模式对海南高等教育发展的启示[J]．热带农业工程，2009年第2期．

② 印度重视技术创新人才培养[J]．安徽科技，2001年第10期．

③ 张喜梅，薛焱华，冯丽娜．美国研究型大学研究生创新人才的培养经验探索[J]．辽宁教育研究，2006年第4期．

了，这为教学与科研节约了资金，也避免了腐败的官僚主义。①

学术环境：没有学术自由就不可能培养出合格的创新人才，没有学术自由培养出来的只能是唯唯诺诺、人云亦云的庸才。在美国研究型大学中，学术自由是倍受重视的。许多校长都认为，如果没有学术自由，不能够对学术问题畅所欲言，研究型大学就不复存在了。美国大学强调在享有学术自由的同时必须履行相应的学术责任，这既保持了学术研究的独立性，又强调了研究者的责任感，使学术自由更顺利地发挥作用。正是这种推崇学术自由的大环境，使得教师和学生能够自由地表达自己的观点，质疑已被接受的思想或维护受到挑战的思想，加快了知识的发展，促进了社会的进步。②

文化环境：一所学校的传统、学习氛围、校风校纪对学生的发展都起着潜移默化的重要作用。美国大学重视三种文化环境的营造。首先，重视"追求科学、崇尚真理"和"对国家负责"的大学使命和大学精神文化的营造。其次，重视尊重知识、尊重人才、尊重学生的包容文化的营造。再次，重视培育大学竞争意识和学生想象力的文化营造。普遍缺乏想象力和竞争意识，是我们大学文化中的一个很大的遗憾和缺陷。在美国不少大学都有自己竞争的目标，如哈佛大学和耶鲁大学、加州大学伯克利分校和斯坦福大学、加州理工学院和麻省理工学院等都是彼此竞争的劲敌。大学之间的竞争不仅激发了大学的生机、活力和动力，同时也会有力促进学生不甘示弱、奋发向上的进取精神。③ 这样的文化环境既能给学生以充分的学习、思考和发表观点的空间，又能让学生牢记自己的使命，拥有学习的精神动力和方向目标。

(二)科学研究与知识创新方面

1. 研究型大学在知识创新中的重要作用

教师科研是知识创新的主要途径，但并不是所有的高校都能成为知

---

① 张喜梅，薛焱华，冯丽娜．美国研究型大学研究生创新人才的培养经验探索[J]．辽宁教育研究，2006年第4期．

② 张喜梅，薛焱华，冯丽娜．美国研究型大学研究生创新人才的培养经验探索[J]．辽宁教育研究，2006年第4期．

③ 眭依凡．大学：如何培养创新型人才——兼谈美国著名大学的成功经验[J]．中国高教研究，2006年第12期．

识生产基地。高等教育需要进行必要的分层，而担负起知识创新任务的主要是研究型大学的教师和科研人员。在美国，研究骨干群体由数目不到10万名的科学家和学者构成，他们主要在占美国所有院校31.4%的经过卡内基认证的236所研究型大学工作，但是这个群体支配了知识的生产和传播。研究型大学的教师三年内在期刊上发表的论文是非研究型大学教师发表论文的两倍多。此外，研究型大学也有分层，如发达国家世界一流的研究型大学；亚洲国家有志于成为世界一流大学的大学，如东京大学、韩国国立大学等。有的研究型大学的战略目标在于成为国内较好的研究型大学，还有一些研究型大学主要是为当地的经济发展服务。我们论述的研究型大学倾向于第一类，即建设具有世界级研究水准的大学，探讨这些大学需要怎样的教育创新来达到知识生产的目的。在这里，不是为分层而分层。事实上，选择一部分学校发展为具有较高水平的研究型大学，主要是因为研究型大学需要大量的人力和物力投入，所以从国家的角度来讲，考虑的是怎样把资源集中在国内科研基础最好，最富科研潜力的大学，以达到知识创新的目的。

研究型大学在国家知识创新体系中的地位是由它本身具备的优势决定的。研究型大学是国家复杂的科研体系中的一个部分，但在知识创新方面却发挥着重要的作用。这与研究型大学自身的独特优势是分不开的：研究型大学在一定范围的学科和领域内致力于知识的创新和传播，有与之相当的实验室、图书馆和其他的能够从事最高水平的教学和研究需要的设施。另外，研究型大学汇集了包括教师、学生和科研人员在内的高级科研人员，其中博士生的培养和研究不仅节省了科研的费用，而且新生代科研人员也为研究注入新的活力和洞见。大学有相对较为广泛的学科和专业，跨学科的研究往往能够因为综合了各个学科的视角而导致新的发现和研究成果。再者，与公司的研发中心，各专门的研究机构相比，大学对基础研究的关注是独一无二的。大学也是把基础研究和应用研究结合起来的研究机构。更重要的是，大学由于其科研人员、师生因为学术交流、知识生产而与世界知识体系建立起来的广泛联系，已被认为是世界知识发展的引擎，是进入国际知识体系的机制。

鉴于研究型大学在知识生产中的重要作用，决策者们已经开始重视高等教育在经济发展中的作用。很多亚洲国家，如新加坡、马来西亚、日本、中国、韩国等，认识到大学对知识型社会的贡献后，也开始鼓励研究型大学的发展来加强本国在知识生产中的地位。2001 年，日本文部科学省宣布计划发展近 30 所大学为世界级研究型大学。这在学术界引起了激烈的争论——日本是否应该发展世界一流的研究型大学？最后，日本颁布了 21 世纪卓越研究中心计划(COE21)。该计划明确了要建立世界一流的研究基地，而不是机构。这些基地主要是分布在各个大学的博士点。基地的选择是根据已有的成绩和潜在的研究能力，而不管所在机构是帝国大学、国立大学、地方公立还是私立大学。然而，2005 年，21 世纪卓越研究中心计划的结果显示，它们与传统的大学排名是一致的，还是以七所帝国大学为首，另加 3 所私立大学，分别是东京工业大学、早稻田大学和庆应义塾大学。这 10 所大学都是日本国内一流的研究型大学。

2. 研究型大学建设促进科研创新

研究型大学的主要任务在于研究生的培养和科研。科研成绩是否优秀往往用大学教师的科研成果来衡量。怎样才能促进研究型大学的科研产量，成为国际一流的研究型大学？阿尔赫巴特指出了建设国际一流大学的若干必要条件，其中在追求科研优秀方面列出了以下条件：高素质的学者，大学的独立性，学术自由，研究基础设施和公共资金投入。①如果一所研究型大学在这五个方面上达到一定的水准，那也就被认为具有相当的知识创新能力。本节中提到的条件对于所有的研究型大学都适用，只是在实际操作层面，由于资源的有限性，无法保证所有的大学在上述五个方面条件优秀。研究型大学优秀科研的必备条件如下。

(1)充足的公共资金投入

研究型大学的建设和维系必须要有长期的足够的资金投入，原因在于研究型大学自身的收益不足以抵消它的建设和运营成本。从研究型大学的开销来看，研究型大学教师的工资标准高于一般的大学，学生人均支出费用也相对较高；研究型大学的图书馆和实验室设备等基础设施是

---

① Altbach, P. G. *The Costs and Benefits of World-class Universities*[J]. *Academe*, 2004, 90(1).

大学进入世界科学知识体系，进行高端研究的必要条件，代价也是非同一般；研究型大学主要是从事基础研究，而基础研究需要大量的经费。从研究型大学的收入来看，大学的资金筹集渠道尽管各国都有所不同，但一般包括学生学费、政府资金投入等。大学从事的基础研究在短期内无法获得可观的回报。因此，研究型大学主要是靠公共资金的支持，是以政府的投入为主的公共机构。全世界只有在日本、美国和智利有少量的研究型私立大学。另一个结果是研究型大学只能是少数。以前文提到的美国为例，研究型大学只约占大学总数的三分之一。日本和英国的研究型大学也只有 20 来所。总而言之，研究型大学是少数的、主要靠国家公共资金投入的研究机构。

为此我们看一下各国对研究型大学的政府投入。20 世纪 90 年代的经济危机令韩国政府转向知识经济的发展。在这样的语境下，建立能在韩国经济发展中起作用的、具有国际水准的研究型大学成为韩国优先考虑的政策。2004 年，教育部发放 860 万(8.6 million)美金用来支持高校的研发。在研发的款项里，31%给予那些有研究生项目的研究型大学，46%拨给四年制的教学型大学，其余的给予职业学院和学校。除了教育部，其他的政府机构也为大学的研发提供资金支持。2003 年，大约 20 亿(2 billion)美金用于大学的研发。这些来源中，76%来自政府，14%是私人捐赠，9%是大学自身供给。最有竞争力的大学得到的研发资金的支持最多。排名前 10 名的大学得到 46%的资金，前 20 名的大学得到 63%的资金，三分之二的经费为公立学校所用。①

在文化传统与韩国不同的美国，大学经费的来源似乎更为丰富。政府的资助在研究型大学的经费比例相对较小，但政府对研究型大学的支持力度却是相似的。在美国近 3000 所学术机构中，研究型大学只有 150 所，但它们却占政府研究资金投入的 80%。美国旗舰公立研究型大学 15%的基本经费来自政府，其余的来自学费、研究基金、知识产权的收

---

① Ki-Soek Kim. *A Great Leap Forward to Excellence in Research in Soel National University*, 1994—2006[J]. *Asia Pacific Education Review*, 2007, 8(1).

入、辅助性服务、个人与基金会的捐助和捐赠基金。①

现在各国的研究型大学或多或少都面临资金问题，即使是发达国家也不例外。除了政府经费的来源之外，研究型大学也在实际运营中拓宽经费来源的渠道，或是在一定程度上从基础研究转向应用研究，因为这些研究更容易筹集到资金，也更可能为大学营利(尽管这些做法目前还存在争议)。英国的萨里大学(University of Surrey)是非常有创业色彩的研究型大学，有很大一笔来自创业的收入、丰富的创业活动和强烈的创业认同感。在2000—2001年度，萨里大学在英国所有高等教育机构中对公共资金的依赖性的排名中处于倒数第二，从资金委员会得到的拨款只占全部收入的25.3%，但大学从创业型活动中得到的收入是比较高的。创业型活动包括成立商业公司、杂项收入、咨询、社区服务，甚至是学术性活动，而大学在学术领域和非学术领域都有创业型的活动。举例来说，从2000年到2001年，大学从“另外运营收入”中获得的收入占总收入的17%，具体来源包括住宿餐饮和会议、提供的其他服务、附属公司的捐助、系部的收入、大学设备使用和租用的收入、从延期非经常性补助金中获得的收入、增值税等。② 应该看到的是萨里大学的创业性行为与它的研究能力、研究强项、大学所处的位置、大学的历史传统和公共资金的支持力度及英国对大学与国家和社会之间的关系的看法是分不开的。萨里大学的例子只能说明创业自筹经费是解决研究型大学资金问题的一个途径。

公共资金的支持对研究型大学的发展很重要，因为公共资金不仅事关大学是否有充足的资金致力于发展为世界一流的大学，而且对于保证大学优秀研究的其他因素，如学术自由、大学自主等有着非常重要的影响，因为资金在很大程度上影响了这些因素的性质。总而言之，公共资金对研究型大学建设的重要性不仅体现在大学的硬件或基本运营的稳定上，还体现在决定研究型大学本身的制度文化和软环境的性质上。可以

① Altbach, P. G. *Peripheries and Centers: Research Universities in Developing Countries* [J]. *Asia Pacific Education Review*, 2009, 10(1).

② Keiko Yokoyama. *Entrepreneurialism in Japanese and UK universities: governance, management, leadership and funding*[J]. *Higher Education*, 2006, 52(3).

说，公共资金的支持对于研究型大学的建设是个至关重要的因素。

(2)研究基础设施

要成为国际一流的研究型大学，不仅要有足够的图书馆资源，也要配备全球科学研究所需要的最现代的实验室和科学研究设备。科学研究基础设施是科研的硬件基础。卓越的研究需要访问这些设施，但是研究基础设施的建设需要大量的投入。在日本，一些私立大学尽管在研究上很有竞争力，但国立大学在自然学科研究方面还是占有支配地位，因为购买和维护研究所需的重型实验室设备的成本很高。

除了公共资金对研究基础设施的支持外，还有一种是通过产学结合，利用企业的资金支持大学的研究基础设施建设。日美公司在赞助大学研究中心方面特别积极。一种办法是公司为了便于利用大学的学术资源，在大学附近建立设施。另外一种办法是公司和大学达成协议：公司通过在大学设立实验室，为大学研究提供资金，日后公司从大学获得知识产品作为回报。还有一种趋势，特别是在美国，公司对大学的研究设施提供赞助，大学进行与公司兴趣相关的研究，其中大多数是应用研究，研究目的主要是为公司研发能在市场销售的产品。通过产学结合的方式来解决研究型大学的基础设施问题有利有弊。一方面，这种方式解决了基础设施建设的资金问题，在某种程度上，为大学的基础研究指出方向；另一方面，大学传统的学术价值因受到商业化的影响而被削弱。据了解，美国的一些名校，如斯坦福大学、加州大学伯克利分校等对从事应用研究和技术转让还是持审慎态度的。①

(3)学术自由

学术自由是对研究型大学的基本要求。各国关于学术自由的定义有所不同。作为一个崇尚个人主义、言论自由的国家，美国关于学术自由的定义相对宽泛，认为学者有权利在任何公共的论坛和著作中就专业领域内的某一主题发表自己的见解，甚至有在非专业领域发表见解的自由。新加坡关于学术自由的定义相对严谨，认为学者享有对与本专业直接相关的问题发表见解的自由。德国关于学术自由的概念包括学生学习的自

① 许迈进．美国研究型大学研究：办学功能与要素分析[M]．杭州：浙江大学出版社，2005年．

由和教师开展研究、教学以及在讲座中就研究发现进行讨论的自由，这意味着学者有决定研究方向、调查方式，并决定他们教学内容的自由。在这些问题上，国家不容干涉。①

学术自由作为研究型大学的核心价值观，对研究型大学科研文化的建设非常重要。只有保证学者在教室、实验室、出版、研究和学术上享有自由，才能发挥教师的科研活力和创造力，然而大学处在由政治、经济、文化组成的生态系统中，学术自由会受到各种因素的不同程度的限制。对21世纪学术自由的挑战不仅来自外在权威，也来自高等教育的商业化等。在美国，对学术自由最具威胁的是研究的商业化。大学出于减轻财政压力、增加赢利的目的，与有关公司进行合作，结果通常是以应用研究代替基础研究。外界也因为科研成果保密的协议而无法了解进展。虽然大学达到盈利的目的，但商业化导向的研究限制了知识的传播和知识创新的自主能力，因此被认为是违反了学术自由的原则。发展中国家同样面临商业化对学术自由的挑战。与西方国家相比，发展中国家的学术自由传统相对比较薄弱，财力基础可能也并不雄厚，因此市场的力量很容易就能左右大学研究的方向、重点，大学因此失去学术自由和独立自主的能力。限制学术自由的另外一个因素是对于政治和社会敏感话题的限制。这些话题往往与宗教和民族问题相关。有关这些问题的研究出版和评论都是被限制的。

当拥护学术自由的力量无法抵御反对学术自由的力量时，倡导学术自由的学者可能会面临从警告到解雇或监禁或放逐等轻重不一的惩罚。面对学术自由被侵犯的情况，大学已经有一些措施能保证学术自由的权利，尽管这些措施不足以彻底解决学术自由被侵害的问题，也并非在所有的国家都能被接受、贯彻和执行。在一些国家，学术自由被特定的学术规则、法律所保护，也被传统的规则和价值观所保护。一些国家的终身聘任制和另一些国家教授的公务员地位保证了教授不会有被解雇的危险，即使可能，也是不容易被解雇的。德国就是一个在保证学术自由方面的一个很好的例子。在德国，学术自由不仅被宪法保护，还受到国家强有

---

① Rosamunde F. J. Becker. *Academic Freedom in England and Germany: A Comparative Perspective*[J]. *Globalisation, Comparative Education and Policy Research*, 2009, 7(2).

力的法规的保护。这些法规保护大学不受外界狭隘的利益的侵犯，并保证学术自由不被滥用。如前所述，德国的终身聘任制也有助于学术自由的发挥。除此之外，对学术自由的传统保护来自于教职员工参与学术治理。德国的教授在做出相关决定上有真正的发言权。在这种情况下，学术研究才有足够的生命力抵抗来自行政上的束缚。

(4)大学自治

大学自治指的是大学不受外界的干涉，决定自己的目标、研究计划、评估标准和升职程序等。大学自治对于研究型大学发展的意义在于：大学主要从事基础研究，而基础研究主要是源于研究人员自身的兴趣和关注点，因此必须给予研究型大学自主发展的能力。再者，学术团体本身是对项目是否成功的最佳判断者。然而由于大学和与其相互联系的政府、企业和社会团体所处的立场不同，双方之间存在的张力已经由来已久。大学自治空间的萎缩并不在于外在力量涉足大学的日常运转，而在于外在力量影响大学往符合其利益和逻辑的方向发展。因此，在各方力量之间保持微妙的平衡对于研究型大学的发展是起关键作用的。

在英国，虽然大学自治的传统历史悠久，但在过去 20 年中，大学、系部、个人不得不为得到政府、外界的资金、合同、资助、学生和声望参与市场竞争。争取外来资金的压力左右了研究中心的形成和运作。越来越多的研究者发现研究计划是由他人决定的。另外，在争取外来经费的时候，大学被要求对预期成效做出估计，而这些往往就成为大学的绩效指标，这损害了大学的学术自治。除了市场因素外，大学因为使用政府资金而接受的评估和控制也影响了大学的自治，因为大学失去了决定自身学术质量的权力。在大学内部，管理层被赋予过多的权力，他们为各部门做出战略性决策，设定预期的成果，而学术人员成为边缘，只负责达成这些目标。由此看出，行政权力侵蚀了学术职业团体的自治权力。在像英国这样以自由主义经济为主导的发达国家的高等教育中，大学自治受到政府、市场和大学内部的多方牵涉。同样，大学自治也成为在中等收入国家建立世界研究型大学的主要问题之一。以韩国为例，韩国国立大学作为研究型大学，是公共资源的主要接收者，为了得到足够的资金，不得不改变大学一贯的政策。另外，韩国独特的社会动力体系也影响了大学作为公共机构的独立性。韩国国立大学作为数一数二的大学，成为韩国学生的梦想大学。大学的政策，特别是招生录取的政策常在众目睽睽之下被审查，韩国政府对录取政策加以限制，导致大学自主性的丧失。① 日本大学内部中心和各单位的权力关系按照大学教师自治的原则实行了去中心化，但是因为日本国立大学几乎完全依靠公共资金，国家通过任命大学校长和同时在教育部供职的高级行政官员来参与大学管理。东京大学发布的两个报告(University of Tokyo，1999；2000)强调了加强大学校长权力的意义，包括下列建议：为大学校长设立助理的职位，增加副校长的职位，对大学校长的选取和行政人员的任命进行评审；对大学中心权力和部门(教师)的权力进行区分；厘清大学自治性和教师自治性之间的关系。大学校长日益增长的权力和教职员工委员会之间的权力关系——传统以来是大学权力的所在地——很复杂。东京大学对大学校长和教师的权力都加以强调，但大学在 *Entrepreneurialism in Japanese and UK Universities: Governance, Management, Leadership, and Funding* 中采取了与传统管理价值观较为接近的立场，批评加强大学校长权力的政策，剥夺教师的权力。②

从韩国、英国和日本的例子中，我们看出，资金来源对大学施加的压力往往是大学学术自治需要抗衡的力量，无论是公共资金还是私人资金，无论提供者是政府还是市场。此外，大学内部学术权力和行政权力的合理分配和平衡也是大学学术自治的前提。

(5)高素质学者

在世界上不少国家，职业晋升一般论资格而不是按照教学和研究的业绩。这种现象在学者被视作国家公务员的国家最为普遍。公务员地位确保了终身职位的同时，也不再以业绩作为晋升的因素。然而，研究型大学是精英荟萃的地方，大学教师的评聘要达到较高的标准，晋升和工资结构也越来越以业绩为基础。

---

① Ki-Soek Kim. *A Great Leap Forward to Excellence in Research in Soel National University*, 1994—2006[J]. *Asia Pacific Education Review*, 2007, 8(1).

② Keiko Yokoyama. *Entrepreneurialism in Japanese and UK Universities: Governance, Management, Leadership and Funding*[J]. *Higher Education*. 2006, 52(3).

以德国为例。德国教授的门槛很高，晋升也很艰难。在2002年的改革后，虽然增加了初级教授的职位，但传统上对教师的科研能力的高要求影响并不大。另外，受全球化与知识经济的影响，一向以公共资金为主要财政来源的德国也加强了对教师科研的要求，经过一番周折后，终于在以业绩为导向的工资收入上体现出来。在德国，走向教授之路传统上是漫长、并带有很多不确定因素和风险的过程。在获得博士学位后，还需要长达七到八年的时间才能获得比博士更高级的资格。这个资格的获取需要一篇在学术水平和学术领域方面都超过博士论文的研究论文。这个资格还只是获得教授职位的前提，并不能保证获得教授职位(获得教授职位还要看是否有职位的空缺)。但这个资格赋予在某一领域教学的权利。由此可见，在德国大学任教的资格基本上是建立在研究能力的基础上的。德国高校的学术群体之间差异很大，主要分为具有决定权和享有工作自由的教授群体、前面提到的助教，还有初级学术人员。初级学术人员的晋升很大程度上取决于教授的决定。近年来，政府重新调整职员的结构和初级职员的职位。2002年的德国联邦法律废除了前期成为教授必须具备需要七到八年才能获得的高级博士的资格，引进了初级教授的职位，有意取代原来耗时取得的高级博士资格。尽管如此，很多初级教授还是继续撰写高级博士阶段的论文，以使得未来的职业生涯成为可能。在德国，大学教授的聘任是看博士学位的质量、教学能力和学术成就。

德国另一个富有争议的问题是引入灵活的工资结构。德国在1998年曾提出把薪水与绩效挂钩，允许大学付给顶级教授相当于企业标准的工资。工资不再限于严格的级别，可与新来的教授自由协商薪水的高低。工资的增长与绩效相连，如主要出版物的数量、获得的外来资金、奖励、设置的考试和学生的评教结果等，但这些遭到了德国联合会将近17000名教授的反对。然而2002年的联邦法律使得引入与竞争和绩效为导向的工资结构成为可能。这些改革旨在加强大学体系的革新能力，并重新获得国际竞争力。尽管废除教授的公务员地位遭到反对，但最后都没能成功。作为公共服务法律的一部分，一项新的补偿计划被引入，从2005年以后录用的教师以功绩代替资历作为标准。由于这个条款废除了所有已经存在的合同，因此使得制定新的薪水方案的进程长达20年。①

美国研究型大学也很重视师资队伍的建设。美国大学争取优秀师资的办法主要体现在教师聘任条件的严格性以及教师评估和考核体系的完备性。美国大学在教师招聘上视野广阔，一般在全社会和全世界范围内招聘教师，以网罗各学科领域的佼佼者，但从另一侧面也反映出竞争的激烈。刚从本校博士毕业的学生，不能应聘本校教师职位，这一举措增加了教师队伍的异质性，丰富了学缘结构，有助于活跃学术思想。研究型大学聘用教师的条件很严格。研究型大学聘任教师的标准主要是看已有的科研成果的质量。“研究成果要体现在国际公认的那些学术刊物和学术出版里，要有论文和学术著作在那里发表。除此之外，还要提供几份独立发表过的书评，没有发表过的书评不算数。”②在教师的考核方面，研究型大学主要把考核的权重放在科研上。“对科研工作的考核，其分解指标主要是发表论文的质量和数量，课题项目的影响和科研经费的多寡。对科研论文的质量则是通过对刊登论文的杂志种类及在学界影响力的界定。请同行专家做出考核评价。”③在晋升与考核方面值得一提的是终身教职的评审和终身职后评审。美国大学有严格的终身教职的评审标准，有些大学的标准还在提高，如在“研究型的哥伦比亚大学，终身教授评选的标准从出版一本专著提高到两本”④，教师中获得终身教职的人数可能会减少。在美国高校教师队伍已经呈现出多样化的结构。例如，除了终身教职持有者，非终身教职持有的全职工作人员也逐渐出现在教师队伍中。他们没有终身教职体系的保护，但是会有阶段性的合同，除此之外，也有工作一段时间得不到续约的教职人员。终身职后评审是美国高校的另一个趋势。政府、社会和企业对大学的问责已经被转嫁到教师个人身上。获得终身教职的人同样要为科研的产量和质量负责。从前那种获得终身职位后毫无约束的职业自由已经被画上句号。“20世纪90年代以来，一

① Rosamunde F. J. Becker. *Academic Freedom in England and Germany*: *A Comparative Perspective*[J]. *Globalisation*, *Comparative Education and Policy Research*, 2009, 7(2).

② 丁学良. 什么是世界一流大学[J]. 高等教育研究，2001年第3期.

③ 许迈进. 美国研究型大学研究——办学功能与要素分析[M]. 杭州：浙江大学出版社，2005年.

④ 李长华. 美国高校教师管理的新变化及其原因探究[J]. 比较教育研究，2002年第6期.

些学校为了切实保证师资质量和活力，激励教师不断进取、不断创新，先后试行并建立了终身职后评审制度，伯克利大学是率先实行对终身教授评估考核制度的研究型大学。他们根据每位终身教职的获得者不同的考评结果，来确定其不同的工资等级，以此促进获得终身教职的教授改善工作绩效，而不是简单地将其解雇。”①

以上论述了研究型大学如果要在科研上有所成就需要满足的五个条件：充足的资金、有足够的研究所需的基础设施、学术自由、大学自治和高素质的学者。这五个条件彼此独立又相互联系。独立的意义在于：任何一个条件对于研究型大学的建设都不可缺少。比如，充足的资金对于大学的研究非常重要，但这并不意味着充足的资金这个条件可以代替学术自由、大学自治、高素质的学者等其他条件而取得研究型大学建设的成果。换句话说，每个条件都在发挥着不可取代的作用。彼此联系的意义在于：各个条件之间不是孤立的。例如，充足的资金保证了大学研究所需的基础设施，确保支付给大学教授相当于本国中产阶级收入的工资，以使得他们能够有足够的时间和精力来从事研究。充足的资金保证大学不必以牺牲研究兴趣、自己的研究计划等为代价去寻求外来支持，从而在大学自治和学术自由方面不得不做出妥协和退让。

上面论述的五个条件对于研究型大学进行科研、实现知识创新是必不可少的，但是对于不同的国家而言，实际上要求可能并不止于此。世界上一流的研究型大学基本在西方，其他在非西方国家发展起来的大学往往处在边缘，它们需要和“中心”保持一致，如接受它们的学术标准。因此，对于这些非西方国家而言，大学的国际化就显得很重要，因为教师和学生与西方国家展开的交流能够帮助他们进入世界学术主流，成为国际知识体系中的一部分。而美国学者似乎认为美国是国际学术体系的中心，因此国际化是多余的。这个例子可以部分说明，建设高水平的研究型大学虽然有一定的共性，但差异也很明显。除此之外，在非西方国家能建成怎样优秀的研究型大学，除了以科研成果来衡量之外，现阶段也很难有自身的定义。日本学者认为日本国内一流的研究型大学正处在

① 许迈进．美国研究型大学研究——办学功能与要素分析[M]．杭州：浙江大学出版社，2005年．

发展的十字路口。日本的教育和社会发展相对成熟，但是又脱离不了亚洲背景，因此日本的研究型大学的发展和亚洲高等教育的发展密切相关。① 即使是在西方发达国家，研究型大学目前的走向也有所不同，虽然这些趋势尚未明朗，但也已经隐约可见。有学者认为美国的研究型大学的未来走向有两种趋势：一是传统的研究型大学追求学科专业化，二是研究的目的是为了本学科的知识。而新的趋势却体现了对跨学科研究的重视。他们选择能够为之做出贡献的领域，攻克跨学科领域的问题。他们秉承的理念不仅是知识的创造而是开创未来，体现了大学在社会和经济创新中的作用。②

（三）技术创新及其转化方面

技术的创新和转化主要是通过产学结合的途径，然而产学结合并非单是出于高校和企业的意愿。除了复杂的产学联盟的内在机制之外，从外在因素来看，产学结合需要政府政策的支持、相关法律法规的保证，以及技术转让机构的成立来促进技术创新和转化。

1. 政策

英国对于加强大学和企业之间的联系、促进科技的研发和转化采取了相应的政策。从现有政策来看，主要的干预手段有设立促进产学结合的机构和给予资金支持。

本着革新能带来英国未来的经济繁荣，英国应该进行对知识基础加大投资，再把这些知识转化为商业和国内公共服务的革新的精神，英国实施的2004—2014年度英国科学和创新投资框架（UK Science and Innovation investment Framework for the period 2004－2014）把英国的全部研发投资从国内生产总值的1.9%提升到2014年的2.5%。总量已从第一期（2001—2003）的0.39亿英镑每年增长为第5期（2011—2014）的1.5亿英镑每年，③ 目的是促进在大学领域的有直接和间接经济利益的活动。基金

① Akiyoshi Yonezawa. *Japanese Flagship University at a Crossroads*[J]. *High Education*, 2006, 54(4).

② Steven Brint. *Creating the future*: "*New Directions*" *in American Research Universities*[J]. *Minerva*: *A Review of Science*, *Learning and Policy*, 2005, 43(1).

③ 李振兴．创新的第三引擎——英国高等教育创新基金发展概况及其启示[J]．全球科技经济瞭望，2015年第2期．

用来支持知识转化活动，因为这项活动不太可能为大学获得大量的净收入，因此大学不会对此具有投资倾向。

此外，英国贸易工业部(DTI)制定和实行了支持创新的政策，它主要分成三个部分：第一个是为研发提供资助，又被称为 SMART 项目。这个项目每年提供 3000 万英镑支持中小企业在走向商品化前的初期阶段的发展。第二个是知识转化体系。这个体系包含许多从前被称为法拉第合作伙伴的知识转化机构，主要是为了加强各部门的商业和与他们专业领域相关的大学之间的联系。他们有丰富的关于技术发展的知识，主要是促进全国范围内的产学合作。第三个是建立在知识转化合作伙伴上的。这个项目价值 2000 万英镑，从前被称为公司教学方案。这个方案下面有 1000 多个项目在运作，方案主要是通过人员之间的联系和实习培训，把私人企业和大学联系起来解决特殊的问题。还有一个机构是 2006 年成立的技术战略委员会(TSB)，成员主要来自私人商业领域，包括风险资本领域，主要职责是通过贸易工业部的合作研发项目，在革新支出许可的前提下，优先选择一些领域进行投资。技术战略委员会在 2006 年大约投入每年 25000 万英镑，以后每年有所增长。它主要是通过招标资金鼓励最富市场可能性的技术研发。

一直秉着"科学技术立国"的日本政府在 1996—2012 年连续推出了三期科学技术基本计划。为了在技术革新中创建具有国际竞争力的知识体系，在 2001 年推出的第二个科技基本计划(2001—2005 年)中批准了对知识集群计划(knowledge cluster initiative)的实施。知识集群是在充分发挥地方自主权的条件下，形成以自主创新为目标，大学、地方研究机构及区域内外企业广泛参与的科技人才网络和共同研发体制，为以下项目提供政策支持：建立总部，在大学内雇佣科技协调员，大学、公共研究机构和公司开展共同研究，推出专利和发展研究结果，举办研究成果发布会和研讨会等。为了提升产业技术水平，在 2001 年开始实施产业聚集计划(industrial cluster initiative)。产业聚集计划是以世界市场为目标，以区域经济发展战略为背景，根据技术转移链和区域产业链构筑产业集群的计划。计划为以下的项目提供政策支持：组成产官学体系，利用区域特征促进技术发展，加强孵化功能，与贸易公司合作进行营销，与支持产业集聚的财经论坛合作进行融资。从第二期的计划中，我们看出日本的科技政策重视通过产学合作促进科学技术的创新和转化。

2. 法律法规

为了让大学的发明发挥最大的价值，日本政府认为有必要制定相关的法律和激励措施，来唤醒“沉睡的大学发明”，使得它们能够发挥出最大的商业价值。在1998—2004年，日本出台了与美国专利法中的“贝尔-多赫修正案”非常相似的法律，发明权的归属从原来个人或政府所有的体系转变为大学拥有其所有员工的发明所有权。1998年颁布的促进大学技术转化的法律(*The TLO Law*)有助于知识产权从大学到企业的透明的、合同式的转移。

1999年，日本颁布了工业振兴法（*Law of Special Measures to Revive Industry*，也就是日本的贝尔-多赫法)。1980年在美国实施的贝尔-多赫法规定获得政府资助的发明的所有权移交给和政府签订研究合同的大学和企业，以促进发明的进一步开发和商业化。也就是说，法律给予美国的大学、小企业或非营利机构拥有联邦政府资助项目的知识产权。这条法律当时对国立大学并不适用，因为它们作为日本文部科学省的分支机构没有独立的法律地位，直到2004年日本颁布新的法律(*The University Incorporation Law*)赋予国立大学独立的法律地位时，它们开始对有商业价值的发明行使所有权。2000年颁布的加强企业技术的法律(*The 2000 Law to Strengthen Industrial Technology*)建立了大学研究人员获得咨询许可、成立和经营公司的程序。同时也精简了公司的委托研究和与大学共同研究的程序。

从科学技术开发和转化的角度来说，在立法之前，原先大学和企业之间的技术转让快、成本低，研究经费的捐赠者付给发明者象征性的技术转让费，这种体系使得大公司能够同时在它们感兴趣的领域做很多并驾齐驱的研究。公司以大学的研究为基础发明了很多的产品，但是因为公司获得的发明一般是免费的，因此如果发明不是很卓越或者与它们的核心产业不相关，企业就不会有太大的动机来就原先的发明做进一步的发展。

除了知识产权的管理体系，人事规定禁止教师公开为企业提供咨询，也不允许他们在企业中获得职位。在2000年前，也没有学者成立自己的公司。而咨询和新兴企业都是产学结合促进科学技术开发和转让的必要形式。除此之外，在原先的体系中，大学在技术转让中的筹码很少，它们不能在新兴企业获得税金或产权，它们对研究资助和合同中规定的酬劳也只有非常有限的开销权力，这在一定程度上影响技术开发和转让的能动性。①值得一提的是，德国在2002年也颁发了类似的法律。

虽然对于知识产权归大学所有的法律在有些国家造成产学合作研究的滑坡和障碍，但在日本颁布法律后，专利、执照数目的上升令人瞩目，共同研究也增长很快，尽管对于共同研究的增长是否是新法律所为还有待探讨。

3. 组织管理机构

大学教授参与知识和技术转化的管理在19世纪化学工业发展的时候就有了，但是由大学参与其中的制度化和机构化管理却是相对较晚的事情。就大学里的知识转让机构而言，在20世纪80年代末到90年代成立的管理机构才具有一定的普遍性。随着产学合作规模的扩大和复杂性的增加，旧模式中依赖大学和企业人员之间的相互交流来进行知识转换的模式已经不足以提供知识经济发展所需要的知识，因此需要对知识转化的活动进行专业化、机构化和规范化的运作。在大学层面的知识转化的活动多种多样，如共同研究、知识产权、让产易股后独立经营的公司、校企之间人员的流动、为企业设立顾问等。还有一些是软性的活动，如会议、电子网络的创建。尽管知识和商业的交换很多样，但大学对知识转化的管理主要是对研究契约、知识产权和让产易股后独立经营的公司的管理。

改革主要是建立正式的组织管理机构。为了鼓励科学家对他们的研究结果进行商业化或者是支持他们经过这个过程，很多大学成立了知识转化办公室(KTO, Knowledge Transfer Office)。办公室虽然不总是有效，但在大学和大公司、国有企业合作进行的知识转让中起着重要的作用。KTO的职责除了营销大学发明之外，还包括为大学和企业搭起桥

---

① Robert Kneller. *The Beginning of University Entrepreneurship in Japan: TLOs and Bioventures Lead the Way*[J]. *The Journal of Technology Transfer*, 2007, 32(4).

梁，认清和收集各行业的需要。知识转让办公室对于那些尚未在大学和企业之间建立很好联系的领域的技术发明很关键。可以说，知识转让办公室一方面是管理知识转化的业务，另一方面是开拓新的产学合作的领域，为知识转化和转让提供平台。在知识转化办公室名下，有很多不同的机构，目标、组织和工作方式也各不相同。但各国在大学建立技术转化办公室（TTOs，Technology Transfer Office)的趋势，主要是通过授予许可执照和创建独立经营的公司(让产易股后)来对知识产权加以利用。在日本，主要是技术许可办公室(TLOs，Technological Licensing Office)和大学里的知识产权(IPR，Intellectual Property Rights)总部。

但不可否认的是，成立一个能够在大学与商业和社会间进行知识和技术转让的机构难度很大，因为在过去 30 年，欧美试图发展正确的设施或组织来使得大学和企业之间的知识交换更加容易的政策都失败了。知识无言的性质，科学家个人社会和资金网络的重要性，对知识进行估价的困难，都增加了管理机构的设计难度，如果这个结构能够让学术人员有高度的提高知识转让的积极性，而与此同时又不会对大学作为知识生产和高等教育的所在地的功能有所损害。①这也许是高等教育改革与创新中有待解决的一个课题。

4. 产学合作形式

产学合作互动创新系统既包括实物的交流，如签订合同、共同研究，也包括人员的交流，还有促进企业、大学合作的各种平台。

据在美国获得的最新资料，美国产学合作的形式可以分为以下九大类。②

第一，大学中独立的研究中心。这类研究中心尽管地处大学，但在体制上是独立的。在五千多所研究中心里，“MIT 计算机科学实验室”最为著名。该中心的任务是对计算机科学与工程类科学的理论和应用进行研究，在把许多计算机高新技术转让给企业后，推动了市场经济的发展。例如，20 世纪 80 年代研制成功的 Nubus 结构，就被 TI(Texas Instru-

---

① Aldo Geuna，Alessandro Muscio. *The Governance of University Knowledge Transfer: A Critical Review of the Literature*[J]. *Minerva*，2009，47(1).

② 谷士文，徐东. 美国产学合作体制的新进展[J]. 高等工程教育研究，1993 年第 3 期.

ments，德州仪器)公司应用到了探测器中。

第二，企业资助大学的契约型研究。这种合作形式就是由大学和企业签订契约，由企业出资支持大学研究。美国的数字设备公司(DEC)就资助了100余所大学，240个项目。其核心技术、工艺、产品均出自大学的研究实验，这就保证了公司在计算机领域的领先地位。

第三，企业与大学签署专项研究协议。这种合作形式有着专门性的研究对象，研究时间较长，注重基础研究，不必立即出产品，当然对研究的质量要求也比较高，而且企业对研究出的新技术享有优先使用权。

第四，合作研究协会。这是一种非营利性组织，把某个专业领域内的主要企业和大学集中在一起，为它们提供资助，并创设良好的研究环境，从而推进产学合作。“美国化学研究委员会”就是为了推进化学与化工行业的基础研究而设的。

第五，合作研究中心。这类中心由相关领域的大学和企业合作投资建立。加盟该中心的成员公司可以从中心挑选优秀人才，优先获得研究报告，免费试用专利，等等。卡内基梅隆大学的“磁性技术研究中心”(MTC)就是该类研究中心的代表。

第六，科技推广中心。这类中心的主要任务是把大学的研究成果推广到企业中去。马里兰大学的“技术推广服务中心”(TES)的服务项目就包括推广科技信息，帮助企业解决问题，为企业推荐大学的研究人员，提供咨询服务，等等。总之，这类中心有些类似于企业和大学的中介机构。

第七，工业哺育工程。这种合作形式主要有三个目的：一是促进大学自身的发展壮大；二是让“雏形”公司逐渐发展起来，最后脱离大学参与社会竞争；三是产生社会效益。该形式主要是让一些资金薄弱、人力匮乏、实力不足的公司建在大学内，为其提供租金低、质量高的服务，与此同时，让学生去公司当雇员进行实习，双方互惠互利。该形式以伦赛拉尔工程技术学院的“哺育工程”为代表。

第八，产品合作开发计划。该计划主要是把大学的人才优势、技术优势和政府的资金集中在一起，促进一些老旧企业的现代化。该计划主要资助一些能开发出新产品的项目，以及所需的培训项目和配套项目。

第九，无协议自然合作。这种合作形式没有契约、协议或合同，甚至也没有资金上的联系，仅仅是出于意愿、需要和真诚而互相合作。“洛克威尔国际科学中心”的“帕洛·奥托实验室”(PAL)与斯坦福大学的合作就是如此。

除美国以外，日本的产学合作形式也是丰富多样的，主要有联合研究、委托研究、建立科学研究中心、委托培训、建立高新技术园区等。①

除了上述各种交流方式之外，另外一类产学结合的形式是以人员的交流为主，在这里人员交流不仅仅是为了教育的目的，科学研究是其中很重要的一部分。英国的工程博士既要在学校完成专业课程，参加其他必要的活动，还要在合作企业进行实习。在公司中，他们被称为研究型工程师，与公司的其他职员一样遵守公司的各种制度，完成相应的工作任务。他们不仅在学校中有导师，在企业中也有导师，这就有效地弥补了学校和公司各自的不足。导师团队既有学术知识，也有实际工作经验，他们共同确定研究题目和培养方案的实施计划。在学习的四年中，有四分之三的时间在合作公司工作，一年的时间在学校完成课程。企业实习环节的要求是比较高的。② 这就有利于把高深的理论与实际工作结合起来，在实际工作中熟练地运用学到的理论。

德国的产学合作主要体现在职业院校的产学合作上。职业院校的学生，大部分时间都在企业接受实践操作技能的培训。企业为学校提供实习处所，指导学生实习，并资助学校建立实验室，接受教师到企业进行项目研究。学校则向企业传授或转让新技术，促进企业的发展。因为德国制订了中小企业创新网络计划和创新技能计划，所以在德国不仅拥有专门培训基地和人员的大型企业可以进行产学合作，其他不能够提供职业培训的中小企业也可以通过其他方式参与产学合作。③

以上我们论述了发达国家在人才培养模式创新、知识创新和技术创新这三方面的经验。下面将以芬兰的个案来考察芬兰如何推行教育创新

---

① 刘宝存. 创新型国家建设与中国高等教育改革[M]. 北京：高等教育出版社，2009年.

② 雷环，王孙禺，钟周. 创新型高水平工程人才的培养——英国工程博士培养的创新与矛盾[J]. 学位与研究生教育，2007年第12期.

③ 刘宝存. 创新型国家建设与中国高等教育改革[M]. 北京：高等教育出版社，2009年.

以促进创新型国家的建设。

20世纪80年代以来，芬兰已经从以投资为导向促发展的国家转变为以创新为导向的知识型前沿国家。现行的芬兰国家创新系统历经几十年的不断演变，在创新体系的成果享有和体系管理两方面已变得日益复杂化，致使系统整体绩效呈现出下滑趋势。为了应对全球化挑战，持续推进国家创新体系建设，芬兰于2009年组织相关领域专家，对现行的国家创新体系进行了系统的国际性评估。评估报告结论认为，芬兰需在构建国家创新战略上继续向前迈进，并建议将提高劳动生产率和首创精神作为两大政策目标。在评估报告中，创新被理解为教育、科研以及创新系统的建设。在芬兰构建国家创新体系的过程中，教育创新始终扮演着举足轻重的作用。芬兰国家创新体系与其说是企业的创新、技术的革新，不如说是教育的创新和科学研究质量的提升。在政策层面备受关注的就是芬兰的大学改革。芬兰建设国家创新体系的一条重要经验是，通过建立系统的教育创新政策体系实施教育创新，利用教育创新带动国家创新体系建设。这对我国国家创新体系的建设具有重要的启发意义。

当前我国经济社会发展中存在的问题与芬兰十分相似。一方面，人口老龄化已经成为我国一个不容忽视的重大社会问题。利用高附加值的知识创新来提高劳动生产率，养活日益老龄化的人口，也是我国面临的一个严峻挑战。另一方面，经过改革开放以来三十多年的快速发展，中国赢得了“世界工厂”的美誉。在工业制成品中，中国已有超过130种产品的产量位居世界第一。“中国制造”凭借物美价廉的优势已经行销全球。然而不可否认的是，中国仍长期处于国际产业链的低端。如何提高我国知识与科技的原始创新能力，推动我国经济向全球化产业链高端发展，也是当前迫切需要解决的问题。另外，全球性金融危机也给我国现有的经济增长方式带来了严峻的挑战，转变经济增长方式已变得刻不容缓。芬兰重构其国家创新体系的经验对于我国推动教育创新、建设国家创新体系具有积极的借鉴意义。

在整个芬兰国家创新战略中，教育创新具有举足轻重的地位。因此，创新也被理解为教育、科研以及创新系统。通过教育创新推动国家创新体系建设，建立教育创新政策体系保障教育创新，是芬兰重构国家创新体系的重要经验。评估报告认为，当前芬兰面临最紧迫的挑战是提高芬兰的研究质量。正在进行的大学改革是数十年来芬兰创新体系的重大变革，其目标旨在提高研究和教学质量，改善高等院校的社会影响力以及推进各大院校的国际化。大学改革的内容如下。

第一，改革现有大学经费分配制度，建立以质量为导向的大学经费分配制度。评估教育和研究所需的改革，在此基础上改革芬兰大学的融资制度，通过规范大学经费分配来调整研究成果质量，重塑芬兰国家创新体系，从而更好地解决当前的问题，应对未来的挑战。

第二，在大学和理工学院之间进行明确的任务分工，减少资源的分散和重复浪费。虽然芬兰创新体系强调以用户需求和社会需求为导向，但这并不意味着要求大学主要从事纯应用性创新活动。大学的主要任务是培养优秀的创新型人才，进行基础性研究，提供国际一流的科研条件和专家认可的国际商务活动场所。理工学院则主要提供技术性人才和满足区域商业活动需要的专家。

第三，颁布《新大学法》。芬兰教育创新体系的重要政策之一就是芬兰《新大学法》的颁布。新大学法赋予大学更多的独立自主权，使大学获得了充分的财务自治和独立的法律地位。大学拨款制度更是以大学的研究和质量为标准。而且，芬兰还采取了一系列措施来提高大学学术研究质量：①增加基础性研究的投入。实现国际水平的研究需要系统的、具有高水平科学研究潜力的科研单位的长远发展。②优化大学结构。改变大学部门过于分散、领域内职能重叠的状况。规模调整后的芬兰大学排名优于欧盟15国，即高于欧洲平均水平，跻身全球前500强。③增加大学的实践性。专业化和卓越发展必须在实践中得到鼓励和支持。④增加科学研究事业的吸引力。《新大学法》制定了大学应对社会需求的整体规划、具体策略和目标，并使大学在科学和学术能力上变得更具有竞争力。

第四，实施教师专利权免税制度。2007年1月初芬兰颁布的《大学发明所有权法》规定，大学教师所申请的专利权可以免税，以此促进大学发明的利用和科技成果的广泛普及。

第五，建立国家科学技术创新战略中心和设立芬兰创新基金。国家科学技术创新战略中心的建立，促进了芬兰现有区域大型工业企业技术更新实验的实施。芬兰创新基金的建立，增加了芬兰创新体系组成的多样性和对具有更长远目标的创新活动的支持。

(四)教育与国家软实力提升

1. 教育与文化软实力

软实力是最初由哈佛大学国际关系学教授约瑟夫·奈在1990年的著作《美国定能领导世界吗?》中提出的。相对于一个国家在经济和军事方面的硬实力而言，软实力指的是通过吸引力而不是强制力而获得理想的结果。而吸引力来自一个国家的文化、政治理想和政策。在后来的定义修正中他点出了软实力的实质：软实力是一个国家文化和意识形态的影响力。软实力难以量化、不可触摸，成效也无法立竿见影，但软实力的影响综合、广泛、持久而深刻，因为深层的文化与意识形态相对稳定，其影响通过文化和意识的载体——人而体现在社会的各个方面。文化软实力作为综合国力的一部分，是一个民族得以存在和发展的精神力量。它不仅在国际关系上意味着对他国的吸引力，作为优秀的文化，它具有带来生活的愉悦，发挥国民的最大潜力，树立民族自信心，与异文化和谐相处以及进行自我更新等各种功能。

实现文化软实力的提升需要教育创新。发达国家的经验表明，教育是提升国家软实力的主要途径之一。教育主要通过提升文化水平和养成人的道德品格达到软实力强国的目的。在西方国家发展和崛起的历史过程中，教育不仅促进了生产力水平的提高，也促进了文化的发展和繁荣。"回顾西方国家发展和崛起的历史，教育的普及和提高，使人们接受、传播和创造文化的能力得到增强，还为文化创新争取和建构了更加宽松和有利的环境。资产阶级革命不仅在当时的西方解放了经济的生产力，而且也解放了文化的生产力。在这样的历史条件下，这些西方国家在近现代创造了繁荣的文化，积累了具有强大影响力的文化力量，这是它们的综合国力中不可忽视的重要部分。"①

教育也是启动和唤醒国家软实力的主要因素。世界发达国家在历史发展的进程中，并非没有因厄运而招致挫折和毁灭，但是在危机时刻，

① 项贤明．教室里的强国动力——教育在近现代世界主要国家崛起过程中的重要作用[J]．北京师范大学学报(社会科学版)，2006年第3期．

教育总是能够唤醒一个国家的文化意识，并在民族文化意识的激励下，重新焕发重建的力量。20 世纪 30 年代，美国的经济危机不仅使美国社会遭到重创，也令美国人自由、民主和平等的理想惨遭破灭。但是，美国人借助教育摆脱厄运。“当美国民主陷入危机的时候，当美国经济濒于衰退的时候，当美国的民主梦想沦于破灭的时候，美国人和美国政府自然要求助于教育：教育使美国人重振了希望，教育使美国社会重新塑造和培养新一代美国人，重建了新的理想的美国。”①同样，日本在第二次世界大战后，全面开发教育的动力功能，实现国家在废墟上的重建，在战后短短 20 年，成为令人瞩目的经济强国。

文化软实力可以通过物化成果、制度和精神等表现出来。精神是文化软实力中最基本的要素。它包括自然精神、科学精神、艺术精神、宗教精神、人文精神、政治精神、伦理精神和哲学精神。② 教育通过提升上述的各种精神来达到提升文化软实力的目的。回顾发达国家的历史发展轨迹，社会公众道德品质的普遍改良是教育促进国家软实力提升的一个重要方面。“教育不仅教人以知识和技能，还养成人的道德品格。教育促进国家崛起和社会进步的重要作用也表现在教育达成社会公众道德的普遍改良上。社会道德水平也是综合国力不可忽视的组成部分。普特南在论述其‘社会资本’理论时就认为这一概念与‘公民道德’有着紧密联系。如果是符合社会发展基本规律的，或者是适合时代要求的道德，那么它应该是构成一个国家社会资本的重要基础。教育不仅可以提高民众参与社会公共事务的能力，进而促进社会制度的完善，而且它还可以通过养成国民合乎社会和时代要求的个人品德，促进、维护和保障个人之间和谐的关系，建立社会整体的道德共识，从而改善社会运作状况，推动国家综合国力的增强。譬如，通过各种形式的教育，包括通过宗教训诫，近现代西方国家在其发展过程中逐步建立了一个适应时代要求的、全社会公认的诚信体系。所以说，普遍提高民众道德素养，建立和维护适合时

① 唐代兴. 文化软实力战略研究[M]. 北京：人民出版社，2008 年.

② 唐代兴. 文化软实力战略研究[M]. 北京：人民出版社，2008 年.

代要求的道德体系，也是教育在国家崛起过程中发挥作用的一条重要途径。”①

2. 教育促进文化软实力的提升

如上所说，文化软实力包括伦理精神和人文精神在内的自然精神、哲学精神、政治精神、科学精神、宗教精神和艺术精神。伦理精神和人文精神是人类社会最普遍的精神。只要是一个社会人，就会有伦理和人文的思考。因此，本节以伦理道德精神和人文精神的提升为主要内容，探讨如今世界和西方的教育在伦理道德精神和人文精神上有什么样的理念。

道德教育的内容并不是固定不变的，在不同的历史时期和不同的文化当中，道德教育的内容往往有所不同。但由于人类的共同特质和全球化时代各个国家面临的相似的挑战，道德品质的教育往往又有相似性，一些普适的价值观也越来越为人们所接受。而且，对优秀品质和文化的追求在各个国家又是相似的，特别是在全球化的时代，强势的西方流行文化铺天盖地席卷全球的时候，我们是否更应该看到他们文化传统中最为本质、最优秀的部分，并在文化交融中做出更为理智的选择？鉴于此，我们认为对现在世界范围内和对西方社会道德品质教育的内容有所了解还是有必要的。以下内容首先从联合国的视角看，作为世界公民需要有怎样的伦理规范；然后从西方人文主义的角度看，作为现代人应该具备怎样的道德品质和文化素质。之所以选择人文主义教育内容和目标作为参考，是因为人文主义教育的内容是构成西方人文精神的主要内容之一，因此也比较能把握西方教育在塑造怎样的现代人。在这里，人文主义教育并不是文艺复兴时代强调从经典的阅读中获取营养的教育，而是带有西方传统人文色彩又具有现代价值观的人文教育。

(1)联合国教科文组织的报告

我想首先借助联合国的报告来了解全球视野下对人类的良性生存应该有怎样的价值观，以及教育应该怎么做才能实现这些目标。自从第二次世界大战以后，联合国认为国与国之间的战争是因为彼此缺乏理解，于是开始强调国际理解的教育；到了70年代，目标逐渐扩大到国际的理

① 项贤明．教室里的强国动力——教育在近现代世界主要国家崛起过程中的重要作用[J]．北京师范大学学报(社会科学版)，2006年第3期．

解、合作与和平，并提出了人权和自由的人类的基本价值观。教育目标也不再限于理解，而是面向世界公民的培养。到了 90 年代，随着贸易、合作和全球人与人之间互动的频繁，国际理解教育重又获得新的关注，和平、人权、民主主义成为基本价值观。随着 1995 年成为世界宽容年，2001 年召开了以多样性与共生为主题的会议之后，联合国教科文组织开始强调多元文化与包容，开始强调共生。回顾历史，我们发现联合国的观念几经演变，从第二次世界大战以后强调的国际理解到 21 世纪初对共生与包容的认识和提倡。联合国教科文组织在著名报告《教育——财富蕴藏其中》中指出，学会共同生活，学会学习，学会做事，学会发展是教育的四大支柱。报告不仅谈到了四大支柱的必要性，也提出了教育实现以上目标的路径和方法。其中学会共同生活强调的就是共生，涉及人与人之间的相处。如果我们认同马克思主义的观点，认为道德是一种社会意识形态，是人们共同生活及其行为的准则和规范，那么从如何学会共同生活这一项中我们可以看出联合国关于人类道德价值观的基本理念以及如何通过教育践行这样的理念。

人类历史常常留有冲突留下的伤痕。在学校里进行非暴力的教育固然可喜，但似乎不足以解决现在存在的问题。人类有高估自己或自己所属团体的能力的倾向，而对其他人和团体抱有偏见。此外，弥漫在国内和国际的经济竞争把个人成功和竞争变成了现代的价值观，导致人与人之间，各个阶层和国际之间的对抗和紧张，疏远了彼此之间的距离。报告认为，教育应该采取相得益彰的两条路径：一是儿童在孩提时代的早期教育中应该学会发现他人的存在，二是人们在教育的第二个阶段和终身教育中，应该参与共同的项目活动。

如果要实现第一个目标，教师要教会学生认识人类的多样性，意识到彼此的共通性和依赖性。此外，不管是家庭的教育还是社会的教育，都要教会孩子们从他人的角度理解他人的反应，这对他们以后的社会性发展很有益处。最后，教育方式不能损害孩子们对他人的权利的认识。如果教师过于教条，以自己为榜样，扼杀孩子的好奇心，而不是让他们参加生动活泼的讨论，他们的态度就会影响孩子们对他人的开放态度以及以后面对个人、团体和国际冲突的能力。也正因为如此，对话与讨论被认为是21世纪教育的有效方式。

当人们在一起为激动人心的项目而工作时，彼此的差异和冲突会弱化，一种新的身份认同会产生其中，这会使得人们超越个人生活的常规，赋予他们共同之处以价值。如果为共同的事业而奋斗，不同阶层和国家之间会出现团结的精神。因此，在学校正规教育的课程中，应该从低年级开始就把合作项目作为体育和文化的活动之一。另外，在日常生活中，教师和学生加入共同的项目能教会学生解决冲突的方法，并且为学生今后的生活提供参考。

联合国的报告隐含了认识文化的多样性、彼此尊重、对外开放、同情、理解等帮助人类和平共处所需的价值观。虽然这个报告并不涵盖道德文化教育的方方面面，但联合国作为关心全人类发展的国际机构，报告观点对于世界各个国家的道德品质教育也许有一定的借鉴意义。

(2)人文主义教育的视角

西方人文主义从古典到现代有不同的含义。古典时期注重对美德的培养，如心胸宽广、反思、高贵的性格、良好的品位、仁慈和社会责任感等。现代人文主义的话语强调更多的是个人的自主和自我实现、批判性思考、创造性的想象力、对他人的尊重、同情与关心、积极参与的民主公民身份，还有对人权和多元文化理念的坚守，以及对环境的责任等。进入21世纪后，对于人文主义一个普遍认同的概念是，人文主义包含世界主义的伦理道德观，视人的发展、幸福的生活和尊严为所有思想和行动的最终目标。

人文主义有它的哲学、社会政治和教育基础。在哲学意义上，人文主义认为人是自主、理性，有自由意志、道德良心、想象力和创造力的人，这些品格体现了人之所以为人的尊严。在社会政治方面，要实现平等、团结、多元、公正和民主；在教育方面，要发展个人潜力，过最好的生活。基于这些认识，有学者提出了人文主义的教育目标：在思想上，要发展头脑开放、广博的教育，注重批判性思维、逻辑思维的培养，实事求是；在道德上，赋予每个人作为人的价值，为社会公正和和平而奋斗，对别人表示尊重、平等和关切；在公民职责上，要有社会责任感和政治参与，还要有多元、容忍和自我克制的能力和素养；在文化上，富有好奇心、宽广的视野，有体验的深度，致力于文化的优秀和文化的多样性；成为“世界公民”，不仅了解和关注个人本土的社会和文化，也要了解其他的文化以及全球关注的伦理的和生态的问题。

人文主义教育在教学方法上也达成了共识。与权威主义的教育传统不同的是：人文主义教育不用通过羞辱身心的方式来管束学生。人文主义教育尽量创造一种能够保护学生不受思想压迫、体罚和羞辱的公正和安全的社会气氛与学习气氛；教师通过对话与学生沟通的方式进行教育，加强他们的力量；多方位地发展学生的性格；通过通识教育和自由教育打下优秀文化的基础；通过社会参与打破学校和社会的界限，把教育和民主生活联系起来。“知识之树”也就是“生活之树”。学习的最终目的不是知识，而是生活；有安全的、美的、开放的基础设施来辅助人文主义的教育。

人文主义教育是建立在人类尊严基础上的教育。人文主义教育承认人的理性、道德感、自由意志、创造力和想象力等。人文主义教育的目标与时代互相呼应，符合时代发展所需的价值标准，对于处于全球化趋势下的世界各国有积极的意义。

在这里，值得一提的是国际教育机构在这方面做的大型的调查研究。尽管资料有限，但也可以增进对这个领域教育实践的了解。2009 年，国际教育成就评价协会(The International Association for the Evaluation of Educational Achievement)就世界 38 个国家(5 个亚洲国家，26 个欧洲国家，6 个拉丁美洲国家和 1 个大洋洲国家)，来自 5300 所学校的 140000 名 8 年级学生和 62000 名教师展开了调查。调查结果发现各国均认为公民教育很重要，但在实际中采取的是多种多样的教育方法。学生们不仅在教室里接受公民教育，也通过参加各种活动和集会、课外活动，以及感受课堂气氛来接受公民教育。大多数国家采取下列三种方式：一是单独公民教育科目，二是融入其他科目的公民教育，三是公民教育作为跨课程的主题。研究发现公民教育的过程有扩大化的倾向，在教室里和教室外开展公民教育；发展学生的知识、理解和技能；强调在做中学，既包括在校内的学习，也包括在校外的学习。公民教育的主题也比较多，这些题目是最常见的：人权，不同文化和民族，环境，国会、政府和选举。

与上述公民教育相似的是，在道德教育方面，西方国家比较注重在专业科目中贯穿道德伦理的教育或是美的教育，并且有自己独到的方法，如在医学、工程学和商学等专业科目中进行道德伦理或品质的教育。在美国印第安纳医学院的课程中，所有的课，不管是必修课还是选修课，从微生物学到家庭医药实习，到四年级的选修课——外科肿瘤，在主要内容之外都必须清晰明白地处理职业精神、道德推理、交流和其他主要的能力的问题。除了正式课程之外，通过非正式课程来影响学生的职业认同和价值观是最有力的。学校会采取措施来加强人文主义文化的建设。例如，通过教师发展项目来帮助教师学会用多种方式来创造支持的、合作的学习氛围。在挑选学生的时候看重人文和人际关系的能力，而不仅仅是学业成绩。挑选那些能为教师和学生创造支持氛围的领导并让委员会来评估他们的情商和建立关系的能力，让常务委员会反省相关政策和程序隐含的价值观等。学生因此看到人们如何对待彼此，他们自身如何被对待。这些非正式的课程加强了他们对在正式课堂内学到的价值观和能力的反思。① 印第安纳大学的实践告诉我们，道德教育在课堂上，也在课后；在教师的说教中，也在学院的文化氛围中；他们通过"耳闻目睹"，亲身经历道德教育的过程；道德教育的过程是认知，也是体验。

道德选择对于工程学的职业来说也是很重要的。由于这个原因，伦理成为工程与技术鉴定委员会(ABET)批准的课程必须涉及的题目，并且成为贯穿整个课程的基本内容。在伟谷州立大学的工程学院(以下简称工程学院)设计的课程中，道德作为一个主题出现在所有的必修课程中，这就要求所有的教师认真地为道德实践建立一个思想基础。该校的道德教育，主要受到两所学校的影响：西点军校和美国海军学院的道德教育办法和在课程设计中对环境保护的认识和经验。工程学院向所有的新生介绍"荣辱观"(包括道义法规)，并发给他们写有行业道德规范的卡片，使他们认识到这个职业对于伦理道德规范的要求。作为职业的一部分，工程学院的课程要求1500学时的与公司合作的经历，这使得教师们能够有

① Anthony L. Suchman. *Advancing Humanism in Medical Education*[J]. *Journal of General Internal Medicine*, 2007, 22(11).

机会把伦理道德作为很自然的一部分教给学生，方法是通过阅读职业规范和相关的道德讨论，通常用学生自己的案例。此外，学生们有机会加入服务项目，这就加强了他们做负责公民的意识，把这一意识和他们促进人类幸福的职责与职业道德准则联系起来。①

道德教育不是孤立抽象的科目，而是和学生所学的专业相互结合的。道德教育不是教条，而是引发人的思考。道德教育在课堂上，也在生活中。道德教育作用于思想，更体现在实践。可见，透过道德教育这个窗口，人们不仅可以看到知识和生活成为一体的教育实践，也可以看到学问中始终存在的人文关怀。

教育最根本的目的不仅是为了经济的发展，更是为了人的发展。对这两个目标的取舍不仅决定了教育的内容，也决定了教育的方式。在大多数情况下，人们会选择以人为本的教育目标，但是在实践中会出现和理想目标偏离的情况：偏重知识和技术的教学而忽视知识和技术运用的道德伦理。与这个问题类似的是文化软实力和硬实力之间的关系。文化软实力并不是硬实力的陪衬和补充。相反，软实力并不依附于硬实力。软实力是硬实力的基础和母体，也是硬实力的原动力。这在个人和国家的危机时刻表现得最为明显，因为危机时刻通常意味着外在世界的瓦解和崩溃。软实力作为精神力量不会随着外在世界土崩瓦解，反而会成为振兴的力量。虽然软实力难以量化和描述，但是在教育中重视包括伦理道德精神和人文精神在内的各种精神的培育将提升学生的人文素质、道德水平、艺术情操，等等。这些精神特质将共同汇聚成一个国家的精神底色，构建一个国家的文化软实力。

---

① Shirley T. Fleischmann. *Essential Ethics—Embedding Ethics into an Engineering Curriculum*[J]. *Science and Engineering Ethics*, 2004, 10(2).

第三章 我国教育创新若干问题的现状调查

一、大学生创造力特点调查研究

(一)研究的背景与意义

知识经济对于科技进步和创造性人才的依赖，使高素质创造性人才的作用日益凸显出来。综合国力的竞争，越来越表现为经济实力、国防实力和民族凝聚力的竞争。无论哪方面的竞争，归根到底是科技和人才的竞争，都需要高素质创造性人才来支撑。面向新世纪，要迎接科学技术突飞猛进和知识经济迅速兴起的挑战，最重要的是要创新。一个国家、民族的发展、繁荣、富强，将越来越主要地取决于或依赖于知识进步的程度和知识创新的能力。

美国心理学家泰勒认为，创造活动不单对科技进步，而且对整个社会都具有巨大的影响。哪个国家能最大限度地发现、发展、开发人民的潜在创造力，哪个国家就将处于十分有利的地位。因此，大学生创造力的高低可以说直接关系着一个社会的进步和民族的强盛。

国内外的研究表明：一个人在 18 岁后，各种智力成分相继进入高峰。在 20～34 岁期间，智力始终保持在最高水平上，这一阶段称为智力发展的高原期。而大学生的入学年龄一般在 19 岁左右，大学生的学习阶段正好处于智力发展的高峰期。可以说，大学时期是人的一生中创造力发展较活跃的时期，也是创造力水平较高的时期。

对大学生创造力的发展及其相关因素进行研究，不仅能使我们更好地理解创造力的本质，丰富和完善创造力的理论，更好地把握大学生创造力发展的规律，并且能为高等院校开展创造性教育，培养高素质的创造性人才提供一定的依据，对加强大学生创造力的研究和培养具有重要的理论意义和现实意义。

(二)大学生创造力发展特点的研究

1. 研究目的

目的1：探讨大学生创造力发展的一般特点。

目的2：探讨不同学科类别的大学生创造力发展的特点。

目的3：探讨不同年级、性别的大学生创造力发展的特点。

2. 研究方法

第一步：选择被试

被试选取北京市某所综合性重点大学一年级至四年级的学生，按照专业人数的多少，随机抽取各专业总人数的5%作为被试参与测试。有效被试为517名。被试的年龄介于19～23岁，平均年龄为20.31岁，标准差为1.03。被试人数的具体分布情况见表3-1。

表3-1　被试分布情况表

	一年级	二年级	三年级	四年级	合计
男	53	52	63	50	218
女	63	74	89	73	299
合计	116	126	152	123	517

第二步：确定研究工具

(1)大学生创造性思维测验

测量大学生的创造性能力的测量问卷参照已有的创造力测量量表，特别是《托兰斯创造思维测验》(TTCT)和胡卫平等人的《青少年科学创造力测验》编制而成。

·编制目的

有关创造力的测验量表为数众多，如托兰斯的创造思维测验、南加利福尼亚大学测验、芝加哥大学创造力测验、青少年科学创造力测验等。《托兰斯创造思维测验》于1966年编制，1999年修订的量表最为著名。量表由言语、图画、声音和词的创造思维测验构成，适用于各年龄阶段的人，是目前应用最广泛的创造力测验。大学生创造性思维测验的题目主要参考

《托兰斯创造思维测验》的题目，结合大学生创造性思维的特点，对题目加以精选和压缩。同时，由于创造思维测验存在文字和图形任务的差异，为避免这一差异所带来的消极影响，所选题目包括文字和图形两种任务。

李嘉曾（2000）对托兰斯的创造思维测验加以修订，设计出适合中国大学生的测验，并对大学生进行了测试。

朱卫红（2001）使用黄希庭主编的《心理学实验指导》中的创造力量表，测量大学生创造力水平。

· 编制初测

选取某综合性大学一、二年级的60名学生进行了初测。对测量问卷的项目进行区分度分析，区分度均大于0.3。项目区分度良好，适合做正式测试。

· 测验问卷的内容

问卷共有五个题目，包含文字（第一题～第四题）和图形（第五题）两类题目。每个题目都重点考查学生的发散思维和想象力，施测时间为40分钟，且每个题目后面给出一个答题示范，以帮助学生理解答题的要求。

第一题是物体应用。此题是参考托兰斯的非常用途测验设计的，旨在考查学生列举物体的应用时所体现出来的创造力的流畅性、变通性和独创性。

第二题是问题提出。此题是为了测量学生对问题提出的敏感性。许多研究者把创造性问题提出的能力作为创造力的一个重要组成部分。爱因斯坦曾经说过，提出一个问题往往比解决一个问题更重要，因为解决一个问题也许仅仅是科学上的一个实验技能而已，而提出一个新的问题，一个新的可能性以及从新的角度看旧的问题，都需要创造性的想象力，而且标志着科学的真正进步。法国心理学家B. 得莫利曾经把创造力分为三大部分13个阶段，第一阶段即问题的提出。

第三题是产品改进。目的是考查学生对产品创造性改进的能力，类似于托兰斯的产品改进测验，除了考查产品的新颖性、独特性以外，还要考查产品的合理性。

第四题是创造性想象。目的是考查学生的想象能力。创造性想象是创造活动的一个重要方面。林崇德（1999）指出，创造思维的过程，要在现成资料的基础上进行想象，加以构思才能解决别人未解决的问题。因此，创造性思维是思维与想象的有机统一。思维加想象是创造性思维的两个重要成分。在这里，思维与想象，被看成思维创造的两个支柱。

第五题是问题解决。目的是测量学生创造性解决问题的能力及空间想象能力。

· 测验问卷的评分规则

根据创造性思维的定义，参照《托兰斯创造思维测验》(1993)、胡卫平等人(2003)研究制定的评分标准，采用计算机程序，分别从流畅性、变通性和独创性等方面考查被试的创造性思维的表现。另外，把这三个方面的指标转化为标准分后，可以计算得到创造性思维的总分，并分别计算文字任务和图形任务的得分情况。

流畅性(fluency)：思维敏捷，反应迅速，对特定的问题情境能够顺利产生多种反应或提出多种方案。

变通性(flexibility)：具有较强的应变能力和适应性，具有灵活改变取向的能力。

独创性(originality)：产生新的、非凡思想的能力，表现为产生新奇、罕见、首创的观念。

其中，流畅性得分是指被试回答(添画)出的、可辨认的、有意义的项目个数；变通性得分是指被试所有的答案所归属的种类的个数；独创性得分由选择该答案的人数占总人数的百分比来决定。若该比例小于(含)5%，得2分；若该比例在5%～10%，得1分；若该比例在10%以上(不含)，得0分。所有答案的独创性得分之和即为该题独创性得分。

· 测验问卷的项目分析

根据正式施测收回的数据，我们进行了测验的指标分析。项目分析包括项目之间的相关系数及项目与总问卷的相关系数。我们计算了项目之间以及项目与总问卷之间的皮尔逊积差相关，结果见表3-2。

表3-2　项目之间及项目与总问卷之间的相关系数(N=517)

项目	1	2	3	4	5	总问卷
1						
2	0.599					

续表

项目	1	2	3	4	5	总问卷
3	0.665	0.593				
4	0.474	0.466	0.470			
5	0.632	0.526	0.569	0.481		
总问卷	0.804	0.711	0.670	0.532	0.711	

注：采用双尾检验法，检验相关系数的显著性水平，对所有相关系数，$p < 0.01$

项目分析表明，项目之间的相关系数为0.466(第2题和第4题之间)到0.665(第1题和第3题之间)，且所有项目之间的相关系数在0.400以上。各项目与总问卷之间的相关系数为0.532～0.804，所有相关系数的显著性水平均在0.01以上。这个结果说明该问卷具有较高的内部一致性，所有项目及总问卷测量被试的同一特质，即大学生创造性思维的流畅性、灵活性和独创性。

· 测验问卷的信度分析

本研究收集了两方面的信度指标。

一是Cronbach α系数。信度分析表明，该测验的Cronbach α系数为0.829，表明其具有较高的内部一致性，且当某一项被删除以后的Cronbach α系数均小于剔除前的数值，结果见表3-3。

表3-3　创造性思维各项目内部一致性系数(N=517)

项目	1	2	3	4	5
Cronbach α	0.809	0.901	0.775	0.710	0.818

根据信度估计的基本判断原则：0.9以上是“优秀”，0.8左右是“非常好”，0.7则是“适中”，0.5以上是“可以接受”，低于0.5说明信度不足，不应接受。因此，从表3-3数据可以看出，本研究各个项目的内部一致性是可以接受的，问卷具有良好的信度。

二是评分者信度。两位评分者分别对50个被试的试卷按照评分标准进行了独立评分，两位评分者均是心理学的研究生。我们计算了两组分值的标准皮尔逊积差相关系数，结果见表3-4。从表中可以看出，两组分值的皮尔逊积差相关系数为0.785～0.911，整个问卷的重测信度为

0.918，表明评分标准具有客观性。

表 3-4　评分者信度($N=50$)

项目	1	2	3	4	5	总问卷
信度	0.827	0.813	0.785	0.791	0.911	0.918

·测验问卷的效度分析

吉尔福特(J. P. Guilford，1950)认为，对创造力测验的有效性检验的第一步就是进行因素分析，计算其结构效度。本研究对五个项目进行了探索性因素分析，结果仅仅获得了一个因素，且不能旋转，结果见表3-5，因素负荷从0.566到0.767，解释率为58.35%。克莱恩(K. Kline，1993)认为，对于一种单一因素能力的测验项目进行因素分析，各测验项目应落在一个因素上，且因素负荷应大于0.3。由此可见，该测验问卷具有较好的结构效度。

表 3-5　测验项目的因素负荷($N=517$)

项目	1	2	3	4	5
因素负荷	0.767	0.689	0.739	0.566	0.698

(2)威廉斯创造力倾向测量表

采用《威廉斯创造力倾向量表》(林幸台，王木荣修订，1994年)对研究对象进行测试。测试包括50道自陈式问题，采用3点计分的方式，其中“完全符合”计3分，“部分符合”计2分，“完全不符”计1分。测验包括冒险性、好奇性、想象力和挑战性四个维度，可分别计算四个分量表的得分以及总量表得分。在测量指标方面，据该量表使用手册说明，量表的重测信度为0.61～0.74，分半信度为0.82～0.86，内部一致性α系数为0.81～0.85，这说明该量表具有良好的信度和效度。

第三步：施测过程

采用集体施测的方法对被试进行测试。先请被试填写背景信息，在主试指导下阅读量表的指导语。等所有被试明确要求以后，再开始填写答案。测试结束，收回所有问卷，时间要求为40分钟。

第四步：数据管理

采用SPSS16进行数据管理和统计分析。

(三)研究结果与分析

1. 大学生创造性思维发展的总体特点

(1)不同学科类别的大学生在创造性思维上的得分情况

我们对不同学科类别大学生在创造性思维测验上的得分情况(标准分)进行了统计分析，结果见表3-6和图3-1。

表3-6 不同学科类别大学生创造性思维得分情况($M \pm SD$)

学科类别	流畅性		变通性		独创性		总分	
	M	*SD*	*M*	*SD*	*M*	*SD*	*M*	*SD*
工学类	1.357	3.398	1.089	2.993	1.270	3.473	3.717	9.009
理学类	−0.781	3.180	−0.735	2.896	−0.512	2.847	−2.028	8.121
社科类	−0.486	2.777	−0.259	2.963	−0.048	2.966	−0.793	7.477
经管类	0.544	3.992	0.155	3.101	0.122	3.431	0.821	9.621
教育心理类	1.519	3.412	1.257	3.116	0.690	3.480	3.466	9.175
人文类	0.386	3.519	0.700	3.155	0.238	3.487	1.324	9.352
F值	5.750***		5.616***		2.618*		5.313***	

注：M为各维度得分的标准分(***为 $p<0.001$，*为 $p<0.05$)

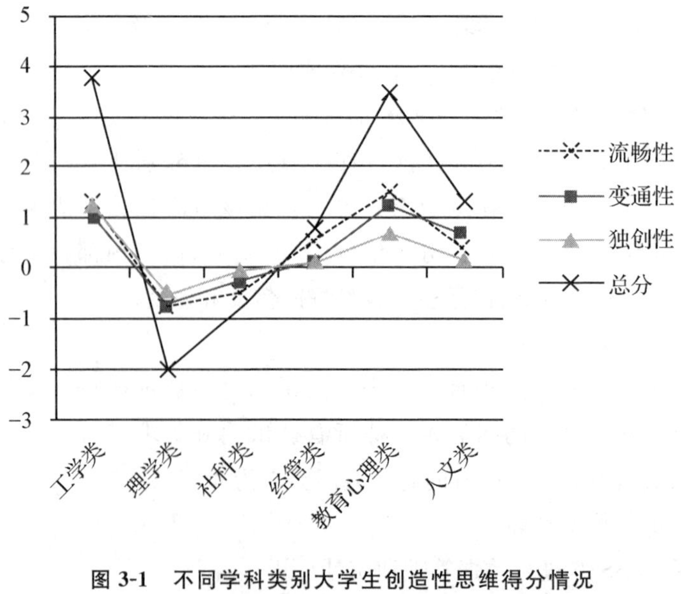

图3-1 不同学科类别大学生创造性思维得分情况

对不同学科类别大学生在创造性思维上的得分进行方差分析的结果表明，wilk's$\Lambda=2.809$，$p<0.001$，说明不同学科类别的大学生在创造性思维上存在显著差异，具体表现为不同学科类别的大学生在思维的流畅性、变通性、独创性三个维度及总分上均存在显著差异。

不同学科类别大学生的差异具体表现为：

首先，在流畅性、变通性、独创性及总分上，教育心理类和工学类大学生的得分显著高于理学类和社科类大学生。

其次，在流畅性、变通性和总分上，人文类和经管类大学生的得分显著高于理学类大学生。

再次，工学类、经管类、人文类、教育心理类大学生在创造性思维三个维度及总分上的得分没有显著差异。

最后，社科类与理学类大学生在创造性思维三个维度及总分上的得分没有显著差异。

(2)不同年级、不同性别大学生在创造性思维上的得分差异

首先，对不同年级、不同性别的大学生在创造性思维测验上的得分进行描述性统计，统计结果见表3-7。

表3-7　不同年级、不同性别大学生创造性思维得分情况($M\pm SD$)

年级	性别	流畅性		变通性		独创性		总分	
		M	*SD*	*M*	*SD*	*M*	*SD*	*M*	*SD*
一	男	0.878	3.832	1.204	3.141	2.077	3.373	4.159	9.756
	女	0.118	3.391	0.659	3.116	1.314	2.933	2.091	8.619
二	男	1.820	4.224	1.603	3.481	1.653	3.555	5.076	10.51
	女	1.302	3.204	1.115	2.733	0.914	2.894	3.331	7.805
三	男	−0.667	2.849	−0.529	2.876	−1.420	2.480	−2.615	7.217
	女	−1.008	2.656	−1.186	2.516	−1.220	2.505	−3.414	6.670
四	男	−2.755	2.330	−2.837	2.639	−2.221	1.572	−7.813	5.720
	女	−0.757	3.390	−0.986	2.632	−1.558	3.004	−3.302	8.067

注：M为各维度得分的标准分

对不同年级、不同性别大学生的创造性思维测验得分进行多元方差分析，结果发现，年级主效应显著(wilk'sΛ=18.510，$p<0.001$)，性别主效应、年级与性别的交互作用不显著(wilk'sΛ=0.490，$p>0.05$；wilk'sΛ=1.550，$p>0.05$)。

进一步分析结果表明，年级的主效应表现在创造性思维的三个维度及总分上，见表3-8。

表3-8 不同年级、不同性别大学生在创造性思维各维度上的得分比较(F值)

变异来源	流畅性	变通性	独创性	总分
年级	17.900***	24.557***	34.587***	29.642***
性别	0.075	0.018	0.275	0.001
年级×性别	1.727	2.181	1.272	2.577

注：*** $p<0.001$

不同年级大学生创造性思维的差异具体表现为：

首先，在流畅性上，二年级大学生的得分显著高于一、三、四年级大学生；一年级大学生的得分显著高于三、四年级大学生，见图3-2。

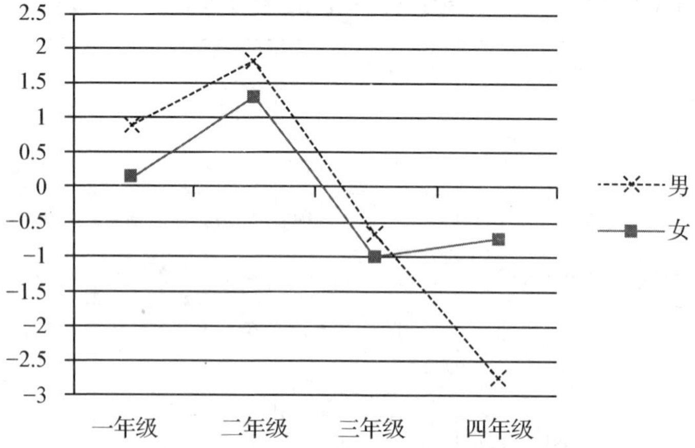

图3-2 不同年级、不同性别大学生在流畅性上的得分情况

其次，在变通性、独创性上，一、二年级大学生的得分显著高于三、四年级大学生，其他年级之间没有显著差异，见图3-3和图3-4。

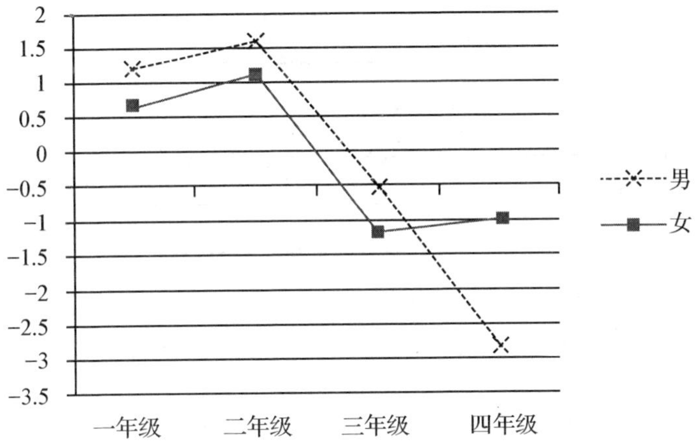

图 3-3　不同年级、不同性别大学生在变通性上的得分情况

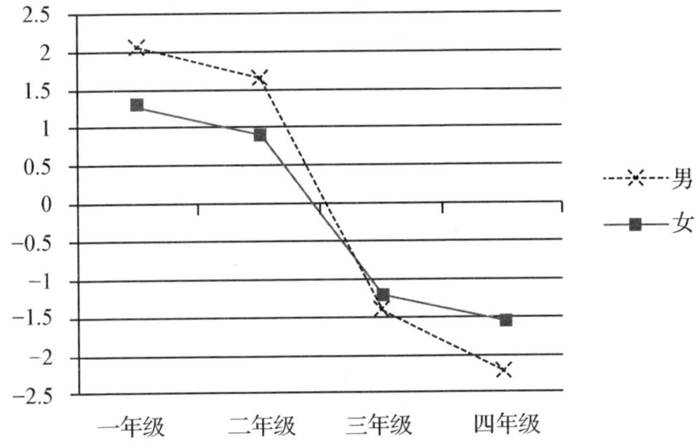

图 3-4　不同年级、不同性别大学生在独创性上的得分情况

最后，在总分上，一、二年级大学生的得分显著高于三、四年级大学生，其他年级之间没有显著差异，见图 3-5。

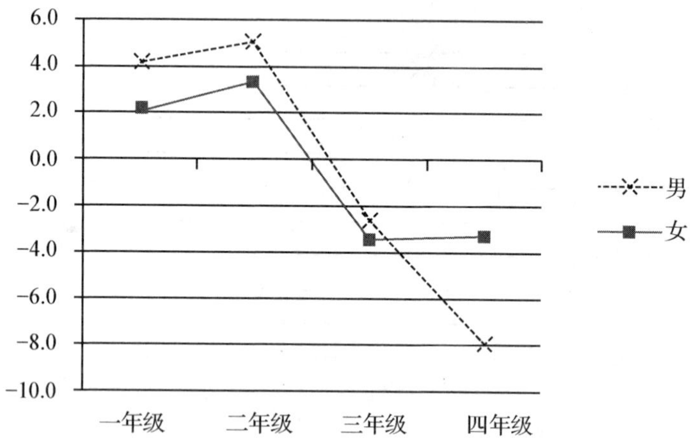

图 3-5 不同年级、不同性别大学生在创造性思维总分上的得分情况

2. 大学生创造倾向的总体特点

(1)大学生在威廉斯创造力倾向上的得分总体情况

首先，对大学生在威廉斯创造力倾向上的得分情况进行描述性统计，统计结果见表 3-9。

表 3-9 大学生在威廉斯创造力倾向上的得分情况(N=517)

创造倾向	冒险性	好奇性	挑战性	想象性	总分
满分	33	42	36	39	150
实际得分 M	26.095	35.039	30.2714	29.30	120.71
SD	3.405	4.301	3.711	4.343	13.843
转换成百分制 M	79.07	83.43	84.08	75.12	80.47

从表 3-9 可以看出，大学生的创造力个性特点，较为突出的是挑战性，较低的是想象性。总体得分情况良好。

(2)不同年级、不同性别大学生在威廉斯创造力倾向上的得分差异

对不同年级、不同性别的大学生在威廉斯创造力倾向上的得分进行描述性统计，统计结果见表 3-10。

表 3-10　不同年级、不同性别大学生在威廉斯创造力倾向上的得分情况

年级	性别	冒险性		好奇性		挑战性		想象性	
		M	*SD*	*M*	*SD*	*M*	*SD*	*M*	*SD*
一	男	27.42	2.622	36.94	3.436	31.67	2.445	30.24	4.409
	女	26.97	5.001	34.83	6.096	30.19	5.306	29.84	5.751
二	男	26.64	2.022	36.10	3.138	31.57	2.451	30.52	2.873
	女	26.03	3.901	35.05	4.721	30.14	4.381	29.45	4.722
三	男	25.40	2.796	34.81	3.194	30.28	2.693	28.09	3.421
	女	25.84	2.484	35.13	3.504	30.39	2.857	29.03	3.673
四	男	25.75	3.041	34.55	4.322	29.70	3.435	29.05	4.161
	女	25.16	2.407	34.08	3.361	29.28	2.851	28.60	3.764

对不同年级、不同性别大学生的威廉斯创造力倾向上的得分进行多元方差分析，结果发现，年级的主效应显著(wilk'sΛ=2.346，$p<0.01$)，性别主效应、性别与年级的交互作用不明显(wilk'sΛ=1.911，$p>0.05$；wilk'sΛ=0.858，$p>0.05$)。

进一步分析结果表明，年级的主效应表现在创造倾向的冒险性、想象性两个维度及总分上，见表 3-11。

表 3-11　不同年级、不同性别大学生在威廉斯创造力倾向各维度上的得分比较(*F* 值)

变异来源	冒险性	好奇性	挑战性	想象性	总分
年级	5.200**	2.131	2.513	3.347*	3.636*
性别	0.765	3.513	3.514	0.311	0.311
年级×性别	0.643	1.525	1.238	1.141	1.287

注：** $p<0.01$；* $p<0.05$

不同年级大学生创造力倾向的差异具体表现为：

首先，在冒险性上，一年级大学生的得分显著高于二、三、四年级大学生；二年级大学生的得分显著高于四年级大学生；三、四年级大学生之间没有显著性差异，结果见图 3-6。

其次，在想象性上，一年级大学生的得分显著高于三、四年级大学生；二年级大学生的得分显著高于三年级大学生；一年级和二年级、二年级和四年级、三年级和四年级大学生之间没有显著性差异，结果见图 3-7。

最后，在总分上，一、二年级大学生的得分显著高于四年级大学生；其他年级大学生之间没有显著性差异，结果见图 3-8。

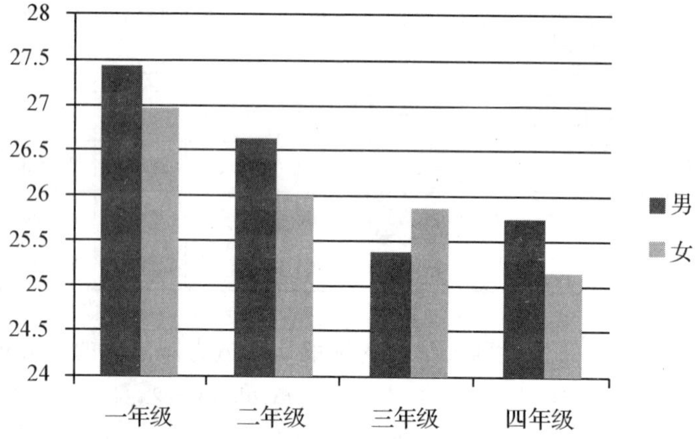

图 3-6　不同年级、不同性别大学生在冒险性上的得分情况

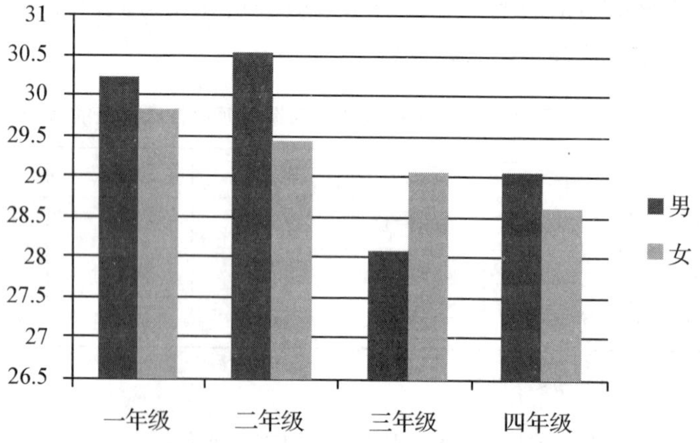

图 3-7　不同年级、不同性别大学生在想象性上的得分情况

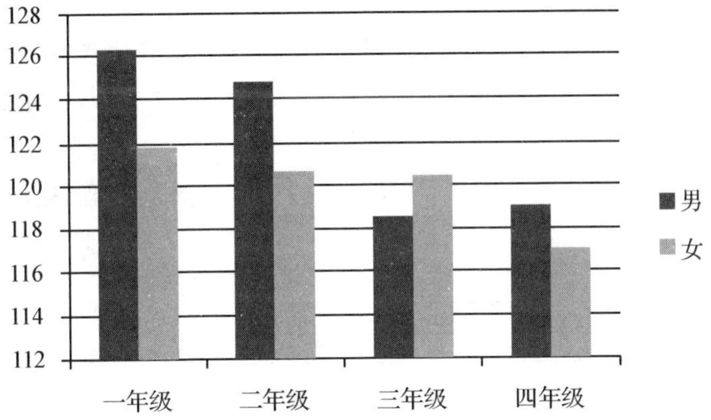

图 3-8　不同年级、不同性别大学生在创造力倾向总分上的得分情况

(3)不同学科类别大学生在威廉斯创造力倾向上的得分情况

我们对不同学科类别大学生在威廉斯创造力倾向上的得分情况进行统计分析，结果见表 3-12。

表 3-12　不同学科类别大学生威廉斯创造力倾向得分情况

学科类别	冒险性		好奇性		挑战性		想象性	
	M	*SD*	*M*	*SD*	*M*	*SD*	*M*	*SD*
工学类	26.756	2.755	36.195	3.188	31.561	2.924	30.073	4.089
理学类	25.899	3.480	34.693	4.202	29.894	3.577	28.824	4.240
社科类	26.041	3.894	35.081	5.393	30.027	4.370	29.365	4.689
经管类	26.364	2.600	35.805	2.796	30.571	2.962	29.442	3.775
教育心理类	25.905	2.730	35.452	3.416	30.500	3.062	30.071	3.584
人文类	26.131	4.008	34.345	5.256	30.357	4.509	29.500	5.157
F 值	0.676		3.669**		3.232*		0.656	

注：* 为 $p<0.05$，** 为 $p<0.01$

对不同学科类别大学生的威廉斯创造力倾向得分进行方差分析，结果表明，学科的主效应显著(wilk'sΛ＝2.195，$p<0.01$)，说明不同学科类别的大学生在创造倾向上有显著差异。进一步的分析结果表明，不同学科类别的大学生在好奇性和挑战性两个维度上有显著差异。

不同学科类别大学生的差异具体表现见图 3-9。

首先，在好奇性上，工学类大学生的得分显著高于理学类和人文类大学生；经管类大学生的得分显著高于人文类大学生；其他学科之间没有显著差异。

其次，在挑战性上，工学类大学生的得分显著高于理学类和社科类大学生；其他学科之间没有显著差异。

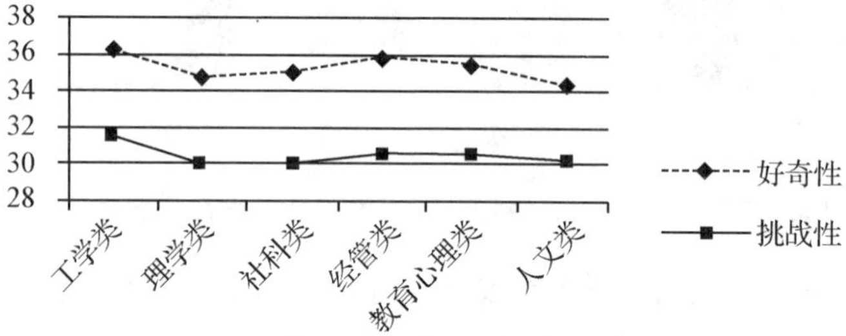

图 3-9 不同学科类别大学生创造力倾向得分情况

(四)讨论

1. 大学生创造力的特点

大学生创造力的高低对一个国家、一个民族的综合国力具有重要影响。研究大学生创造力的发展特点和影响因素，不仅可以丰富创造力的理论研究，更具有重要的现实意义。

在对学生创造性思维特点的研究方面，以往的研究存在着不同的结果。例如，有研究认为，女生在思维的流畅性、变通性和精致性方面优于男生，而男生在思维的新颖性方面则比女生要好。杨治良(2006)等人的研究表明，男女大学生在思维的创造性、发散性上有显著的差异，男生的得分高于女生。而罗晓路(2006)的研究结果则表明，男生和女生在创造性思维上不存在显著性差异。

本研究发现，大学生在创造性思维的独创性上得分较高，这表明大学生具有产生新颖、奇特观念的能力。因为独创性是创造性思维的本质特征，因此大学生具有较强的创造潜能。依据本研究，我们发现大学生的流畅性和变通性的得分并不是很高。而从创造性思维的角度看，流畅性反映的是速度，是在短时间内迅速做出反应的能力；变通性反映的是灵活性，是开阔思路、随机应变的能力。没有流畅和变通，固然难以展开创造性思维；仅有流畅和变通，也不见得就是创造性思维，因为，他们的思维产品不一定就具有新颖、独特的性质。只有独创性，才是创造力思维的本质品质。因此，虽然在得分上大学生思维的流畅性和变通性并没有独创性高，但是大学生具有创造力思维的本质品质。一言以蔽之，大学生具有创造力思维的核心品质，具有较强的创造潜能。

心理学家对创造性人格的研究发现，在不同领域，高创造者的人格特征不尽相同(周治金，2006)。科学家的典型人格特征有：易接受外部信息、思维灵活、动机强、有抱负、有成就取向、敌意、自大、自信、自治、内向、独立等。社会科学家的典型人格特征有：与现实关系和谐、能有效观察现实、接纳自己、以问题为中心、自然流露、超然物外、有保持不受打扰的需要、自立自主、不受文化与环境的影响、具有救人济世的社会兴趣、不断体验到新鲜滋味等。创造性学生的人格特征有：兴趣广泛、好奇、目标专一、有毅力、独立性强、自信、情感丰富、一丝不苟、喜欢提问、不随大流等。

对创造性人格特征的研究还发现，由于社会文化的不同，东西方对创造性人格的看法不尽相同。美国学者斯顿伯格(S. S. Sternberg，1991、2002)等人发现，西方人所认同的高创造者人格包括：对模糊的容忍、愿意克服障碍、愿意让自己的观点不断发展、行动受内在动机的驱动、有适度的冒险精神、期望被人认可、愿意为争取再次被认可而努力。戴维斯(Davis，1992)发现，高创造者的人格特征包括对自己创造性的确认，具有独创性、独立性、好奇心、幽默感，好冒险，有审美情趣，对复杂和新颖的事物感兴趣，坦率，强调个人隐私，有敏锐的知觉意识。近几年来，国内学者(杨治良，2001；蔡华俭，2001)的研究发现，中国人对高创造者特征的内隐观点与西方人基本一致，但是，中国人不重视幽默感与审美感，却非常重视道德品质和勤勉。研究还表明(Rudowicz E，Yue X，2000)，中国大学生最看重政治名人，其次是科技界名人，最后才是艺术家和音乐家。

本研究在创造性人格上的研究结果表明，大学生表现突出的是挑战性。这说明大学生能够适应时代的要求，具有勇于面对挑战的心理准备，这为充分发挥大学生的创造潜能提供了很好的前提条件。大学生在想象性上的得分较低，这说明大学生缺乏一定的想象力。而想象和创造之间有着密切的联系。林崇德(2004)指出，创造性思维的一个特点就是思维加想象，通过想象，加以构思，才能解决别人所不能解决的问题。因此，创造性思维是思维与想象的有机统一。奥斯本在他的著作《应用想象》中，自始至终都将“创造力”和“想象”两个术语当作同义词使用。因此，如何激发大学生的创造性想象，是学校教育教学中需要解决的一个重要问题。

总之，我国大学生在创造力方面具有一定的创造潜能，但在思路上还不是很开阔，缺少随机应变和迅速做出反应的能力。另外，大学生缺少想象力，而想象是创造的源泉，在学校教育中，应该对这两个方面的能力加以培训。

2. 对大学生创造力的培养

创新型人才的培养是新时期高等教育发展的必然选择，体现了高等教育改革的正确方向和发展趋势。如何在学校教育中培养大学生的创造力，是目前高等学校教育教学改革研究的一个重要问题。

首先，转变教育观念，树立人人具有创造力的教育理念。根据创造力的含义我们知道，创造力不总是属于某些“精英”人物的，人人皆可创造。因此，在教育过程中一定要转变观念，树立人人都具有创造力的教育理念。大量事实也表明，创造力是可以培养的，并且可以通过训练而提高(Davis，1983；Taylor，1988；Renzulli，1993)。所以，在教学过程中，教师可以通过创设各种条件，激发学生的创造欲望、创造意识，这样大学生才会有信心，有创造的热情和兴趣，才会努力通过各种途径和方法，不断提高自身的创造力。

其次，改革教学模式，训练创造性思维。创造性思维是创造力的核心，也是一切创造活动的灵魂，特别是发散思维。已有研究表明，同各种能力的研究相比较，作为创造力构成成分的发散思维能力，它受遗传因素的影响最小(李孝忠，2000)。因此，教师在教学中应从教学方法、教学内容、考试方式等方面来培养学生的创造性思维。例如，在教学方法上，坚持启发式教学，加重讨论法、实验法、练习法、发现法、范例法等方法在教学中的应用。灵活多样的教学方式既能激发学生的学习兴趣，又能调动学生的思维。另外，在教学过程中，可以通过创设一定的情境，引导学生发现问题、解决问题、锻炼思维，从而培养创造力。

再次，创造良好氛围，培养创造人格。已有的研究表明，创造性人格的养成对大学生创造性思维的发展具有一定的影响（Barron，1995；Feist，1999；罗晓路，2006；王叔延，2008）。在学校教育中培养创造性人格主要包括对学生兴趣、自信心、自主性、敢于探索、敢于表达、坚持不懈等方面的培养。在课堂上，要营造一种宽松的氛围，激发学生的好奇心，鼓励学生大胆地表达自己的想法，尤其是自己独特的想法；要让学生感到心理安全与心理自由。罗杰斯认为，那种敌视偏离，对个体承认与接纳总是以绝对顺从为条件的环境会让有创造性的个体感到有形无形的压力，不利于创造性人格的塑造，因而，也就窒息了个体的创造力。因此，教师应鼓励学生大胆尝试冒险，解除怕犯错误的恐惧心理，营造自由、民主、和谐的气氛，让学生在宽松愉悦中体验创造的乐趣。还要注重培养学生的恒心与毅力，创造不是一帆风顺的，经常会遇到各种挫折和阻力，必须有坚强的意志力，才能成功。

最后，开设“创造学”课程，全面提高大学生的创造力。创造力是可以通过训练得到提高的。发达国家一直注重在教育中对学生创造力的训练，并且取得了显著的成果。例如，美国在教育中一直很重视学生创造力的开发。在高等教育中，美国最早开设“创造力开发与训练课程”；日本从幼儿教育阶段便开始进行创造教育，并把提高人的创造力作为教育的重要目标；我国自20世纪80年代以来部分高校开设“创造学”“创造力开发”等课程，旨在培养大学生的创造精神，提高大学生的创造力。实践也证明，“创造力”课程不仅开启了大学生创造心理的大门，实现了他们参与创造的向往与追求，大幅度提高了他们的创造力，同时还提高了大学生的学习兴趣与学习成绩。

二、我国英才教育相关问题的调查研究

拔尖创新人才的培养，一直是世界各国政府和民众高度关心的重要话题。伴随着每一次诺贝尔奖的角逐与揭晓，“钱学森之问”被反复提起。中国教育能不能培养出拔尖创新人才的质疑，一直不绝于耳。中国英才

教育基础研究与基层实践现状如何？中国英才教育正面临哪些严峻的考验，取得了哪些值得关注的成果与经验？中国英才教育应该选择什么样的行进路径？政府该为英才教育发展提供哪些支持？本研究在大量文献研究与扎实的实证调研的基础上，试图对上述问题进行较为深入的探索性研究。

(一)本研究中的英才界定

本研究中提到的英才应至少具有以下三个特征之一：

第一，先天禀赋优异。这一先天禀赋，更多地强调其遗传特征。心理测试意义上的优异，可能已经表现出来了，也可能还没有表现出来。在不同的国家中，对其占人口总数的比例的认定不一致，从1%～5%不等。施建农在《超常儿童发展心理学》一书中，认为超常儿童占儿童总人数的3%左右。此处与国外英才教育的对象(talent/gifted children)相似，在中国叫超常儿童。

第二，在某一方面已经表现出比同龄人、同样文化背景和生活环境的人优秀的能力。这种能力可能有遗传学意义上的，也可能有教育学意义上的，如学术能力、社会性、某些特殊才能等。这一点，更多强调后天环境的作用，为对其实施特别教育提供了原因与可能。本研究更多关注科技英才的教育。

第三，具有创新潜能的儿童，这是基于全体儿童创新能力的培养。一般在义务教育阶段，中国泛化的教育公平理念下的教育主张。校长们基于多种考虑，在义务教育均衡体系下的主张。智商中等偏上的儿童，在普通的系统中接受常规教育。对此我们要探讨如何在常规的教育系统中为孩子们提供适合的教育。

(二)研究方法

1. 观察法：进行非结构性、非参与式、非连续性自然观察

本研究根据具体研究任务，在自然情境下，进行非结构性、非参与式、非连续性观察。

观察对象：英才学生，英才教育校长和教师，英才教育学校的教育教学活动和设施。

观察时间：将在两个研究时段使用到观察法。在初期调研阶段，对

英才教育学校和英才学生进行初步观察，此时的观察以自然观察法为主；在案例研究中的入校调研阶段，将依据具体情境，进行非参与式观察和非结构性观察。

观察点：①英才学生的行为特性——课堂表现、活动中的表现。②英才教育一线教师的行为表现——课堂表现、师生沟通情况等。③校长和管理者的表现——对英才教育的认同感、工作效率等。④英才教育学校的教育教学设施的种类、使用年限、使用频率等。

2. 访谈法：半结构式团体访谈与深度独立访谈相结合

访谈法是通过访谈者和被访者面对面地交谈来了解被访者的思想和行为的基本研究方法。因研究问题的性质、目的或对象的不同，访谈法具有不同的形式。根据访谈进程的标准化程度不同，访谈法可分为结构性访谈和非结构性访谈；根据被访者掌握主导性的程度不同，可分为指导性访谈和非指导性访谈；根据被访者的多少不同，可分为个人访谈和团体访谈。以特定问题为焦点进行详细访谈的称为集中访谈，唤起被访者情感互动、深入挖掘事件真相的访谈称为深层访谈。

本研究计划针对不同的研究对象和研究任务，使用不同的访谈方法。对于教育行政人员、专家、精英人士、资深校长，主要采用访谈者和被访者一对一的半结构式、非指导性个别访谈的形式；对于重点人士则采用深度访谈的形式；对于学生、家长、一般校长，主要采用集中访谈法，以团体访谈为主，个别访谈为辅。

3. 问卷法：自主编制调研问卷

问卷调查法也称问卷法，是调查者运用统一设计的问卷向被选取的调查对象了解情况或征询意见的调查方法。问卷法的运用，关键在于问卷内容、被试选择和结果分析。本研究在借鉴相关研究的基础上，针对不同研究需求，自主编制调查问卷，为本研究提供有效的测量工具。

本研究对开设超常教育实验班20年以上的10余所中学进行了实地考察。我们以1∶1～1.5的比例，分层抽取各校超常教育实验班(以下按各校的通用称呼“少儿班”来称呼)师生和普通班师生进行深度访谈和问卷调研。

4. 案例法：以对多个案例的抽象和归纳研究为主

案例法又叫案例分析法，由美国哈佛大学法学院首创，在法律、医学、商业、教育领域中赢得了广泛的关注，是指把实际社会生活中出现的典型事件作为案例，进行深入分析的一种研究方法。案例研究强调情境性和过程性，要求研究者进入一种自然状态下发生的真实情境，根据特定的时空情境解释某一事件，而不是抽象地考虑问题、做出结论；要求研究者了解事件变化的状态和趋势，把握其变化的整个过程。

案例选择的标准与研究目的和研究问题有关，其属性选择关系案例能否为研究带来有意义的数据。案例研究可以使用一个案例或包含多个案例。前者是把每一个案例看成独立的整体进行全面的分析，后者是在前者的基础上对所有的案例进行统一的抽象和归纳，进而得出更精辟的描述和更有力的解释。本研究将根据研究主题，从全国各地筛选几十个案例，解析当前中国中小学校对英才教育政策的真实诉求，为政策建议提供实证支持。

案例学校选择依据：学校开展英才教育历史较长，积累了丰富的英才教育经验；学校已经形成了一定的品牌，教育教学有相当的影响力；校长自身对教育的理解较深刻，形成了英才教育的独特理念，实践经验丰富。

本研究以案例研究为主，用多种研究方法对研究案例进行深入解析，基本确定35个案例。我们以研究内容为线索确定案例，因此，有学校个案，有区域个案，还有项目个案。为了便于标识，我们将以机构或项目名来命名案例名称。

(1)基础教育方面的关注案例

我们共确定了23个案例校，并选择其不同侧面进行研究。

案例1：北京八中少儿班

分析点：超常班。英才早期培养体制与培养方式。

案例2：中国人民大学附属中学

分析点：早培班(小五班)。英才早期培养方式。

案例3：北京西城区育民小学

分析点：小学超常班。6～10岁儿童英才培养。

案例4：中国科学院流动超常儿童教育班

分析点：进城务工人员子女中的超常儿童培养机制研究。

案例 5：北京十一学校

分析点："枣林村书院"。人才培养模式变革。

案例 6：北京市第二中学

分析点："李汉歌实验室"。英才的个性化成长。

案例 7：北京立新学校

分析点："魅力课堂"建设。英才培养机制。

案例 8：上海中学

分析点：课程体系。高中阶段英才培养模式探索。

案例 9：江苏天一中学

分析点：超常教育实验部。早慧少年的培养。

案例 10：陕西西安一中

分析点：教师培养机制。

案例 11：广东深圳中学

分析点："学术性高中"建设。

案例 12：江苏苏州中学

分析点："伟长计划"。

案例 13：天津耀华中学

分析点：学生创新能力培养。

案例 14：华南师大附中

分析点：考试成绩与特长认定相结合的考核制度。

案例 15：南京外国语学校

分析点："英才启蒙"教育。

案例 16：西北工大附中

分析点："春笋计划"。

案例 17：山西省新绛中学

分析点：学生半天自主学习——培养方式变革。

案例 18：青海果洛州吉美坚赞福利学校

分析点：民族地区英才学生培养——学生思维方式变革。

案例 19：江苏泰兴洋思中学

分析点："先学后教，当堂训练"教学模式。

案例20：山东杜郎口中学

分析点：三三六教学模式。

案例21：江苏南京东庐中学

分析点：“讲学稿”教学。

案例22：河南新乡一中

分析点：英才儿童的选拔策略。

案例23：辽宁沈阳市东北育才学校

分析点：“优才教育”课程体系。英才学习资源研究。

(2)区域层面的关注案例

案例24：北京“翱翔计划”和“雏鹰计划”

分析点：省级层面的政策推动。

案例25：上海拔尖创新人才培养计划

分析点：省级层面的政策推动。

案例26：山西课改的省级推进

分析点：“问题导学”教学模式。

案例27：江苏14所拔尖创新人才校

分析点：省级层面的政策推动。

案例28：山东省素质教育试点

分析点：英才教育基本理念

案例29：辽宁中学生学习力课题

分析点：友善用脑理论的实践解读。

案例30：河南郑州市金水区体育活动

分析点：英才学生身体素质研究。

(3)高等教育方面的关注案例

案例31：中国科技大学少年班学院

分析点：少年班选拔与培养机制。

案例32：西安交通大学少年班

分析点：少年班选拔与培养机制。

案例33：南京大学匡亚明学院

分析点：英才学生的选拔与培养。

案例 34：北京大学

分析点："中学校长实名推荐制"。

案例 35：清华大学

分析点："新百年计划"。

（三）中国英才儿童识别的实证研究

为了解中国英才儿童的基本素质状况，了解师生对英才儿童识别与选拔的真实感受，我们在问卷编制的过程中，对英才儿童的基本素质、英才儿童识别的标准、英才儿童识别的方法与程序设置了相关问题。通过少儿班教师、少儿班学生、普通班教师、普通班学生四份问卷，对同一问题进行环形调研，希望能够获得真实数据。同时我们在访谈中也针对这几方面问题进行追问，获得了大量第一手访谈资料。

1. 关于英才儿童基本素质的调研

学生的基本素质是我们研究的重点。在各种有关学生素质理论的指导下，我们希望了解学生的基本情况，如中国学生间的智力差异是否存在，其存在差异的主要方面是什么，这些差异对于我们实施英才教育有哪些影响。调研中，在查阅各校英才儿童心理测试基本资料的前提下，我们采用自评和他评相结合的办法，对英才儿童的基本素质进行了问卷调研。

(1)英才儿童的遗传特征并不十分受关注

不可否认，学生的遗传特性在学生的学习成长中发挥了重要作用。因此，我们从几个角度对学生的遗传特征进行研究，将研究的重点放在学生的思维能力、思维方式、认识倾向和学习能力上。

题项 1：

超常儿童不是天生的，只要好好学习，都能成为超常儿童。

A. 非常同意　B. 比较同意　C. 不确定　D. 不太同意

E. 非常不同意

结果如下：

少儿班和普通班中非常同意和比较同意的学生都占了一半多，不确定的有 1/6～1/5，不同意的各有 1/3 左右。这说明无论是少儿班学生，还是普通班学生，对超常儿童的遗传特征都不十分确切。一半多的学生

认为，超常儿童不是天生的，只要好好学习，都能成为英才儿童。（见表 3-13和表 3-14）

表 3-13 超常儿童不是天生的，只要好好学习，都能成为超常儿童(少儿班学生)

		频率(人)	百分比(%)	有效百分比(%)	累积百分比(%)
有效值	A. 非常同意	68	13.5	13.5	13.5
	B. 比较同意	193	38.3	38.3	51.8
	C. 不确定	95	18.8	18.8	70.6
	D. 不太同意	117	23.2	23.2	93.8
	E. 非常不同意	31	6.2	6.2	100.0
	合计	504	100.0	100.0	—

表 3-14 超常儿童不是天生的，只要好好学习，都能成为超常儿童(普通班学生)

		频率(人)	百分比(%)	有效百分比(%)	累积百分比(%)
有效值	A. 非常同意	59	10.9	10.9	10.9
	B. 比较同意	225	41.7	41.7	52.7
	C. 不确定	80	14.8	14.8	67.5
	D. 不太同意	142	26.3	26.3	93.9
	E. 非常不同意	33	6.1	6.1	100.0
	合计	539	100.0	100.0	—

在中国的语境中，一般形容一个儿童的智力发育水平，往往用“聪明”来表示。在访谈中，教师们也经常用“聪明”“极其聪明”来表示少儿班学生的特殊品质。因此，本研究设置了相关问题，测试学生对此的看法。

题项 2：

你认为少儿班学生比其他班学生聪明吗？

A. 非常同意　B. 比较同意　C. 不确定　D. 不太同意

E. 非常不同意

结果如下：

普通班学生同意这种说法的，比少儿班的多。少儿班学生中 47.6%

的学生不确定，比例比普通班高了 13.6%。这说明在普通班学生眼里，少儿班的学生还是比其他班学生聪明。（见表 3-15 和表 3-16）但是，55.6%的少儿班学生不喜欢被贴上“聪明孩子”的标签。（见表 3-17）在新加坡英才教育发展的过程中，曾经有一段时期，英才儿童被同伴视作“学习怪物”。青少年的心态是复杂敏感的，少儿班的这种反应，提醒我们在少儿班的教育中，更应多用平常心对待学生。

表 3-15　你认为少儿班学生比其他班学生聪明吗(少儿班学生)

		频率(人)	百分比(%)	有效百分比(%)	累积百分比(%)
有效值	A. 非常同意	35	6.9	6.9	6.9
	B. 比较同意	122	24.2	24.2	31.2
	C. 不确定	240	47.6	47.6	78.8
	D. 不太同意	75	14.9	14.9	93.7
	E. 非常不同意	32	6.3	6.3	100.0
	合计	504	100.0	100.0	—

表 3-16　你认为少儿班学生比其他班学生聪明吗(普通班学生)

		频率(人)	百分比(%)	有效百分比(%)	累积百分比(%)
有效值	A. 非常同意	55	10.2	10.2	10.2
	B. 比较同意	190	35.1	35.3	45.5
	C. 不确定	183	33.8	34.0	79.4
	D. 不太同意	72	13.3	13.4	92.8
	E. 非常不同意	39	7.2	7.2	100.0
	合计	539	99.6	100.0	—
缺失值	系统	2	0.4	—	—
合计		541	100.0	—	—

表 3-17 你们喜欢别人叫你"聪明孩子"吗(少儿班学生)

		频率(人)	百分比(%)	有效百分比(%)	累积百分比(%)
有效值	A. 一点都不喜欢	79	15.7	15.7	15.7
	B. 不太喜欢	201	39.9	39.9	55.6
	C. 一般喜欢	159	31.5	31.5	87.1
	D. 比较喜欢	49	9.7	9.7	96.8
	E. 非常喜欢	16	3.2	3.2	100.0
	合计	504	100.0	100.0	—

(2)英才儿童的学习能力普遍较强

学习能力是一个人的遗传与教育结构的集中表现，是衡量英才儿童的一条重要标准。

题项：

在学习能力上，大多数少儿班学生要比其他同龄孩子________。

A. 好很多　　B. 略好些　　C. 基本一样　　D. 略差些

E. 差很多

结果如下：

从对以上题项的回答可以看出，少儿班学生学习能力强，这一点无论是少儿班学生，还是普通班学生，都十分认可。(见表 3-18 和表 3-19)与少儿班学生的略显低调形成鲜明对比的是，少儿班教师对少儿班学生的学习能力给予了高度评价，除了只有极少数的人选择基本一样外，95.3%的教师都认为少儿班学生的学习能力比其他普通同龄孩子"略好些"甚至"好很多"。(见表 3-20)少儿班教师在访谈中提到："我觉得这些孩子有一个特点就是学东西确实快，像普通孩子可能这个东西得讲两节课才能明白个八九不离十，这些孩子可能两节课的东西放一节课里面，这一节课可能基本上就都清楚了。"

表 3-18　在学习能力上，大多数少儿班学生要比其他同龄孩子(少儿班学生)

		频率(人)	百分比(%)	有效百分比(%)	累积百分比(%)
有效值	A. 好很多	126	25.0	25.0	25.0
	B. 略好些	311	61.7	61.8	86.9
	C. 基本一样	59	11.7	11.7	98.6
	D. 略差些	3	0.6	0.6	99.2
	E. 差很多	4	0.8	0.8	100.0
	合计	503	99.8	100.0	—
缺失值	系统	1	0.2	—	—
合计		504	100.0	—	—

表 3-19　在学习能力上，大多数少儿班学生要比其他同龄孩子(普通班学生)

		频率(人)	百分比(%)	有效百分比(%)	累积百分比(%)
有效值	A. 好很多	119	22.0	22.2	22.2
	B. 略好些	274	50.6	51.0	73.2
	C. 基本一样	125	23.1	23.3	96.5
	D. 略差些	14	2.6	2.6	99.1
	E. 差很多	5	0.9	0.9	100.0
	合计	537	99.3	100.0	—
缺失值	系统	4	0.7	—	—
合计		541	100.0	—	—

表 3-20　在学习能力上，大多数少儿班学生要比其他同龄孩子(少儿班教师)

		频率(人)	百分比(%)	有效百分比(%)	累积百分比(%)
有效值	A. 好很多	42	48.3	48.8	48.8
	B. 略好些	40	46.0	46.5	95.3

续表

		频率(人)	百分比(%)	有效百分比(%)	累积百分比(%)
有效值	C. 基本一样	4	4.6	4.7	100.0
	合计	86	98.9	100.0	—
缺失值	系统	1	1.1	—	—
合计		87	100.0	—	—

决定一个人的学习能力及其他基本素质的核心要素是其思维品质。思维是通过判断、抽象、推理、想象和问题解决这些心理特征之间复杂的相互作用，来实现信息转换，从而形成新的心理表征的过程。① 英才儿童的思维品质要比一般儿童优越，这一点在调研学校的学生研究中已经得到证实。XXYZ 学校 2011 级学生 57 人，2012 级学生 55 人。该校在学生入学时对学生进行心理普查，主要使用《儿童学习适应性量表》《思维能力测试》《中学生学习动机测验问卷》《心理适应性量表》为施测工具。其中《思维能力测试》，主要从类比、推理、发散思维等方面进行测量和判断，看看被试的思维能力属于什么样的层次和水平。

测试结果显示，大部分学生都属于思维能力较好或很好的水平。参与测试的两个年级 112 人中，10 分的 22 人，占 19.6%；9 分的 41 人，占 36.6%；8 分的 28 人，占 25.0%；7 分的 17 人，占 15.2%；6 分的 4 人，占 3.6%。8 分以上的学生达到 91 人，占 81.2%。(见表 3-21)该校在 2011 级招生中，由于政策原因，仍然要接受各校推荐的学生。由于当地特殊的政治经济环境，这些被推荐的学生，往往是一些“关系学生”，因此在 2011 级学生中出现了 4 名 6 分的学生。

---

① 罗伯特·L. 索尔所，M. 金伯利·麦克林，奥托·H. 麦克林. 认知心理学(第 7 版)[M]. 邵志芳，李林，徐媛，高旭辰，何敏萱，等，译. 上海：上海人民出版社，2008 年.

表 3-21　思维能力测试中获得各项分数的人数

年级＼分数	10	9	8	7	6	总人数
2011 级	12	19	14	8	4	57
2012 级	10	22	14	9	0	55
总人数	22	41	28	17	4	112
占全体人数百分比	19.6	36.6	25.0	15.2	3.6	—

(3)英才儿童的心理素质：自信心更强

判断一个人的心理素质高低的最直接标准，就是其抗挫折能力与自信心的强弱。

题项 1：

在心理挫折承受能力上，大多数少儿班学生要比其他同龄孩子______。

A. 好很多　　B. 略好些　　C. 基本一样　　D. 略差些

E. 差很多

结果如下：

表 3-22　在心理挫折承受能力上，大多数少儿班学生要比其他同龄孩子(少儿班教师)

		频率(人)	百分比(%)	有效百分比(%)	累积百分比(%)
有效值	A. 好很多	4	4.6	4.7	4.7
	B. 略好些	18	20.7	20.9	25.6
	C. 基本一样	33	37.9	38.4	64.0
	D. 略差些	30	34.5	34.9	98.8
	E. 差很多	1	1.1	1.2	100.0
	合计	86	98.9	100.0	—
缺失值	系统	1	1.1	—	—
合计		87	100.0	—	—

表 3-23　在心理挫折承受能力上，大多数少儿班学生要比其他同龄孩子(少儿班学生)

		频率(人)	百分比(%)	有效百分比(%)	累积百分比(%)
有效值	A. 好很多	77	15.3	15.3	15.3
	B. 略好些	124	24.6	24.6	39.9
有效值	C. 基本一样	157	31.2	31.2	71.0
	D. 略差些	133	26.4	26.4	97.4
	E. 差很多	13	2.6	2.6	100.0
	合计	504	100.0	100.0	—

表 3-24　在心理挫折承受能力上，大多数少儿班学生要比其他同龄孩子(普通班学生)

		频率(人)	百分比(%)	有效百分比(%)	累积百分比(%)
有效值	A. 好很多	35	6.5	6.5	6.5
	B. 略好些	109	20.1	20.3	26.8
	C. 基本一样	207	38.3	38.5	65.2
	D. 略差些	159	29.4	29.6	94.8
	E. 差很多	28	5.2	5.2	100.0
	合计	538	99.4	100.0	—
缺失值	系统	3	0.6	—	—
合计		541	100.0	—	—

从对以上题项的回答可以看出，无论是少儿班学生的自评中，还是来自少儿班教师和其他同龄人的他评中，对少儿班学生的心理挫折承受能力方面的评价结果基本一样，没有显著差异。

题项 2：

在自信心方面，大多数少儿班学生比其他同龄孩子______。

A. 好很多　　B. 略好些　　C. 基本一样　　D. 略差些

E. 差很多

结果如下：

表 3-25　在自信心方面，大多数少儿班学生比其他同龄孩子(少儿班教师)

		频率(人)	百分比(%)	有效百分比(%)	累积百分比(%)
有效值	A. 好很多	35	40.2	41.2	41.2
	B. 略好些	38	43.7	44.7	85.9
	C. 基本一样	9	10.3	10.6	96.5
	D. 略差些	3	3.4	3.5	100.0
	合计	85	97.7	100.0	—
缺失值	系统	2	2.3	—	—
合计		87	100.0	—	—

表 3-26　在自信心方面，大多数少儿班学生比其他同龄孩子(少儿班学生)

		频率(人)	百分比(%)	有效百分比(%)	累积百分比(%)
有效值	A. 好很多	193	38.3	38.3	38.3
	B. 略好些	214	42.5	42.5	80.8
	C. 基本一样	77	15.3	15.3	96.0
	D. 略差些	17	3.4	3.4	99.4
	E. 差很多	3	0.6	0.6	100.0
	合计	504	100.0	100.0	—

表 3-27　在自信心方面，大多数少儿班学生比其他同龄孩子(普通班学生)

		频率(人)	百分比(%)	有效百分比(%)	累积百分比(%)
有效值	A. 好很多	144	26.6	26.7	26.7
	B. 略好些	224	41.4	41.6	68.3
	C. 基本一样	150	27.7	27.8	96.1
	D. 略差些	16	3.0	3.0	99.1
	E. 差很多	5	0.9	0.9	100.0
	合计	539	99.6	100.0	—

续表

		频率(人)	百分比(%)	有效百分比(%)	累积百分比(%)
缺失值	系统	2	0.4	—	—
合计		541	100.0	—	—

从对以上题项的回答可以看出，无论是少儿班学生的自评中，还是来自少儿班教师和其他同龄人的他评中，对少儿班学生的自信心方面的评价结果都很高，三者之间没有显著差异。这说明无论是学生自己，还是教师，都认为少儿班学生的自信心比其他普通班学生的自信心要高些。

但值得关注的是，在访谈中，教师们提到："孩子们在初一刚进来时，很自信，年级越高，灵性好像越少了，也没有以前自信了，也没有以前调皮了。"孩子们的自信心逐年减弱，原因多种多样，这一现象应引起我们的重视。

我们将少儿班学生对此问题的回答与前面他们并不是很认同自己天生聪明，不愿意被叫作"聪明孩子"相联系，这些少儿班学生虽然很自信，但其自信并不一定来自于对其天赋的认可，而是对其后天努力的自信。这种客观"低调"的自我认识，有助于孩子们更努力地进行日常学习。

(4)英才儿童的社会性发展：略差些

这里我们选取"社会交往能力""是否容易与其他同龄孩子相处"和"生活自理能力"作为考查学生社会性的一个指标。

题项 1：

在社会交往能力方面，大多数少儿班学生要比其他同龄孩子______。

A. 好很多　　B. 略好些　　C. 基本一样　　D. 略差些

E. 差很多

结果如下：

表 3-28　在社会交往能力方面，大多数少儿班学生要比其他同龄孩子(少儿班学生)

		频率(人)	百分比(%)	有效百分比(%)	累积百分比(%)
有效值	A. 好很多	68	13.5	13.5	13.5
	B. 略好些	151	30.0	30.0	43.5

续表

		频率(人)	百分比(%)	有效百分比(%)	累积百分比(%)
有效值	C. 基本一样	194	38.5	38.5	81.9
	D. 略差些	73	14.5	14.5	96.4
	E. 差很多	18	3.6	3.6	100.0
	合计	504	100.0	100.0	—

表 3-29　在社会交往能力方面，大多数少儿班学生要比其他同龄孩子(普通班学生)

		频率(人)	百分比(%)	有效百分比(%)	累积百分比(%)
有效值	A. 好很多	23	4.3	4.3	4.3
	B. 略好些	90	16.6	16.7	21.0
	C. 基本一样	213	39.4	39.5	60.5
	D. 略差些	167	30.9	31.0	91.5
	E. 差很多	46	8.5	8.5	100.0
	合计	539	99.6	100.0	—
缺失值	系统	2	0.4	—	—
合计		541	100.0	—	—

表 3-30　在社会交往能力方面，大多数少儿班学生要比其他同龄孩子(少儿班教师)

		频率(人)	百分比(%)	有效百分比(%)	累积百分比(%)
有效值	A. 好很多	3	3.4	3.5	3.5
	B. 略好些	14	16.1	16.3	19.8
	C. 基本一样	36	41.4	41.9	61.6
	D. 略差些	33	37.9	38.4	100.0
	合计	86	98.9	100.0	—
缺失值	系统	1	1.1	—	—
合计		87	100.0	—	—

有趣的是，少儿班学生在社会交往方面对自己的评价，比普通班学

生和少儿班的教师评价要高些。三者认为“基本一样”的比例相近，都在40%左右。但少儿班学生认为自己比其他同龄学生“略好些”的比例，远远高于教师和其他普通班学生的比例。教师认为“略差些”的比例高达38.4%。

题项2：

大多数少儿班学生是否容易和其他同龄孩子相处？

A. 非常容易　　B. 比较容易　　C. 容易　　D. 不太容易

E. 很不容易

结果如下：

表3-31　大多数少儿班学生是否容易和其他同龄孩子相处(少儿班学生)

		频率(人)	百分比(%)	有效百分比(%)	累积百分比(%)
有效值	A. 非常容易	102	20.2	20.2	20.2
	B. 比较容易	191	37.9	37.9	58.1
	C. 容易	136	27.0	27.0	85.1
	D. 不太容易	69	13.7	13.7	98.8
	E. 很不容易	6	1.2	1.2	100.0
	合计	504	100.0	100.0	—

表3-32　大多数少儿班学生是否容易和其他同龄孩子相处(普通班学生)

		频率(人)	百分比(%)	有效百分比(%)	累积百分比(%)
有效值	A. 非常容易	36	6.7	6.7	6.7
	B. 比较容易	125	23.1	23.2	29.9
	C. 容易	190	35.1	35.3	65.2
	D. 不太容易	163	30.1	30.2	95.4
	E. 很不容易	25	4.6	4.6	100.0
	合计	539	99.6	100.0	—
缺失值	系统	2	0.4	—	—
合计		541	100.0	—	—

表 3-33　大多数少儿班学生是否容易和其他同龄孩子相处(少儿班教师)

		频率(人)	百分比(%)	有效百分比(%)	累积百分比(%)
有效值	A. 非常容易	2	2.3	2.3	2.3
	B. 比较容易	34	39.1	39.5	41.9
	C. 容易	34	39.1	39.5	81.4
	D. 不太容易	16	18.4	18.6	100.0
	合计	86	98.9	100.0	—
缺失值	系统	1	1.1	—	—
合计		87	100.0	—	—

对此，普通班学生选“不太容易”的比例比少儿班的比例高出16.5%。这说明虽然少儿班学生自认为自己比较容易与人相处，教师也不觉得这些孩子不容易与其他人相处，但其他同龄孩子并不这样认为。

题项3：

在生活自理能力上，大多数少儿班学生要比其他同龄孩子______。

A. 好很多　　B. 略好些　　C. 基本一样　　D. 略差些

E. 差很多

结果如下：

表 3-34　在生活自理能力上，大多数少儿班学生要比其他同龄孩子(少儿班学生)

		频率(人)	百分比(%)	有效百分比(%)	累积百分比(%)
有效值	A. 好很多	77	15.3	15.3	15.3
	B. 略好些	113	22.4	22.5	37.8
	C. 基本一样	230	45.6	45.8	83.7
	D. 略差些	72	14.3	14.3	98.0
	E. 差很多	10	2.0	2.0	100.0
	合计	502	99.6	100.0	—
缺失值	系统	2	0.4	—	—
合计		504	100.0	—	—

表 3-35　在生活自理能力上，大多数少儿班学生要比其他同龄孩子(普通班学生)

		频率(人)	百分比(%)	有效百分比(%)	累积百分比(%)
有效值	A. 好很多	34	6.3	6.3	6.3
	B. 略好些	113	20.9	21.0	27.3
	C. 基本一样	211	39.0	39.1	66.4
	D. 略差些	151	27.9	28.0	94.4
	E. 差很多	30	5.5	5.6	100.0
	合计	539	99.6	100.0	—
缺失值	系统	2	0.4	—	—
合计		541	100.0	—	—

表 3-36　在生活自理能力上，大多数少儿班学生要比其他同龄孩子(少儿班教师)

		频率(人)	百分比(%)	有效百分比(%)	累积百分比(%)
有效值	B. 略好些	9	10.3	10.6	10.6
	C. 基本一样	42	48.3	49.4	60.0
	D. 略差些	33	37.9	38.8	98.8
	E. 差很多	1	1.1	1.2	100.0
	合计	85	97.7	100.0	—
缺失值	系统	2	2.3	—	—
合计		87	100.0	—	—

对此，少儿班学生和普通班学生的判断基本一致，没有更多的显著性差异。但是少儿班教师则认为少儿班学生的生活自理能力与其他同龄孩子“基本一样”的占 49.4%，“略差些”的占 38.8%，远高于对“略好些”的选择比例。这说明少儿班教师认为少儿班学生的生活自理能力可能略低于同龄孩子。

综合上述三个题项判断，在英才儿童社会性发展方面，我们还需要给予更多关注。

(5)身体素质：基本一样

题项：

在身体素质上，大多数少儿班学生要比其他同龄孩子______。

A. 好很多　　B. 略好些　　C. 基本一样　　D. 略差些

E. 差很多

结果如下：

表 3-37　在身体素质上，大多数少儿班学生要比其他同龄孩子(少儿班学生)

		频率(人)	百分比(%)	有效百分比(%)	累积百分比(%)
有效值	A. 好很多	27	5.4	5.4	5.4
	B. 略好些	73	14.5	14.5	19.8
	C. 基本一样	285	56.5	56.5	76.4
	D. 略差些	97	19.2	19.2	95.6
	E. 差很多	22	4.4	4.4	100.0
	合计	504	100.0	100.0	—

表 3-38　在身体素质上，大多数少儿班学生要比其他同龄孩子(普通班学生)

		频率(人)	百分比(%)	有效百分比(%)	累积百分比(%)
有效值	A. 好很多	23	4.3	4.3	4.3
	B. 略好些	71	13.1	13.2	17.5
	C. 基本一样	251	46.4	46.7	64.1
	D. 略差些	159	29.4	29.6	93.7
	E. 差很多	34	6.3	6.3	100.0
	合计	538	99.4	100.0	—
缺失值	系统	3	0.6	—	—
合计		541	100.0	—	—

表 3-39 在身体素质上，大多数少儿班学生要比其他同龄孩子(少儿班教师)

		频率(人)	百分比(%)	有效百分比(%)	累积百分比(%)
有效值	A. 好很多	3	3.4	3.5	3.5
	B. 略好些	12	13.8	14.0	17.4
	C. 基本一样	54	62.1	62.8	80.2
	D. 略差些	15	17.2	17.4	97.7
	E. 差很多	2	2.3	2.3	100.0
	合计	86	98.9	100.0	—
缺失值	系统	1	1.1	—	—
合计		87	100.0	—	—

对此，少儿班学生和普通班学生以及少儿班教师的判断基本一致，没有显著性差异。我们在访谈中发现，有些比较好的学校，给少儿班的学生特别开发了自然体育课，这使得少儿班学生的身体素质比同龄孩子的身体状况更好些。但这种现象并不普遍，因为大部分学校的少儿班学生与其他普通班学生一样，享有同样的体育资源，进行同样的体育活动。

2. 关于英才儿童甄选标准的调研

(1)智商测试：师生的观点不尽一致

题项 1：

在学校入学测试中，你是否愿意被测智商？

A. 完全同意　　B. 比较同意　　C. 说不准　　D. 不太同意

E. 完全不同意

结果如下：

表 3-40 在学校入学测试中，你是否愿意被测智商(少儿班学生)

		频率(人)	百分比(%)	有效百分比(%)	累积百分比(%)
有效值	A. 完全同意	120	23.8	23.9	23.9
	B. 比较同意	109	21.6	21.7	45.6
	C. 说不准	130	25.8	25.8	71.4
	D. 不太同意	99	19.6	19.7	91.1

续表

		频率(人)	百分比(%)	有效百分比(%)	累积百分比(%)
有效值	E. 完全不同意	45	8.9	8.9	100.0
	合计	503	99.8	100.0	—
缺失值	系统	1	0.2	—	—
合计		504	100.0	—	—

表 3-41　在学校入学测试中，你是否愿意被测智商(普通班学生)

		频率(人)	百分比(%)	有效百分比(%)	累积百分比(%)
有效值	A. 完全同意	53	9.8	9.8	9.8
	B. 比较同意	102	18.9	18.9	28.7
	C. 说不准	176	32.5	32.5	61.2
	D. 不太同意	110	20.3	20.3	81.5
	E. 完全不同意	100	18.5	18.5	100.0
	合计	541	100.0	100.0	—

表 3-42　问卷类型 * 12. 在学校入学测试中，你是否愿意被测智商(交叉制表)

			12. 在学校入学测试中，你是否愿意被测智商					合计
			A. 完全同意	B. 比较同意	C. 说不准	D. 不太同意	E. 完全不同意	
问卷类型	学生问卷(非少儿班)	数量(人)	53	102	176	110	100	541
		问卷类型(%)	9.8	18.9	32.5	20.3	18.5	100.0
		12. 在学校入学测试中，你是否愿意被测智商(%)	31.0	49.8	59.1	54.2	71.9	53.2
		合计(%)	5.2	10.0	17.3	10.8	9.8	53.2

续表

			12. 在学校入学测试中，你是否愿意被测智商					合计
			A. 完全同意	B. 比较同意	C. 说不准	D. 不太同意	E. 完全不同意	
问卷类型	学生问卷（少儿班）	数量（人）	118	103	122	93	39	475
		问卷类型（%）	24.8	21.7	25.7	19.6	8.2	100.0
		12. 在学校入学测试中，你是否愿意被测智商（%）	69.0	50.2	40.9	45.8	28.1	46.8
		合计（%）	11.6	10.1	12.0	9.2	3.8	46.8
合计		数量（人）	171	205	298	203	139	1016
		问卷类型（%）	16.8	20.2	29.3	20.0	13.7	100.0
		12. 在学校入学测试中，你是否愿意被测智商（%）	100.0	100.0	100.0	100.0	100.0	100.0
		合计（%）	16.8	20.2	29.3	20.0	13.7	100.0

表 3-43　卡方测试

	卡方值	自由度	p 值（双侧）
皮尔逊卡方测试	58.651[a]	4	.000
似然比	60.022	4	.000
有效值	1016	—	—
0 格子的理论频数应小于 5，最小值是 64.99。			

表 3-44　年龄＊12. 在学校入学测试中，你是否愿意被测智商(交叉制表)

			12. 在学校入学测试中，你是否愿意被测智商					合计
			A. 完全同意	B. 比较同意	C. 说不准	D. 不太同意	E. 完全不同意	
年龄	10	数量(人)	2	0	0	0	0	2
		年龄(%)	100.0	0	0	0	0	100.0
		12. 在学校入学测试中，你是否愿意被测智商(%)	1.7	0	0	0	0	0.4
		合计(%)	0.4	0	0	0	0	0.4
	11	数量(人)	16	4	4	3	2	29
		年龄(%)	55.2	13.8	13.8	10.3	6.9	100.0
		12. 在学校入学测试中，你是否愿意被测智商(%)	13.7	3.9	3.3	3.3	5.1	6.1
		合计(%)	3.4	0.8	0.8	0.6	0.4	6.1
	12	数量(人)	40	36	30	16	10	132
		年龄(%)	30.3	27.3	22.7	12.1	7.6	100.0
		12. 在学校入学测试中，你是否愿意被测智商(%)	34.2	35.0	24.6	17.4	25.6	27.9
		合计(%)	8.5	7.6	6.3	3.4	2.1	27.9
	13	数量(人)	27	21	30	15	7	100
		年龄(%)	27.0	21.0	30.0	15.0	7.0	100.0
		12. 在学校入学测试中，你是否愿意被测智商(%)	23.1	20.4	24.6	16.3	17.9	21.1
		合计(%)	5.7	4.4	6.3	3.2	1.5	21.1
	14	数量(人)	11	11	20	21	4	67
		年龄(%)	16.4	16.4	29.9	31.3	6.0	100.0

续表

			12. 在学校入学测试中，你是否愿意被测智商					合计
			A. 完全同意	B. 比较同意	C. 说不准	D. 不太同意	E. 完全不同意	
年龄	14	12. 在学校入学测试中，你是否愿意被测智商(%)	9.4	10.7	16.4	22.8	10.3	14.2
		合计(%)	2.3	2.3	4.2	4.4	0.8	14.2
	15	数量(人)	19	24	28	30	13	114
		年龄(%)	16.7	21.1	24.6	26.3	11.4	100.0
		12. 在学校入学测试中，你是否愿意被测智商(%)	16.2	23.3	23.0	32.6	33.3	24.1
		合计(%)	4.0	5.1	5.9	6.3	2.7	24.1
	16	数量(人)	2	6	9	7	2	26
		年龄(%)	7.7	23.1	34.6	26.9	7.7	100.0
		12. 在学校入学测试中，你是否愿意被测智商(%)	1.7	5.8	7.4	7.6	5.1	5.5
		合计(%)	0.4	1.3	1.9	1.5	0.4	5.5
	17	数量(人)	0	1	1	0	1	3
		年龄(%)	0	33.3	33.3	0	33.3	100.0
		12. 在学校入学测试中，你是否愿意被测智商(%)	0	1.0	0.8	0	2.6	0.6
		合计(%)	0	0.2	0.2	0	0.2	0.6
合计		数量(人)	117	103	122	92	39	473
		年龄(%)	24.7	21.8	25.8	19.5	8.2	100.0
		12. 在学校入学测试中，你是否愿意被测智商(%)	100.0	100.0	100.0	100.0	100.0	100.0
		合计(%)	24.7	21.8	25.8	19.5	8.2	100.0

表 3-45　卡方测试

	卡方值	自由度	p 值(双侧)
皮尔逊卡方测试	54.720[a]	28	.002
似然比	53.336	28	.003
线性相关值	26.920	1	.000
有效值	473	—	—
12 格子的理论频数应小于 5，最小值是 0.16。			

表 3-46　性别 * 12. 在学校入学测试中，你是否愿意被测智商(交叉制表)

			12. 在学校入学测试中，你是否愿意被测智商					合计
			A. 完全同意	B. 比较同意	C. 说不准	D. 不太同意	E. 完全不同意	
性别	A. 男	数量(人)	82	61	61	44	31	279
		性别(%)	29.4	21.9	21.9	15.8	11.1	100.0
		12. 在学校入学测试中，你是否愿意被测智商(%)	69.5	59.8	50.8	47.3	79.5	59.1
		合计(%)	17.4	12.9	12.9	9.3	6.6	59.1
	B. 女	数量(人)	36	41	59	49	8	193
		性别(%)	18.7	21.2	30.6	25.4	4.1	100.0
		12. 在学校入学测试中，你是否愿意被测智商(%)	30.5	40.2	49.2	52.7	20.5	40.9
		合计(%)	7.6	8.7	12.5	10.4	1.7	40.9
合计		数量(人)	118	102	120	93	39	472
		性别(%)	25.0	21.6	25.4	19.7	8.3	100.0
		12. 在学校入学测试中，你是否愿意被测智商(%)	100.0	100.0	100.0	100.0	100.0	100.0
		合计(%)	25.0	21.6	25.4	19.7	8.3	100.0

表 3-47 卡方测试

	卡方值	自由度	p 值(双侧)
皮尔逊卡方测试	20.739[a]	4	.000
似然比	21.394	4	.000
线性相关值	2.224	1	.136
有效值	472	—	—
0 格子的理论频数小于 5，最小值为 15.95。			

题项 2：

在少儿班学生选拔中，您是否同意测试儿童智商？

A. 非常同意　　B. 比较同意　　C. 不确定　　D. 比较不同意

E. 非常不同意

结果如下：

表 3-48 在少儿班学生选拔中，您是否同意测试儿童智商(少儿班教师)

		频率(人)	百分比(%)	有效百分比(%)	累积百分比(%)
有效值	A. 非常同意	23	26.4	26.7	26.7
	B. 比较同意	39	44.8	45.3	72.1
	C. 不确定	11	12.6	12.8	84.9
	D. 比较不同意	9	10.3	10.5	95.3
	E. 非常不同意	4	4.6	4.7	100.0
	合计	86	98.9	100.0	—
缺失值	系统	1	1.1	—	—
合计		87	100.0	—	—

表 3-49　在少儿班学生选拔中，您是否同意测试儿童智商(普通班教师)

		频率(人)	百分比(%)	有效百分比(%)	累积百分比(%)
有效值	A. 非常同意	25	18.0	18.7	18.7
	B. 比较同意	58	41.7	43.3	61.9
	C. 不确定	21	15.1	15.7	77.6
	D. 比较不同意	22	15.8	16.4	94.0
	E. 非常不同意	8	5.8	6.0	100.0
	合计	134	96.4	100.0	—
缺失值	系统	5	3.6	—	—
合计		139	100.0	—	—

由以上题项可以看出，同意测试的学生比例不高，少儿班学生比普通班学生比例略高一点；但大部分教师都同意测试，少儿班教师的比例比普通班还高。

表 3-50　问卷类型 * 12. 在少儿班学生选拔中，您是否同意测试儿童智商(交叉制表)

			12. 在少儿班学生选拔中，您是否同意测试儿童智商					合计
			A. 非常同意	B. 比较同意	C. 不确定	D. 比较不同意	E. 非常不同意	
问卷类型	非少儿部	数量(人)	25	58	21	22	8	134
		问卷类型(%)	18.7	43.3	15.7	16.4	6.0	100.0
		合计(%)	11.4	26.4	9.5	10.0	3.6	60.9
	少儿部	数量(人)	23	39	11	9	4	86
		问卷类型(%)	26.7	45.3	12.8	10.5	4.7	100.0
		合计(%)	10.5	17.7	5.0	4.1	1.8	39.1
合计		数量(人)	48	97	32	31	12	220
		问卷类型(%)	21.8	44.1	14.5	14.1	5.5	100.0
		合计(%)	21.8	44.1	14.5	14.1	5.5	100.0

表 3-51　卡方测试

	卡方值	自由度	p 值(双侧)
皮尔逊卡方测试	3.404[a]	4	.493
似然比	3.433	4	.488
有效值	220	—	—
1 格子的理论频数应小于 5，最小值为 4.69。			

(2)能力测试：数理逻辑能力和创造力最受重视

题项 1：

你认为在学校入学测试中，应着重测试你的哪种能力？

A. 数理逻辑能力　B. 艺术想象能力　C. 阅读能力

D. 实践操作能力　E. 创造力　F. 其他，请填写________

结果如下(少儿班学生)：

表 3-52　A. 数理逻辑能力

		频率(人)	百分比(%)	有效百分比(%)	累积百分比(%)
有效值	未选	257	51.0	51.0	51.0
	勾选	247	49.0	49.0	100.0
	合计	504	100.0	100.0	—

表 3-53　B. 艺术想象能力

		频率(人)	百分比(%)	有效百分比(%)	累积百分比(%)
有效值	未选	409	81.2	81.2	81.2
	勾选	95	18.8	18.8	100.0
	合计	504	100.0	100.0	—

表 3-54　C. 阅读能力

		频率(人)	百分比(%)	有效百分比(%)	累积百分比(%)
有效值	未选	464	92.1	92.1	92.1
	勾选	40	7.9	7.9	100.0
	合计	504	100.0	100.0	—

表 3-55　D. 实践操作能力

		频率(人)	百分比(%)	有效百分比(%)	累积百分比(%)
有效值	未选	341	67.7	67.7	67.7
	勾选	163	32.3	32.3	100.0
	合计	504	100.0	100.0	—

表 3-56　E. 创造力

		频率(人)	百分比(%)	有效百分比(%)	累积百分比(%)
有效值	未选	270	53.6	53.6	53.6
	勾选	234	46.4	46.4	100.0
	合计	504	100.0	100.0	—

表 3-57　F. 其他

		频率(人)	百分比(%)	有效百分比(%)	累积百分比(%)
有效值	未选	434	86.1	86.1	86.1
	勾选	70	13.9	13.9	100.0
	合计	504	100.0	100.0	—

少儿班学生的选择依次是：A. 数理逻辑能力 49.0%；E. 创造力 46.4%；D. 实践操作能力 32.3%；B. 艺术想象能力 18.8%；F. 其他 13.9%；C. 阅读能力 7.9%。可见少儿班学生对数理逻辑能力十分关注，

但对于阅读能力相当漠视。这一点在访谈中也体现出来。有少儿班教师反映："现在这些孩子的文科素养与以前比在下降，很多应知的人文知识都不知道。这可能和这些孩子太偏重理科和英语有关。"

结果如下(普通班学生)：

表 3-58　A. 数理逻辑能力

		频率(人)	百分比(%)	有效百分比(%)	累积百分比(%)
有效值	未选	366	67.7	68.0	68.0
	勾选	172	31.8	32.0	100.0
	合计	538	99.4	100.0	—
缺失值	系统	3	0.6	—	—
合计		541	100.0	—	—

表 3-59　B. 艺术想象能力

		频率(人)	百分比(%)	有效百分比(%)	累积百分比(%)
有效值	未选	396	73.2	73.6	73.6
	勾选	142	26.2	26.4	100.0
	合计	538	99.4	100.0	—
缺失值	系统	3	0.6	—	—
合计		541	100.0	—	—

表 3-60　C. 阅读能力

		频率(人)	百分比(%)	有效百分比(%)	累积百分比(%)
有效值	未选	429	79.3	79.7	79.7
	勾选	109	20.1	20.3	100.0
	合计	538	99.4	100.0	—
缺失值	系统	3	0.6	—	—
合计		541	100.0	—	—

表 3-61　D. 实践操作能力

		频率(人)	百分比(%)	有效百分比(%)	累积百分比(%)
有效值	未选	326	60.3	60.6	60.6
	勾选	212	39.2	39.4	100.0
	合计	538	99.4	100.0	—
缺失值	系统	3	0.6	—	—
合计		541	100.0	—	—

表 3-62　E. 创造力

		频率(人)	百分比(%)	有效百分比(%)	累积百分比(%)
有效值	未选	287	53.0	53.3	53.3
	勾选	251	46.4	46.7	100.0
	合计	538	99.4	100.0	—
缺失值	系统	3	0.6	—	—
合计		541	100.0	—	—

表 3-63　F. 其他

		频率(人)	百分比(%)	有效百分比(%)	累积百分比(%)
有效值	未选	491	90.8	91.3	91.3
	勾选	47	8.7	8.7	100.0
	合计	538	99.4	100.0	—
缺失值	系统	3	0.6	—	—
合计		541	100.0	—	—

普通班学生的选择依次是：创造力 46.7%；实践操作能力 39.4%；数理逻辑能力 32.0%；艺术想象能力 26.4%；阅读能力 20.3%。其他 8.7%。可见普通班学生对创造力和实践操作能力十分关注，对艺术想象

能力和阅读能力的关注也都比少儿班学生高，对数理逻辑能力的关注较低。

对比两类学生的关注点，普通班学生的选择更宽泛些，少儿班学生则集中在数理逻辑能力上，比普通班学生高了近20%。这说明少儿班学生对自己的这方面能力比较自信，也更重视这方面能力的发展。

题项2：

您认为在少儿班学生选拔测试中，应着重测试哪种能力？(可多选)

A. 数理逻辑能力　B. 艺术想象能力　C. 阅读能力

D. 实践操作能力　E. 创造力　F. 其他，请填写________

结果如下(少儿班教师)：

表3-64　A. 数理逻辑能力

		频率(人)	百分比(%)	有效百分比(%)	累积百分比(%)
有效值	未选	26	29.9	30.2	30.2
	勾选	60	69.0	69.8	100.0
	合计	86	98.9	100.0	—
缺失值	系统	1	1.1	—	—
合计		87	100.0	—	—

表3-65　B. 艺术想象能力

		频率(人)	百分比(%)	有效百分比(%)	累积百分比(%)
有效值	未选	54	62.1	62.8	62.8
	勾选	32	36.8	37.2	100.0
	合计	86	98.9	100.0	—
缺失值	系统	1	1.1	—	—
合计		87	100.0	—	—

表 3-66　C. 阅读能力

		频率(人)	百分比(%)	有效百分比(%)	累积百分比(%)
有效值	未选	49	56.3	57.0	57.0
	勾选	37	42.5	43.0	100.0
	合计	86	98.9	100.0	—
缺失值	系统	1	1.1	—	—
合计		87	100.0	—	—

表 3-67　D. 实践操作能力

		频率(人)	百分比(%)	有效百分比(%)	累积百分比(%)
有效值	未选	44	50.6	51.2	51.2
	勾选	42	48.3	48.8	100.0
	合计	86	98.9	100.0	—
缺失值	系统	1	1.1	—	—
合计		87	100.0	—	—

表 3-68　E. 创造力

		频率(人)	百分比(%)	有效百分比(%)	累积百分比(%)
有效值	未选	28	32.2	32.6	32.6
	勾选	58	66.7	67.4	100.0
	合计	86	98.9	100.0	—
缺失值	系统	1	1.1	—	—
合计		87	100.0	—	—

表 3-69 F. 其他

		频率(人)	百分比(%)	有效百分比(%)	累积百分比(%)
有效值	未选	79	90.8	91.9	91.9
	勾选	7	8.0	8.1	100.0
	合计	86	98.9	100.0	—
缺失值	系统	1	1.1	—	—
合计		87	100.0	—	—

少儿班教师的选择依次是：数理逻辑能力 69.8%；创造力 67.4%；实践操作能力 48.8%；阅读能力 43.0%；艺术想象能力 37.2%；其他 8.1%。少儿班教师对数理逻辑能力更关注。

结果如下(普通班教师)：

表 3-70 A. 数理逻辑能力

		频率(人)	百分比(%)	有效百分比(%)	累积百分比(%)
有效值	未选	58	41.7	43.6	43.6
	勾选	75	54.0	56.4	100.0
	合计	133	95.7	100.0	—
缺失值	系统	6	4.3	—	—
合计		139	100.0	—	—

表 3-71 B. 艺术想象能力

		频率(人)	百分比(%)	有效百分比(%)	累积百分比(%)
有效值	未选	90	64.7	67.7	67.7
	勾选	43	30.9	32.3	100.0
	合计	133	95.7	100.0	—
缺失值	系统	6	4.3	—	—
合计		139	100.0	—	—

表 3-72　C. 阅读能力

		频率(人)	百分比(%)	有效百分比(%)	累积百分比(%)
有效值	未选	97	69.8	72.9	72.9
	勾选	36	25.9	27.1	100.0
	合计	133	95.7	100.0	—
缺失值	系统	6	4.3	—	—
合计		139	100.0	—	—

表 3-73　D. 实践操作能力

		频率(人)	百分比(%)	有效百分比(%)	累积百分比(%)
有效值	未选	72	51.8	54.1	54.1
	勾选	61	43.9	45.9	100.0
	合计	133	95.7	100.0	—
缺失值	系统	6	4.3	—	—
合计		139	100.0	—	—

表 3-74　E. 创造力

		频率(人)	百分比(%)	有效百分比(%)	累积百分比(%)
有效值	未选	48	34.5	36.1	36.1
	勾选	85	61.2	63.9	100.0
	合计	133	95.7	100.0	—
缺失值	系统	6	4.3	—	—
合计		139	100.0	—	—

表 3-75　F. 其他

		频率(人)	百分比(%)	有效百分比(%)	累积百分比(%)
有效值	未选	129	92.8	97.0	97.0
	勾选	4	2.9	3.0	100.0
	合计	133	95.7	100.0	—

续表

		频率(人)	百分比(%)	有效百分比(%)	累积百分比(%)
缺失值	系统	6	4.3	—	—
合计		139	100.0	—	—

普通班教师的选择依次是：创造力 63.9%；数理逻辑能力 56.4%；实践操作能力 45.9%；艺术想象能力 32.3%；阅读能力 27.1%；其他 3.0%。普通班教师对创造力更关注，对阅读能力的关注不如少儿班教师，对艺术想象能力的关注要高于阅读能力。

综合上述师生对该问题的回答，我们可以看出，师生对创造力都给予了高度关注。对数理逻辑能力，少儿班的学生更关注，对于阅读能力，少儿班的教师更关注。在访谈中，有校长谈道："最开始我们重点考查数理逻辑能力，后来过了几年，又加入了阅读能力，因为我们发现，如果学生阅读能力一般，也会影响他对学科的探究和接受能力。"

3. 关于英才儿童甄选程序的调研

(1)对现有选拔方式的满意度：不高

题项：

你对学校选拔少儿班学生的方式满意吗？

A. 非常满意　　B. 比较满意　　C. 一般　　D. 比较不满意

E. 非常不满意

结果如下：

表 3-76　你对学校选拔少儿班学生的方式满意吗(少儿班学生)

		频率(人)	百分比(%)	有效百分比(%)	累积百分比(%)
有效值	A. 非常满意	91	18.1	18.1	18.1
	B. 比较满意	178	35.3	35.4	53.5
	C. 一般	178	35.3	35.4	88.9
	D. 比较不满意	39	7.7	7.8	96.6
	E. 非常不满意	17	3.4	3.4	100.0
	合计	503	99.8	100.0	—
缺失值	系统	1	0.2	—	—
合计		504	100.0	—	—

可见，有一半多的学生表示满意。但也有超过 1/3 的学生认为一般，说明学生对学校选拔方式的满意度并不高。

(2)鉴别方式：学生最认可综合面试，最不认可学业考试

题项 1：

你认为下列哪种方式能最有效地反映出你的综合素质？

A. 智商测试　　B. 综合面试　　C. 学业成绩考试

D. 教师家长推荐　　E. 同伴推荐

结果如下(少儿班学生)：

表 3-77　A. 智商测试

		频率(人)	百分比(%)	有效百分比(%)	累积百分比(%)
有效值	未选	452	89.7	89.7	89.7
	勾选	52	10.3	10.3	100.0
	合计	504	100.0	100.0	—

表 3-78　B. 综合面试

		频率(人)	百分比(%)	有效百分比(%)	累积百分比(%)
有效值	未选	98	19.4	19.4	19.4
	勾选	406	80.6	80.6	100.0
	合计	504	100.0	100.0	—

表 3-79　C. 学业成绩考试

		频率(人)	百分比(%)	有效百分比(%)	累积百分比(%)
有效值	未选	463	91.9	91.9	91.9
	勾选	41	8.1	8.1	100.0
	合计	504	100.0	100.0	—

表 3-80 D. 教师家长推荐

		频率(人)	百分比(%)	有效百分比(%)	累积百分比(%)
有效值	未选	495	98.2	98.2	98.2
	勾选	9	1.8	1.8	100.0
	合计	504	100.0	100.0	—

表 3-81 E. 同伴推荐

		频率(人)	百分比(%)	有效百分比(%)	累积百分比(%)
有效值	未选	489	97.0	97.0	97.0
	勾选	15	3.0	3.0	100.0
	合计	504	100.0	100.0	—

可见，少儿班学生对综合面试的认可度非常高，80.6%的学生选择了这一选项。相比之下，各个学校都在普遍选用的学业成绩考试，只有8.1%的学生选择。落差之大令人震惊。而对于国外使用较多的教师家长推荐、同伴推荐，选择者更是寥寥。

结果如下(普通班学生)：

表 3-82 A. 智商测试

		频率(人)	百分比(%)	有效百分比(%)	累积百分比(%)
有效值	未选	523	96.7	97.0	97.0
	勾选	16	3.0	3.0	100.0
	合计	539	99.6	100.0	—
缺失值	系统	2	0.4	—	—
合计		541	100.0	—	—

表 3-83 B. 综合面试

		频率(人)	百分比(%)	有效百分比(%)	累积百分比(%)
有效值	未选	70	12.9	13.0	13.0
	勾选	469	86.7	87.0	100.0
	合计	539	99.6	100.0	—
缺失值	系统	2	0.4	—	—
合计		541	100.0	—	—

表 3-84 C. 学业成绩考试

		频率(人)	百分比(%)	有效百分比(%)	累积百分比(%)
有效值	未选	491	90.8	91.1	91.1
	勾选	48	8.9	8.9	100.0
	合计	539	99.6	100.0	—
缺失值	系统	2	0.4	—	—
合计		541	100.0	—	—

表 3-85 D. 教师家长推荐

		频率(人)	百分比(%)	有效百分比(%)	累积百分比(%)
有效值	未选	523	96.7	97.0	97.0
	勾选	16	3.0	3.0	100.0
	合计	539	99.6	100.0	—
缺失值	系统	2	0.4	—	—
合计		541	100.0	—	—

表 3-86 E. 同伴推荐

		频率(人)	百分比(%)	有效百分比(%)	累积百分比(%)
有效值	未选	513	94.8	95.2	95.2
	勾选	26	4.8	4.8	100.0
	合计	539	99.6	100.0	—
缺失值	系统	2	0.4	—	—
合计		541	100.0	—	—

可见，普通班学生对综合面试的认可度比少儿班还高，高达87.0%。相比之下，各个学校都在普遍选用的学业成绩考试，只有8.9%的学生选择。落差之大令人震惊。而对于国外使用较多的教师家长推荐、同伴推荐，选择者更是寥寥。

只有不到9%的学生愿意接受学业成绩考试，但是目前我们依然在100%地使用这种测试方式，这不能不引起所有教育者的深思。有教师在访谈中说："还有就是对超常教育的认识，对于我们教师来讲，我们现在对超常教育认识还不太清楚，什么叫超常教育，什么是超常的孩子，我们在培养这些超常孩子的时候究竟该怎么培养，现在还不是特别清楚。我觉得一般习惯上还是觉得学习好就是超常。"

题项2：

你认为在入学测试中，学业成绩能有效反映出你的综合素质吗?

A. 完全有效　B. 比较有效　C. 说不准　D. 不太有效

E. 完全无效

结果如下：

表 3-87 你认为在入学测试中，学业成绩能有效反映出你的综合素质吗(少儿班学生)

		频率(人)	百分比(%)	有效百分比(%)	累积百分比(%)
有效值	A. 完全有效	9	1.8	1.8	1.8
	B. 比较有效	114	22.6	22.8	24.6

续表

		频率(人)	百分比(%)	有效百分比(%)	累积百分比(%)
有效值	C. 说不准	196	38.9	39.2	63.8
	D. 不太有效	150	29.8	30.0	93.8
	E. 完全无效	31	6.2	6.2	100.0
	合计	500	99.2	100.0	—
缺失值	系统	4	0.8	—	—
合计		504	100.0	—	—

表 3-88　你认为在入学测试中，学业成绩能有效反映出你的综合素质吗(普通班学生)

		频率(人)	百分比(%)	有效百分比(%)	累积百分比(%)
有效值	A. 完全有效	3	0.6	0.6	0.6
	B. 比较有效	97	17.9	18.0	18.6
	C. 说不准	179	33.1	33.1	51.7
	D. 不太有效	220	40.7	40.7	92.4
	E. 完全无效	41	7.6	7.6	100.0
	合计	540	99.8	100.0	—
缺失值	系统	1	0.2	—	—
合计		541	100.0	—	—

可见，无论是少儿班学生，还是普通班学生，对学业成绩能反映其素质的认可度都不高。

(3)选拔年龄：小学五年级

题项：

学校超常教育从哪个学段开始选拔比较合适？

A. 小学一年级　　B. 小学五年级　　C. 初一年级

D. 高一年级　　E. 其他，请填写＿＿＿＿＿

结果如下：

表 3-89 学校超常教育从哪个学段开始选拔比较合适(少儿班教师)

		频率(人)	百分比(%)	有效百分比(%)	累积百分比(%)
有效值	A. 小学一年级	4	4.6	4.7	4.7
	B. 小学五年级	53	60.9	62.4	67.1
	C. 初一年级	19	21.8	22.4	89.4
	D. 高一年级	5	5.7	5.9	95.3
	E. 其他	4	4.6	4.7	100.0
	合计	85	97.7	100.0	—
缺失值	系统	2	2.3	—	—
合计		87	100.0	—	—

表 3-90 学校超常教育从哪个学段开始选拔比较合适(普通班教师)

		频率(人)	百分比(%)	有效百分比(%)	累积百分比(%)
有效值	A. 小学一年级	18	12.9	13.4	13.4
	B. 小学五年级	60	43.2	44.8	58.2
	C. 初一年级	36	25.9	26.9	85.1
	D. 高一年级	12	8.6	9.0	94.0
	E. 其他	8	5.8	6.0	100.0
	合计	134	96.4	100.0	—
缺失值	系统	5	3.6	—	—
合计		139	100.0	—	—

可见，无论是少儿班教师，还是普通班教师，其中赞同小学五年级选拔的较多。教师们在访谈中提到："这样可以免去小升初的麻烦，不用孩子再去浪费时间复习。"

(四)研究结论及比较

1. 我国台湾地区和国外对英才儿童的识别情况

(1)识别理念：为学生提供支持性环境

为什么要鉴别英才儿童，是为了进行甄别，还是为了选拔？这是解答英才教育的价值问题。英国在这方面的先行探索，特别值得我们关注。英国认为，其一，鉴定是一个系统化持续的历程，而不是特定时间一连串特定的考试；其二，英才学生的鉴定并不是标记，而在于提供给英才一个适宜性、挑战性和支持性的环境；其三，鉴定程序要公平、公开，并有弹性，要特别注意潜在的英才学生，比如一些低成就英才学生、英语非母语的学生、身体有障碍的学生、不同文化背景及社会经济背景的学生；其四，鉴定程序要质性和量化相结合，并不断检视英才学生的学习状况，给予转进和转出的机会。由此可见，英国在鉴别中，更强调给学生提供支持性环境；给每一个学生，包括不同身体状况、语言经验、文化背景、社会经济地位的学生，提供公平的受教育机会，这一点值得我们在识别时关注。

(2)对英才儿童的定义及识别标准

中国台湾地区有观点称：所谓的资赋优异是指有卓越潜能或杰出表现，经专业评估及鉴定具有学习特殊需求，须特殊教育及相关服务措施之协助者。资赋优异包括一般智能资赋优异、学术性向资赋优异、艺术才能资赋优异、创造能力资赋优异、领导能力资赋优异、其他特殊才能资赋优异六类卓越潜能或杰出表现。

新加坡政府则认为，任何在以下某个方面超出常人的儿童都可被界定为“天才儿童”，如综合智能、特定的学术能力、创造性思维能力、领导能力、视觉艺术和表演艺术方面的能力、心理活动能力。

英国教育部将英才儿童界定为：“具有一种或多种明显超越同龄人的能力(或潜能)的青少年，”“能力”既包括学术、艺术、体育方面的能力，也包括社会活动或组织领导方面的能力。英才不是全才，英才在某些方面天赋突出，在其他方面可能非常薄弱，所以要把偏才也纳入英才教育范畴。识别英才，不能仅看他已经表现出来的成就，更要发现、甄别、开发其潜能。英国教育部门提出了英才的公式：潜能＋机会/支持＋个人动机=英才。

澳大利亚将英才学生定义为:“在某一个或数个领域中表现了很好的能力或潜在能力，极大地超越了处于相同年龄、相同文化或相同环境中的其他孩子。”天才指的是一个学生在下列四个领域中的一个或数个中所表现出来的独特自然能力，这四个领域是：智力、创造力、社会情感和感官运动。

美国联邦政府对“英才”的新定义是：“与具有相同经验的、处于同一环境中的同龄人相比，具有杰出才能的儿童和青年，能够表现出高成就或有着取得更高成就的潜能。这些儿童和青年在智力、创造性或艺术领域展现了高超的能力，拥有不寻常的领导才能，或在特定学业领域拥有专长。”英才儿童的定义第一次不再使用“天赋”这个词语，而是使用了“杰出的才能”，暗示了儿童的这种才能是一种成熟力量，而不是一种发展中的能力。而且，此定义还强调了来自社会中各个阶层的英才，或来自不同的文化背景，或来自不同的种族，或来自不同的经济条件的家庭等。

可见，大部分英才教育国家或地区，对英才儿童的定义包括以下方面：智能、学术能力、创造性思维、心理能力，此外，领导能力和视觉艺术方面的能力也被关注。

(3)识别程序及主要工具

这里我们仅以美国的选拔为例。美国各州英才儿童的选拔政策主要包括三部分：一是推选政策，二是标准化测验政策，三是非正式选拔政策。

推选政策主要包括自我推选、父母推选、教师推选、同伴推选等。其中，教师推选法是各州最常用的一种推选方法。

标准化测验政策主要包括智力测验、性向测验、成就测验和创新能力测验。

第一，智力测验。智力测验是选拔英才儿童所使用的主要方法。分为两大类——个别智力测验和团体智力测验。

第二，性向测验。教师可以应用性向测验，来了解学生的各种潜在能力，分别施以其特殊能力所需的教育培养计划，促进英才儿童教育的充分发展。例如，甲、乙两个学生智商都为130，但是通过性向测验发现，学生甲的数理逻辑能力较强，而学生乙的语言文字能力较强，因此教师要通过性向测验来进行因材施教。

第三，成就测验。目前美国比较常用的综合成就测验有爱荷华基本能力测验、斯坦福成就测验、大都会成就测验、SRS成就测验系列、加州基本能力测验和学习进步的连续测验。

第四，创新能力测验。用来选拔英才儿童是否具有创新能力的基本测验有两种：发散性思维测验和创新性个性评价测验。目前比较常用的测量英才儿童创新能力的量表有托伦斯创新性思考测验、吉尔福德发散思考测验，沃勒克和科根发散思维测验等。创新性个性评价测验，比较常用的有创新性态度调查表、发现创新才能的团体测验、学前和小学兴趣量表等。

非正式选拔政策。英国政府为了落实英才教育的推动，透过三种层级推行英才教育：第一级为国家层次，如国家英才教育学院(National Academy for G&T Youth，简称NAGTY)；第二级为区域层次，如伦敦英才教育中心(London Gifted and Talented Center)；第三级为地方层次，如卓越城市计划(Excellence in Cities，简称EIC)。另外，每所学校都有推动英才教育的团队。这样，从班级、学校到全国性的英才学生鉴定，形成了一定的程序。

美国英才儿童委员会2008年的调查报告显示，美国各州开始进行英才儿童筛选的年级阶段并不相同，有10个州是从幼儿园就开始进行英才儿童选拔的；大部分州(24个州)是在小学阶段不同的年级中进行多次英才儿童的选拔；16个州在初中阶段进行英才儿童的选拔；11个州在高中阶段进行英才儿童的选拔；在小学阶段仅进行一次英才儿童选拔的州比较少，仅有8个。

2. 中外英才儿童鉴别异同比较

(1)识别理念

国外的识别理念，是为了给学生提供更富有支持性的教育环境。相比之下，国内的识别往往有直接的招生选拔的目的在内，其识别往往以招生为目的，学生和家长接受识别也往往以升学为目的，这使得识别带有了更多的功利色彩，而不是应有的为学生学习提供更好帮助的目的。

其目的的差异导致中外对识别的投入和重视程度的不同。

(2)识别体系及方法

国外已经建立了系统的识别体系，从教师的日常观察，到国家最高研究机构的适时介入，都为英才儿童识别提供了良好基础。相比之下，中国的识别还仅仅在各个学段升学的过程中得到关注。国家和学校都没有建立起有效的识别体系和识别机制。

(3)识别标准及工具

国外对英才学生的识别，走过了一条从单一注重数理逻辑智能，到重视学生的多元智能的过程。目前中国的学校在识别儿童的过程中，依然对数理逻辑智能等学术能力给予更大关注，对学生的创造力、领导力、艺术能力关注远远不够。在工具开发上，各学校还没有开发出有效的富有本校特色的识别工具，在心理测试等某些方面，对于外来力量的依赖比较严重。政府层面还没有对识别的科学性与紧迫性给予有效的关注。

(五)对国内英才儿童鉴别的政策建议

1. 进行识别系统建设

(1)国家体系建设

我们应建立从国家到地方的识别管理机构和标准体系。其一，国家主要提供专业研究支持，成立研究机构，建立国家英才教育研究院，建立中国英才儿童识别标准体系，为学校提供识别技术支持，为地方政府提供政策建议。其二，区域地方政府主要给学校提供更切实的政策支持，尤其要给实验班明确的招生政策和招生指导，对学校的招生范围、时间、方式给予政策支持，建立地方英才儿童库，建立本地英才儿童基本信息库，以便有针对性地进行英才教育规划。

(2)学校内部

学校进行校内选拔与识别。首先，学校应在校内设立识别人员与办公室。如果是英才教育学校，则应配备识别办公室，接受校内和校外的报名。其次，班主任、任课教师对学生的情况进行日常观察。另外，学校建立工作流程，对每个学生建立档案。在学生的日常评价中，教师对学生的创新行为有所关注，将创新作品等列入学生的日常评价体系内。

(3)家长评价

家长对儿童的日常观察最直接。识别的目的是为了给学生提供更有针对性的教育。因此，家长需要将儿童的日常表现、校外活动情况提供给学校，作为识别的参考。

(4)社会机构评价

对于某些艺术类、体育类智能等，我们应借助社会评价机构的力量，将其评价作为参考标准。

2. 识别程序与方法

(1)识别年龄

识别年龄可以分几个层次：首先，对于随班就读的学生，教师应该从他们幼儿时期就要注意观察他们的记忆力、观察力、想象力等，对这些项目的识别，可以从任何一个年龄段的幼儿开始。其次，对于进入重点校实验班的学生，教师可以在其进入重点校时，开始日常观察。最后，对于进入超常教育实验班的学生的识别与选拔，建议从 10 岁左右就开始。原因：实地调研中，大部分师生都比较同意从五年级开始，避开入小学、初中、高中的考试；中国超常教育实验班中，比较成功的识别经验也是从 10 岁、11 岁开始。

(2)建立多元识别方法体系

我们应摒弃以一次考试作为唯一评价标准的识别方式，建立“笔试＋面试＋课堂观察＋活动观察”的四位一体的识别方式，对各种不同的识别方式的结果，给予不同的权重。综合面试是最受师生欢迎的考查形式。事实证明，这种考查方式的识别效度也比较高。因此，各地在条件允许的情况下，应分层对学生进行面试识别，也可以在某些活动中增加对儿童的识别机会。

(3)识别标准与工具

首先，建议标准体系。在英才儿童的识别上，中国学校的少儿班经历了从偏重智力因素，到智力与非智力因素双重并举；从偏重逻辑一数学智能，到兼顾语言、操作、音乐、体育等多种智能；从形式单一的结果判断，到培养与选拔相结合的过程性评价的发展过程，形成了笔试与面试结合、静态结果与动态观察并重的标准与方法。因此，在建立中国英才儿童识别标准体系时，建议对如下标准给予重点关注。

智力标准：智力中等以上。使用多元鉴定手段，选拔一般智力在中等以上但思维能力较强的儿童。不一定必须是超常智商的儿童才可以接受英才教育。

学业标准：整体成绩中等偏上即可。对某一学科特别优异的学生可以给予特别关注。

综合素质：主要是对学生非智力因素的整体考查。

创新标准：具有创新意识、创新精神和创新潜能。可以分学段测试。对此标准给予重点关注。

领导力标准：关注团队合作能力和个人领导力的发展。

其次，给予不同标准以不同的权重。建立标准体系后，不同的学校在识别学生时，可以参照这些标准。但要针对学生的具体家庭背景、教育经历等，对不同标准给予不同的权重，以避免学生因教育背景等原因而失去接受良好教育的机会。由于儿童智能优势表现的时机和情境不尽相同，还有些处于社会弱势群体中的儿童无法得到有效的教育，因此各种类型的儿童英才性的表现不一样，这就需要建立起对不同环境中的英才儿童进行识别的技术与工具。例如，对于流动儿童的识别，就不能用与城市儿童一样的学业标准来衡量；对于农村地区和城市地区学生，对其创新素质的衡量方式方法也不应相同。

三、博士教育创新力的影响因素研究

研究生教育作为国民教育的顶端，是高层次创新型人才的主要来源和科学研究潜力的重要标志。重视和发展研究生教育已成为世界主要国家在知识经济时代实现国家战略意图、增强国际竞争优势的战略选择。例如，在美国，研究生教育被视为镶嵌在美国高等教育系统皇冠上的宝石，是保证美国经济长期繁荣的发动机。美国近期签署生效的《2010年竞争力再授权法》再次重申了研究生教育的战略地位。我国则先后发布了《国家中长期人才发展规划纲要(2010—2020年)》和《国家中长期教育改革和发展规划纲要(2010—2020年)》，强调加快发展中国特色研究生教育，为推进社会主义现代化建设提供有力的人才和智力支撑。

自1981年1月1日正式建立学位制度以来，经过三十多年的改革与发展，我国研究生教育取得了举世瞩目的成就，已进入研究生教育大国行列，造就了一大批拔尖创新人才，有力推动了国家发展、社会进步和科技创新。但是，相对于我国经济社会发展方式转变的要求和人民群众接受高水平教育的需求，与世界发达国家相比，我国的研究生教育，尤其是博士生教育存在着质量和声望危机。近年来，一些学者和教育职能部门已经对这一问题进行了相关的研究和调查，但围绕提高我国博士生教育质量的相关政策仍然供给不足，已经成为制约我国建设人力资源强国和创新型国家的瓶颈，削弱了我国自主培养拔尖创新人才的能力，降低了中国的国际竞争力和发展的持续动力。为真实了解我国博士教育的现状，分析制约博士教育质量提升的关键因素特开展此次调查研究。

(一)调查问卷设计与效度分析

1. 调查问卷的设计

本课题研究所使用的问卷是研究者在充分查阅、参考国内外有关“博士生创新力培养”相关研究的基础上，结合我国高校博士生培养的实际情况自行设计而成。问卷初步完成后，课题组召开了由相关专家学者参加的座谈会，对各个项目的内容、形式及项目编排等多次分析讨论、删改之后形成正式问卷，即《博士生创新力培养影响因素调查问卷》。在前期文献综述和访谈的基础上，问卷将中国博士教育存在的问题归结为六个方面：制度建设、学术环境、师生关系、学习动机、培养模式和职业路径，通过对博士生的问卷调查，验证六大因素与中国博士生创新力的相关性。(问卷设计思路见图3-10)问卷采用李克特量表法，将问卷主体部分的填答方式分为七点，采用七重计分法，即从消极到积极分为七个等级，1代表完全不同意，7代表完全同意。

2. 调查问卷的发放原则

此次问卷发放有两种方式：第一种为纸质版。在每所样本学校确立一名联络人(教师、教学辅助人员或学生)，将问卷快递给他们，由他们随机发给博士生填写，并要求考虑学科和性别分布。第二种为网络版。通过问卷星发布网络版问卷，让在国外或其他暂不方便接受纸质版的博士生进行网上填写。

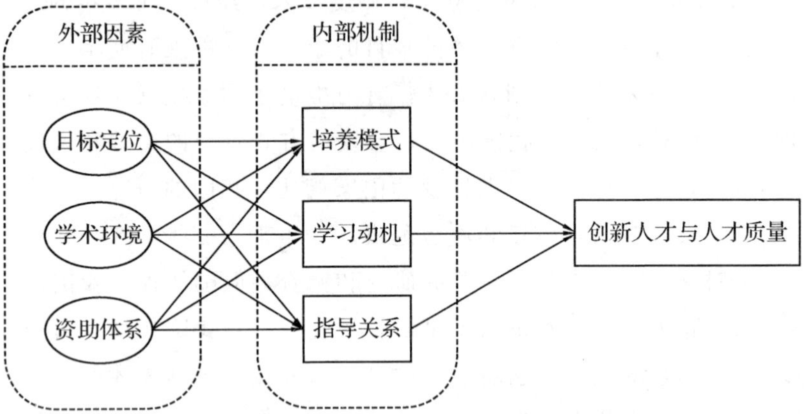

图 3-10　博士生创新力研究的概念框架

此次问卷发放主要遵循以下几个原则：第一，区域均衡。样本学校的选择兼顾区域平衡，所选高校分布在东北、华北、华中、华南、西北等地区，样本数量 44 所。第二，类型均衡。大学类型的选择充分考虑了理、工、医、农、林等学科布局，分别包括部属大学、省属大学及其他类型的大学。第三，学科均衡。问卷的发放充分考虑学科的平衡分布。基于各大学自身的优势研究领域，尽可能涵盖 13 个一级学科。

3. 调查问卷的信效度分析

本次调查问卷经过前期的试测，信效度均比较理想。经过正式的问卷发放及回收处理后，课题组借助 SPSS16.0 统计软件对调查问卷总体的信效度进行分析。基于问卷主体部分各个维度均采取李克特量表的形式，课题组使用了 L. J. Cronbach 提出的 Alpha 系数，采用尺度分析方法对问卷各个维度内部的同质性信度指标进行可靠性分析(Reliability Analysis)，得出下表数据。(见表 3-91)

表 3-91　问卷各个维度内部的同质性信度指标

问卷维度	同质性信度(Alpha)
攻读博士学位的动机	0.624
对博士教育目标的理解	0.828
博士生的选拔方式	0.562

续表

问卷维度	同质性信度(Alpha)
博士生培养的过程和模式	0.544
学术环境	0.627
博士生的压力来源	0.758
博士生规模与质量间关系	0.524
影响博士生选择就读学校或专业的因素	0.727
导师与学生的指导关系	0.750
优秀人才流失的原因	0.777

综合来看，以上数据表明本研究所设计的调查问卷各个维度的信度较为理想，具有比较高的内部一致性，即可靠性较高，可以较为真实地反映出参与调查的被试对于博士生创新力培养诸多方面的总体评价。因此，本次调查研究的结果具有较高的代表性。

此外，为确保调查问卷的效度(这里主要测查内容效度)，本课题组还邀请到相关领域的五名专家学者对问卷进行评价，并对每个条目提出意见。专家一致认为本课题组所设计的调查问卷能够较为准确地测出“博士生创新力培养的影响因素”，测量的结果可以较好地反映出想要考查的内容。总体来看，问卷的信效度较好。

(二)调查问卷的总体情况分析

1. 调查问卷的发放和回收情况

本研究共计选取了60名博士研究生，其中大部分属于“985工程”高校或“211工程”高校。这些高校分布在中国的华北、华东、华南、东北、西南、西部，尽可能在地理分布上更加均衡。本次调查共发放问卷2000份(不含电子版)，每所学校发放问卷数量为30～50份，其中北京地区高校，如清华大学、北京大学、中国人民大学和北京师范大学的问卷数量均在50份以上。最终，共回收来自44所高校的1656份问卷，回收率为82.8%。(见表3-92)剔除无效问卷202份后，剩余有效问卷1454份，有效问卷总数占回收问卷的87.8%，占发放问卷总数的72.7%。(见图3-11)从已有情况来看，此次问卷回收率比较高。根据统计学经验，此次问卷的回收率较高，数据能够支撑本课题的研究。

表 3-92 问卷发放数量、回收数量及回收率

数量	发放数	回收数	回收率
高校数量(所)	60	44	73.3%
问卷数量(份)	2000	1656	82.8%

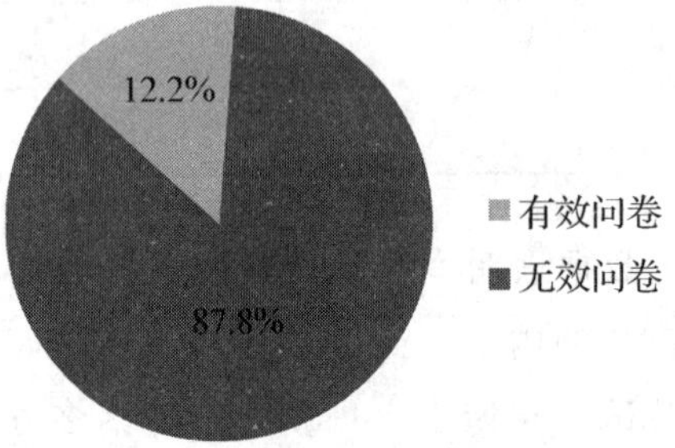

图 3-11 有效问卷与无效问卷所占比例

2. 调查问卷的基本信息统计

(1)“性别”信息统计

在 1454 份有效问卷中，所有参与调查的博士生都填写了该项信息。男性占调查人数的 59.6%，女性占 40.4%。从此次调查的学科分布以及性别在学科间的差异，我们可以看出，此次调查在性别比例上较为均衡。具体信息参见表 3-93 和图 3-12。

表 3-93 参与调查的博士生“性别”信息统计

		频率(人)	百分比(%)	有效百分比(%)	累积百分比(%)
有效值	男	866	59.6	59.6	59.6
	女	588	40.4	40.4	100
合计		1454	1454	100	100

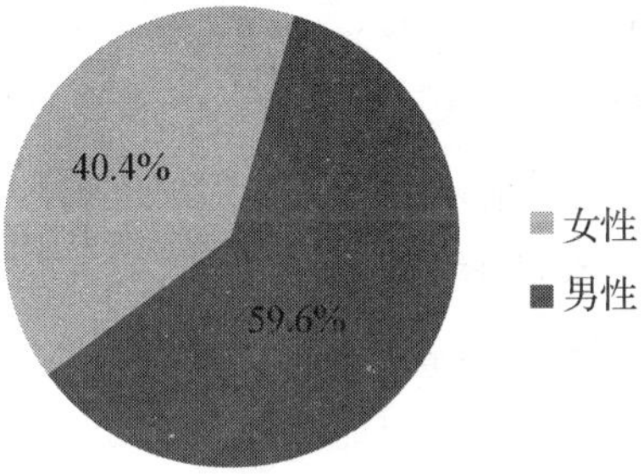

图 3-12 此次调查的性别比例分布

(2)“婚姻及家庭状况” 信息统计

在对参与调查的博士生“婚姻及家庭状况”信息状况进行的调查中，仅有 3 份问卷没有填写该信息，占有效问卷数的 0.2%。因其所占比例较小，在此忽略不计。结果显示，“未婚”的博士生群体所占比例最大，为 70.8%；“已婚”的比例约占三成，其中“已婚有子女”“已婚无子女”的博士生比例分别占 16.2%和 13.0%。具体信息参见表 3-94 和图 3-13。

表 3-94 参与调查的博士生“婚姻及家庭状况”信息统计

		频率(人)	百分比(%)	有效百分比(%)	累积百分比(%)
有效值	已婚有子女	235	16.2	16.2	16.2
	已婚无子女	188	12.9	13.0	29.2
	未婚	1028	70.7	70.8	100
	合计	1451	99.8	100	—
缺失值	系统	3	0.2	—	—
合计		1454	1454	100	—

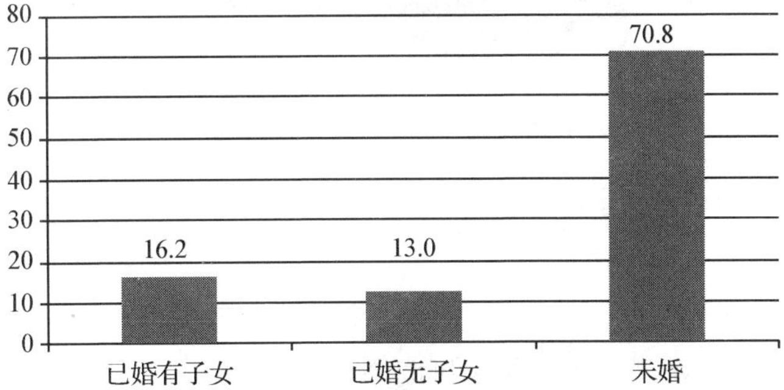

图 3-13 参与调查的博士生“婚姻及家庭状况”比例分布

(3)"本科所在学校"信息统计

在对参与调查的博士生"本科所在学校"信息状况进行的调查中，仅有16份问卷没有填写该信息，占有效问卷数的1.1%。因其所占比例较小，在此忽略不计。结果显示，本科就读于"985工程"高校、"211工程"高校(非985)或"其他"(省市级普通高校)的被试所占比例基本都在33%。具体信息参见表3-95和图3-14。

表3-95 参与调查的博士生"本科所在学校"信息统计

		频率(人)	百分比(%)	有效百分比(%)	累积百分比(%)
有效值	"985工程"高校	478	32.9	33.2	33.2
	"211工程"高校(非985)	481	33.1	33.4	66.7
	其他	479	32.9	33.3	100
	合计	1438	98.9	100	—
缺失值	系统	16	1.1	—	—
合计		1454	1454	100	—

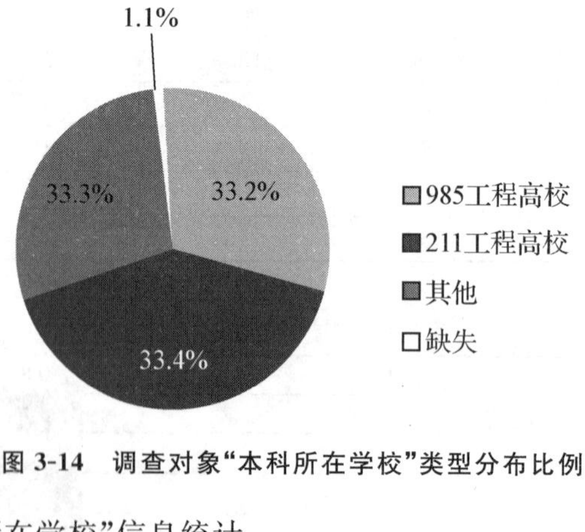

图3-14 调查对象"本科所在学校"类型分布比例

(4)"目前所在学校"信息统计

在对参与调查的博士生"目前所在学校"信息状况进行的调查中，有36份问卷没有填写该信息，占有效问卷数的2.5%。因其所占比例较小，在此忽略不计。结果显示，接受调查的被试中，在"985工程"高校攻读博士学位的人数最多，占64.5%，而在"211工程"高校(非985)和"其他"类高校就读的博士生分别占27.7%和7.8%。当然，这与研究者所选取样本时考虑地域因素有关(东部地区的“985工程”高校明显多于中西部的高校)。具体信息参见表3-96。

表3-96　参与调查的博士生“目前所在学校”信息统计

		频率(人)	百分比(%)	有效百分比(%)	累积百分比(%)
有效值	“985工程”高校	914	62.9	64.5	64.5
	“211工程”高校(非985)	393	27.0	27.7	92.2
	其他	111	7.6	7.8	100
	合计	1418	97.5	100	—
缺失值	系统	36	2.5	—	—
合计		1454	1454	100	—

通过将调查对象本科所在学校类型的分布比例与其目前所在学校的类型比例进行对比可知，在参与调查的博士生中，本科阶段在“985”“211”及其他类型高校就读的人数比例基本相同，但是攻读博士学位时，大部分学生集中在“985工程”高校，在“211工程”高校(非985)或“其他”类型高校(省市级普通高校)就读的人数明显要少。(见图3-15)这在很大程度上反映出在选择博士就读学校时，大部分学生会选择科研水平相对较高、声誉相对较好的大学作为理想的读博院校。

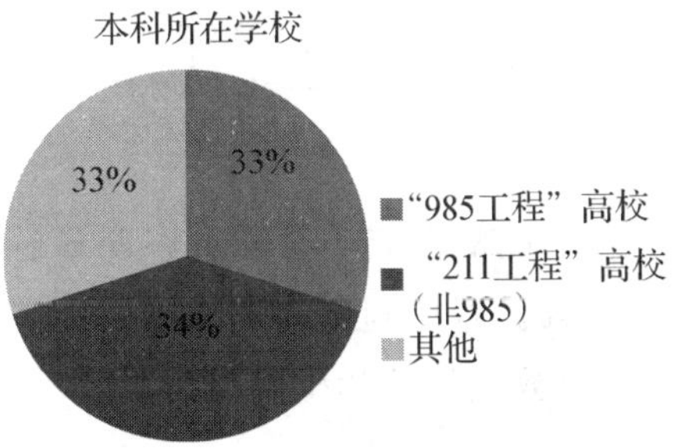

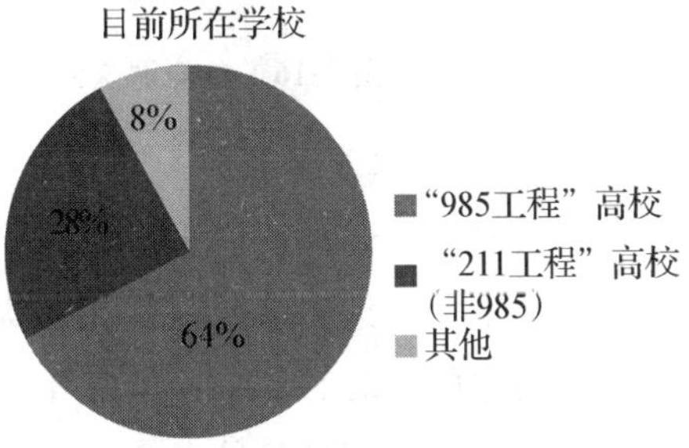

图3-15　参与调查的博士生本科及目前所在学校信息比例分布对比

(5)"年龄"信息统计

通过对参与调查的博士生"年龄"信息状况的调查可知，博士生的平均年龄为27.85岁，而最大年龄与最小年龄之间的差距较大。(见表3-97)当然，其中涉及"在职读博"等偶然因素。从图3-16中我们可以明显看出，当前博士生的年龄主要集中在25～30岁之间。

表3-97　参与调查的博士生"年龄"信息统计

年龄(岁)	最小值	最大值	平均值
	21	46	27.85

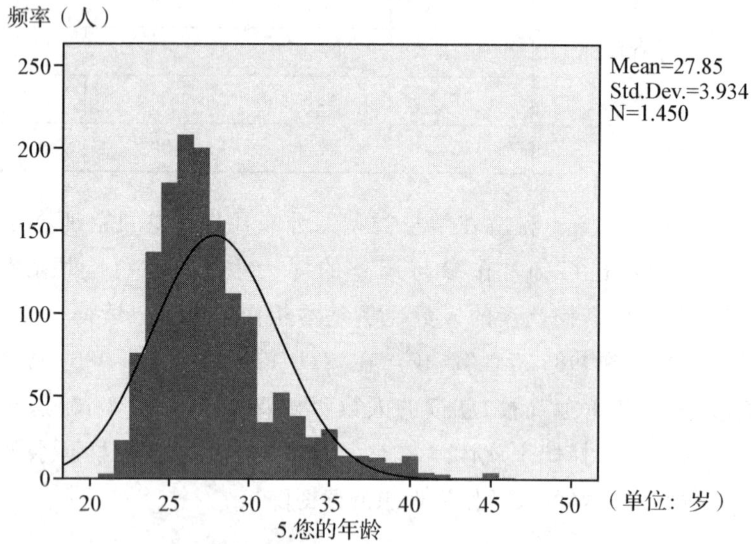

图3-16　参与调查的博士生"年龄"信息比例分布

(6)"民族"信息统计

通过对参与调查的博士生"民族"信息状况的调查，我们可以明显看出，汉族学生占绝大多数，其比例为94.0%。考虑到此次调查主要在高校较为集中的华北、华东、华南等地区，少数民族的学生来源相对较小。民族情况的具体信息参见表3-98。

表 3-98　参与调查的博士生"民族"信息统计

		频率(人)	百分比(%)	有效百分比(%)	累积百分比(%)
有效值	白族	2	0.1	0.1	0.1
	布依族	1	0.1	0.1	0.2
	藏族	4	0.3	0.3	0.5
	傣族	1	0.1	0.1	0.6
	侗族	2	0.1	0.1	0.7
	汉族	1368	94.0	94.0	94.7
	回族	15	1	1	95.7
	满族	16	1.1	1.1	96.8
	蒙古族	4	0.3	0.3	97.1
	苗族	10	0.7	0.7	97.8
	畲族	1	0.1	0.1	97.9
	土家族	10	0.7	0.7	98.6
	维吾尔族	2	0.1	0.1	98.7
	锡伯族	1	0.1	0.1	98.8
	瑶族	1	0.1	0.1	98.9
	彝族	2	0.1	0.1	99.0
	仡佬族	3	0.2	0.2	99.2
	壮族	11	0.8	0.8	100
合计		1454	100	100	

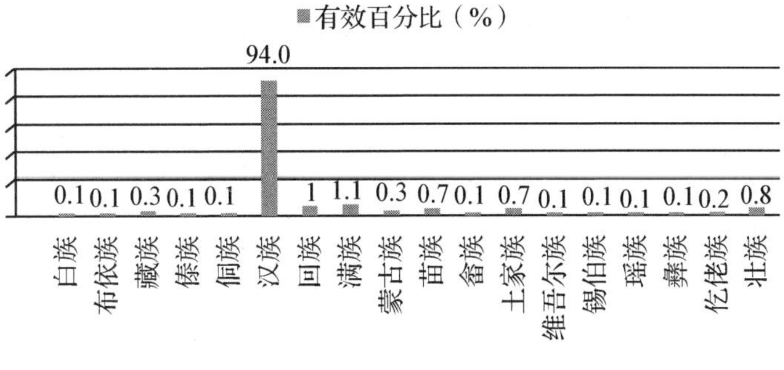

图 3-17　参与调查的博士生"民族"信息比例分布

(7)“所在学科”信息统计

通过对参与调查的博士生“所在学科”信息状况的调查可知，理工科博士生数量占据了“半壁江山”，其中工学比例最高，为 29.8%，理学比例其次，为 23.5%；随后依次是法学、管理学、教育学等综合人文社科类专业。需要说明的是，此次调查未涉及军事类院校。所在学科信息参见表 3-99 和图 3-18。

表 3-99 参与调查的博士生“所在学科”信息统计

		频率(人)	百分比(%)	有效百分比(%)	累积百分比(%)
有效值	哲学	36	2.5	2.5	2.5
	经济学	59	4.1	4.1	6.6
	法学	129	8.9	8.9	15.5
	教育学	105	7.2	7.2	22.7
	文学	71	4.9	4.9	27.6
	历史学	35	2.4	2.4	30
	理学	341	23.5	23.5	53.5
	工学	433	29.8	29.8	83.3
	农学	69	4.7	4.8	88.1
	医学	35	2.4	2.4	90.5
	管理学	106	7.3	7.3	97.8
	艺术学	10	0.7	0.7	98.5
	其他(请注明)	22	1.5	1.5	100
	合计	1451	99.8	100	—
缺失值	系统	3	0.2	—	—
合计		1454	1454	100	—

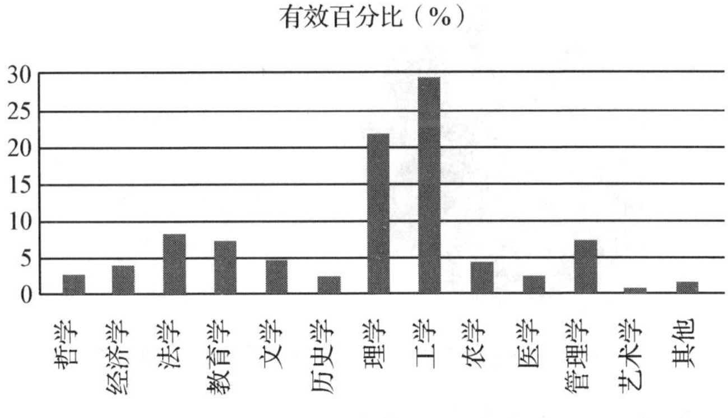

图 3-18　参与调查的博士生“所在学科”信息比例分布

(8)“年级”信息统计

通过对参与调查的博士生所在“年级”信息状况的调查可知，被试中博士一年级学生人数所占比例为 44.2%，接近一半；而博士二年级和三年级分别占 29.1%和 20.3%。需要指出的是，基于博士生学习和研究的特殊性，低年级的博士生一般需要在学校接受专业课程的学习，而高年级的博士生往往在外调研或学习。因此，在实施问卷调查过程中，博士一年级的学生接受此次调查的概率会更高些。具体信息参见表 3-100 和图 3-19。

表 3-100　参与调查的博士生“年级”信息统计

		频率(人)	百分比(%)	有效百分比(%)	累积百分比(%)
有效值	博士一年级	642	44.2	44.2	44.2
	博士二年级	422	29.0	29.1	73.3
	博士三年级	295	20.3	20.3	93.7
	博士四年级及以上	92	6.3	6.3	100
	合计	1451	99.8	100	
缺失值	系统	3	0.2	—	—
合计		1454	1454	100	—

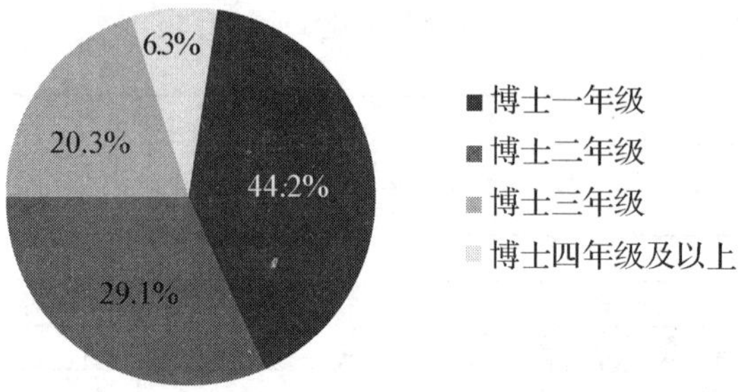

图 3-19 参与调查的博士生"年级"信息比例分布

(9)"攻读博士学位的形式"信息统计

通过对参与调查的博士生"攻读博士学位的形式"信息状况的调查可知，绝大多数的博士生都是全职的，这一比例占到了 83.9%，而在职或以其他方式攻读博士学位的人数比例为 16%。具体信息参见表 3-101 和图 3-20。

表 3-101 参与调查的博士生"攻读博士学位的形式"信息统计

		频率(人)	百分比(%)	有效百分比(%)	累积百分比(%)
有效值	全职	1211	83.3	83.9	83.9
	在职	207	14.2	14.3	98.3
	其他(请注明)	25	1.7	1.7	100
	合计	1443	99.2	100	—
缺失值	系统	11	0.8	—	—
合计		1454	1454	100	—

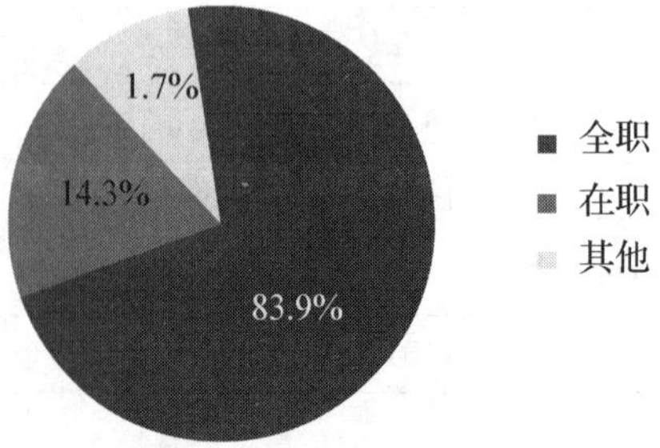

图 3-20 参与调查的博士生"攻读博士学位的形式"信息比例分布

(10)“工作年限(读博前)”信息统计

通过对参与调查的博士生“工作年限(读博前)”信息状况的调查可知，没有工作经验的博士生和有工作经验的博士生，所占比例分别为60%和40%。由此可以反映出，当前的博士生群体中，有相当一部分人是在本科或硕士毕业之后，在某一领域经历了一定时间的工作积累后再次选择进入博士学习。具体信息参见表3-102和图3-21。

表3-102　参与调查的博士生“工作年限(读博前)”信息统计

		频率(人)	百分比(%)	有效百分比(%)	累积百分比(%)
有效值	0年	872	60.0	60.2	60.2
	1～2年	197	13.5	13.6	73.8
	3～5年	210	14.4	14.5	88.3
	6～10年	99	6.8	6.8	95.2
	10年以上	70	4.8	4.8	100
	合计	1448	99.6	100	—
缺失值	系统	6	0.4	—	—
合计		1454	1454	100	—

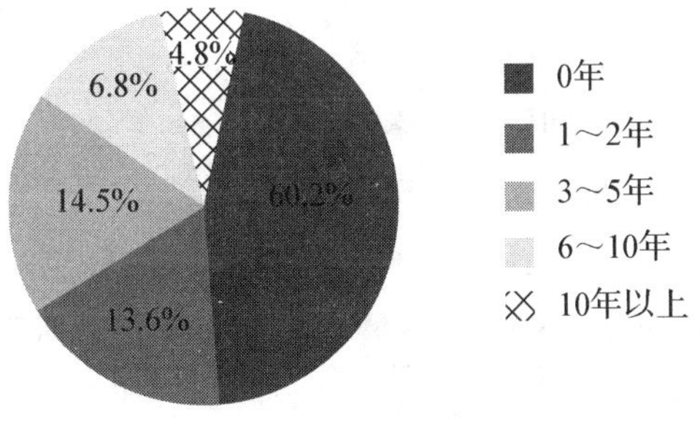

图3-21　参与调查的博士生“工作年限(读博前)”信息比例分布

(11)“攻读方式”信息统计

通过对参与调查的博士生“攻读方式”信息状况的调查可知，大多数的博士生都是应届的，这一比例占到了73.3%。其中，应届直博生(包括硕转博)所占比例为42.4%，应届普博生为30.9%。这表明大多数的博士生都是在接受(完)硕士两年或三年的教育之后直接步入博士阶段的学习。这一信息与“工作年限(读博前)信息统计”中，参与调查的博士生没有工作经验的比例为60%基本一致。具体信息参见表3-103和图3-22。

表3-103　参与调查的博士生“攻读方式”信息统计

		频率(人)	百分比(%)	有效百分比(%)	累积百分比(%)
有效值	应届直博生(包括硕转博)	615	42.3	42.4	42.4
	应届普博生	449	30.9	30.9	73.3
	往届博士生	172	11.8	11.8	85.1
	在职博士生	211	14.5	14.5	99.7
	其他(请注明)	5	0.3	0.3	100
	合计	1452	99.9	100	—
缺失值	系统	2	0.1	—	—
合计		1454	1454	100	—

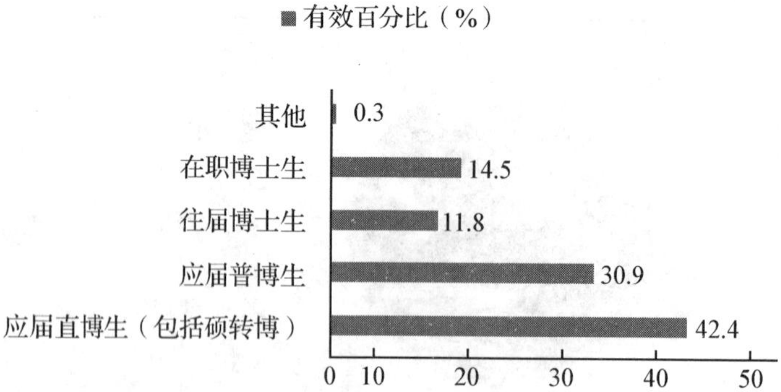

图3-22　参与调查的博士生“攻读方式”信息比例分布

(12)“国际交流经历”信息统计

在对参与调查的博士生“是否有国际交流经历及所去国家”信息状况的调查后发现，“有”国际交流的博士生数量较少，仅占10.3%；“无，但已有计划前往”国际交流的博士生数量占34.4%；而“无，且没有计划前往”国际交流的博士生数量较多，占到了被调查总数的55.3%。这一信息所区分出的三类被试，他们的经历及想法可能会在调查问卷中涉及优秀人才流失、对中国博士教育的总体感受等维度的回答中产生差异。具体信息参见表3-104和图3-23。

表3-104　参与调查的博士生“是否有国际交流经历及所去国家”信息统计

		频率(人)	百分比(%)	有效百分比(%)	累积百分比(%)
有效值	有	149	10.2	10.3	10.3
	无，但已有计划前往	499	34.3	34.4	44.7
	无，且没有计划前往	801	55.1	55.3	100
	合计	1449	99.7	100	—
缺失值	系统	5	0.3	—	—
合计		1454	1454	100	—

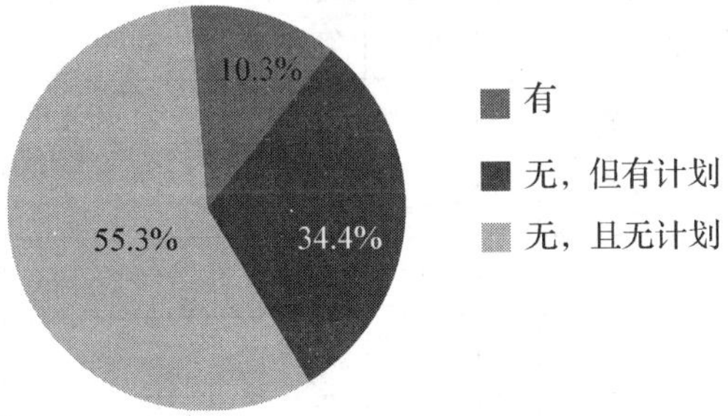

图3-23　参与调查的博士生“是否有国际交流经历及所去国家”信息比例分布

(三)调查问卷分析的统计方法

问卷回收后，课题组对问卷数据进行了认真的录入和反复的检查，尽可能减少技术性误差。问卷数据的汇总与处理主要在EXCEL2011、SPSS16.0和STATA12.0软件上进行。数据统计主要根据不同性别、年龄、博士攻读方式、大学类型、不同年级等对选择题进行观察值个数、平均值、方差、最小值和最大值的分析，并进行组间偏差分析和组内偏差分析。

此外，针对个别选项，研究者还利用众数和中位数观察选项的离散程度和分布情况，以更好地观察问卷所反映的潜在问题。

(四)调查问卷内部各维度描述统计

1. 攻读博士学位的动机

针对“攻读博士学位的动机”这一选题，在利用STATA12.0软件筛选出缺失问卷后，共获得有效观测个数1399个。从结果看，“谋得更好的职业发展空间”被认为是攻读博士学位最主要的动机，其次为“对学术研究的热情”“期待在大学或研究机构就职”以及“未来获得更高的经济收入”。从这一分析结果来看，大多数博士生将“博士学位”与未来的职业和生存发展紧密联系起来，期待通过博士学习改变未来的职业发展并提升经济收益，这是一个十分值得进一步研究的现象。具体信息参见表3-105和图3-24。

表3-105　攻读博士学位动机的总体统计

攻读博士学位的动机	观测个数	平均值	方差	最小值	最大值
1. 对学术研究的热情	1399	5.048606	2.202214	1	7
2. 缺乏明确目标	1399	2.631165	2.909643	1	7
3. 谋得更好的职业发展空间	1399	5.436741	2.230437	1	7
4. 延缓就业	1399	2.846319	3.321859	1	7
5. 对高学历的崇拜	1399	3.300929	3.230550	1	7
6. 家庭期待	1399	3.558256	3.394136	1	7
7. 社会对高学历的普遍要求	1399	4.401716	3.040226	1	7
8. 期待在大学或研究机构就职	1399	4.957112	3.043939	1	7
9. 未来获得更高的经济收入	1399	4.540386	2.773582	1	7

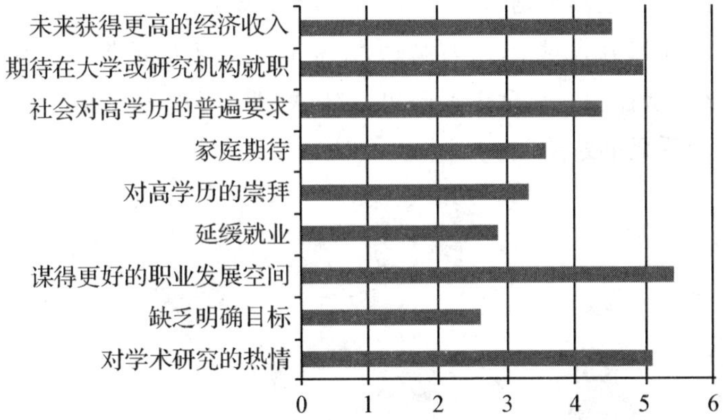

图 3-24 攻读博士学位的“动机”维度内部各题项的数理统计

从“众数”来看，题项 2、4、5、6 四道题中，被试选择最多的是“完全不同意”，即博士生认为自己攻读博士学位“有明确的目标”，并非主要出于“延缓就业”“对高学历的崇拜”和“家庭的期待”，且做出以上选择的被试数量最多。被试在多数题项的选择上，都有较明显的“偏向”，或偏于选择“完全不同意”，或偏于选择“完全同意”，而在题项 2 和 6 的选择最值得关注。题项 2 中，尽管被试在这一选项上平均分仅为 2.63 分，但基于提问方式的需要，此题的反向计分为百分制的 72.8 分((7－2.63)/6＝72.8%)，即大多数博士生强调自己攻读博士学位有明确的目标。(见图 3-25)题项 6 中，尽管最多的被试表明自己攻读博士学位“完全不是”来

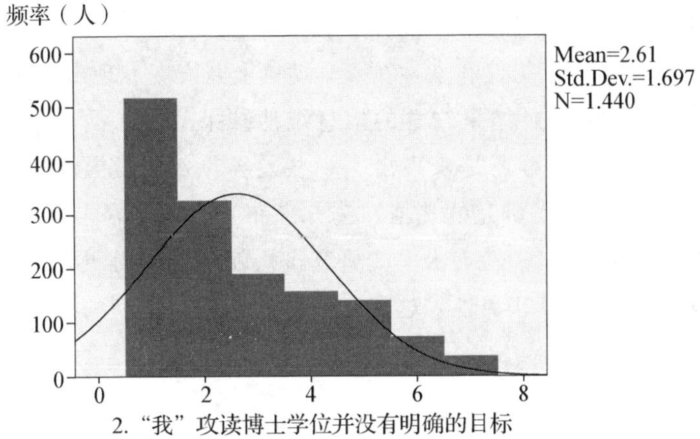

图 3-25 被试对动机 2 回答的比例分布直方图

自家庭的期待，但其平均数和中位数分别为 3.56 分、4 分。(见图 3-26)也就是说，大部分人对于读博的“动机”是否来自家庭的期待表示偏向“中立”的态度。这在很大程度上反映出，“家庭期待”对学生攻读博士学位的动机有较为明显的影响。

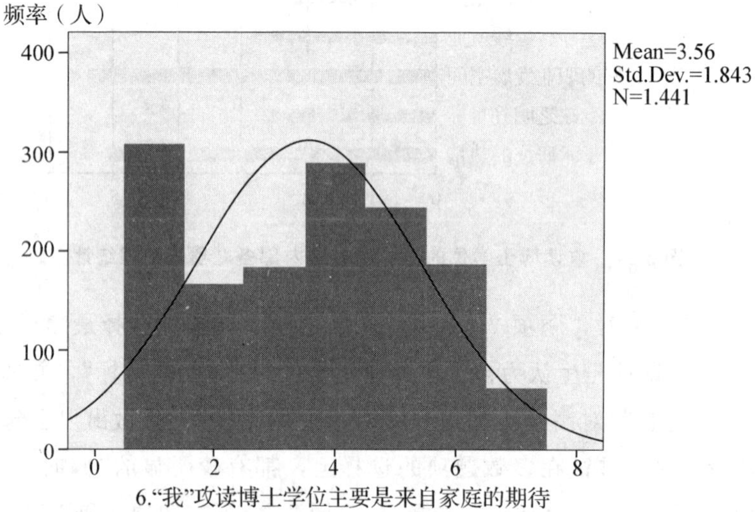

图 3-26　被试对动机 6 回答的比例分布直方图

为更好地分析不同群体在入学动机上的差异，本研究对性别、婚姻状况、本科就读学校以及攻读博士学位方式与入学动机的关系进行了分析。

(1)性别与入学动机

从图 3-27 可知，男性和女性在入学动机上并没有表现出明显的差异，按性别分别进行的统计结果与总的信息统计结果基本一致。但是在一些选项上，不同性别人群还是表现出了一些差异。例如，男性的入学动机更多地倾向于“对学术研究的热情”“未来获得更高的经济收入”等个体价值的体现，而女性在“期待在大学或研究机构就职”“谋得更好的职业发展空间”选项上的得分高于男性，这与女性择业希望“稳定”的社会期待和家庭期待相一致。

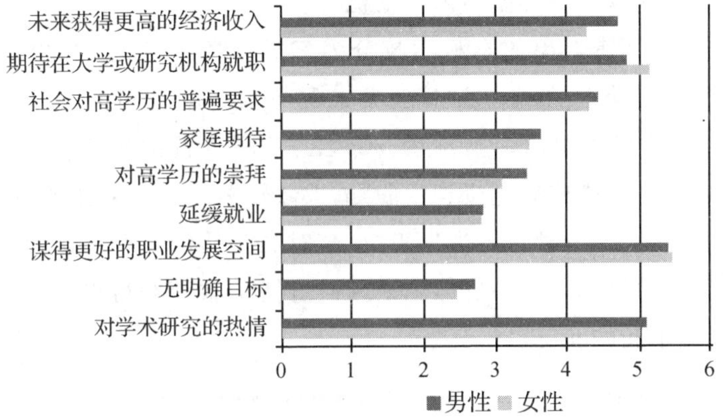

图 3-27　男性和女性入学动机差异化分析

(2)婚姻状况与入学动机

在婚姻状况与入学动机的关系上，已婚有子女、已婚无子女和未婚人群在“对学术研究的热情”选项上的得分一致，三类人群间没有差异。但在诸如“延缓就业”“对高学历的崇拜”等方面的认同上，未婚与已婚的博士生人群存在差异。(见图 3-28)例如，“已婚有子女”的人群在“延缓就业”选项上认同度最低，这可能是由于已婚有子女人群需要承担更多家庭责任。在“有无明确目标”方面，已婚人群相对于未婚人群，在攻读博士学位方面表现得“目标更明确”。

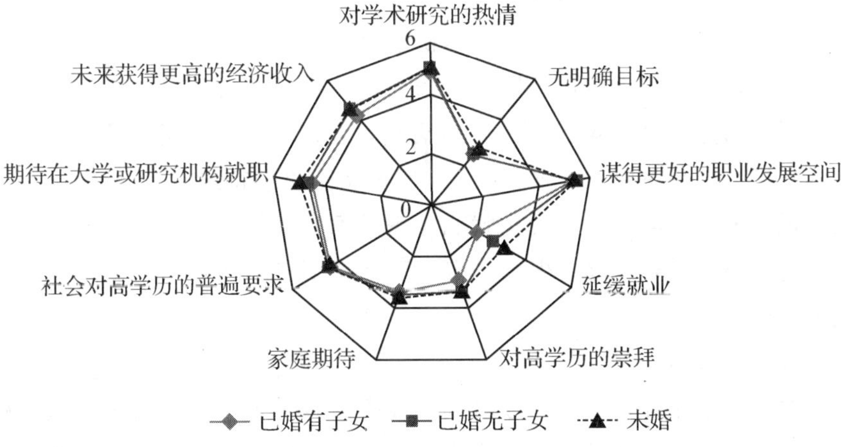

图 3-28　婚姻状况与入学动机

(3)本科就读学校类型与入学动机

本研究将调查对象的本科学校分为三类："985 工程"高校、"211 工程"高校及其他类型高校，并对三类人群与入学动机间的关系进行了分析。从图 3-29 可以看出，本科在"985 工程"高校就读的学生，通过博士教育以"期待在大学或研究机构就职"的人数较多。而本科在"211 工程"高校的学生，攻读博士学位更多出于"社会对高学历的普遍要求"以及"对高学历的崇拜"的目的，这一群体更期待通过博士教育获得更高的经济收入和改变处境不利的状况。

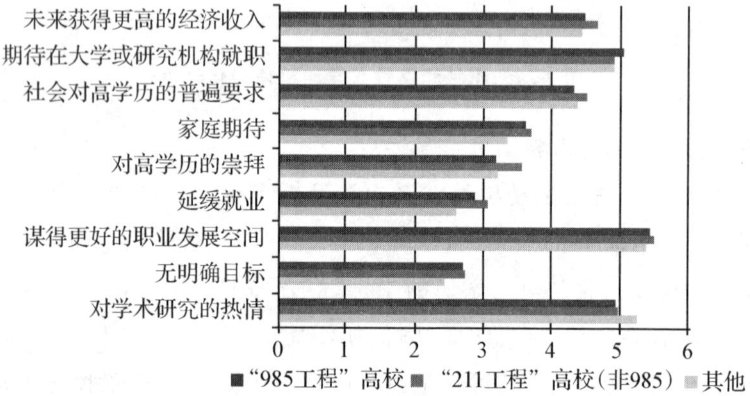

图 3-29　本科就读学校与入学动机

(4)攻读博士学位的方式与入学动机

针对攻读博士学位的方式，本研究将博士生群体大概分为两类：全职和在职，前者主要指全日制的博士生，而后者主要包括有工作单位且非全脱产的博士生。从图 3-30 可以看出，攻读博士学位的方式不同，在入学动机上也有差异。具体而言，全职博士生更期待通过获取博士学位，以实现未来在大学或研究机构就职并满足家庭期待，他们更多出于职业选择的需要；而兼职博士生则更多出于社会期待，即社会对高学历的普遍要求。

2. 博士教育的理解

对博士教育目标定位的理解，直接影响着个体的选择行为。这一题项将博士教育的目标设为四个方面：从事学术研究、提升职业能力、提高社会适应力和提供专业技能训练。剔除无效问卷后，共获得观测个数

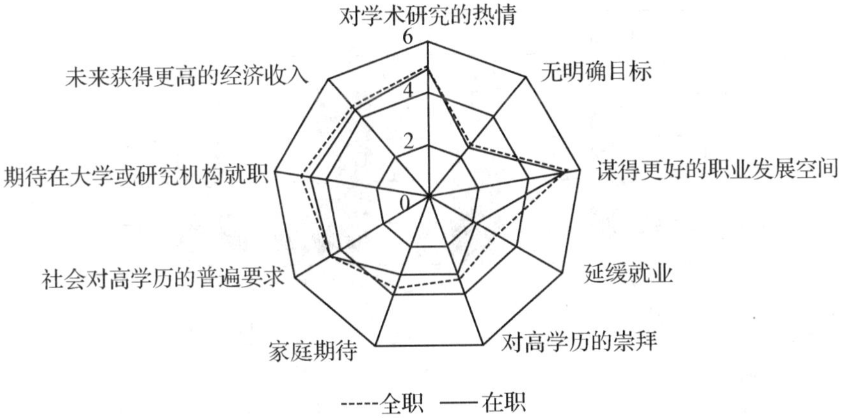

图 3-30　攻读博士学位方式与入学动机

1417 个。从数据的分析结果来看(见表 3-106 和图 3-31)，大部分人较为认同博士教育主要是为了“学术研究”，而将“提供专业技能训练”置于最不重要的地位，这一统计结果与认为博士教育是“从事高深研究”的最初理解是一致的。随着博士教育与职业发展的关系日益紧密，多数博士生也认同博士教育能够“提升职业能力”，这表示博士教育不仅与高深学术研究密切相关，也被认同与其他职业能力的训练有关系。

表 3-106　博士教育目标定位的信息统计分析

博士教育的目标定位	观测个数	平均值	方差	最小值	最大值
1. 从事学术研究	1417	5.717008	1.938927	1	7
2. 提升职业能力	1417	4.679605	2.484845	1	7
3. 提高社会适应力	1417	4.238532	2.869616	1	7
4. 提供专业技能训练	1417	4.160198	3.524460	1	7

结合平均数和中位数来看，在问及博士教育的“目标定位”时，只有题项 1 的各项得分都较高，众数的得分显示：选择“完全同意”从事学术研究是博士教育的主要目标的被试数量最多。与此形成反差的是，被试普遍在题项 2、3、4 上选择偏向“中立”的态度。从图 3-32 中可以明显看出：绝大多数被试认同(包括“完全同意”“同意”和“有点同意”)“从事学术研究”是博士教育的目标定位。

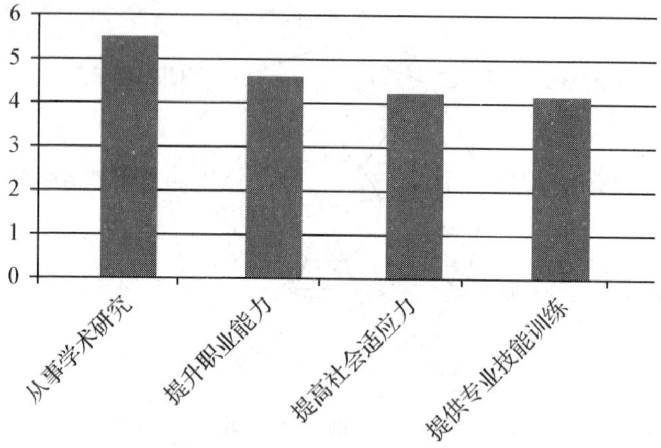

图 3-31　博士教育的目标定位

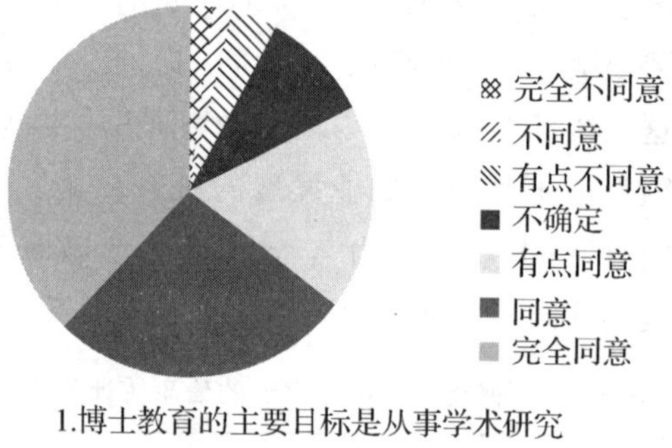

图 3-32　被试对题项 1 回答的比例分布图

此外，这一研究也分析了不同属性群体对“博士教育目标”理解的差异。总体来看，性别并不会影响对目标定位的认同度，但是否有国外学习经历以及处于不同的博士学习阶段对这一题项的选择略有差异。

(1)国外学习经历对博士教育目标定位的认同差异

从图 3-33 中可以看出，有无国外学习经历在题项 2 的认同上并没有太大的差异。不过，有过国外学习经历的博士生在“提升职业能力”和“提供专业技能训练”的选项上，较之其他两个群体的认同度更高。

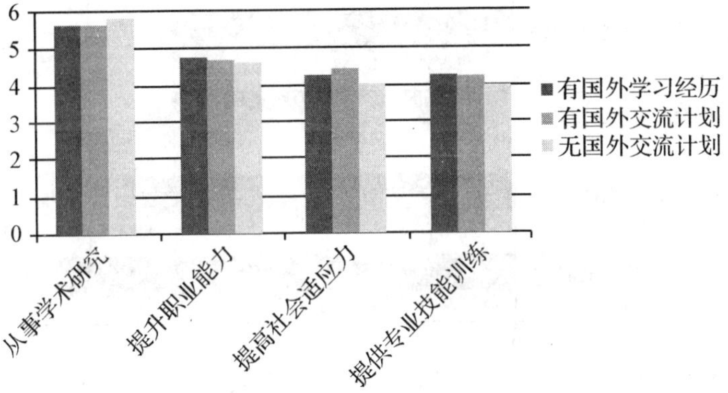

图 3-33 国外学习经历对博士教育目标定位的认同度

(2)不同学习阶段与博士教育目标的认同度

不同学习阶段的博士生由于其学习和研究体验不同，可能会影响对博士教育目标的认同，图 3-34 反映了这一点。总体而言，学习阶段越高，对“博士教育主要是为了从事学术研究”的认同度越高，而对博士教育能够“提升社会适应力”的认同度更低，这与一年级博士生的体验和认识明显不同。

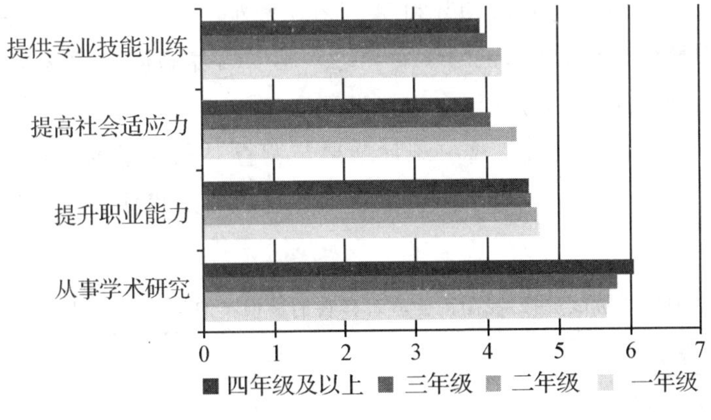

图 3-34 不同学习阶段与博士教育目标的认同度

(3)婚姻状况与博士教育目标的认同度

总体来看，婚姻与否并未对博士生对博士教育目标定位的理解产生明显影响(见图 3-35)，只是在一些维度上有些许的变化。例如，未婚在“从事学术研究”上的认同度稍高些，不过这些细微的差异可以忽略不计。

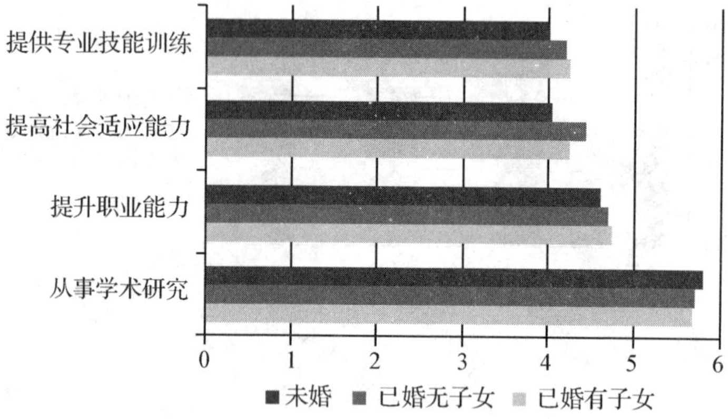

图 3-35 婚姻状况与博士教育目标的认同度

3. 我国博士教育存在的最根本的问题

我国博士教育在近年来饱受批评，一些研究者也对存在的问题进行了研究。本问卷基于前期的文献研究，将博士教育存在的最根本问题分为经济资助、学风建设、培养模式、学术理想以及导师指导五个方面，通过博士生的选择，来分析其中最根本的原因。从表 3-107 和图 3-36 来看，经济资助过低被认为是当前博士教育中最根本的问题，其次是学风建设问题，比例分别是 52.9%和 50.7%。另外，有 68.5%的被试并不认为“一些导师自身缺乏真正的学术训练，难以培养高质量的学生”，这表明大多数博士对导师的指导作用持肯定态度。此外，博士生自身的问题明显被置于较低的位置。这一统计结果与调查对象为了保护自身利益有很大关系，他们并不认为自身缺乏学术理想，而是更倾向于将问题归因于外部。

表 3-107 被试选择“我国博士教育存在的最根本的问题”的比例信息表

	已选	未选
博士生待遇太低，资助太少	52.9%	47.1%
急功近利的社会风气使很多博士生名利心太重	50.7%	49.3%
与一些国家相比，我国博士生学术训练方式明显落后	39.5%	60.5%
大部分博士生缺乏学术理想，不能潜心学术研究	34.7%	65.3%
一些导师自身缺乏真正的学术训练，难以培养高质量的学生	31.5%	68.5%

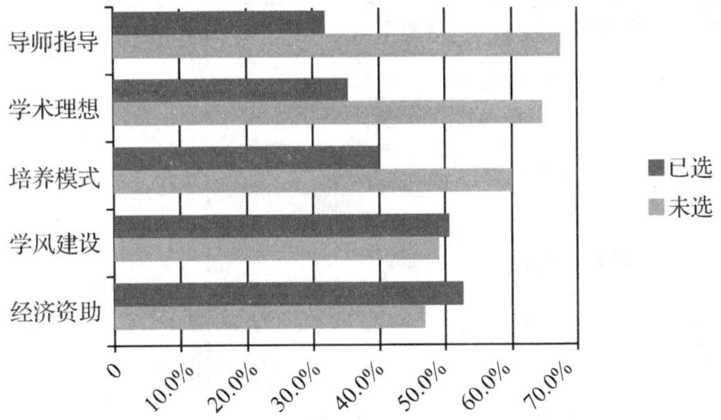

图 3-36　被试选择“我国博士教育存在的最根本的问题”的比例信息图

4. 博士教育对个体发展的意义

个体对博士教育的期待直接影响着博士候选人具体的学习行为，也对我国博士教育的整体水平有着很大的影响。在关于博士教育对个体发展的意义题项中，筛除缺失数据后，共获得 1418 个观测个数。从统计结果来看(参见表 3-108 和图 3-37)，大部分被试最为认同的是“博士教育经历提升了学术素养和研究能力”。其次，在“丰富人生经历”“拓宽国际视野”“提高就业竞争力”三方面上，多数被试选择“同意”以上的选项。然而，对于博士教育经历究竟能否“增强社会责任感和使命感”“提升道德修养”“提高社交能力”，多数被试偏向于选择中立的态度，认同感并不是很高。这一数据结果与题项 1 的结论具有高度的一致性，即博士教育被认为与职业竞争力和发展高度相关。与此相对，博士教育与个人的人生体验联系最为松散，很多博士生并不认同博士教育能够丰富个人的人生经历。

表 3-108　“关于博士教育对个体发展的意义”子维度内部各题项的数理统计

博士教育对个体发展的意义	观测个数	平均值	方差	最小值	最大值
1. 博士教育经历提升了我的学术素养和研究能力	1418	5.809591	1.711070	1	7
2. 博士教育经历丰富了我的人生经历	1418	5.248940	2.137702	1	7

续表

博士教育对个体发展的意义	观测个数	平均值	方差	最小值	最大值
3. 博士教育经历提升了我的道德修养	1418	4.569110	2.585552	1	7
4. 博士教育经历增强了我的社会责任感和使命感	1418	4.608600	2.488197	1	7
5. 博士教育经历拓宽了我的国际视野	1418	5.241890	2.208914	1	7
6. 博士教育经历是提高了我的社交能力	1418	4.326516	2.764872	1	7
7. 博士教育经历提高了我的就业竞争力	1418	5.809591	2.489037	1	7

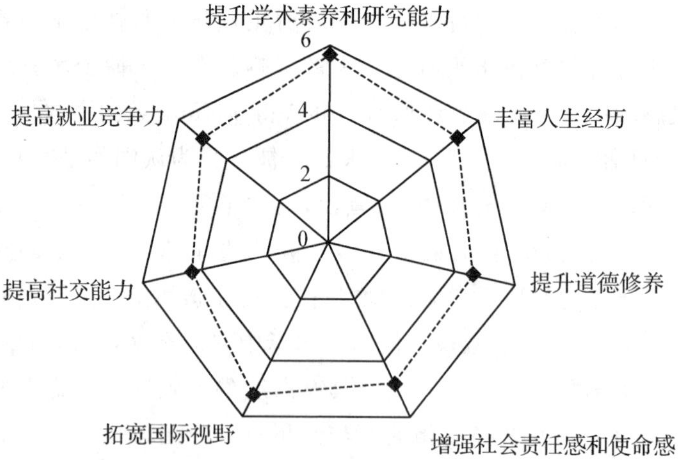

图 3-37　博士教育与个体发展意义

此外，为分析博士教育对个体发展意义在不同属性间的差异，本研究还分析了婚姻状况以及工作经历在这一题项选择上的差异。

(1)婚姻状况对博士教育个体价值的认同

从图 3-38 可以看出，婚姻状况并没有影响对这一问题的总体认同度，“提升学术修养和研究能力”被认为是博士教育对个体发展最重要的意义，而博士教育的德育价值最不被认同。已婚有子女的博士在博士教育可以“提高就业竞争力”的选项上，分数明显高于其他两类对比群体。

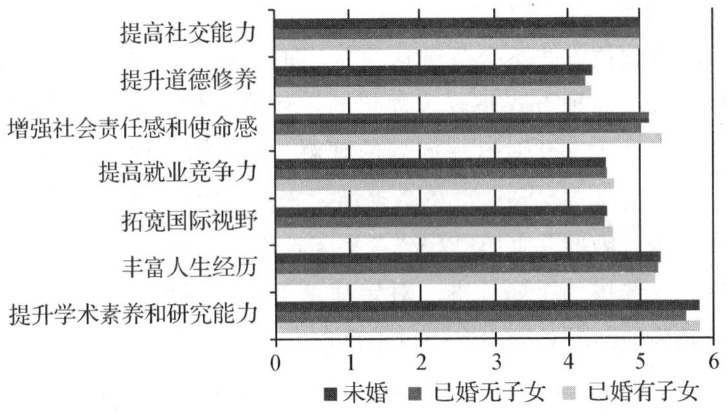

图 3-38　婚姻状况对博士教育个体价值的认同

(2)工作年限对博士教育个体价值的认同

攻读博士学位前是否有工作经历，可能会影响博士生对博士教育个体价值的认识。为了验证这一点，本研究分析了工作年限与博士教育价值认同的关系。从图 3-39 可以看出，没有工作经历，即直接攻读博士学位的人群在“提升学术素养和研究能力”选项及“增强社会责任感和使命感”两选项上分数普遍高于有工作经历的群体，而工作时间较长的群体则认同博士教育能够“丰富人生经历”。在其他选项上，并没有体现出太大的差异。

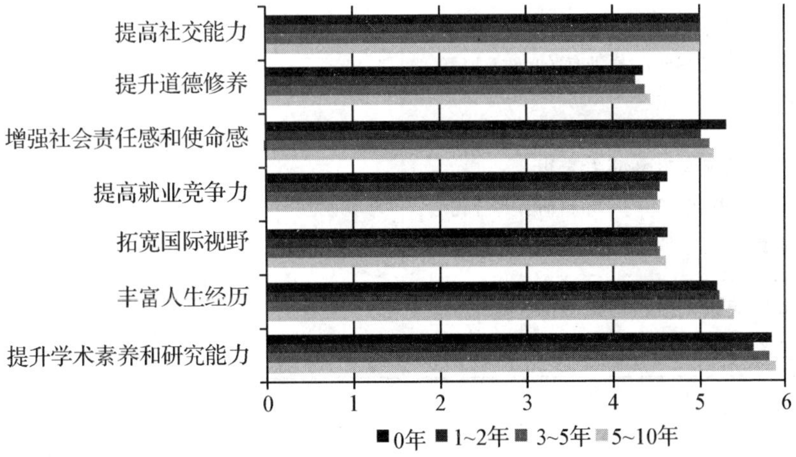

图 3-39　工作时间与博士教育个体价值的认同

5. 博士生的选拔方式

博士生的选拔方式不合理被认为是当前我国博士教育中一个较为关键的问题。关于何种方式是较为理想的，目前人们并未达成共识。本题的分析结果有助于深化对这一问题的理解。通过筛除缺失数据，共获得1420个观测个数。从表3-109的数据结果来看，“博士生的选拔方式应以学术能力和潜力为准”“直博”以及“考察候选人过去的研究经历和成果”被认为是博士生选拔的重要标准。对导师是否具有招生决定权时，调查对象的态度较为“暧昧”，既不支持也不反对。

表3-109 “博士生的选拔方式”维度内部各题项的数理统计

博士生的选拔方式	观测个数	平均值	方差	最小值	最大值
1. 博士生的选拔方式应以学术能力和潜力为准	1420	5.755630	1.869066	1	7
2. 考试导向的博士生选拔方式难以真正甄别学生的学术能力和潜力	1420	4.988028	2.151372	1	7
3. 当前的博士生入学考试制度是较为合理的人才选拔方式	1420	3.956338	2.25602	1	7
4. 直接攻读博士学位(本硕转博)可以加强学术训练的连续性	1420	4.995775	2.397445	1	7
5. 博士候选人招募应着重审核他们以往的研究经历和研究成果	1420	4.986620	2.035762	1	7
6. 导师应该是招收博士生的决定者	1420	4.830986	2.736742	1	7

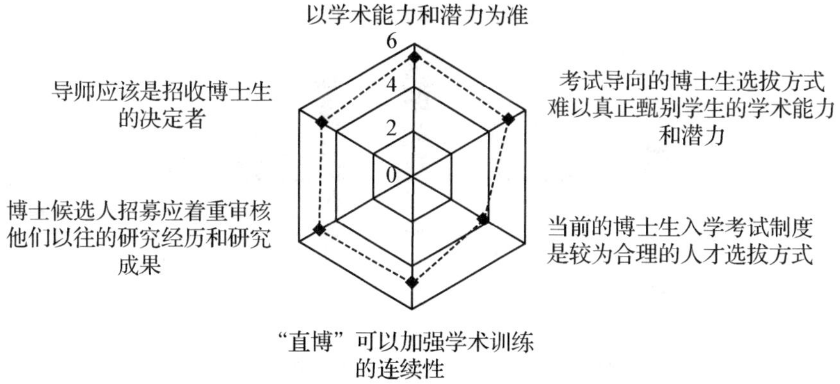

图 3-40　博士生选拔方式认同度分析

在回答"当前的博士生入学考试制度是较为合理的人才选拔方式"题项时，被试回答的平均分仅为 3.95 分，中位数和众数都是 4 分；同时，从人数比例上来看，基本符合"正态分布"。抛去极值情况，大部分人偏向于选择"不确定"的答案。具体信息参见表 3-110 和图 3-41。

表 3-110　被试对"当前的博士生入学考试制度是较为合理的人才选拔方式"回答的信息统计

		频率(人)	百分比(%)	有效百分比(%)	累积百分比(%)
有效值	完全不同意	96	6.6	6.7	6.7
	不同意	153	10.5	10.6	17.3
	有点不同意	279	19.2	19.4	36.7
	不确定	409	28.1	28.4	65.1
有效值	有点同意	268	18.4	18.6	83.7
	同意	173	11.9	12.0	95.7
	完全同意	62	4.3	4.3	100
	合计	1440	99.0	100	—
缺失值	系统	14	1.0	—	—
合计		1454	100	—	—

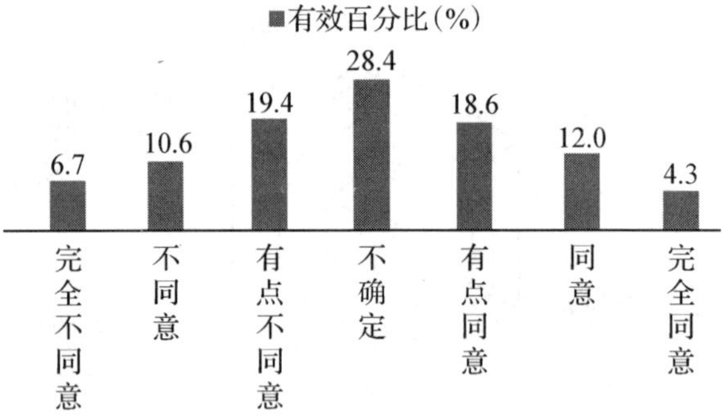

图 3-41　被试对“当前的博士生入学考试制度是较为合理的人才选拔方式”回答的信息比例分布

此外，本研究也分析了不同属性群体对选拔方式的认同差异，主要包括本科所在学校类型和工作年限与博士生选拔方式的联系。

(1)本科所在学校类型与选拔方式

从图 3-42 可以看出，博士生招生中强调“学术能力和潜力”得到了普遍认可。不过，本科在“211 工程”高校就读的候选人对“当前的入学考试制度较为合理”的认同度高于那些本科在“985 工程”高校就读的候选人，他们也更倾向于同意导师在招生中的权力。而本科在“985 工程”高校就读的候选人，更倾向于在博士生选拔中关注候选人的研究经历和研究成果，认为“直博”可以提升学术训练的连续性。

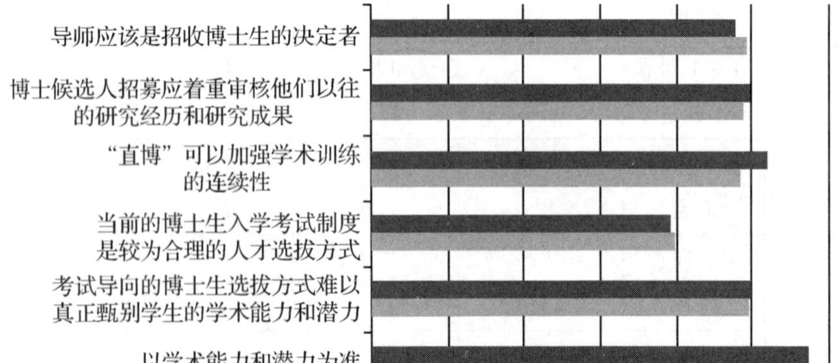

图 3-42　本科所在学校类型在“博士生选拔方式”题项中的均值分布

(2)工作年限与博士生选拔方式

工作年限的长短可能会影响候选人对博士生选拔方式的认同。从图 3-43 可以看出，直接攻读博士学位的候选人在"'直博'可以加强学术训练的连续性"的选项中的均值较高。这说明他们期待尽早进入博士项目，同时他们更愿意强调候选人的学术能力、研究经历和研究成果。而有工作经验的候选人较为认同导师在博士招收中的权力。

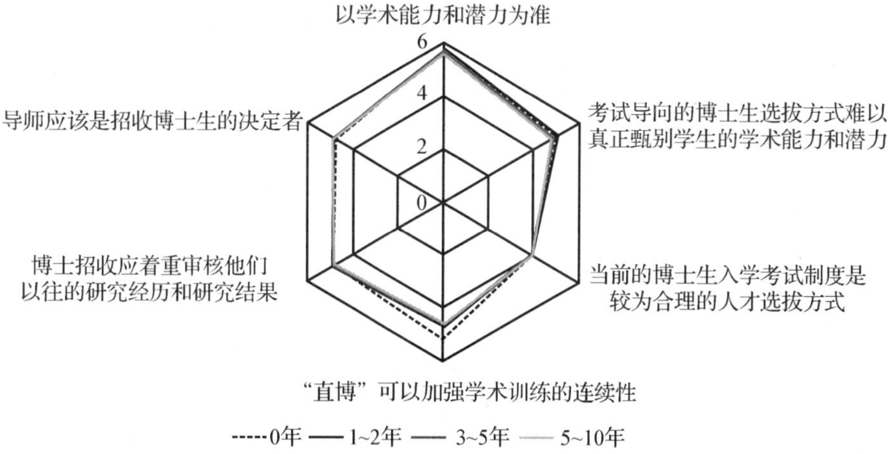

图 3-43　工作年限在"博士生选拔方式"题项中的信息分析

6. 博士生的培养过程和模式

博士生培养模式是博士生培养的重要因素。由于不同国家的教育传统不同，各国的博士生培养方式也不尽相同。例如，在美国，博士生的身份为"学生"，而在欧洲一些国家，博士生的身份则是"研究者"。身份定位不同直接影响博士生的培养方式。在这一题项中，通过 STATA12.0 筛除缺失信息后，共获得观测个数 1380 个。通过问及"博士生的培养过程和模式"的相关内容可知，绝大多数被试非常认同"博士生跨学科交流对创新非常重要""博士生应该强调对研究方法的训练""参与科研项目对博士生研究能力的训练最重要"；也有很大一部分被试认为当前的"博士生培养缺乏有效的跨学科合作机制""博士生缺乏国内外的学术交流平台"。此外，多数人认为博士生应该发表论文，并且在博士学习期间应该注重合作。具体信息参见表 3-111 和图 3-44。

表 3-111 "博士生的培养过程和模式"维度内部各题项的数理统计

博士生的培养过程和模式	观测个数	平均值	方差	最小值	最大值
1. 博士生培养缺乏团队合作	1380	4.667391	2.565868	1	7
2. 博士生更应该独立工作而非合作	1380	3.467391	2.852453	1	7
3. 博士生跨学科交流对创新非常重要	1380	5.637681	1.566962	1	7
4. 博士生培养缺乏有效的跨学科合作机制	1380	5.38913	1.763624	1	7
5. 博士生缺乏国内外的学术交流平台	1380	5.112319	2.008405	1	7
6. 博士生应该强调对研究方法的训练	1380	5.473913	1.656317	1	7
7. 课程学习对博士生训练很重要	1380	4.241304	2.457321	1	7
8. 参与科研项目对博士生研究能力的训练最重要	1380	5.442029	1.797217	1	7
9. "我"有机会或能够获得资助参与国际学术交流	1380	4.713043	2.647110	1	7
10. 博士生应该发表高水平的学术论文(SCI/SSCI 等)	1380	4.900725	2.642059	1	7
11. 博士生不一定发表论文	1380	3.889855	3.414980	1	7
12. 博士培养过程缺乏淘汰和激励机制	1380	4.836232	2.332841	1	7

调查结果显示，受访者均认同跨学科的合作在博士生培养中非常重要。另外，从图 3-45 可以看出，很多受访者认为，目前的博士生培养并没有对跨学科合作和研究给予很好的关注和实践。此外，博士生的团队合作很重要，而这也是目前博士生培养中较为欠缺的一环。

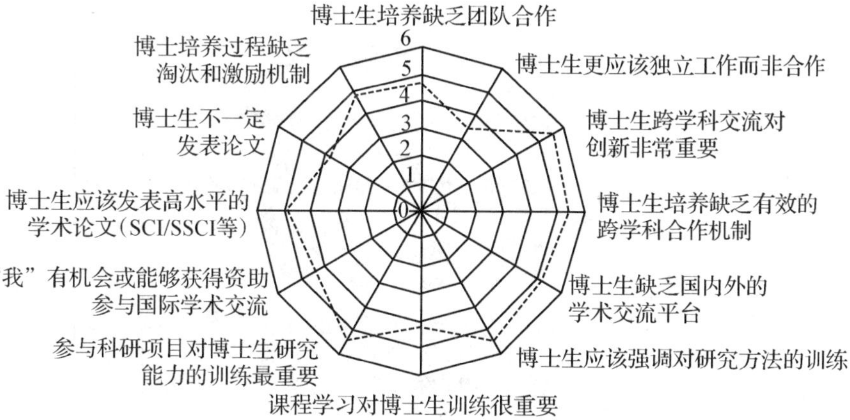

图 3-44 "博士生培养过程与模式"各维度的均值分布

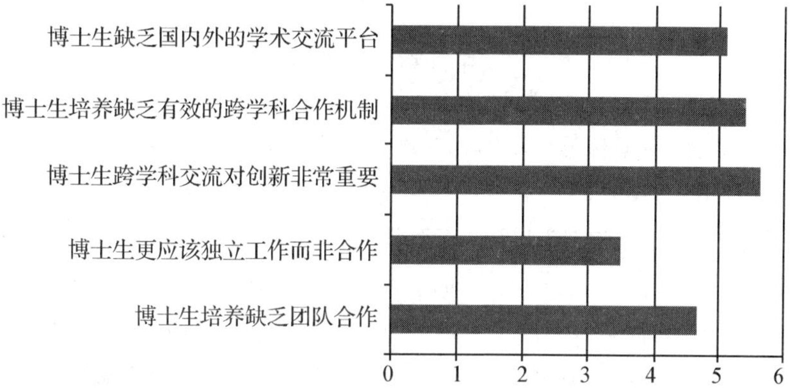

图 3-45 对"跨学科合作"维度的数据分析

(1)不同学科对博士生培养模式认同上的差异

博士生培养模式在不同学科间具有较大差异，这与学科特点有关。在对理学、工学、文学、教育学、管理学和法学专业在这一题项中的均值统计发现，学科间的差异确实存在。(见图 3-46)理学和工学专业的博士生认为"参与科研项目对博士生研究能力的训练最重要"，同时也同意"应该发表高水平的学术论文"，而社会人文学科领域，如文学、教育学和管理学领域的博士生则赞同"博士生应该强调对研究方法的训练""课程学习对博士生训练很重要"以及"博士生不一定发表论文"。在这三个维度上，理工学科与社会人文学科的分歧最为明显，这显然与各自的学科特点有着重要的关系。

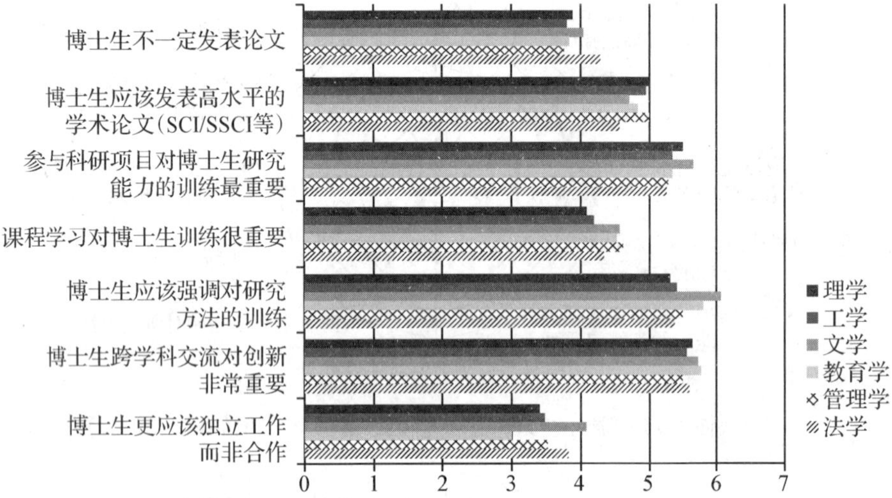

图 3-46 不同学科对题项的认同度

(2)候选人所在学校类型对培养模式的认同

候选人所在学校类型不同，对培养模式的认同也存在差异。从图3-47中可以看出，“985 工程”高校的学生与“211 工程”高校的学生在这一题项中的最大分歧来自对“博士生是否要发表高水平的学术论文”这一维度上，前者明显更倾向于发表论文，而后者则不这么认同；另一个较有分歧的观点集中于“课程学习在博士生训练”中的作用以及“研究方法的训练”上，前者认为课程学习没有那么重要，而后者则认为课程学习很重要。

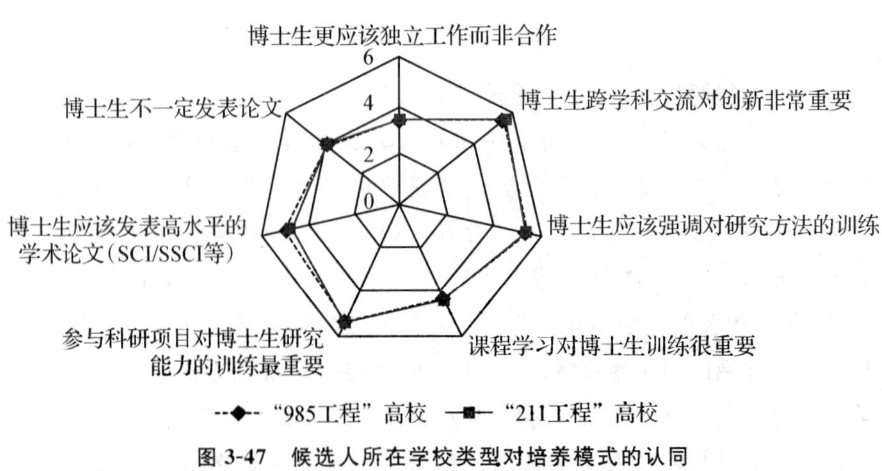

图 3-47 候选人所在学校类型对培养模式的认同

这一分歧与学校自身的定位有关。“985 工程”高校一般为研究型大学，非常强调对博士生的研究训练并重视学生的研究水平，而“211 工程”高校对博士生的“研究”使命的认同并不强烈。

7. 对目前学术环境的题项分析

学术环境被认为是当前博士生培养中的重要制约瓶颈之一。通过 STATA12.0 筛除缺失信息后，共获得观测个数 1425 个。从统计结果来看，大部分博士生赞同“博士生发表论文的压力远大于研究本身带来的压力”。值得关注的是，这一回答与前面所分析的“博士生应该发表高水平的学术论文”的高度认同相对立，这是值得进一步研究的现象。依次分别为“学术功利性影响了学术创新”以及“社会用人制度影响了博士生从事科研创新的积极性”。(见表 3-112 和图 3-48)

表 3-112　“学术环境”维度内部各题项的数理统计

学术环境	观测个数	平均值	方差	最小值	最大值
1. 我国良好的学术环境有利于博士生的训练和培养	1425	3.451228	3.013245	1	7
2. 很多博士生根本缺乏学术热情	1425	4.906667	2.414738	1	7
3. 学术不端行为影响了博士生的培养质量	1425	5.087018	2.139895	1	7
4. 学术功利性影响了学术创新	1425	5.517895	1.92822	1	7
5. 被异化的“人才观”和社会用人制度影响了博士生从事科研创新的积极性	1425	5.504561	1.814760	1	7
6. 博士生发表论文的压力远大于研究本身带来的压力	1425	5.577544	2.214664	1	7

与前面形成较大反差的是，仅有 27.9％的被试认为(选择“5”分、“6”分和“7”分)“我国良好的学术环境有利于博士生的训练和培养”，也就是说，大多数博士生普遍反映当前我国的学术环境不理想。研究者对选择 1～7 分的频次进行了百分比统计，选择“3”分的比例最高，为 23.2％，

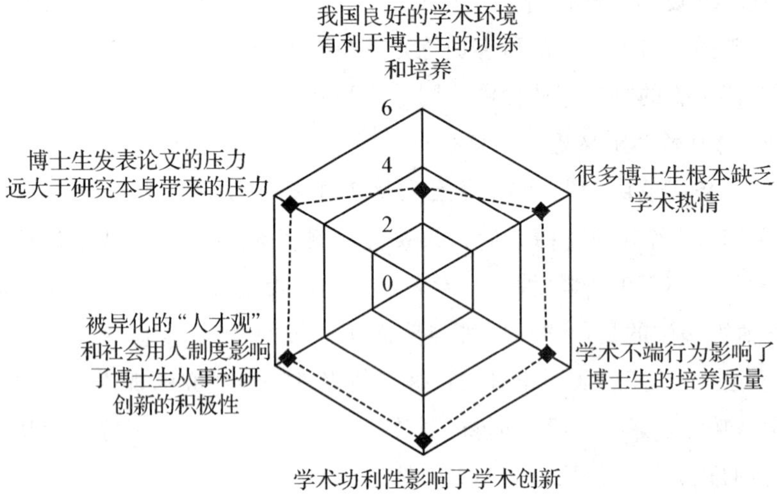

图 3-48　对学术环境相关选项的信息分析

选择"7"分的比例最低，为5.7%。具体信息参见表3-113和图3-49。

表 3-113　被试对"我国良好的学术环境有利于博士生的训练和培养"回答的信息统计

		频率(人)	百分比(%)	有效百分比(%)	累积百分比(%)
有效值	1	250	17.2	17.3	17.3
	2	192	13.2	13.3	30.5
	3	335	23.0	23.2	53.7
	4	266	18.3	18.4	72.1
	5	199	13.7	13.8	85.8
	6	122	8.4	8.4	94.3
	7	83	5.7	5.7	100
	合计	1447	99.5	100	—
缺失值	系统	7	0.5	—	—
合计		1454	100	—	—

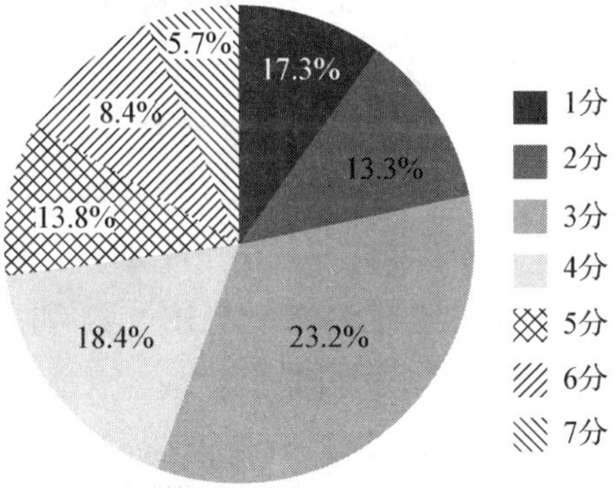

图3-49　被试对"我国良好的学术环境有利于博士生的训练和培养"回答的信息统计

针对这一题项，本研究还通过分组的方式进行了分析，主要包括高校类型以及国际交流经历在这一题项中的认同差异。

(1)不同高校类型的博士生对学术环境的认识

将"985 工程"高校和"211 工程"高校的博士生分别进行统计后发现，两个群体对这一题项的认同存在差异。"985 工程"高校的学生在"发表论文的压力"维度上的均值小于"211 工程"高校的博士生，这意味着前者在这方面感受的压力要小一些。但是，前者对社会用人制度和学术不端行为等其他维度的容忍度显然低于后者。(见图 3-50)

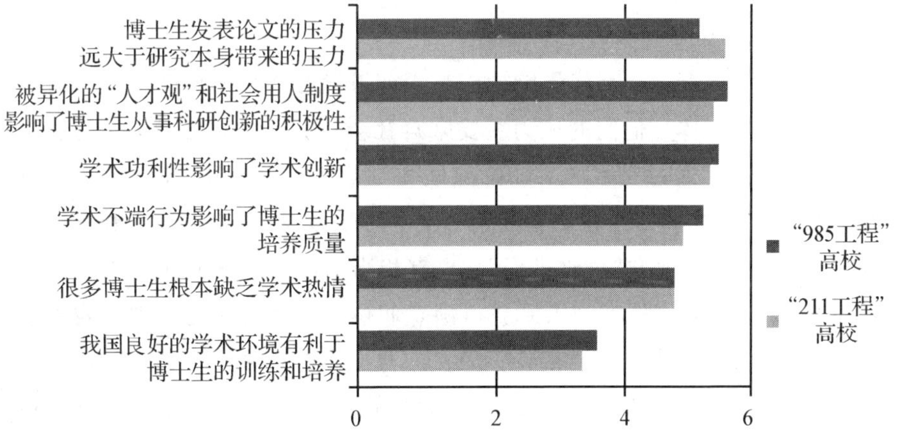

图 3-50　不同高校类型的博士生对学术环境的认识

(2)有无国际交流经历的博士生对学术环境的认识

围绕“博士生发表学术论文的压力远大于研究本身带来的压力”这一问题，两个群体间的认同度有了较为明显的差异。有国际交流经验的博士生感受到的压力要小于尚无国际交流经历的群体，这与博士生所在学校类型有很大关系。大部分有国际交流经历的博士生均来自“985 工程”高校，这一结果与前面的分析结果吻合。(见图 3-51)此外，有国际交流经验的人对“社会用人制度”和“学术不端行为”的容忍度更低。

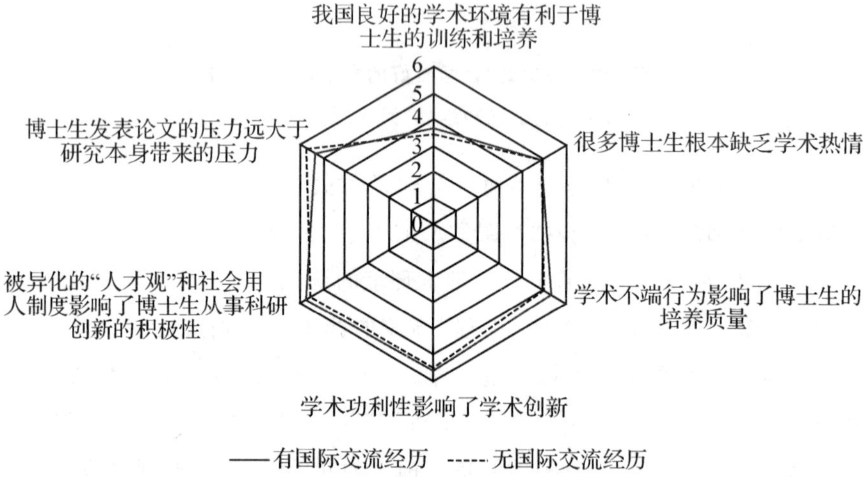

图 3-51　有无国际交流经历的博士生对学术环境的认识

8. 博士生的压力来源

博士生的生存状态直接影响他们是否能够潜心于学术研究活动。博士生作为成熟的个体，他们的压力主要来自社会、家庭以及自身的学习、工作，甚至婚恋。通过STATA 12.0筛除缺失数据后，共获得 1430 个观测个数。从表 3-114 中可以看出，在问及博士生的“压力来源”时，大多数被试认为自己的压力主要来自“科研进展”，也有相当一部分人认同压力来源于毕业时能否获得“博士学位”和未来获得满意职位，位居其后的分别为较差的经济状况、家庭期待和社会期待。而在问及压力是否来源于婚恋时，这一题项的得分是：平均数 3.26 分、中位数 3 分、众数 1 分，这表明大部分被试不认同“婚恋”是博士生的主要压力。最后，在“赡养家庭”维度上，多数被试均认为这不构成什么压力，这与多数受访者是未婚有关系。

表 3-114 “博士生的压力来源”维度内部各题项的数理统计

博士生的压力来源	观测个数	平均值	方差	最小值	最大值
1.“我”的压力主要来自科研进展	1430	5.132168	2.166564	1	7
2.“我”的压力主要来自未来能否获得满意的职位	1430	4.602797	2.756045	1	7
3.“我”的压力主要来自最终能否获得博士学位	1430	4.895804	2.801592	1	7
4.“我”的压力主要来自较差的经济状况	1430	3.897902	3.365356	1	7
5.“我”的压力主要来自赡养家庭	1430	3.55035	3.279129	1	7
6.“我”的压力主要来自家庭期待	1430	3.93986	3.03906	1	7
7.“我”的压力主要来自社会期待	1430	3.74825	3.15561	1	7
8.“我”的压力主要来自婚恋	1430	3.265035	3.343983	1	7

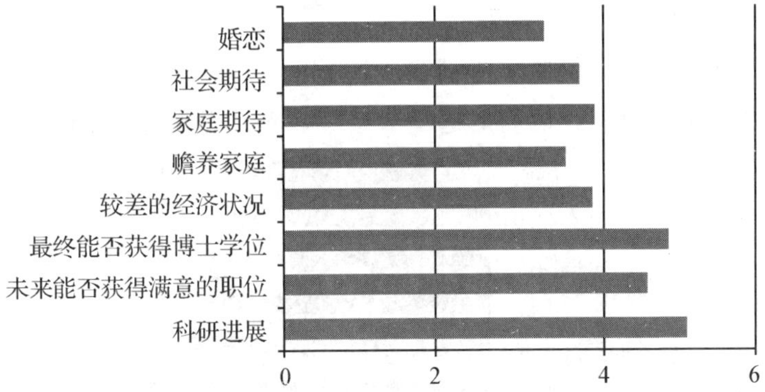

图 3-52 “博士生的压力来源”维度内部各题项的比例分布

此外，不同群体博士生的压力来源也不尽相同。下面将对性别、婚姻状况以及研究领域分布在这一题项中的得分进行统计分析。

(1)性别差异与压力来源

从图 3-53 可以看出，男性和女性受访者的压力来源存在明显差异。

对男性而言，“科研进展”“最终能否获得博士学位”以及“未来能否获得满意的职位”被认为是最主要的三种压力来源，这可能与社会对男性角色的期待有关。位居其后的分别为“较差的经济状况”“家庭期待”“社会期待”“赡养家庭”以及“婚恋”。对女性而言，最大的压力来源是“科研进展”，其次为“最终能否获得博士学位”以及“未来能否获得满意的职位”。相对而言，女性在“经济状况”“赡养家庭”“家庭期待”和“婚恋”方面的压力均低于男性。但在社会期待方面，压力明显要大于男性，她们更关注社会认同。

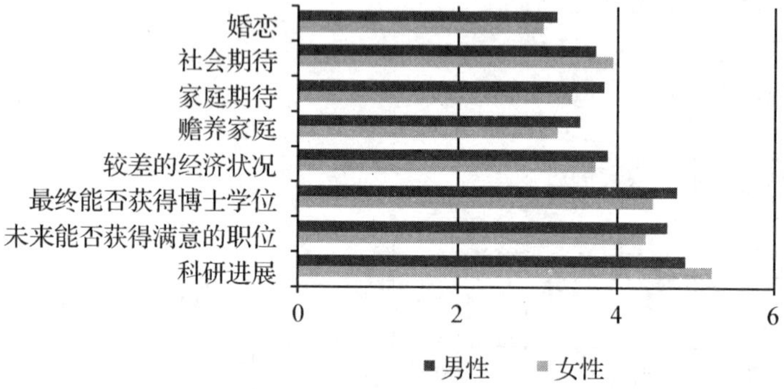

图 3-53　性别差异与压力来源

(2)婚姻状况与压力来源

婚姻状况也可能使博士生感受到不同的压力。从图 3-54 可以看出，对于未婚博士生而言，他们的选择与这一题项均值的总体趋势一致。而

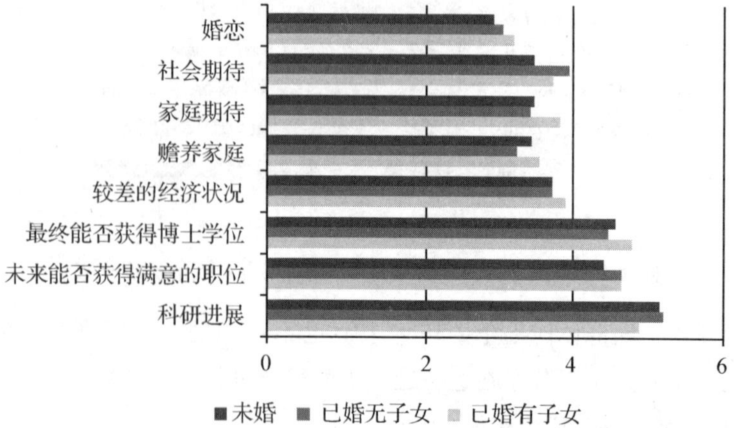

图 3-54　婚姻状况与压力来源

对于已婚的博士生，尤其是有子女的博士生而言，他们在“科研进展”“最终能否获得博士学位”以及“未来能否获得满意的职位”方面的压力更大。并且在“经济状况”“婚恋”“家庭期待”方面面临的压力也较为明显。从这一题项的分析可以看出，已婚博士生的科研和生活压力普遍高于未婚博士生。

(3)高校类型与压力来源

基于不同高校对博士生的要求和期待不同，本研究对“985 工程”高校和“211 工程”高校的博士生的压力来源进行了对比分析。从图 3-55 可以看出，两类高校的博士生面临的最大压力均为“科研进展”，但“985 工程”高校的博士生相对于“211 工程”高校的博士生，在“最终能否获得博士学位”“家庭期待”以及“未来能否获得满意的职位”方面面临的压力更大。“211 工程”高校的学生在“社会期待”方面面临着比“985 工程”高校的博士生更大的压力。另外，统计结果也显示，“985 工程”高校的博士生在经济方面的压力最大，但在“科研进展”上的压力较小。这一结果令人困惑，这可能与学生理解压力的方式有关系。

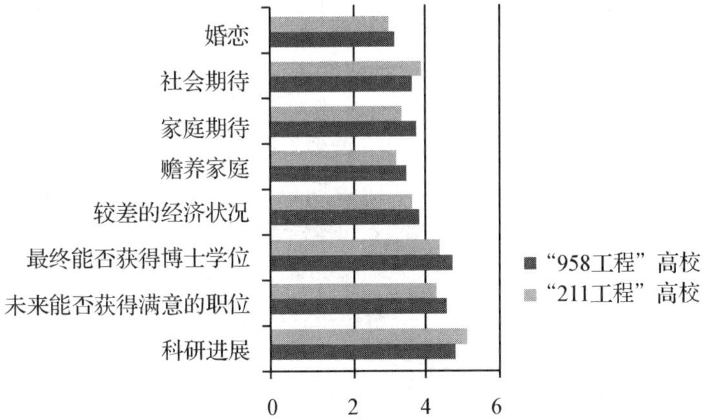

图 3-55　高校类型与压力来源

(4)攻读博士学位方式与压力来源

图 3-56 的统计结果较为明显地显示了全职与在职博士生的压力来源。在职博士生在“科研进展”“社会期待”方面的压力大于全职博士生，而全职博士生在“最终能否获得博士学位”“未来能否获得满意的职位”，以及

“经济状况”“婚恋”和“家庭期待”方面的压力均大于在职博士生。

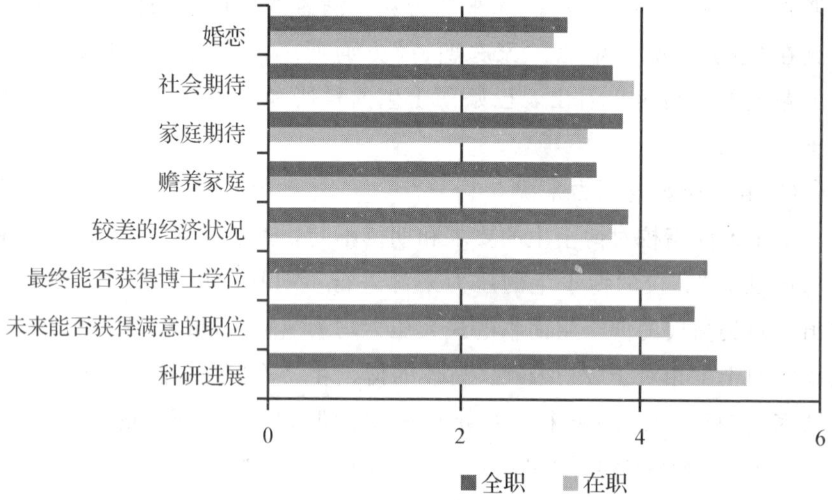

图 3-56 攻读博士学位方式与压力来源

(5)学科差异与压力来源

基于不同研究领域对博士生的不同要求，学科在一定程度上会影响博士生对压力的感受。从图 3-57 可以看出，工学和理学专业博士生在“科研进展”“最终能否获得博士学位”上的压力普遍高于其他学科领域的博士生。在“家庭期待”“社会期待”以及“婚恋”上也是如此。文学和教育学专业博士生相对于其他领域，来自“社会期待”的压力更大，他们相对不那

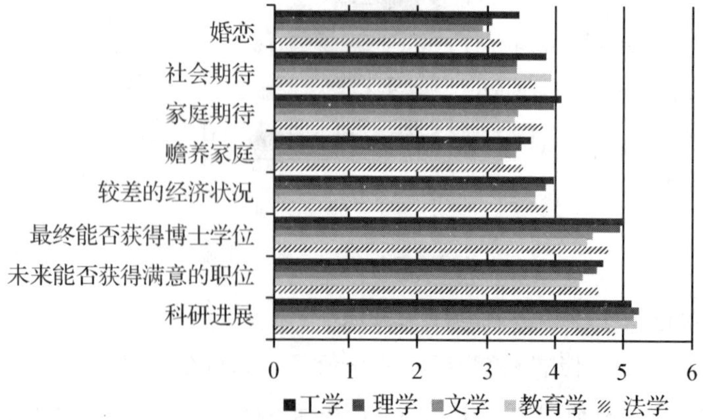

图 3-57 学科差异与压力来源

么担心"最终能否获得博士学位"。法学专业博士生在"科研进展"上的压力相对较小。

9. 博士生的规模与质量

规模与质量间的对立关系在博士教育中是一个永恒的话题。从表 3-115中的数据可以看出，在问及"博士生的规模与质量"相关问题时，题项 5 和 3 得分情况明显高于其他题项。大多数人认同"博士学位成为很多人沽名钓誉的工具"以及"博士培养目标不明确使得博士生群体的质量参差不齐"。然而，对于"导师或机构科研水平低""在职读博人数低""博士生人数太多导致质量不高"等问题，多数人倾向于保持"中立"的态度。(见图 3-58)这一价值倾向尤其体现在"规模与质量间并没有必然的联系"方面，选择"完全不同意"和"完全同意"所占比例差别不大，主要集中在"不确定"上。(见表 3-116 和图 3-59)从这一题的分析来看，质量与规模间并不一定是对立关系，核心问题依然是培养目标是否明确。

表 3-115　"博士生的规模与质量"维度内部各题项的数理统计

博士生的规模与质量	观测个数	平均值	方差	最小值	最大值
1. 博士生人数太多，导致了质量不高	1424	4.519663	3.087456	1	7
2. 规模与质量间并没有必然的联系	1424	4.173455	3.426674	1	7
3. 博士培养目标不明确使得博士生群体的质量参差不齐	1424	5.136236	1.970183	1	7
4. 过多的在职博士生影响了博士教育质量	1424	4.550562	2.925059	1	7
5. 博士学位成为很多人沽名钓誉的工具	1424	5.339185	2.169482	1	7
6. 博士生指导教师或机构的科研水平低	1424	4.568118	2.35516	1	7

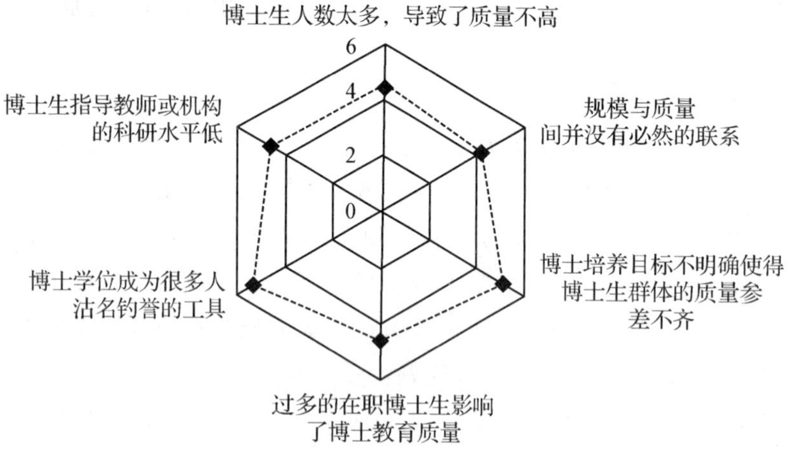

图 3-58　博士生质量与规模间的关系

表 3-116　被试在"规模与质量间并没有必然的联系"这一项上回答的信息统计

		频率(人)	百分比(%)	有效百分比(%)	累积百分比(%)
有效值	1 分	143	9.8	9.9	9.9
	2 分	162	11.1	11.2	21.1
	3 分	240	16.5	16.6	37.7
	4 分	244	16.8	16.9	54.6
	5 分	241	16.6	16.7	71.3
	6 分	230	15.8	15.9	87.3
	7 分	184	12.7	12.7	100
	合计	1444	99.3	100	—
缺失值	系统	10	0.7	—	—
合计		1454	100	—	—

此外，全职和在职博士生对规模与质量间关系的认同也存在一定差异。从图 3-60 可以看出，全职博士生在"博士学位成为很多人沽名钓誉的工具"以及"博士培养目标不明确使得博士生群体的质量参差不齐"上的认同度更高。尽管很多全职博士生认为过多的在职博士生可能影响了博士教育质量，但这显然未能获得在职博士生的认同。在职博士生对规模与质量间的对立

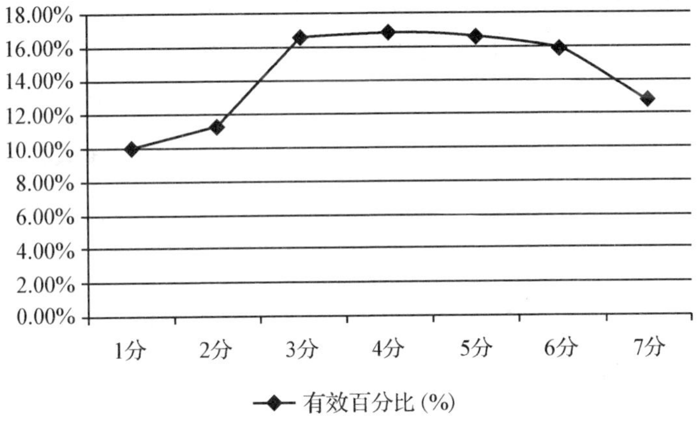

图3-59　被试在"规模与质量间并没有必然的联系"这一项上的回答信息的比例分布

关系感受较弱，这可能基于自身的利益考虑，他们并不愿意在这一问题上表达更清晰的态度。

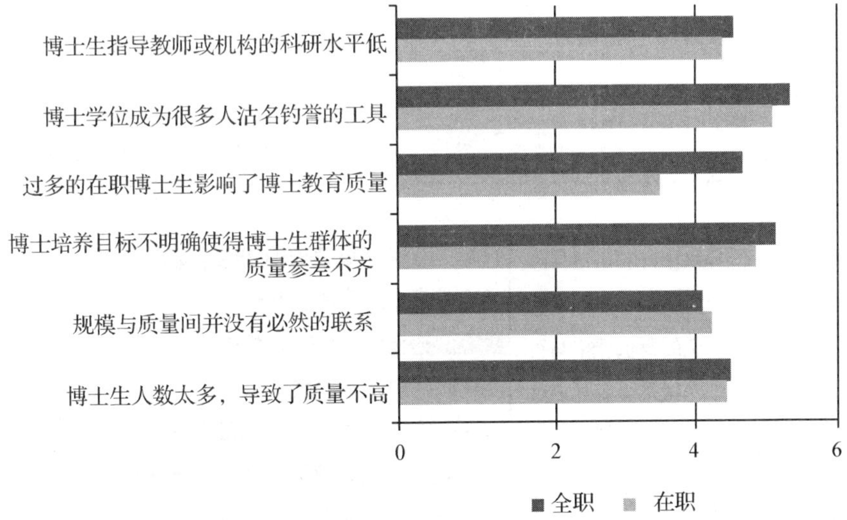

图3-60　博士攻读方式对规模与质量间关系的认同情况

10. 对博士就读学校或专业的选择

博士生选择就读学校或专业的因素到底是什么？这一题项主要试图回答这一问题。通过STATA12.0筛除缺失数据后，共获得1423个有效观测个数。从表3-117中可以看出，影响博士生选择就读学校或专业的最重要因素为"导师的声誉""专业排名"以及"学校的声望"。"能否顺利拿到学位"以及"是否能提供良好的生活保障"也在博士生的考量范围内。而"入学考试是否容易通过"并不对博士生的学校或专业选择造成大的影响。

表 3-117 "博士就读学校或专业选择"维度内部各题项的数理统计

博士就读的学校或专业	观测个数	平均值	方差	最小值	最大值
1."我"主要关注学校的声望	1423	5.063949	2.373545	1	7
2."我"主要关注学校所在的地理位置	1423	4.210119	2.838379	1	7
3."我"主要关注专业排名	1423	5.413914	2.066951	1	7
4."我"主要关注导师的声誉	1423	5.612790	1.822537	1	7
5."我"主要关注入学考试是否容易通过	1423	3.701335	2.812987	1	7
6."我"主要关注对博士生的要求严格与否	1423	4.275474	2.580882	1	7
7."我"主要关注能否顺利拿到学位	1423	4.596627	2.802014	1	7
8."我"主要关注是否能提供良好的生活保障	1423	4.595221	2.799471	1	7

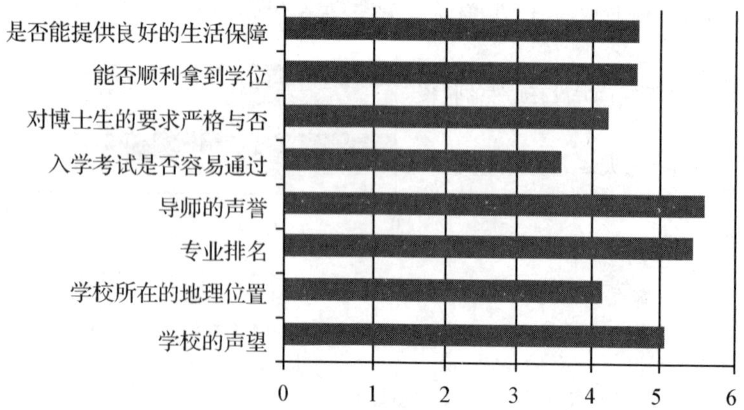

图 3-61 影响博士生选择学校或专业的因素

值得注意的是，对于"入学考试是否容易通过"的问题回答情况较为分散。详见图 3-62。

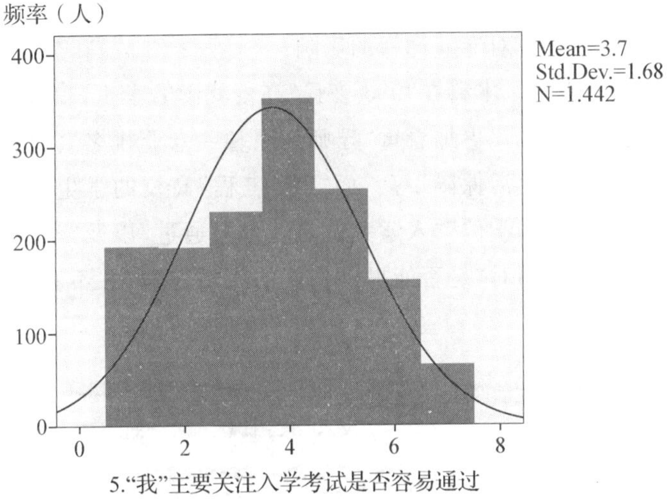

图 3-62　被试在题项 5 中回答情况的直方图

(1)性别对学校或专业选择的影响

从图 3-63 可以看出，不同性别群体在学校或专业选择上表现出了一定差异。尽管男性和女性都较为关注“导师的声誉”“专业排名”“学校的声望”以及“是否能提供良好的生活保障”，但女性认为“能否顺利拿到学位”和“入学考试是否容易通过”是她们在选择学校或专业时考虑的重要方面，

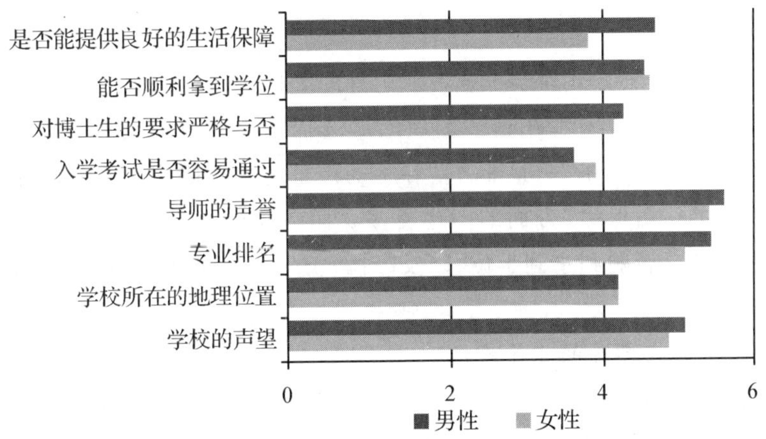

图 3-63　性别对学校或专业选择的影响

她们较之男性也更重视学校所处的地理位置。但是，女性对能够提供良好的生活保障并没有男性期待的那么明显。

(2)本科所在学校对专业选择的影响

从学校层次来看，本科在“985工程”高校就读的学生，相对于在“211工程”高校就读的学生，更加看重“导师的声誉”“专业排名”“学校的声望”“是否能提供良好的生活保障”等。而“211工程”高校的学生相对于前者，明显对“能否顺利拿到学位”“入学考试是否容易通过”以及“学校所在的地理位置”更加看重，而对“是否能提供良好的生活保障”并不看重。这是一个十分有趣的现象。

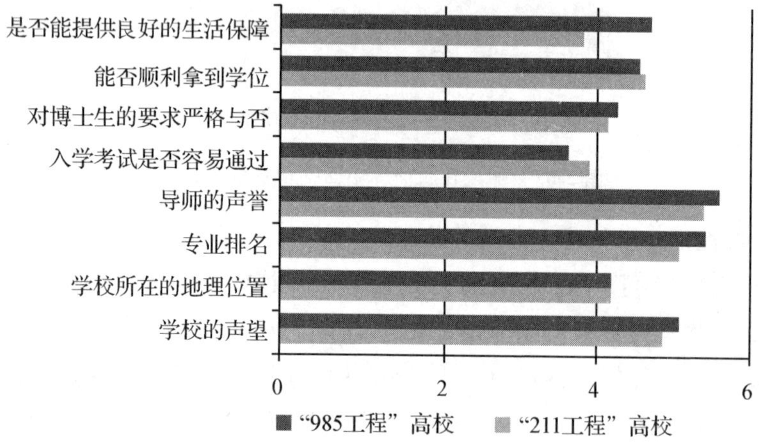

图3-64　本科所在学校对专业选择的影响

(3)攻读博士方式对学校或专业选择的影响

全职和在职博士生在这一题项上的选择既有一致，也有分歧。整体来看，全职博士生在“专业排名”“导师的声誉”“学校的声望”以及“是否能提供良好的生活保障”方面的考虑更多，而在职博士生在“入学考试是否容易通过”“能否顺利拿到学位”以及“对博士生的要求严格与否”等方面考虑更多。

11. 导师与学生的指导关系

导师与学生的指导关系是博士生培养的关键环节。良好的指导关系利于培养更为优秀的博士生。在这一题项中，筛除缺失数据后，共获得1243个有效观测个数。从表3-118所显示的平均值来看，所有的调查对

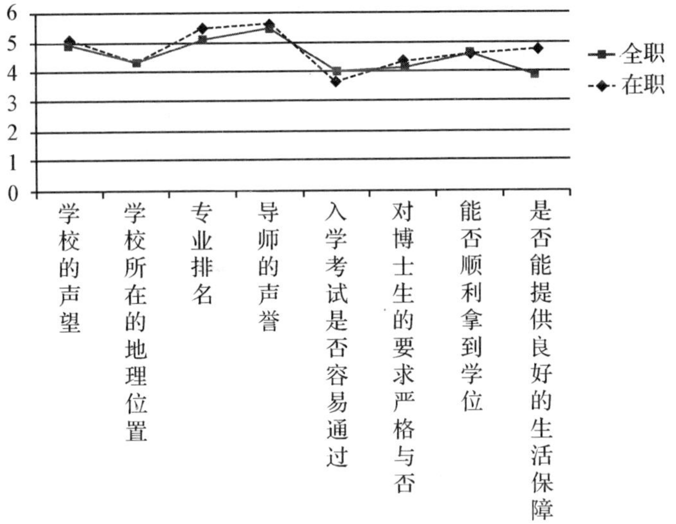

图 3-65　攻读博士方式对学校或专业选择的影响

象均认同“导师的指导在博士训练中非常关键”，博士生必须获得导师的指导，但也普遍认为“很多导师缺乏对学生的学术指导”。这说明博士生们对当前导师们的指导工作存在不满。此外，一些博士生导师将过多时间用在与学术无关的事务上以及自身学术素养和责任感的欠缺，也影响了对学生的指导。

对于提及导师的“学术素养”“责任感”“博士生与导师科研项目”等较为敏感的话题时，多数被试选择偏向于“不确定”的中立性答案。（见图 3-66）

表 3-118　“对导师的满意度”维度内部各题项的数理统计

导师指导满意度的调查	观测个数	平均值	方差	最小值	最大值
1. 导师的指导在博士训练中非常关键	1243	5.913918	1.610136	1	7
2. 很多导师缺乏责任感	1243	4.509252	2.514206	1	7
3. 很多导师缺乏对学生的学术指导	1243	4.764280	2.466936	1	7
4. 导师只将学生作为“雇员”	1243	4.370072	2.742163	1	7
5. 一些导师自身的学术修养有限	1243	4.628319	2.257877	1	7

续表

导师指导满意度的调查	观测个数	平均值	方差	最小值	最大值
6. 很多导师将太多时间用于事务性或与学术无关的事务	1243	4.883347	2.281872	1	7
7. 导师质量不高是影响博士教育质量最根本的原因	1243	4.297667	2.652064	1	7
8. 博士生需要独立做研究，不需要导师太多的指导	1243	3.374899	2.474474	1	7
9. 博士生疲于应付导师的科研项目，影响了兴趣导向的研究工作	1243	4.474658	2.428303	1	7
10. 很多导师认为博士生完成导师的科研项目比自己潜心于学术研究更重要	1243	4.300885	2.548687	1	7

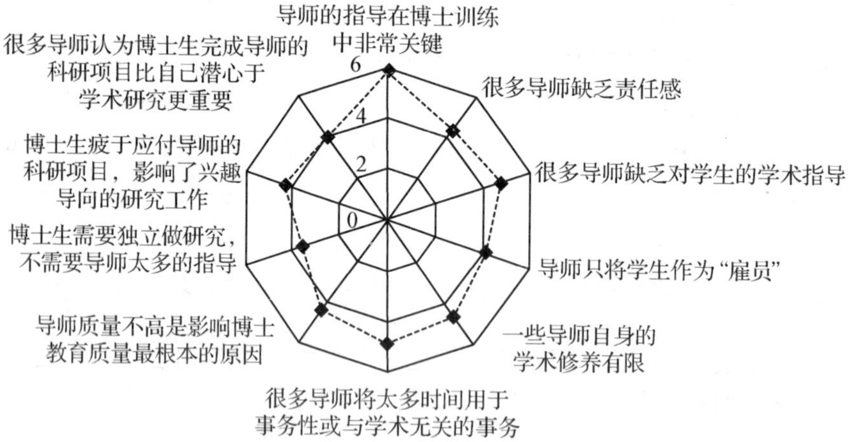

图 3-66　导师与学生指导关系现状

鉴于不同属性群体可能对导师与学生间的关系认同有差异，我们进一步分析了不同类型高校学生对导师的满意度。从图 3-67 中可以看出，“985 工程”高校的博士生普遍认为导师将太多时间用于事务性工作，自己参与了太多导师的课题研究而相对忽略了兴趣导向的研究工作。这一群体对导师的学术素养要求更高，也对将自己作为研究“雇员”的现象表示担忧。总体上看，“985 工程”高校的学生对导师的要求和苛责更多，而“211 工程”高校的学生在“导师更关注博士生完成科研项目而非潜心于学术研究”维度上的得分高于前者。

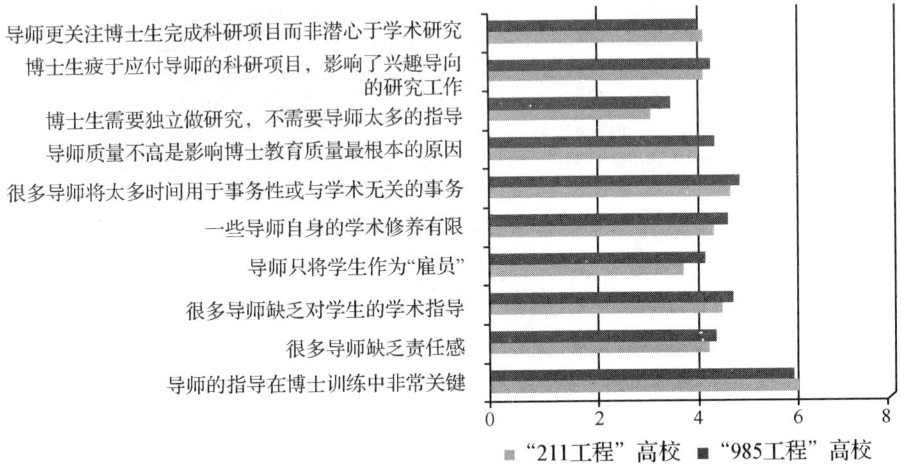

图 3-67　不同类型高校学生对指导关系的认同

研究领域不同，对导师的要求水平也存在差异。本研究选择了理学、工学、教育学和法学专业在这一题项上的得分进行比较分析。从图 3-68 可以看出，工学和理学领域的博士生在“很多导师将太多时间用于事务性或与学术无关的事务”“博士生疲于应付导师的科研项目”“导师更关注博士生是否完成科研项目”等问题上的感受更加明显。而教育学和法学专业的博士生尽管更加认同导师在博士生培养中的作用，但对导师的要求要明显低于工学和理学专业的学生。

12. 导师的指导频率

鉴于导师在博士生培养中的重要地位，导师的指导频率可以看作是建立良好指导关系的重要指标。在这一问题中，共获得有效观测个数 1327 个。从统计结果来看，大部分的博士生都能够定期与导师会面并沟通研究和学习情况。不过平均每月才会与导师见面的比例也相对较高。关于“导师指导的频率”的问题，从“平均数”的得分上来看，被试的选择基本比较分散，即找导师沟通及沟通的频率因人而异，没有明显的一致性。但从“众数”来看，多数博士生“每周”都有机会与导师见面并沟通，

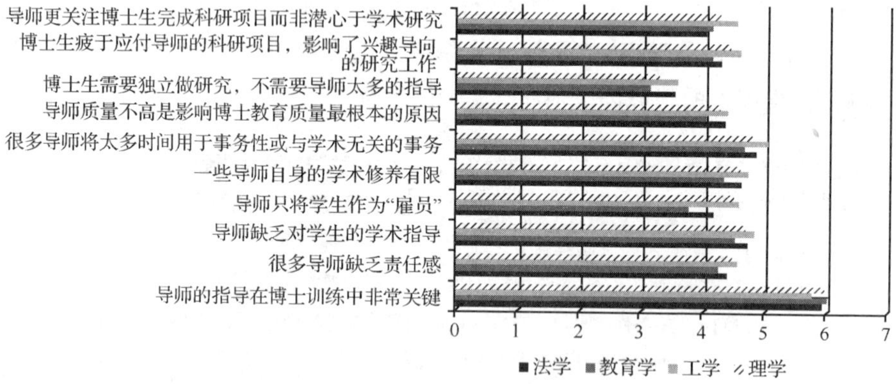

图 3-68　不同学科对指导关系的态度

这在一定程度上反映出当前我国高校的博士生与导师的沟通频率较为理想。具体信息参见表 3-119 和图 3-69。

表 3-119　“导师的指导频率”维度内部各题项的数理统计

导师指导的频率	观测个数	平均值	方差	最小值	最大值
1. “我”与导师沟通的次数非常有限	1327	3.848531	3.210071	1	7
2. “我”每周有机会与导师见面并沟通研究与学习情况	1327	4.262246	3.60538	1	7
3. “我”每半个月会与导师见面并沟通研究与学习情况	1327	4.064808	3.564424	1	7
4. “我”每个月会与导师见面并沟通研究与学习情况	1327	4.312735	3.739981	1	7
5. “我”遇到学术困难首先会与导师进行沟通	1327	4.458930	3.179119	1	7
6. “我”遇到学术困难首先会与高年级学生进行沟通	1327	4.827430	2.52751	1	7
7. “我”遇到学术困难首先会与领域内的其他教师进行沟通	1243	3.559156	2.742916	1	7

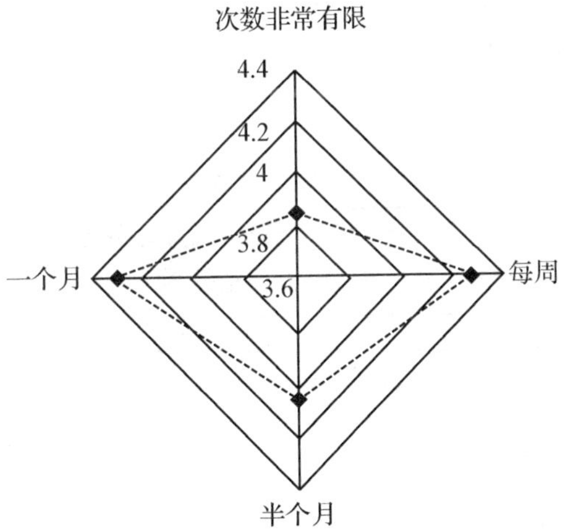

图 3-69　博士生与导师会面的频率

(1)指导频率在学校层次间的差异

从学校层次来看，在指导频率方面高校间的差异较为明显。“985工程”高校的学生每周可以见到导师的比例明显高于“211 工程”高校的博士生，侧面说明“985 工程”高校的导师在学术指导方面要求更高。(参见图 3-70)

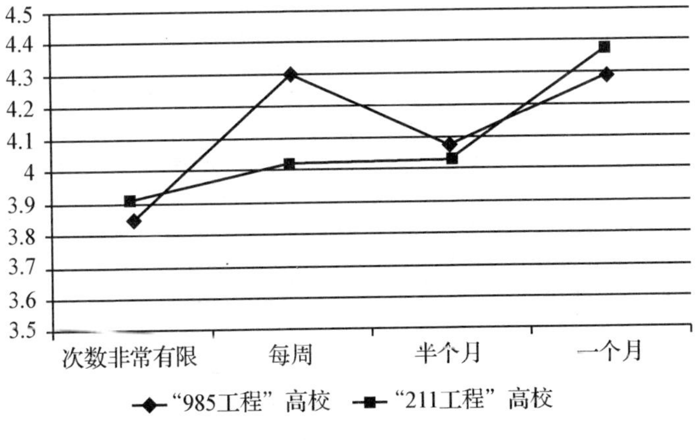

图 3-70　指导频率在学校层次间的差异

(2)指导频率在不同年级博士生间的差异

从图 3-71 可以看出，一年级博士生每周可以见到导师的频率要高于其他年级，主要原因可能是新生在第一年有课程学习的要求，而三年级博士生由于实习或其他方面的原因，见到导师的频率明显要低于其他年级的博士生。

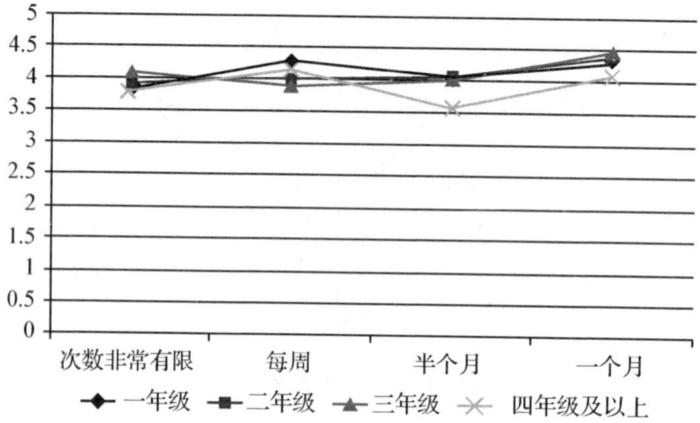

图 3-71　指导频率在不同年级博士生间的差异

(3)指导频率在全职与在职博士生中的差异

从图 3-72 可以看出，全职博士生每周见到导师的比例明显高于在职博士生，而在职博士生每月才能见到导师的比例更高。这一分析结果对博士生培养模式的改进很有价值。是让博士生全身心投入科研还是允许他们兼职或在职，是博士生培养中值得思考的问题。

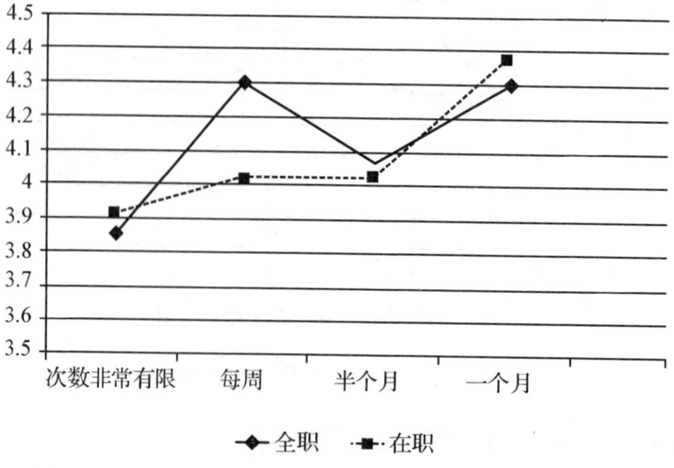

图 3-72　指导频率在全职与在职博士生中的差异

(4)沟通对象的选择

当询问被试“遇到学习困难首先会向谁求助”这一问题时，多数博士生都选择了“与高年级学生进行沟通”，其次是自己的导师，而求助同领域其他教师的比例较低。(见图 3-73)这一分析结果说明，建立良好的科研团队对博士生的培养非常重要，博士生的科研工作更需要合作而非单独工作。

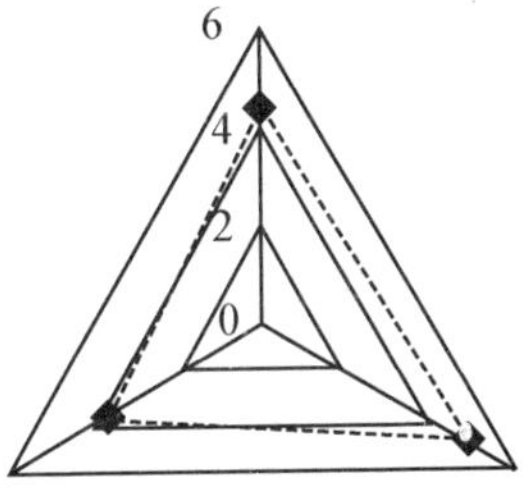

图 3-73　遇到困难时的首要求助对象

13. 导师选择的标准

导师对学生未来从事学术研究工作具有重要影响。如何选择导师成为进入博士项目的第一步。在这一题项中，共获得有效观测个数 1327 个。通过调查发现，大部分博士生在选择导师的时候，主要基于导师的“学术影响力和学术声望”“研究方向”以及“对学生认真指导的良好口碑”。而多数学生的回答同时也显示，他们选择导师并不主要考虑导师的“社会影响力”“与导师的熟悉程度”以及“是否好找工作”，尤其是“导师的行政职务”等因素。以上回答情况在一定程度上表明，当前我国高校的博士生在选择导师时更看重“学术”因素，而非“行政”因素。但是，由于目前我国高校中存在的学术权力与行政权力的重叠，对这一问题回答的真实性有待深入研究。具体信息参见表 3-120 和图 3-74。

表 3-120 “选择导师的标准”维度内部各题项的数理统计

选择导师的标准	观测个数	平均值	方差	最小值	最大值
1.“我”选择导师主要基于他(她)的学术影响力和学术声望	1327	5.631579	1.871287	1	7
2.“我”选择导师主要基于他(她)的行政职务	1327	3.327169	2.771176	1	7
3.“我”选择导师主要基于与他(她)的熟悉程度	1327	4.057610	3.190273	1	7
4.“我”选择导师主要基于他(她)的研究方向	1327	5.480797	1.946606	1	7
5.“我”选择导师主要基于他(她)对学生认真指导的良好口碑	1327	5.398290	1.996410	1	7
6.“我”选择导师主要基于他(她)的社会影响力	1327	4.523471	2.582723	1	7
7.“我”选择导师主要基于他(她)的学生好找工作	1243	3.966572	2.863650	1	7

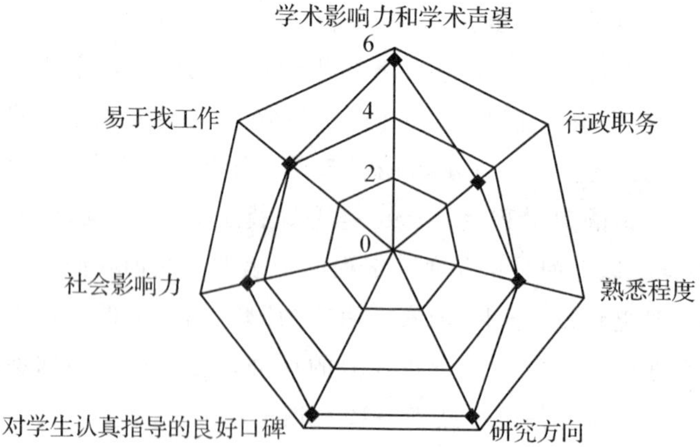

图 3-74 博士生选择导师的标准

(1)不同性别在导师选择标准上的差异

在选择导师的标准上，不同性别的博士生可能关注的导师特质不尽相同。从图 3-75 可以看出，女性在“行政职务”“熟悉程度”以及“社会影响力”等几个维度上的认同度高于男性，这或许可以说明女性在选择博士生导师时更加“务实”。当然，这也可能与女性博士生在职场上的不利局面有关。

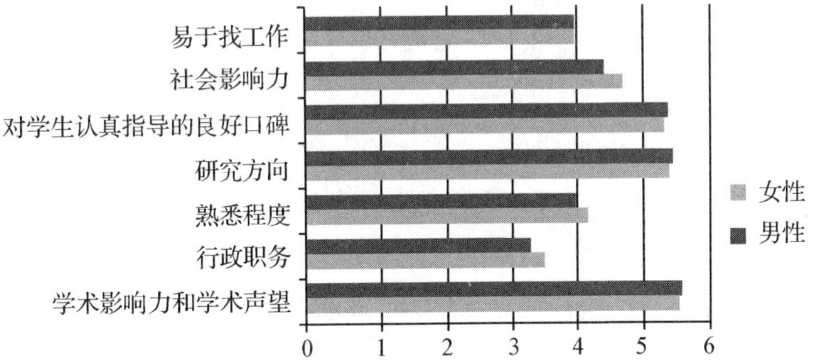

图 3-75　不同性别在导师选择标准上的差异

(2)不同高校类型在导师选择标准上的差异

从图 3-76 显示的统计结果看，在一些关键的特质上，两类高校学生的选择并没有明显的差异。但是，“211 工程”高校学生相对于“985 工程”高校的学生而言，对导师的“行政职务”“熟悉程度”“社会影响力”以及“易于找工作”等较为“现实”的问题显然考虑更多。

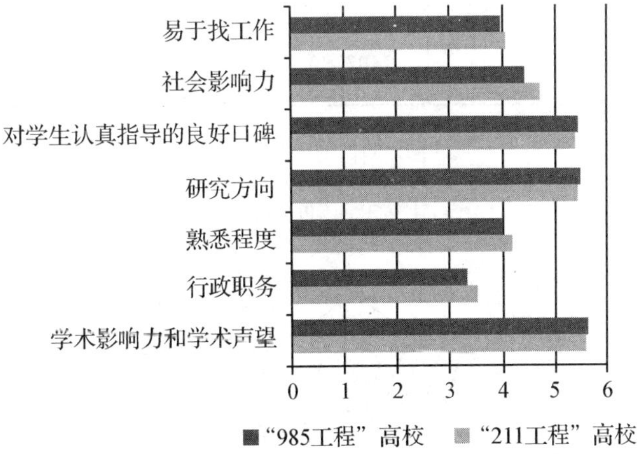

图 3-76　不同高校类型在导师选择标准上的差异

14. 博士生的资助问题和科研条件

从对前述问题的统计分析发现，博士生的资助制度仍然是博士教育中的关键问题。在这一题项中，我们共获得有效观测个数 1407 个。在对“博士生的资助问题”子维度的调查中，绝大多数博士生普遍认为“国家对博士教育的投入水平远远滞后于社会、经济的发展”；大多数人认同当前的“博士资助水平低”。这也决定了被试在题项 5 的回答上普遍反对“经济状况对博士生的学习和科研影响不大”的说法。综合观之，“博士生的资助问题”已对博士生的学习、科研和生活产生了非常重要的影响。具体信息参见表 3-121 和图 3-77。

表 3-121 “博士生的资助问题”维度内部的数理统计信息

博士生的资助问题	观测个数	平均值	方差	最小值	最大值
1. 国家对博士教育的投入水平远远滞后于社会、经济的发展	1407	5.606965	2.139155	1	7
2. 国家对博士生的资助水平可以满足其日常生活和研究需要	1407	3.552950	3.00839	1	7
3. 资助水平低，博士生难以潜心于学术研究	1407	5.039090	2.932326	1	7
4. 资助水平过低，博士生难以体面并有尊严地生活	1407	4.855011	3.212249	1	7
5. 经济状况对博士生的学习和科研影响不大	1407	2.928927	3.122968	1	7

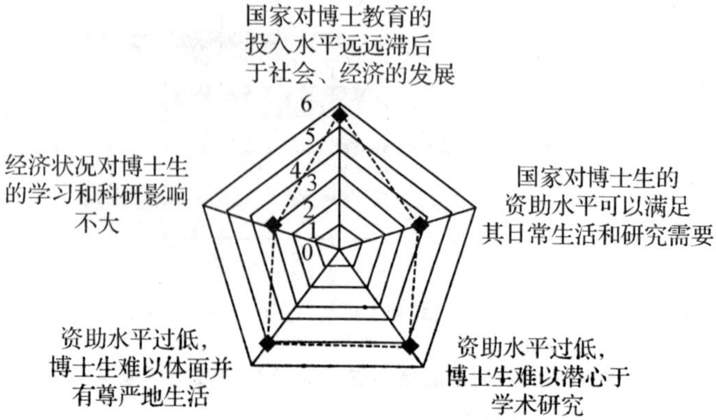

图 3-77 博士生经济资助水平现状

当然，不同群体博士生可能对经济资助的态度，诸如数额以及重要行动认识存在差异。图 3-78 反映了全职和在职博士生对这一问题的看法。总体来看，全职博士生较之于在职博士生更认同资助过低，使得他们“难以体面地生活和潜心于学术研究”。

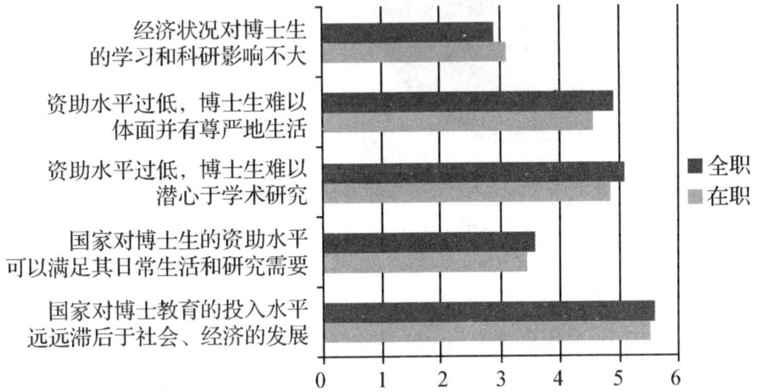

图 3-78　在职与全职博士生对经济资助的态度

15. 博士生的资助来源

博士生的资助来源在一定程度上反映了国家对博士教育的重视程度。通过对博士生“资助来源”情况的调查可知，“国家每月的定额资助”是大多数博士生的首要经济来源，比例占 81.64％；其次是“助教/助研”，占 49.48％；第三则是“父母资助”，占 42.51％。来自“兼职工作”“亲属资助”和“贷款”的比例相对较低。具体信息参见表 3-122和图 3-79。

此外，在这一题项中，不同属性或群体间并没有太大的差异。这一统计结果反映了目前我国博士生资助的普遍状态。

表 3-122　被试选择“博士生的资助来源”的比例信息

资助来源	频数	所占比例(％)
1.“我”的经济来源主要来自国家每月的定额资助	1183	81.64
2.“我”的经济来源主要来自助教/助研	717	49.48
3.“我”的经济来源主要来自贷款	107	7.38
4.“我”的经济来源主要来自兼职工作	463	31.95
5.“我”的经济来源主要来自父母资助	616	42.51
6.“我”的经济来源主要来自配偶或兄弟姐妹等亲属资助	279	19.25

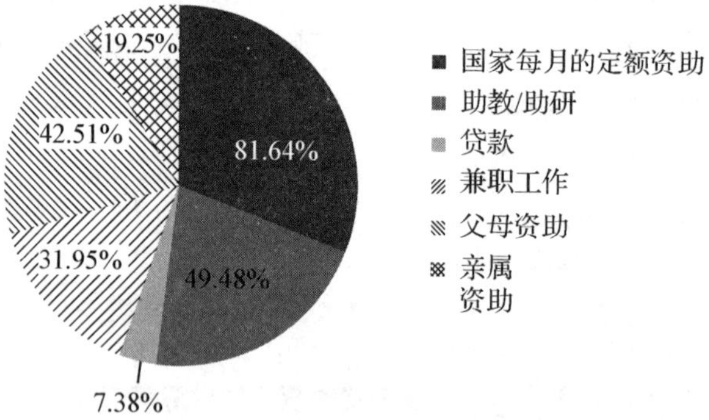

图 3-79　被试选择“博士生的资助来源”的比例分布

16. 博士生的科研条件

在这一题项中，共获得 1387 个有效观测个数。数据显示，当前各类高校的博士生对参与导师的科研项目、学校的科研设施及图书馆条件等都持基本满意态度。这也说明博士教育的硬件设施近年来取得了较大改善，已不再是博士教育中的关键问题。具体信息参见表 3-123 和图 3-80。

表 3-123　“博士生的科研条件”维度内部各题项的数理统计

选择导致的标准	观测个数	平均值	方差	最小值	最大值
导师的科研项目和经费充足，经常参与其课题研究	1387	4.661139	3.023619	1	7
学校的科研设施和图书馆条件可以满足科研的需求	1387	4.625811	2.654254	1	7
导师的科研项目和经费很少，几乎没有参与课题研究的机会	1387	3.139870	3.129051	1	7
学校的科研设施条件落后，不能满足科研需要	1387	3.286541	3.185032	1	7

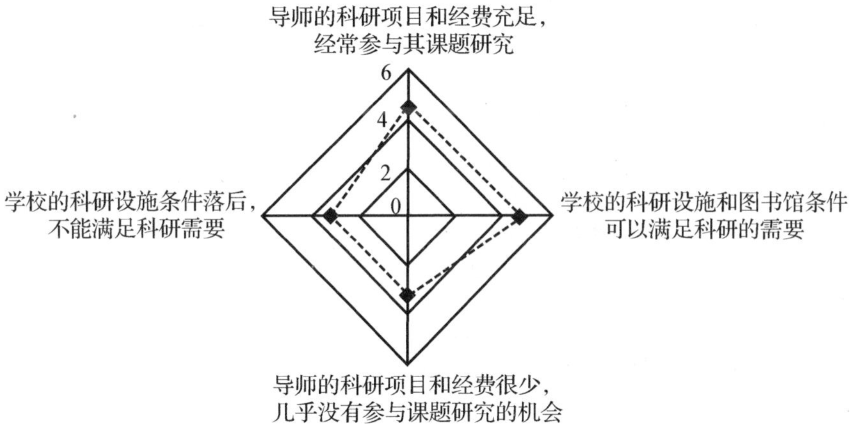

图 3-80　博士生的科研条件现状

17. 优秀人才流失的原因

人才流失，尤其是研究生阶段优秀人才的流失成为制约当前我国人力资源强国建设的重要因素。在这一题项中，共获得了 1389 个有效观测个数。通过调查博士生对于“优秀人才流失的原因”的相关内容，我们可以比较明显地看出，大部分的博士生普遍认同国外的学术环境和科研水平优于国内、国外博士学位更具竞争力。从各题的得分来看，基本赞同对国内与国外博士学位应该一视同仁，依赖本国力量培养高水平人才是解决人才流失的有效举措，同时也认同国内需要世界一流的研究型和学术大师。由此，可以推断出，“对国外高校的盲目崇拜”可能是博士生创新力培养的重要影响因素。（见表 3-124）

表 3-124　“优秀人才流失的原因”维度内部各题项的数理统计

优秀人才流失的原因	观测个数	平均值	方差	最小值	最大值
1. 国内缺乏世界一流大学是人才流失的主要原因	1389	4.786177	2.952085	1	7
2. 国内缺乏学术大师是人才流失的主要原因	1389	4.884809	2.553004	1	7
3. 国外优厚的奖学金是人才流失的主要原因	1389	4.98632	2.441455	1	7

续表

优秀人才流失的原因	观测个数	平均值	方差	最小值	最大值
4. 国外良好的学术环境和高水平的大学是人才流失的主要原因	1389	5.771058	1.606049	1	7
5. 国内对国外大学博士学位的崇拜是学生选择国外大学的主要原因	1389	4.820014	2.340780	1	7
6. 国外的博士生培养质量确实高于国内	1389	5.326134	2.228574	1	7
7. 国外大学的博士学位在市场上更具有竞争力	1389	5.451404	1.958191	1	7
8. 对国外大学博士学位的崇拜将影响(降低)优秀学生在本国接受博士训练的动机	1389	5.064075	2.028312	1	7
9. 对国外大学博士学位的崇拜将有损于我国博士教育的国际竞争力和声望	1389	4.755220	2.519290	1	7
10. 高水平人才培养应该更依赖本国力量培养而不是国外	1389	4.887689	2.720807	1	7
11. 对国内与国外博士学位一视同仁是有效解决人才流失的措施	1389	4.928006	2.806052	1	7

为了更清晰地研究人才流失的原因，研究者将上述题项中的同质问题进行了统计分析。从图 3-81 中可以看出，国外良好的学术环境和较高的学术水平是国内优秀人才流失的最主要原因。本研究也对这一维度进行了进一步分析。(见表 3-125 和图 3-82)此外，诸如国内缺乏高水平大学和人才以及对国外博士学位的盲目崇拜也被认为是人才流失的重要原因。

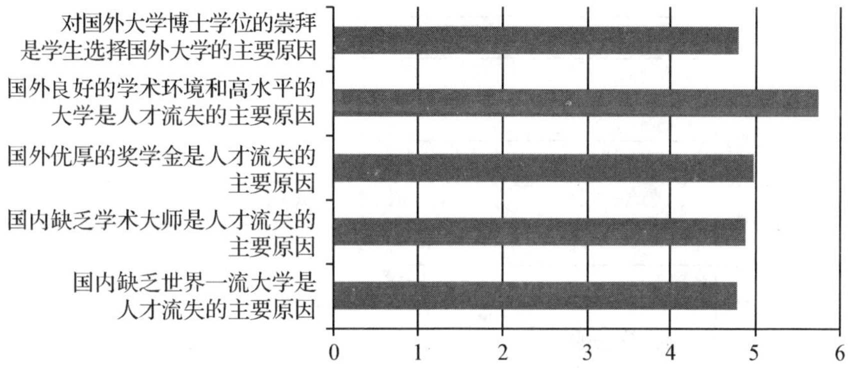

图 3-81　优秀人才流失的原因分析

表 3-125　被试在“国外良好的学术环境和高水平的大学是优秀人才流失的主要原因”选项中的信息统计

		频率(人)	百分比(%)	有效百分比(%)	累积百分比(%)
有效值	1 分	12	0.8	0.8	0.8
	2 分	16	1.1	1.1	1.9
	3 分	66	4.5	4.6	6.5
	4 分	133	9.1	9.3	15.8
	5 分	259	17.8	18.0	33.8
	6 分	448	30.8	31.2	65
	7 分	502	34.5	35.0	100
	合计	1436	98.8	100	—
缺失值	系统	18	1.2	—	—
合计		1454	100	—	—

(1)博士生对国外学位与国内学位的认同度

“国外博士学位是否比国内的博士学位更具竞争力呢”，关于这一问题，图 3-83 的统计分析做出了很好的说明。从图中可以看出，“国外大学的博士学位在市场上更具有竞争力”的观点显示出较高的认可度。不过这一观点存在其立论基础，那就是认为“国外的博士生培养质量确实高于国内”这一观点是当前我国博士教育亟待改革的重要原因，否则人才流失问

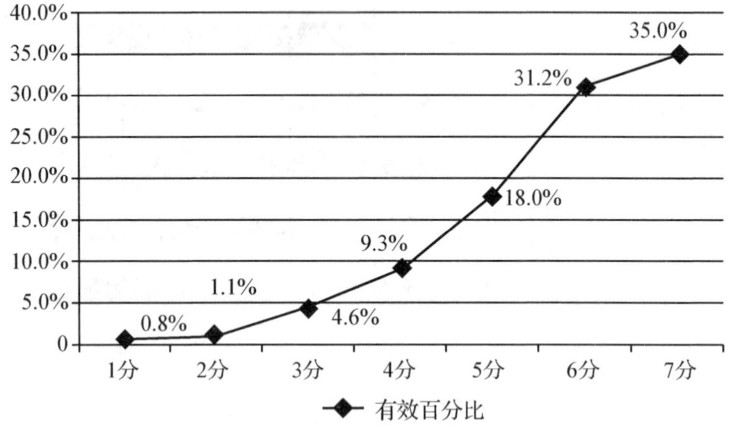

图 3-82　被试在“国外良好的学术环境和高水平的大学是优秀人才流失的主要原因”选项中的信息统计

题可能会更加严重。

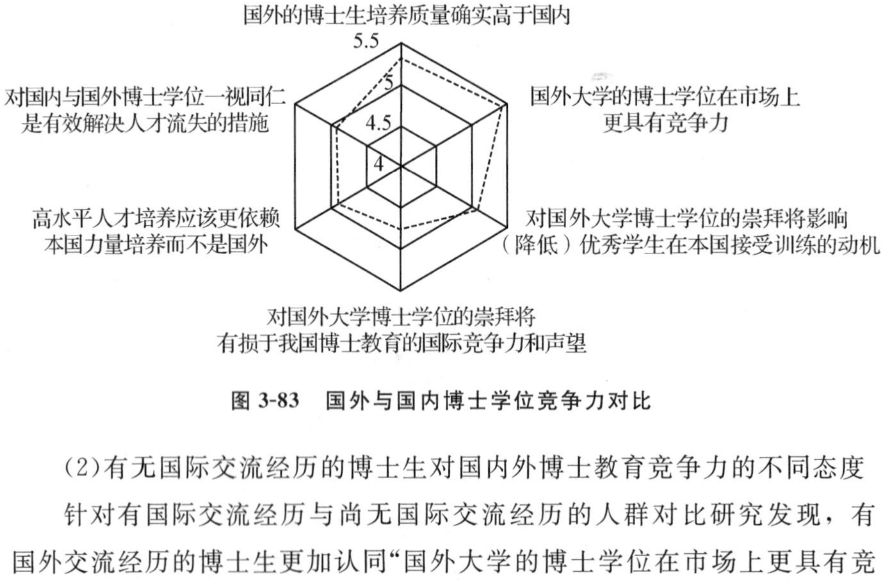

图 3-83　国外与国内博士学位竞争力对比

(2)有无国际交流经历的博士生对国内外博士教育竞争力的不同态度

针对有国际交流经历与尚无国际交流经历的人群对比研究发现，有国外交流经历的博士生更加认同“国外大学的博士学位在市场上更具有竞争力”和“国外的博士生培养质量确实高于国内”的观点。同时，他们也认为，“对国内与国外博士学位一视同仁”可能会改变目前人才流失的困境。此外，相对于其他群体，他们更加认同“对国外大学博士学位的崇拜将有损于我国博士教育的国际竞争力和声望”。(见图 3-84)鉴于这些博士生具有国际交流经历，他们可能会有意识地对比中国与一些发达国家的博士教育，因此他们的态度在一定程度上反映了当前我国博士教育与国际的差距。

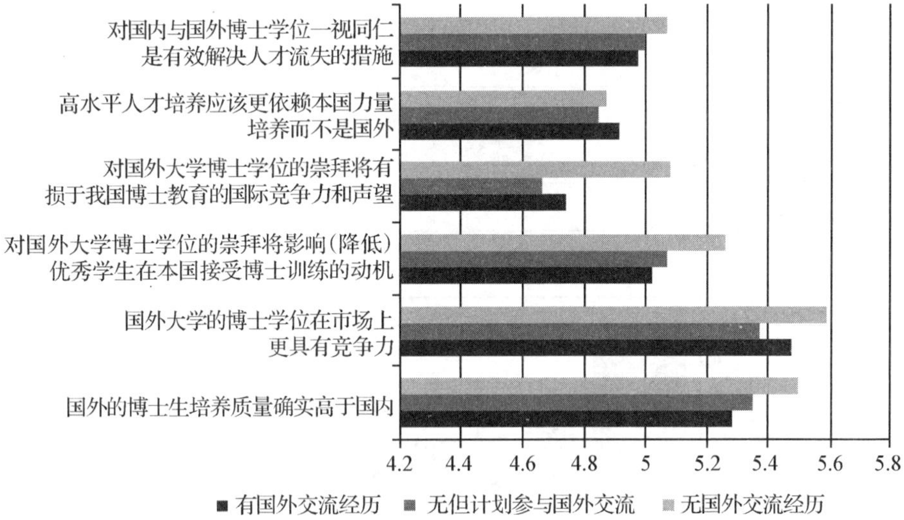

图 3-84　有无国际交流经历的博士生对国内外博士教育竞争力的态度

18. 对未来的职业规划

未来的职业选择不仅会影响博士生的入学动机，也会影响博士生的学术态度。从调查情况来看，分别有 69.2％和 51.6％的博士生对未来的职业生涯规划是进入“大学”“科研组织或机构”工作；其次分别是在“国有大中型企业”“党政机关”“出国(博后或工作)”和“外资企业”工作；选择读“博士后”的占 16.6％，选择“创业”和“私人企业”的比例则更小。(见表 3-126 和图 3-85)

表 3-126　被试“对未来职业规划”回答情况的信息统计

职业选择	频次	所占比例
1. 外资企业	311	21.38％
2. 私人企业	88	6.05％
3. 国有大中型企业	433	29.78％

续表

职业选择	频次	所占比例
4. 党政机关	398	27.37%
5. 大学	1004	69.20%
6. 科研组织或机构	748	51.60%
7. 博士后	240	16.60%
8. 出国(博后或工作)	281	19.33%
9. 创业	118	8.12%

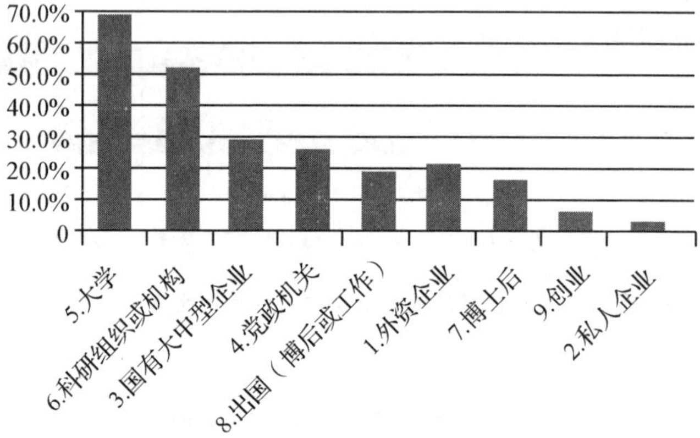

图 3-85　被试“对未来职业规划”回答情况的比例分布

19. 对中国目前博士教育的总体感受

作为开放题，我们询问了被调查者对目前中国博士教育的总体感受。结果显示，接近六成的被试对我国博士生教育水平持并不乐观的态度。他们认为，尽管我国博士生教育水平在不断发展，但“近年来并未有多大改进，与国际一流水平相比仍然有较大差距”，仅有 41.6%的博士生认为“我国博士生教育水平总体在不断改进，国际竞争力在不断提升”。博士生群体的这一主观感受，势必会对他们在学习和从事科研活动中创新力的培养产生一定的影响。(见表 3-127 和图 3-86)

表 3-127　被试"对中国目前博士教育的总体感受"回答情况的信息统计

		频率（人）	百分比（%）	有效百分比（%）	累积百分比（%）
有效值	我国博士生教育水平总体在不断改进，国际竞争力在不断提升	581	40.0	41.6	41.6
	我国博士生教育水平近年来并未有多大改进，与国际一流水平相比仍然有较大差距	814	56.0	58.4	100
	合计	1395	95.9	100	—
缺失值	系统	59	4.1	—	—
合计		1454	100	—	—

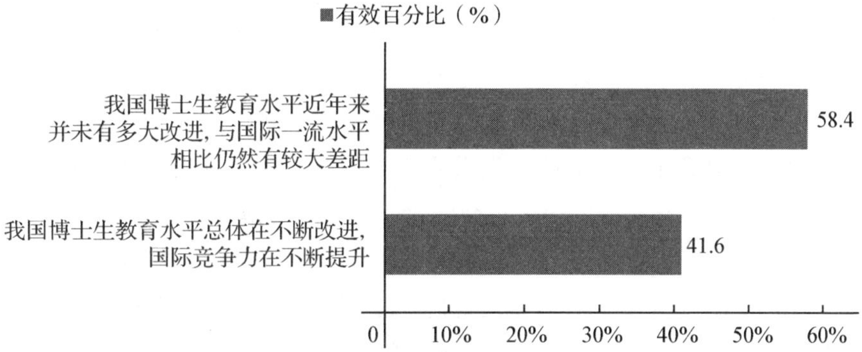

图 3-86　被试"对中国目前博士教育的总体感受"回答情况的比例对比

（五）我国博士教育面临的问题与挑战——基于统计结果的分析

博士教育体系作为社会大系统的组成部分，其水平高低和系统特点都受到诸如民族文化、教育传统、经济发展水平等因素的影响。博士生只是其中的一个变量，仅对他们的调查显然不能反映博士教育体系的所有问题。但是，博士生作为博士教育的主体，对待研究和学习的态度将直接或间接决定着博士教育的整体水平，也影响着国家未来经济与科技的发展。对博士生的深度调查，可以部分反映我国当前博士教育的水平及其存在的问题。

1. 博士教育定位模糊，入学动机“异化”

相对于教育系统中的其他子系统，博士教育在整个高等教育领域内的变革相对缓慢，这部分源其以追求纯粹知识、与现实世界隔离的价值定位，即只培养那些精心挑选、具有自己独特视角、拥有崇高价值观的人，博士生们常常是出于知识本身而去追求知识，而非实现社会某种功能的机器。遵循这一最古老的价值定位，博士教育一直以“高深研究”为其合法性基础。

随着社会经济的发展以及不同教育哲学理念的更替，博士教育的这一传统并未改变。尽管博士生们的研究不再需要远离实际需要而保持“知识”的纯洁性，但从事原创性基础研究依然是评价博士生们科研工作的主要标准。在很多国家，对博士候选人的要求尽管是多元化的，但是否具有研究兴趣和研究潜力往往是能否进入博士招收的首要标准。基于此，考查入学动机，能够反映博士教育的现状和未来发展水平，因为动机是推动人从事某种活动，并朝一个方向前进的内部动力，是为实现一定目的而行动的原因。动机具有引发、指引和激励功能。只有符合博士教育本质的入学动机才能指引博士生潜心于学术研究，才能为国家的科技创新做出贡献，而动机的“异化”将会弱化一个国家的博士教育水平。

从此次统计结果来看，大部分博士生认为博士教育的主要目标是从事学术研究(均值为 5.7)，但在询问他们“攻读博士学位的动机”时，相当一部分人还是将博士学位作为提升未来职业竞争力的工具(见图 3-87)，缺乏明确的定位和目标，这使得博士生群体的质量参差不齐(均值为 5.14)，还有部分人将博士学位作为沽名钓誉的工具(均值为 5.3)。这一现象不仅与社会的用人制度有关，更为关键的是博士生、用人单位和其他的利益相关者对博士教育的本质究竟是什么并不明晰。

2. 导师与学生间的良性互动关系亟待形成

博士生与教师的关系被认为是影响学生学习质量最重要的方面，但很多研究表明，师生之间的指导关系是博士教育中最令人失望的方面。从此次的调查来看，大多数博士生认为导师的指导在博士生的培养中非常重要(均值 5.91)，导师的声誉不仅是学生选择哪个导师的最重要标准(均值为 5.63)，也直接决定着博士生未来的科研发展和创新水平。从

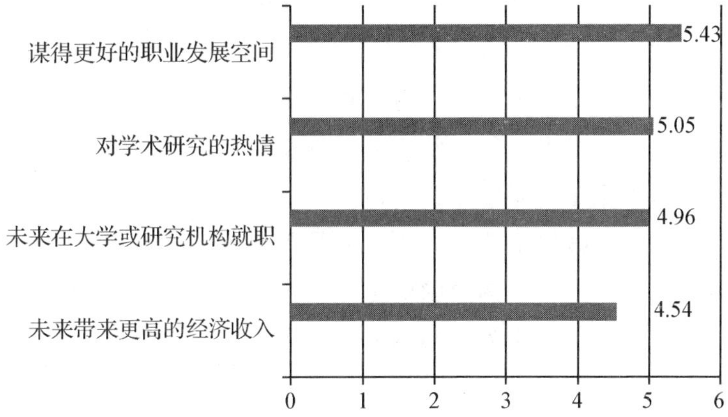

图 3-87　博士候选人最主要入学动机排序

图 3-88中可以看出，导师的学术水平和声望、研究方向以及导师对学生认真指导的良好口碑是博士生选择导师的重要指标。

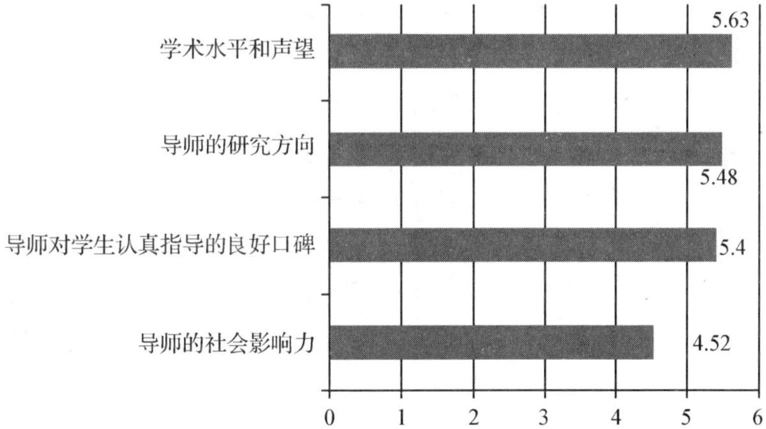

图 3-88　博士候选人选择导师的重要性指标排序

很多博士生认为，一些导师将过多的时间用在事务性工作中或自身有限的学术素养，导致缺乏对学生的学术指导。相当一部分学生与导师会面的频率较低（“每月一次”选项的均值为 4.31）。当然，不同学校间，导师的使命感也不尽相同。例如，在统计中发现，“985 工程”高校的导师对学生指导的频率相对较高。

3. 资助方式单一且总量不足，难以保证博士生潜心科研

不论在博士教育发展的哪一阶段，“经费”都是其中非常重要的因素。博士教育从事高深研究的目标定位使得博士生需要长时间的学术积累并长期潜心于研究，个人才能在特定领域取得原创性的研究成果。从这个意义上说，博士生比其他教育层级上的个人更需要有稳定的经济资助。

给予博士生足够的生活和科研资助是当前很多国家博士教育改革的主要目标，也是很多发达国家吸引世界一流人才的主要手段。我国博士教育资助方式和水平同世界发达国家相比存在明显的差距，多年来也没有随着社会经济发展水平的提升而有显著改善，这也是当前我国博士教育中最为严重的问题之一。在本次调查中，大部分博士生认为当前国家对博士教育的投入水平远远滞后于社会、经济的发展(均值为5.6)，这使得博士生难以体面地生活(均值为4.86)和潜心于科学研究(均值为5.04)。统计结果显示，此次调查对象的平均月收入为2046元，当然，这一资助水平在学校、学科与地域间也存在差异。大部分理工科学生由于要参与导师的科研项目，相应地获得的科研补助相对高于其他学科的学生。但从总体而言，博士生的资助水平与日益增长的消费水平和经济收入水平不相匹配。

除了资助总量外，博士生的资助方式仍显单一。国家每月的固定博士生生活补助是博士生们最主要的收入来源(81.64%)，其次为助研/助教(49.48%)、父母资助(42.51%)、兼职工作(31.95%)、配偶或亲属资助(19.25%)，位居最后一位的是贷款(7.38%)。数据显示，贷款是博士生们最不愿意去获取的经济援助方式。

4. 国内博士学位的竞争力日渐丧失，学术环境仍需改进

在全球化的今天，教育国际化成为不可阻挡的力量，国家之间对优秀人才的竞争已成为一场没有硝烟的战争。作为发展中国家，中国自20世纪80年代以来一直饱受优秀人才流失之苦，大量的优秀本科生和硕士研究生前往发达国家攻读博士学位。获取学位后，相当一部分人选择留在学位授予国工作。在一个以科技创新为核心竞争力的时代，我国已逐渐意识到人才是提升国家竞争力的根本，出台了大量吸引本国人才回国服务或就业的政策，并从工作、生活等各个方面提供了较为优越的条件。

在人才吸引政策中，是否拥有国外博士学位成为最为重要的人才衡量标准。国内人才吸引政策以及用人单位对“国外博士学位”的认同及推崇，不可避免地将国内的博士学位置于“劣势”地位。国内的博士毕业生在有限的学术劳动力市场上面临着更加艰难的处境。这些政策目标是把“双刃剑”，一方面能够吸引高水平人才并促进国内博士生培养单位改进培养模式，提高人才培养质量；另一方面也“鼓舞”着更多的学生前往教育发达国家接受博士教育，一定程度上恶化了本国的博士教育环境。从本次调查结果来看（见图3-89），大部分被试同意国外大学的博士学位在市场上更具有竞争力，但同时也高度认同人才培养应主要依赖本国力量而非国外。

单纯地“留”住优秀学生不接受国外博士教育并不是解决人才流失的有效方法。国外大学良好的学术氛围、优秀的导师队伍以及相对优厚的经济资助，使得其博士教育更具吸引力，这是我国博士教育改革需要解决的关键问题。

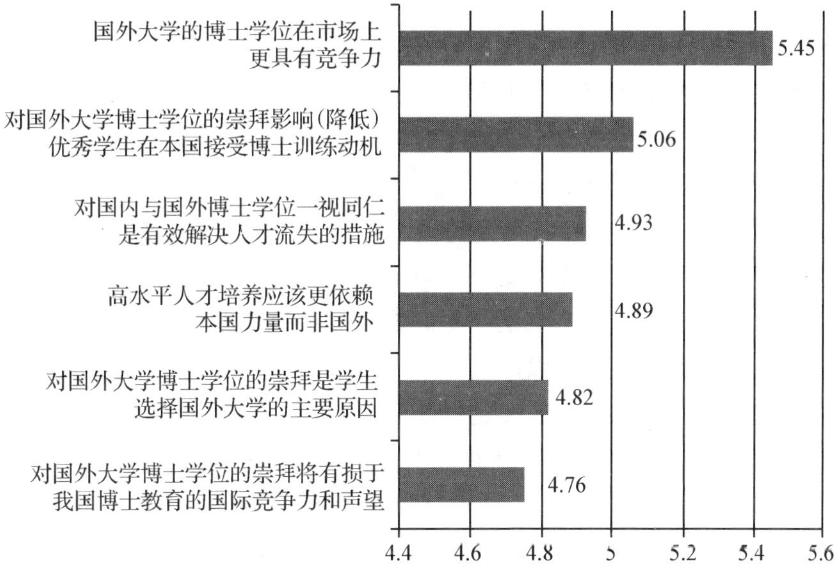

图3-89　被试对国内与国外博士学位价值的认同

（六）提升博士生创新能力的政策建议

1. 从政策供给上，完善博士教育相关制度的建设

1981年1月1日起施行的《中华人民共和国学位条例》（以下简称《学

位条例》)，标志着我国学位制度的建立。学位制度的建立，在我国高等教育发展史上具有重要的意义。时任教育部长的蒋南翔后来曾在一次讲话中说："建立学位制度是促进我国教育和科学事业向前发展的一个重大步骤"，"是新中国教育史上的一个里程碑"。① 当时建立学位制度的目的，概括起来是三个"促进"、一个"适应"。三个"促进"：一是促进我国科学专门人才的成长，主要是培养大量的博士、硕士；二是促进各门学科学术水平的提高；三是促进教育和科学事业的发展。在试行学位制度初期，培养出来的硕士、博士主要充实高校师资和科研机构的科研人员。我国当时主要希望通过这三个"促进"，来达到一个"适应"，即适应社会主义现代化建设的需要。

从三十多年的经验来看，学位制度的建立，对培养、选拔、使用专门人才，特别是高层次专门人才起了很大的作用，对国家经济、科技、教育和文化各方面的发展，都有促进作用。② 从学位制度建立的过程来看，博士教育是特定时代背景下的产物，是从硕士生中选拔出了一些优秀的学生直接授予了博士学位，而博士生导师也是临时破格提拔的，因此它的建立是恢复教育文化事业、与国际学位制度接轨的需要，更是为百废待兴的经济发展培养专门人才的现实需要。随着博士教育在国家经济发展中的重要作用日益凸显，很多国家纷纷开展博士教育改革，推出相关政策，提升博士教育质量。例如，在美国，研究生院委员会在2005年发布了《21世纪的〈国防教育法：对研究生教育的新承诺〉》白皮书。报告认为，在过去的一百多年里，凭借着在工业和制造业方面的优势，美国成为一个空前繁荣和富强的国家。美国的教育体系，包括从幼儿园到研究生院，对促进新美国的形成贡献了重要力量。这一系统为美国输送了高素质的劳动力，满足了公共部门、私营机构和非营利组织的需求。然而，未来美国的经济成功以及国家的安全要求各层次教育采取新的战略，要求重构高等教育，对研究生教育而言更是如此。2007年，美国研究生院委员会发布了《研究生教育：美国竞争力和革新力的支柱》。这一报告认为，大众对美国的未来竞争力有一种自满的情绪，他们认为美国

---

① 吴本厦．我国建立学位制度的决策和立法过程[J]. 学位与研究生教育，2007年第4期.

② 以上内容根据对吴本厦的访谈录音整理而成。

在21世纪仍然会继续领导世界的经济发展，仍然会继续吸引世界上最优秀的人才为其服务。但随着一些国家的崛起和国际竞争的加剧，这种自满的情绪到了应该得到纠正的时候，尤其是作为国家创新力和竞争力支柱的研究生教育应该首先引起重视和改革。这一报告从大学、商业精英、政策制定者的角度对提高研究生教育在国家创新中的作用提出了一些详细的策略。

与一些发达国家相比，我国博士教育相关政策的制定，尤其是围绕如何提升博士教育质量和创新力、建设创新型国家的相关政策供给不足，这使得博士教育这一与国家创新联系最为紧密的体系没有引起广泛的重视。再有就是《学位条例》自1981年实施以来，并没有根据变化了的社会经济环境而相应地做出调整，这使得博士教育制度建设远远滞后于社会经济发展水平。2007年9月，国务院学位委员会、教育部、人事部决定在所有具有博士学位授予权的高等学校和科研院所，开展博士教育质量调查工作，这是中国学位制度恢复与创建三十多年来最大规模的博士教育调查项目。但是，此次调查仍没有引发职能部门和政策制定者的关注。国家相关部门应提升对博士教育重要性的认识，积极推进博士教育相关数据的收集和实施现状调查，更好地推进我国博士教育的发展，吸引和培养高水平人才。

2. 建立以政府投入为主导，多元化的博士教育投入机制

在博士教育投入机制的改革上，我们应以政府投入为主导，统筹学校自筹经费、导师科研经费、助学贷款、社会捐助等多渠道经费来源，形成国家奖学金、普通奖学金、“三助”岗位、助学贷款、学费补偿贷款代偿等多种形式有机结合的，公平与效率、标准与层次、范围与项目、学研与就业相互统一的多层次、宽领域、全覆盖的博士生奖励资助体系。

政府投入资金用于设立国家奖学金、普通奖学金；高校以按规定比例从事业收入提取资助经费等方式自筹资金，用于设立教学助理、管理助理岗位和加强普通奖学金对家庭经济困难学生的资助力度；助学贷款用于帮助家庭经济困难学生解决学费、住宿费问题；社会捐助资金主要尊重捐助人意愿使用。国家奖学金注重效率，激励学生全面发展；普通奖学金、“三助”岗位、助学贷款注重公平，解决学生在校研读期间的经

济困难；学费补偿贷款代偿注重就业导向，引导和鼓励毕业生选择国家最需要的岗位工作。

3. 建立以研究为导向的、科研与教学紧密互动的博士生培养模式

科学研究与人才培养的理想关系是以高水平的科学研究支撑高质量的高等教育，以高质量的高等教育支撑高水平的科学研究，二者相互支撑、相互促进。美国等教育发达国家的经验表明，积极参与科学研究活动，不仅是推动国家科学进步和技术创新的需要，也是学科发展的动力，同时还是提高博士教育质量的重要手段。事实证明，研究生培养与科学研究的一体化是美国研究生教育成功的重要原因。

目前，我国博士生在高校科研活动中的地位和作用显著增强，已成为科研创新、社会服务等方面的生力军。但是，一方面，由于主客观因素的制约，尽管我国绝大部分研究生在培养过程中都或多或少地参与了导师的课题工作，但科研项目的立项管理与博士生培养制度之间的有效互动机制尚未形成，特别是依托科研项目促进创新型人才培养的内在机制尚未建立。此次调查发现，大部分博士生认同积极参与导师课题是博士生的有效训练方式(均值为5.44)。因此，在课题研究和课题立项上，应鼓励博士生以助研的身份参与课题研究，导师的科研立项应明确培养博士生的数量；允许导师从科研经费中划拨出专门的经费作为博士生的研究津贴。在博士生招生方面，导师应按照课题研究的需要公开向海内外招聘人才；鼓励博士生的研究向纵深化发展，避免博士生参与过多研究主题不一致的研究项目或课题。

4. 提升博士教育体系的声望，积极吸引和挽留高水平人才

以高声望的高等教育体系吸引世界优秀人才是发达国家的一种新"殖民"方式，而诸如中国、印度等发展中国家人才大量外流，尤其是在博士教育阶段，损失惨重。印度媒体将这一现象喻为"奶牛现象"①。因此，深化博士教育体系改革、实现自身的"造血"功能是实现人才可持续性发展的关键。博士生教育的重要性沿着两条线路展开：首先，博士教育培养

① 印度媒体把"培养阶段"由本国投入成本、"产出阶段"却去了外国贡献的情况称为"奶牛现象"——牛的嘴巴在印度，吃的是印度的草，挤奶的却是外国人。"奶牛现象"特指在本国接受了大学教育，但博士阶段在国外度过且留在国外的现象。

了大量实施创新的主体，即高质量的研究人员和学者。他们是与国家利益相关的重要研究项目的积极参与者。其次，博士生的科研活动能够促进科学的创新，或者说博士生的研究过程本身就是一个知识创新的过程。杰姆斯(James)等人通过对一百多所研究型大学的数据分析，发现在其他变量稳定的情况下，大学教师的研究生产力(可以用出版物或引用率来测量)与一所大学博士生数量的多寡有着紧密的关系。① 马斯库斯(Maskus)等人利用国家统计年鉴的研究也发现，保持其他变量不变，科学和工程领域博士生数量的增加与专利申请、大学获得专利和非大学获得专利的数量增加有着紧密的联系。②

我国的博士教育经过三十多年的发展，不论在质量上，还是规模上都取得了一定成就，但仍然面临着质量和声望危机，博士教育已成为我国高等教育系统中薄弱的环节。实施多元化的博士教育投入机制改革，建立科学研究与博士教育紧密互动的培养模式和以科研为导向的导师负责制应该是当前我国博士教育亟待解决的问题。

四、高校科研评价制度调查研究

开展科学有效的学术评价，是促进哲学社会科学繁荣发展的重要途径和环节，是推动科研管理创新、优化研究资源配置、构建现代科研管理制度的重要内容和手段。新时期新阶段，以求真务实的科学精神改进科研评价，对促进科研资源优化配置，提升研究质量和创新能力；对调动广大科研工作者的积极性、主动性、创造性，树立良好学术风气；对促进哲学社会科学繁荣发展，建设高等教育强国，具有特别重要的意义。

《国家中长期教育改革和发展规划纲要(2010—2020年)》提出："完善以创新和质量为导向的科研评价机制。"为推动落实《国家中长期教育改革和发展规划纲要(2010—2020年)》，完善以创新和质量为导向的学术评价

① James D. Adams, John Marsh, J. Roger Clemmons. *Research, Teaching and Productivity of the Academic Labor Force*. New York: Department of Economics at Rensselaer Polytechnic Institute, 2005.

② Gnanaraj Chellaraj, Keith E. Maskus, Aaditya Mattoo. *The Contribution of Skilled Immigration and International Graduate Students to U. S. Innovation*[D]. *World Bank Policy Research Working Paper Series*, No. 3588, 2005.

机制，推动学术管理创新，促进良好学术风气的形成，引导高校科学研究事业健康发展，我们开展了有关完善高等学校学术评价机制的调研。调研的主要内容如下。

第一，关于高校哲学社会科学学术评价的现状，包括存在问题、主要做法等。

第二，关于高校哲学社会科学学术评价的质量标准、分类评价标准，如何建立健全符合学术发展规律的分类评价标准体系。

第三，如何统筹协调高校哲学社会科学学术评价制度与人事分配、教学质量评估、学科点评审、学位论文、科研管理等相关制度的改革。

第四，如何充分发挥学术委员会和专家学者在学术评价中的重要作用，以及如何对待和引导学术中介机构的评价。

一年来，我们围绕关于完善高校哲学社会科学学术评价机制开展了大量调研工作，基本摸清了现阶段高校哲学社会科学学术评价的现状，认真分析了学术评价工作存在的问题，并提出了有针对性的对策建议，形成了调研报告。

(一)开展的主要调研工作

1. 实地考察

2011年初以来，我们先后到北京大学、清华大学、南京大学、南开大学、兰州大学、山东大学、华东师范大学、武汉大学、四川大学等十余所高校进行了访谈和调研，深入了解了高校哲学社会科学工作所取得的成绩和经验，以及当前贯彻落实《教育规划纲要》，推进文科发展的新思路、新举措；有针对性地对学术评价、学风建设等热点、难点问题开展专题调研。实地考察期间，我们召开学校领导、科研工作者、相关管理部门负责人参加的座谈会，充分听取与会人员的意见和建议。同时，我们深入了解了长安大学、黑龙江省教育厅列入国家教育改革试点项目的学术评价改革试点的进展情况。

2. 问卷调查

我们依托教育部哲学社会科学研究重大课题攻关项目《哲学社会科学创新能力及评价研究》，围绕“科研创新能力及评价”问题，在全国22个省(直辖市、自治区)的50所高校进行了广泛的问卷调查。调查主要采用判断抽样和随机抽样相结合的方法。调查对象主要是高校哲学社会科学工作者(包括哲学社会科学领域的教师、科研管理人员)。共发放问卷2550份,收回有效问卷2238份,有效回收率为87.8%。我们采用SPSS15.0进行数据处理,对调查所得数据进行了比较详细的研判和分析。

3. 参加科研评价论坛

2011年11月22日在苏州举办的"中国高校哲学社会科学发展论坛"以"改进科研评价与哲学社会科学繁荣发展"为主题。时任教育部副部长的李卫红出席论坛并讲话,强调要认真贯彻落实中央精神,以改进科研评价为突破口,促进高校哲学社会科学健康发展,为建设社会主义文化强国做贡献。顾海良(武汉大学原校长)、谢维和(清华大学原副校长)、朱自强(华东师范大学原副校长)、王卓君(苏州大学党委书记)、叶继元(南京大学教授)等同志分别从科研评价的前沿与目标、评价模式改革、评价体系创新、评价机制完善等角度发表了精彩的主题演讲。部分高校主管校领导、社科科研管理研究会理事单位社科(科研)处主要负责人、入选论文代表等260余人参加会议。我们和与会代表就如何贯彻落实《教育部关于进一步改进高等学校哲学社会科学研究评价的意见》,以科学有效的科研评价促进高校哲学社会科学健康发展,进行了深入交流和研讨。

(二)高校学术评价改革取得的成绩和典型案例

自2006年《教育部关于大力提高高等学校哲学社会科学研究质量的意见》印发以来,"立足创新、提高质量"已经成为学术界的共识。广大科研工作者的质量意识、创新意识显著增强。各高校纷纷开展科研评价改革,探索建立鼓励高质量研究成果的评价体系,取得了一系列改革成果,积累了改革经验。例如,倡导"代表作"评价制度,开展优秀成果"原创奖"评奖,实行同行评议制度,等等,都是评价改革取得的可贵成果;努力将评价的政治标准与学术标准有机地统一起来,将评价的质量导向摆在更加突出的位置,将评价的国际准则与民族特色有效对接,等等,都是在评价改革的实践探索中积累形成的宝贵经验。经过多年的探索,高校初步形成了具有中国特色、基本适合哲学社会科学事业发展的学术评价体系。实践证明,高校学术评价体系改革,极大地推进了哲学社会科学发展：科研创新能力明显提高、社会服务水平显著增强、精品力作不断涌现。高校在我国哲学社会科学的主力军地位不可动摇。可以说，这些成绩的取得，与这些年学术评价改革的有力推进是分不开的。

试举几个典型案例。

案例1：清华大学文科科研评价强调质量优先，坚持高质量的评价导向。学校认为，质量是科研的生命线。它至少包括以下几个方面：第一，国家水准，即按照学术发展和国家社会发展的主流与需求进行研究；第二，世界影响，即着眼国际竞争和“走出去”的战略开展科研活动；第三，历史检验，即要求文科科研的成果经得起历史和时间的检验，若干年以后仍然能够为学者所引用或者参考；第四，实践贡献，即能够有助于解决现实中的若干重大问题。实践证明，清华大学文科科研评价上的这些做法是非常成功的。这些年，文科的科研经费、项目、成果等都取得了非常好的成绩，实现了跨越式发展。更加重要的是，这些做法得到了校内外与国内外学者的认可，也鼓舞了大家进一步发展的信心。

案例2：华东师范大学推出“思勉原创奖”，建立以重大学术贡献为导向的评价机制。“思勉原创奖”将人文学科的学术质量以“原创”作为衡量标准，希望以此作为这一领域“最重要学术贡献”的具体示范和标杆。获奖标准定义为：①应达到公认的研究高度，在本学科领域已经得到学术界普遍认可；②应达到公认的研究广度，在人文学术领域具有广泛的跨学科影响力；③应达到公认的研究深度，观点新颖、见解独到，能够填补空白、载入史册。2011年获奖的四部作品，是经过时间检验的名品精品。四位作者是学术界公认的名家大家。这些作品在不同层面上推进了学科体系创新、学术观点创新和科研方法创新，在文史哲研究领域产生了广泛的学术影响，成为原创性学术成果的标杆和示范，产生了较大的社会反响。

案例3：深圳大学改进奖励办法，确立以质量和贡献为导向的评价奖励体系。2007年，学校出台了《深圳大学科学研究奖励办法》，改变了以往按成果数量核发奖励的办法，淡化成果奖励“重数量、重发表级别”的取向，设立了学术创新奖、政府奖后奖、科研成果转化奖和专利发明奖，建立起以代表性成果为评价对象、以学术影响和社会贡献为评价标准的科研水平评价奖励体系。经过几年实践，学校逐步形成了“鼓励创新、注重质量、强调研究成果的学术影响和社会影响”的科研导向，有效地调动了哲学社会科学工作者的积极性、主动性和创造性。

(三)高校学术评价存在的问题和不利影响分析

在充分肯定成绩的同时，我们也要清楚地认识到，学术评价工作还存在诸多问题，如评价制度不健全、评价体系不完善、评价方法不规范等，主要表现在以下几点。

第一，评价分类不明确。许多高校对于基础研究、应用研究、开发研究的评价采用同一套量化标准，没有发展出各自相应的评价方式。

第二，评价过于强调表观的量化指标。许多高校往往以在SCI、EI、ISTP、SSCI、CSSCI发表论文的数量和发表杂志的档次以及承担项目和研究经费的数量等作为评价的主要依据，重表观形式轻实质评价，轻研究的质量和内在价值。

第三，专家评议制和信誉制度不完善，影响了评价工作的客观性与公正性。

第四，对于“非共识”项目缺乏科学合理的评价机制，不利于一些创新性项目的发展。

第五，评价过频过繁。一些高校还将短期内的量化评价指标简单地与科研人员的待遇、奖励等挂钩，这既不符合科研发展的规律，更给科研人员造成了沉重的负担。这种不分析实际贡献、停留于以简单表观的数量指标为标准的评价体系，以及功利化的引导，引发了学术界的不良风气，导致大量的“短平快”研究成果，制造了大量的“学术泡沫”。

当前，一些不符合哲学社会科学特点和发展规律的评价标准、评价办法还在评价实践中有比较普遍的运用；注重理论创新和实际应用价值的质量评价导向还没有得到广泛确立；重数量轻质量、重形式轻内容、重个人轻团队等倾向还没有得到根本扭转；讲人情拉关系、本位主义、门户之见等不良现象还客观存在，不同程度地影响着评价的公正性和权威性。这些问题和现象的存在，已经成为制约高校哲学社会科学发展的瓶颈，成为学界乃至社会关注的热点。其产生的严重危害体现在以下几点。

第一，严重制约了科研创新能力和社会服务水平的进一步提升。当前高校哲学社会科学的创新能力和社会服务水平还远远不能很好地回应经济社会发展不断提出的新课题，不能很好地满足人民群众不断增长的精神文化需求。在影响和制约创新能力和服务水平的各种因素中，科研评价具有举足轻重的作用。课题组在全国50所高校进行的调查表明，38.8％的受访者认为当前制约我国哲学社会科学研究者个体创新能力的最主要因素是“评价导向”，32.9％的受访者认为当前制约哲学社会科学研究团队(包括研究机构、课题组)创新能力的最主要因素是“评价导向”，选择率均在同系列选项中位居前列。可以说，科研评价改革是构建哲学社会科学创新体系的重中之重，是推动哲学社会科学在新的起点上科学发展的突破口。

第二，严重滞缓了科研管理的创新，特别是科研组织方式的改进。科研评价既是科研管理的重要手段，同时也是科研管理的重要内容。科研评价的指挥棒作用，使之成为科研管理创新的关键环节和重中之重。深化科研管理体制改革、创新科研组织形式、完善科研经费投入机制，都需要积极推进科研评价改革，形成与之相适应的评价体系；没有科研评价改革的及时跟进，科研管理创新就无法真正迈开实质性的步伐。例如，建立高校与政府部门、企事业单位和其他社会组织的科研合作新模式，建立协同创新的战略联盟；建立跨学科、院系、学校、地区、部门的开放型研究机构，完善开放合作的研究机制，必然要求科研评价能够充分调动高校科研人员突破校园围墙、打破学科壁垒的积极性与主动性，为协同创新、跨学科合作确立体制机制的保障。又如，健全以解决实际重大问题为导向、研究项目为纽带、课题负责人为核心，机构开放、人员流动、内外联合、充满活力的科研组织，必然要求科研评价能够客观准确地反映研究项目所有参与者的实际贡献，能够强化科研组织中的学术凝聚力和激发研究活力。

第三，严重污染了学术风气。良好的学风是哲学社会科学发展的生命线。评价具有激励、引导、诊断功能，科学、公平的科研评价，有利于奖优罚劣、鼓励先进、鞭策后进；而欠科学、欠公平的科研评价，会导致截然相反的效果。一段时间以来，高校学术风气出现的问题，如重数量轻质量、浮躁浮夸，甚至抄袭剽窃、弄虚作假等，多半与评价机制不合理、不健全有关。通过改进科研评价，引导和促进优良学风的形成，迫在眉睫、刻不容缓。只有通过科学有效的评价，让那些崇尚诚实劳动、信守学术规范、勇担社会责任的研究人员赢得更多尊重和褒扬，让那些投机取巧、急功近利、伪造篡改的不良行为受到更多限制和批评，才能从根本上遏制学术不端，营造风清气正、和谐奋进的良好学风。

在调研中我们感觉到，科研评价已经成为高校学术界乃至社会关注的难点、热点。可以说，对于改进科研评价，学校管理部门有明确要求，学者学界有强烈呼声，社会公众有热切期待。前文提到的课题组针对“科研创新能力及评价”的问卷调查显示，来自50所高校的2238份问卷中，“改进评价机制”以54.2%的被选择率高居“进一步推进哲学社会科学创新最需着力的地方”各选项之首。所以说，评价改革势在必行。只有积极稳妥地推进评价改革，完善以质量和贡献为导向的评价机制，才能以科学有效的科研评价推动高校哲学社会科学实现新的更好发展。

（四）改进高校学术评价工作的对策建议

江苏省教育厅颁发的《关于深化高等学校科研评价改革的指导意见》（以下简称《意见》）提出了科研评价改革的方向和原则要求，是改进高校哲学社会科学评价的指导性文件。《意见》的出台，引起了学界和社会的极大关注。同时，学界强烈呼吁具有操作性的制度进一步出台。为此，课题组在上述调研分析的基础上，提出如下对策建议。

1. 紧抓制约评价改革的重点和关键

推进科研评价改革，要紧紧抓住制约评价改革的重点问题和关键环节，解决评什么、如何评、谁来评等问题，着重在评价导向、评价体系、评价制度等方面下功夫，力争取得重点突破。

（1）牢固树立评价的质量导向

目前的科研评价从总体上看基本上是量化评价的模式。无论是对学校、部门，还是对个人科研业绩的评价，基本上是对论文数、著作数、经费数、课题数、人员数、学科数等数量的要求，缺乏全面系统可操作性强的质量指标，缺乏数量与质量相统一的评价标准。改革科研评价，根本是要确立质量导向，推动形成更多更好的创新成果。为此，一要始终坚持科研评价质量第一的理念。正确处理数量和质量的辩证关系，将质量导向贯穿于科研评价的各个环节、各个层面，从根本上改变简单以成果数量评价人才、评价业绩的做法，把教师从简单数量导向的评价中解放出来。二要注重突出创新在评价标准中的核心地位。以服务国家需求、引领学术发展的实质性贡献为取向，严格坚持政治标准与学术标准的统一，更加注重研究成果的学术原创性和实际应用价值，切实推进理论与实际结合。把是否发现新问题、运用新方法、使用新资料、提出新观点、构建新理论、形成新对策等作为衡量研究成果质量高低的主要内容。摒弃简单以出版社和刊物的不同判断研究成果质量的做法。三要注意科学评价方式的建立健全。大力推进优秀成果和代表作评价，科学设置考核周期，引导研究人员潜心钻研、铸造精品，力戒过多过繁的评价；合理确定评价时限，使研究成果经得起时间的检验，杜绝急功近利的短期行为；充分尊重研究成果所有参与者的实际贡献，破除学术合作的制度壁垒；确保学者在自由宽松的学术环境中潜心研究，多出精品力作，抵制学术赝品和劣质品，抵制浮躁风气。

(2)建立科学合理的分类评价体系

哲学社会科学研究中存在的重数量轻质量等倾向，有多方面的原因。科研评价体系、评价办法严重滞后是其中一个比较突出的原因。当前改进科研评价，迫切要求建立完备的分类评价体系，实施科学的分类评价。为此，一要坚持分类评价的原则。对于人员、项目、机构、成果等不同的评价对象，人文学科、社会学科等不同的学科领域，基础理论研究、应用对策研究等不同的研究类型，论文、著作、教材、研究报告、普及读物等不同的研究成果形式的评价侧重点要有所差异。针对这些差异，我们要选取符合其特点和规律的评价指标，建立健全分类评价指标体系，避免采用同一标准评价所有科研工作的“一刀切”式的方法。二要区别对待不同类型的研究成果。基础研究要坚持服务国家的目标与鼓励自由探索相结合，研究成果要在思想理论上有所创新，传承文明上有所贡献，学科建设上有所推动。应用对策研究应以重大现实问题为主攻方向，研究成果要在提升国民素质上有所作为，解决经济社会发展重大问题上有所突破，为党和政府提供决策服务上有所建树。三要合理运用恰当的评价方式。学术质量的评价最终依赖于时间和实践的评价和检验，因此我们要充分认识到哲学社会科学研究和评价的复杂性。在进行评价时，要根据评价对象的不同特点，坚持同行评价和社会评价相协调、定性评价与定量评价相结合、过程评价与结果评价相衔接、当前评价和长远评价相补充，增强评价结果的科学性和公信力。

(3)完善公平、公正、公开的评价制度

科研评价的改革，必须坚持以公平、公正、公开为准则，并做好与之相配合的制度安排。要通过不断完善评价制度，使整个评价机制在内容构成上能够相互制约，在评价运转时能够规范通畅，确保整个评价过程都贯穿和体现诚信公正，确保学术权力在阳光下运行。为此，一要加强评价制度建设。加快建立健全评价答辩制度、回避制度、公示制度、反馈制度、申诉制度、举报制度和回溯评价制度，确保评价活动规范有序；健全以随机、回避、轮换为基本原则的专家遴选制度，推行匿名评审、署名评价，建立健全评价专家信誉制度、问责制度。二要完善以同行专家评价为主的评价机制。真正突出专家与同行在科研评价活动中的主导地位，从学术创新和贡献的角度，对学术活动及其成果采用科学的方法和标准进行客观公正的评价，保障评价活动的科学性和客观公正性。注重发挥“小同行”的重要作用，积极稳妥地引入海外同行专家评价。积极探索政府、社会组织、公众等相应研究成果受益者参与的评价机制。三要推动评价活动更加简约高效。通过优化评价过程，改进评价方法，注重评价实效，切实减轻被评机构和人员的负担，把科研人员从烦琐的考评中解放出来。

2. 大胆开展综合改革试点，统筹推进评价改革工作

推进科研评价改革，需要各地各高校加强领导，大胆开展综合改革试点，统筹推进各项评价改革工作。

(1)切实加强对科研评价改革工作的领导

各地教育部门和高校要自觉贯彻落实科学发展观，尊重哲学社会科学的特点和规律，充分认识以创新和质量为导向的科研评价对繁荣发展哲学社会科学的重要意义，将改进评价工作纳入重要议事日程，常抓不懈，采取切实举措，扎扎实实推进工作。各高校要根据《改进评价意见》，

结合实际情况出台相应的政策措施，制定相应的实施细则和工作方案，使相关制度成龙配套、相互衔接，真正发挥作用。

(2)在积极开展评价改革试点基础上统筹推进各项评价改革

科研评价工作牵一发而动全身，涉及高校工作的方方面面。要统筹协调评价制度与人事制度、分配制度、科研体制的改革，使之互相支撑，互相借力，共同构筑良好的学术生态；积极开展综合配套改革试点，先行先试、大胆创新，将质量导向、分类评价的标准和要求体现到学科评审、教学评估、学位授予、教师考评、职称评聘、机构评定、项目评审、成果评奖等各个方面，贯穿于评价活动的各个环节。通过改革试点，总结经验教训，早日取得成效，为整体推进高校科研评价改革提供学习样本，积累成功经验。

(3)改革科研管理方式，提高管理科学化水平

教育行政部门要改进科研管理方式，建立完善、科学、规范的评估制度，保障学校充分行使办学自主权，真正做到简政放权；要以身作则，在各种类型的立项评审、评估检查、奖励表彰等活动过程中，努力实现所有评审活动的公平、公开、公正，不断提高评审活动的科学性和透明度。科研管理部门要改变“重项目申报、轻过程管理、轻成果评价”的偏向，推动研究项目高质量地完成。

3. 充分发挥学术共同体在学术评价中的作用

推进科研评价改革，需要充分发挥学术共同体在学术评价中的重要作用，正确对待学术中介机构的评价。

(1)发挥高校学术委员会以及学会、协会等学术组织的作用

充分发挥学术委员会在学科建设、学术评价、学术发展中的重要作用；探索教授治学的有效途径，充分发挥教授在学术研究和评价中的作用。积极发挥专业学会、协会等学术组织在学术评价中的作用。组织专家开展评价理论和政策研究，加强同行专家数据库建设，提高评价工作的科学化水平。

(2)鼓励开展积极健康的学术批评

健康的学术批评是加强学风建设、维护学术尊严、提高研究质量的重要社会评价手段。坚持百花齐放、百家争鸣的方针，遵守学术规范，

鼓励积极健康的学术批评，鼓励潜心研究，鼓励学术精品，反对粗制滥造，驱除学术伪劣产品，努力营造尊重创新、宽容失败、尊重差异、包容多样的学术环境。

(3)规范高校出版社和学术期刊管理

教育系统出版社、学术期刊要自觉遵守学术规范和学术道德，积极探索建立作者和审稿人双向匿名的审稿制度，从出版与发表的环节上，堵塞低水平重复、粗制滥造和抄袭剽窃的漏洞，切实把好学术成果的出口关。

(4)注意培育民间学术评价机构

我们应探索建立科研中介评价机构的资格认证和监督管理制度，维护评审机构的独立性和权威性，引导评价机构规范运行、相互协作、健康发展。正确对待民间学术评价机构发布的各种排行榜，旗帜鲜明地反对各种简单化的排名，维护学术评价的严肃性。

总之，改进高校哲学社会科学研究评价，必须坚持以人为本、质量为先，尊重劳动、尊重知识、尊重人才、尊重创造；坚持公平、公正、公开，确保评价活动在阳光下运行；坚持价值性与科学性、民族性与国际性、继承积累和探索创新的统一，更好地发挥科研评价对繁荣发展哲学社会科学的导向、激励与诊断作用。

第四章　教育创新与创新型国家建设的主要问题

当前我国教育创新与创新型国家建设面临着诸多问题和挑战，主要有创新型人才培养的问题、创新型国家建设的体制与制度问题、高校内部管理体制和教师队伍建设问题、教育创新的评价问题、创新文化建设问题、教育创新的政策体系问题以及教育创新的发展模式问题。

一、创新型人才培养的问题

（一）影响创新型人才培养的基本要素

培养创新型人才是知识经济时代国家参与国际竞争的客观要求，是提高我国科技创新能力的重要举措，也是我国经济和社会发展的现实需求。我国著名心理学家林崇德先生在研究"创新人才与教育创新研究"课题时，指出了我国创新型人才培养面临的三大困惑：一是为什么中国人或中国公民没有得过诺贝尔奖？因为现在国际上公认的创造性的主要指标就是诺贝尔奖。世界上智商最高的民族是犹太人与华人，可是犹太人诺贝尔奖获得者人数是我们华人的 28 倍，可见"高智商并不等于高创造"。二是为什么我们的学生考试成绩很好，却缺乏创造力？有大量事实证明，我们的中小学生在"国际奥林匹克竞赛"中获得的大奖也不少。通过中英青少年科技创造力发展对比研究，结论是"高知识并不等于高创造"。三是如何解决"李约瑟悖论"？李约瑟说，中国人发明了火药、指南针、造纸术、印刷术，但是，现在的科学，像量子理论、相对论、信息理论、集成电路、多媒体电脑等哪个是你中国人发明的呢？这种悖论如何解决？基于以上三大困惑，林崇德先生的思考是：思考一，我们"自主创新能力还不强"，缺乏创造性人才是关键问题所在。因此，必须培养一批又一批的创新人才。思考二，检讨一下我们的教育，确实存在不少问题，也可以用“失衡”两个字来表示。这种教育失衡是解决问题的突破口。因此，从教育创新入手，注重创新人才培养，这是解决问题的关键。思考三，实行创新教育或教育创新、培养创造性人才，这是解决问题的关键，这将关系到我们民族的命运。因此，培养创新型人才或创造性人才是国家发展战略的核心，也是提高综合国力的关键。[①] 由此可见，创新型人才培养是我国教育改革和发展的重大任务。影响创新型人才培养的因素和条件有很多，我们认为最重要的因素是创新型人才的标准问题，因为创新型人才的标准（质量和规格）涉及国家的教育目的，教育目的是一切教育活动的出发点和归宿。

随着社会的发展，创新型人才的规格标准也在不断变化。我国学者丁钢教授认为：“改革开放以来，我国创新型人才的内涵经历了从复合型人才、跨学科人才到跨学科领衔型人才的演变。”“创新型人才的素质包括四个方面：一是良好的道德修养和与人合作的能力；二是强烈的求知欲望和探索创新的工作能力；三是精通某一知识领域；四是具有多学科和跨学科的学习和研究背景。”[②]全球化给创新型人才的培养带来了诸多挑战，其中培养“国际化人才”成为创新型人才培养的目标指向之一。例如，日本就提出了国际人才应具备的10个基本条件：积极肯干，但是不蛮干；人际关系融洽，不以自我为中心；兴趣广泛，知识丰富；外语出色，乐意结交外国人；行动迅速；能很快适应异国他乡；意志刚强，富有忍耐性；深谋远虑，但不优柔寡断；安排、处理好家庭生活关系；身体健康，精神焕发。[③]《国家中长期教育改革和发展规划纲要（2010—2020年）》中提出：“适应国家经济社会对外开放的要求，培养大批具有国际视野、通晓国际规则、能够参与国际事务和国际竞争的国际化人才。”

那么影响创新型人才的因素有哪些？一般来说，创造力的影响因素主要集中于内部因素和外部因素两个方面。内部因素主要是人才的智力、动机水平和人格特征等，这些因素与创造力的关系是创造力领域的研究

① 林崇德．创造性人才特征与教育模式再构[J]．中国教育学刊，2010年第6期．

② 丁钢．杰出人才培养：一个制度文化的分析视角[J]．探索与争鸣，2010年第3期．

③ 林崇德，等．创新人才与教育创新研究[M]．北京：经济科学出版社，2009年．

热点。外部因素主要是指影响创造力的外部环境，主要集中于创造所基于的社会知识和技术水平、社会文化环境、家庭环境和学校环境。就目前情况看，学校是培养创新型人才的最大载体，学校中的教师和学习环境对创新型人才产生较大影响。在目前国内的很多研究中，研究者都提出要培养创新型人才，应该将人文教育与科学教育融合起来，培养学生的人文素养和科学素养，二者缺一不可，并在理论上对人文教育和科学教育对创造力的作用进行论述。例如，周远清就认为推进人文教育和科学教育的融合是实施素质教育、培养创新人才和取得原创性科研成果的关键性措施。①

本课题组通过结构方程模型，构建了创造性、创造性倾向、人文素养和科学素养的关系模型，研究了这些因素与创造性思维的关系。研究结果表明，创造性人格、科学素养对创造性思维有直接的影响。人文素养通过影响创造性人格对创造性思维产生间接的影响。我们认为科学素养和人文素养是创新型人才的重要影响因素。大学生科学素养与人文素养的养成，对于促进其创造力的发展具有积极的影响。首先，良好的科学素养与人文素养，使大学生拥有广博的知识和合理的知识结构，这是创造力的基本前提。创造能力的高低具体体现在解决实际问题的过程中，并最终以创造性成果的形式表现出来。广博的知识和开阔的视野，有利于学生从综合、多元的视角观察问题，灵活应用多种理论和方法，进行有效的发散、转换和迁移等思维活动，从而实现知识的创新、能力的发展。其次，良好的科学素养与人文素养，有利于培养大学生健全的人格。爱因斯坦说过："用专业知识教育人是不够的。通过专业教育，他可能成为有用的机器，但是不能成为和谐发展的人。要使学生对价值有所理解，并产生热烈的感情，那是最基本的。"②在多种价值观泛滥、社会物欲膨胀的今天，大学生们面临着人生观、价值观的危机。人类已经认识到科学技术是一把双刃剑，它一方面给人类带来丰厚的物质财富，不断地改善人们的生活条件和水平；另一方面也带来了资源浪费、环境破坏、现代

① 周远清．在更高层次上推进人文素质教育与科学素质教育的融合[J]．中国高教研究，2010年第7期．

② 爱因斯坦．用专业知识教育人是不够的[J]．山东教育，2008年第15期．

战争等问题。通过对大学生人文精神的培养，它可以引领着科学技术、发明创造沿着有利于人类长远利益的方向发展。

我们研究发现，大学生的创造性与科学人文知识的掌握、科学地解决问题的能力有着密切的关系。学校教育中一方面应该加强对人文教育与科学教育的融合，合理地设置通识课程，使学生具有更加宽泛、合理的知识结构；另一方面应该在教学过程中，强调对问题解决能力的培养，而非简单地强调知识的学习和量的积累。

现代社会需要文理兼备、具有创新精神的复合型人才。因此，高校的学生不仅要学习科学技术，而且要有扎实的专业知识基础，更要有较高的人文素养，时时刻刻以人文精神作为其行为导向。技术需要人文精神成为其内在的精髓。缺乏人文精神指导的技术是无生命力的；而不具备技术的人文工作者，是不能适应社会需要的，是没有生存能力的。只有具备良好的人文素养、科学素养的学生，才能有较强的创造力，从而在社会中具有较强的竞争力。

在创新型人才培养上，西方教育和东方教育各有自己的优势。“西方教育的出发点就是要培养适应性人才，把创造力像一条红线或主线似的贯穿到教育之中，它强调的是知识面的宽度、学生的独立性和实践能力；而东方的教育模式以培养逻辑思维为出发点，强调的是知识的深度，采用的方式是重视读书、统一的规范和集体主义。”①在多年研究的基础上，林崇德教授认为应该扬长避短、互相吸收，融东西方教育模式为一体，培养“T”形人才②——创新或创造性人——作为一个教育目标。“T”形人才中的“横”代表西方的教育观念、教学方式、教学模式，“竖”代表东方的教育观念、教学方法、教学模式。

(二)创新型人才培养的模式问题

我国当前的人才培养模式是“工业型”的人才培养模式，这种模式主要受工业生产的批量化、标准化和劳动分工的精细化、专门化的影响。这种人才培养模式为我国培养了大批的专门化人才，但对人的个性和创造性培养重视不够。随着科学技术的飞速发展和知识经济时代的到来，

---

① 林崇德．创造性人才特征与教育模式再构[J]．中国教育学刊，2010年第6期．

② 林崇德．创造性人才特征与教育模式再构[J]．中国教育学刊，2010年第6期．

“工业型”的人才培养模式已不能满足社会发展的需要，也越发凸显了我国创新人才培养模式存在的问题，具体表现在以下几个方面。

1. 现行人才培养模式对创新精神和实践动手能力培养严重不足

从创新型人才培养的角度看，我国大学人才培养存在的主要问题在于学生的创新精神、实践能力和社会责任感的不足。① 长期以来，我国在人才培养方面注重基础知识和基本技能的掌握，强调知识的系统学习，重视培养学生的分析能力和学习能力，提倡刻苦学习精神和良好的学习习惯。但与创新型国家对人才培养的实际需求相比，我国所培养的人才的创新意识、创新精神和实践能力还需要极大加强，培养出的拔尖创新人才的数量还严重不足；我们在培养人才的过程中，调动学生学习的主导性与创造性明显不够，对学生动手实践能力的培养还存在较大的差距。②

2. 因材施教不够，启发式、参与式、研讨式等教学方式欠缺

我国著名教育家顾明远先生认为，教育要找出培养一般人才和杰出人才的平衡点，就是要坚持公平而又差异的教育原则。所谓教育公平，从最终的结果讲，就是使每个人通过教育都得到充分发展。但人的天赋、生长环境是不同的，只有根据每个人的不同特点施以不同的教育，即因材施教，才能使每个人的潜在能力得到充分的发展。③ 从教学方式看，我国的人才培养模式是“教师讲授、学生听”的填鸭式教学，而不是因材施教和启发式教学。创新型人才的培养不是知识学的越多越好，重要的是在教学过程中培养学生的学习兴趣。为了创新型人才的培养，西方大学出现了很多新的教学方式，传统上有苏格拉底教学法、案例教学法、习明纳(seminar)教学方法等。近年来为了培养具有批判性思维能力和创造性思维能力的人才，国外许多著名大学实施了多种新的教学方式，如本科生科研(undergraduate research)、探究性学习(inquiry-based learning)、基于发现的学习(discovery-based learning)、基于问题的学习(problem-

---

① 刘宝存．国际视野下我国大学创新力存在的问题及对策研究[J]．比较教育研究，2011年第1期．

② 刘宝存．创新型国家建设与中国高等教育改革[M]．北京：高等教育出版社，2009年．

③ 顾明远．教育体制改革是一项系统工程[J]．探索与争鸣，2010年第3期．

based learning)、基于课题的学习(project-based learning)、基于研究的学习(research-based learning)、一年级习明纳(first year seminar or freshman seminar)、高峰体验(capstone experience)、服务性学习(service learning)、合作性学习(collaborative learning)等。① 以上这些新的教学方式都是创新型人才培养的有益方式，但在我国的人才培养过程中，这些教学方式还没有得到具体应用，这反映出启发式、探究式、研讨式教学方式的欠缺，严重制约了学生的创新思维、创新精神以及实践动手能力的培养。

3. 各阶段教育的衔接不够

创新型人才培养是一个系统过程。从横向来看，创新型人才培养需要家庭、学校和社会形成三位一体的教育合力；从纵向来看，创新型人才培养也是整个教育系统的有机结合，需要从幼儿教育、初等教育、中等教育到高等教育的有效衔接。大家都知道，我国的中小学生在“国际奥林匹克竞赛”中都能得到很好的名次，近年上海学生参加的 PISA(国际学生评估项目)测试成绩也很好，但我国真正的拔尖创新人才还寥寥无几。这也是我国著名科学家钱学森先生的问题：“为什么我们的学校总是培养不出杰出人才?”在我国，终身教育体系还不是很完善，各级各类教育之间的衔接机制尚未健全，这些都制约着我国创新人才的培养。

4. 缺乏真正意义的英才教育，协调一致的英才教育体系尚未建立

英才教育不仅仅是一种教育形式，更是一种教育理想；不仅仅是对英才儿童的教育，更是对所有儿童都有价值的教育形式的一种探索。我们反对把英才教育定位为精英教育，也反对把英才教育定位为普适性教育。英才教育就是一种为挖掘儿童的巨大潜能，而对每一个隐性天才所实施的个性化教育。当前，中国政府比已往任何时候都渴望英才，中国民众对教育的热情与关注也达到了有史以来的历史最高点。在官方与民间的共同作用下，人们期待中国能够培养出富有创新精神的新一代优秀公民和大师级人才。但是，中国英才教育政策的零散性、实践的原发性、理论研究的片面性，与中国对英才教育的内涵与定位、相关部门的规划

① 中国教育国际交流协会．中国教育国际论坛(第 5 辑)[M]．北京：人民教育出版社，2007 年.

与管理有关。英才教育处于一种自发的、自然生长的状态。与国外的实践与研究相比，不论从人才识别，还是在培养模式和评价机制等方面，中国英才教育的差距还很巨大。例如，目前重点校、示范校仍然承担着进行英才教育的当然责任，但由于应试的压力，学生在许多重点校中接受的教育，并不是真正意义上的英才教育。素质教育理念为中国英才教育的发展带来更多曙光。个别学校的超常教育实践，是英才教育的很好的探索，但由于招生、课程等方面的原因，还难以发挥更大的作用。此外，在推动教育发展的动力系统中，应有家庭、学校、政府、社会的共同参与。其中，家庭是一个重要的力量，但家庭对于英才的培养，多关注其未来的利益获得与孩子的切身感受，更关注其教育投入与产出。家长们希望孩子成为幸福的、有经济实力的自主的人，而未必是需要付出更多辛苦的努力。因此其在英才培养中，工具性超过了价值性。在升学目标的驱动下，家长们更愿意让孩子们去学习那些与考试有关的科目和知识，而对于与学生创造性、综合素质有关的项目，给予的关注则远远不够。这都需要我们从系统构建到实践推进，进行多方整合。

5. 对博士生教育在建立世界一流大学和赢得学术独立和文化自信方面的重要地位缺乏认识

学术独立是国家独立的重要组成部分，是一个国家迈向科技强国的前提和基础。建设自主、自信的高等教育体系，为国家的科技、经济和社会发展提供前沿知识、创新人才和理性文化，是一个国家在现代化发展道路中的重要战略选择。例如，美国通过建设能够与欧洲竞争对手相抗衡的一流研究型大学和发展博士生教育，提升其在创新型人才培养和前沿研究领域的独立性，摆脱对他国文化和教育的依赖，并为国家的发展奠定了坚实的智力基础。博士生教育的制度化不仅催生了美国研究型大学的涌现，也使得美国高等教育摆脱了对欧洲大陆大学的“依附”而走向了学术自立的道路，并确立了20世纪30年代世界高等教育“美国时代”的开端。当前，中国的高等教育，尤其是博士生教育改革也面临着诸多问题和挑战。因质量和声望危机而产生的优秀人才外流和高深研究与创新型人才培育的“依附性”，使得中国在创新驱动发展道路上出现了科技自主创新与人才外部依赖的悖论。中国在建设创新型国家以及提升科技自主创新能力的过程中，如何实现人力资源从“大”到“强”的转变，扭转优秀人才外流以及高等教育体系的质量和声望危机，避免从技术的外部依赖转向人才的外部依赖，是当前中国科教政策领域亟待解决的重要理论和战略问题。其中，提升中国博士生教育的质量和吸引力应作为建设世界一流大学和赢得学术独立、文化自信的重要组成部分。

6. 社会参与培养创新型人才的局面还未形成

创新型人才需要具备较强的实践能力，这就需要学校加强与社会的合作。国外已经形成比较完善的校企合作培养人才的模式。学校、社会和企业都有培养人才的责任，社会和企业为学生实习提供充分的资源和机会。而在我国，一般来说，培养人才仅仅是学校的责任，社会和企业是用人单位，二者之间是一种供求关系。在这种关系下，学校所培养的人才不能满足社会的需要，出现了所谓的“结构性失业”。缺少良好的社会环境，仅仅靠学校培养创新型人才是难以完成的任务，所以我国应出台相应政策，明确社会和企业在人才培养中的地位和职责。

二、创新型国家建设的体制与制度问题

当前我国创新型国家建设的体制和制度问题主要有国家科教体制分离的制度安排、高校科研在国家创新体系的战略地位尚未确立，以及大学产学研一体化政策还不完善等。

(一)国家科教体制分离的制度安排，严重制约国家创新体系建设

长期以来，我国的科教体制是以科研院所为主体的科研机构和兼具科研与人才培养功能的高等学校并行发展。这种政策安排，适应了当时社会经济建设的需要，短时期内迅速积聚了大批科研人才与科研成果，为我国科教事业的发展奠定了坚实的基础。改革开放近四十年来，我国逐步对科研和教育体制进行改革，越来越重视科研与教育的结合，但尚未从根本上改变科研和教育相对分离的体制，即科研、教育发展的“二元化”轨道。从实践层面来说，我国科教分离政策严重阻碍了国家创新体系的建设，具体表现为以下两点。

第一，这种科教分离政策造成了科研与教育资源的巨大浪费，直接导致高校科研资源的严重不足，严重制约了创新型人才的培养。从美国

的历史经验看，高校是承担基础研究的主要部门，构成了其人才培养尤其是研究生教育的坚实基础。我国大部分的科研经费都投入到科研院所，高校研发经费投入严重不足。2006 年，经合组织成员国的高校获得的研发经费占其研发经费的比例达到我国高校的 2～5 倍。① 2013 年，我国政府投入研发经费 2500.6 亿元，高校研发经费投入仅为 856.7 亿元，占全国研发经费的 7.2%。② 科研资源投入的不足，导致高校在知识与技术创新中无法充分地支撑创新型人才的培养，使得科技创新缺乏后劲和可持续发展的能力。

第二，科研院所科研资源丰富，但没有全面地参与到人才培养中去。与高校相比，科研院所获得更多的研究资源支持，但是其科研资源却无法有效地转化为教育资源。科研院所招生规模较小，无法充分地利用科研资源，进行大批量创新型人才的培养，这就造成了有些科研资源的闲置和浪费。2010 年全国研究生招生计划中，科研院所计划招收硕士研究生 6341 人，博士研究生 1768 人，仅占全国计划招生总规模的 1.2% 和 2.5%。③ 另外，科研院所培养的研究生往往专业性很强，但欠缺宽厚的通识教育基础，缺乏科学创新所必需的人文社会科学素养和文化艺术修养，缺乏高校的学科基础、文化氛围，原始创新能力受到限制。这样的研究生就很难成为拔尖创新人才和科技领军人物。

可见，科研、教育发展的“二元化”轨道，造成了双方在人、财、物等方面的重复投入，导致科研与教育资源的浪费，这在某种程度上成为我国创新型人才培养的瓶颈。

(二)教育创新体系在国家创新体系的缺失

我国目前已建立了包括五个子系统在内的国家创新体系(见图4-1)，包括知识创新体系、技术创新体系、国防科技创新体系、区域创新体系和科技中介服务创新体系。但是，大学通过创新文化培育、创新人才培养、高水平的基础研究和应用研究以及科技成果转化，能够直接促进知

---

① 我国高校研发经费与部分国家比较[J]. 全求科技经济瞭望，2005 年第 5 期.

② 2013 年全国科技经费投入统计公报数据解读[EB/OL]. http://news.xinhuanet.com/2014-10/23/c-11129486665.htm，2014-10-23.

③ 教育部 国家发展改革委关于下达 2010 年全国研究生招生计划的通知. http://www.moe.gov.cn/srcsite/A03/s7050/201002/t20100221_91621.

识创新和技术创新，同时也间接促进了国防、区域及中介服务体系的创新。目前我国却未将教育创新体系纳入国家创新体系中。我国的国家创新系统出现了结构性缺失，使国家创新缺乏持久的动力源和竞争优势。

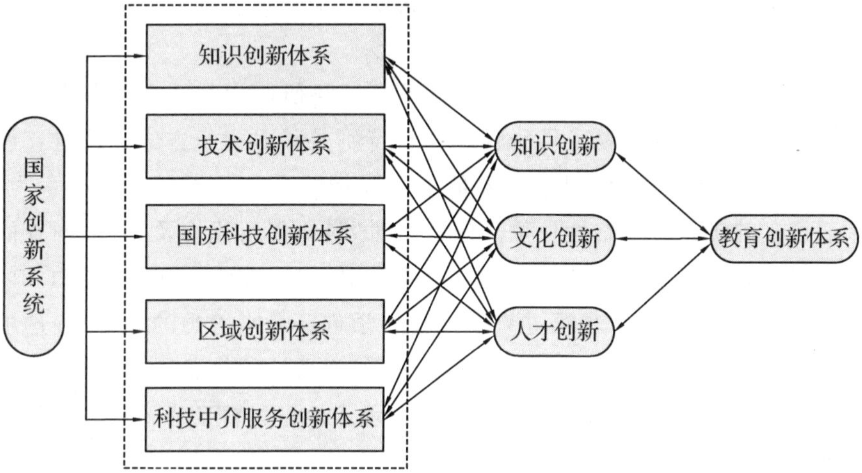

图 4-1　现行的国家创新系统模型图及其结构性缺失

在现行的国家创新体系下，高校科研在国家创新体系中缺乏应有的地位。在我国科学研究事业中，高校的独特优势和战略地位还没有受到应有的重视。高校在知识创新中的主体地位还没有得到应有的重视，至今尚未进入国家知识创新工程。我国的研发投入相对不足，基础性研究的研发投入比例偏低。对于处于中间试验和工程化试验阶段的科研项目，特别是一次性投入大，具有公益事业性质的基础研究项目，科研资金短缺常常是制约科研创新的重要因素。

（三）高校科研体制不合理，制约创新型人才的培养和基础研究工作的开展

我国高校科研体制的不合理性主要表现为以下几个方面。

1. 科研评价体制僵化，无法对人才培养和基础研究的开展起到良好的导向和激励作用

我国高校科研评价体制目前存在制度不健全、体系不完善、方法不规范等诸多问题：第一，评价分类单一，许多高校未区分研究类型而采用同一套量化标准；第二，评价过于强调表观的量化指标，重表观形式

轻研究的质量和内在价值；第三，专家制度评议制和信誉制度不完善，影响评价工作的客观性与公正性；第四，对于“非共识”项目缺乏科学合理的评价机制，不利于一些创新项目的发展；第五，评价过于频繁，给科研人员造成沉重负担；第六，重视科研成果轻视教学成果，使教师将更多的精力花在研究工作而非教学工作上。

这些现象和问题的存在严重制约了高校科研能力和社会服务水平的进一步提升，严重滞缓了科研管理创新特别是科研组织方式的改进，严重污染了学术风气，使得学术界催生急躁情绪和急功近利的短视行为，削弱了基础研究的战略性地位。课题组对“科研创新能力及评价”调查的问卷显示，来自50所高校的2238份问卷中，“改进评价机制”以54.2%的被选择率高居“进一步推进哲学社会科学创新最需着力的地方”各选项之首。科研评价已经成为高校学术界乃至社会关注的热点和难点。

2. 高校科研投入偏低，组织管理方式落后，制约了高校科研作用的发挥

近些年来，我国研发经费投入迅速增加。2013年，我国研发总投入为11846.6亿元，为世界第二研发大国，但是对高校科研投入偏低。2013年，对高校的科研投入为8567140万元，占全国科研总投入的7.2%。① 高校科研经费投入的不足，严重制约了高校科研设施的改善、研究队伍的优化和原创性成果的产出，直接影响了高校的创新能力和学术竞争力。加之目前高校科研经费基本上都是任务导向的竞争性经费，缺乏长期稳定的自主科学研究事业费，这是高校研究方向趋同、原始创新不足的重要原因之一。

3. 高校科研管理体制不够科学，影响了科研质量的提高

第一，目前我国高校科研项目由科技部、教育部、自然科学基金委、中科院等部门多头管理，造成了相关责任主体不清、科研资源分散使用和项目重复设置的情况，不利于高校和科研院所的科学技术原始创新能力的提高，更成为建设科学研究与高等教育有机结合的国家知识创新体系的主要障碍。第二，高校科研经费缺乏科学合理的统筹规划。我国高

① 所有数字均来源于2013年全国科技经费投入公报 中华人民共和国国家统计局. http://www.stats.gov.cn/tjsj/tjgb/rdpcgb/qgkjjftrtjgb/201410/t20141023_628330.html，2014-10-23.

校科研经费的来源渠道及经费管理主要有三类：第一类，教育、科技主管部门及行业主管部门设立的科技计划或项目下拨的纵向科研经费，以及国家各级政府出资的基金、项目的科研经费等；第二类，学校与社会其他部门及企业进行科研合作、提供咨询或科研成果转让等获得的横向科研经费；第三类，国内外社会机构或个人捐赠的科研经费、从国际合作项目中获得的经费以及高校自筹的科研经费。高校科研经费来源渠道广、数量大、专业面宽，涉及部门多，缺乏科学合理的统筹管理规划，加大了管理的复杂程度。经费来源部门管理规定的差异，使得财务管理部门对日常开支的监管难度增大。第三，科研经费的拨款方式有待改进，使用规定不够合理。高校教学、科研工作相互交叉、重叠，而现行财政拨款模式为“生均定额拨款＋专项补助”，至今没有专门的科研预算。其中生均定额拨款以学生人数为计算基础，根据学生培养成本进行核定；专项补助主要包括“211 工程”“985 工程”等专项，此类经费为专款专用。各级财政通过教育主管部门预算下拨给高校的经费中基本上没有独立的科研经费，高校大多数教师的工资、津贴等人工成本均未计入科研成本；研究工作与教学活动没有合理的分摊机制，也没有明确划分教学成本和科研成本，致使科研工作发生的各类费用不能准确核算，客观上造成了科研经费管理与使用上的某些不良现象。第四，竞争性和非竞争性科研经费结构失衡，制约了高校创新作用的发挥。受科研评价制度的影响，我国高校的基础研究投入严重不足，制约了高校在基础研究与创新型人才培养方面潜力的发挥。高校从事基础研究的人员占全国基础研究人员的 60％以上，但其研究经费却只占全国基础研究经费的 50％左右。① 竞争性和非竞争性科研经费结构失衡，竞争性科研经费投入比重偏大，难以形成较长时期(中期)的科研规划和布局，没有充分发挥高校基础研究的自由探索优势。而且，非竞争性科研经费的项目管理和财务管理办法还未建立，无法促使学校的科研方向及项目设置围绕整体学科、专业发展的需要，持续不断地进行高水平研究、培养创新型人才。许多基础研究成果本身并不能产生直接的经济效益，以短平快、急功近利等非科学

① 高校基础研究经费在全国比超过一半[EB/OL]. http：//politics-people. com. cn/n/2015/1204/c7073-27892359. html，2015-12-04.

的标准评价相关研究人员，制约了重大原创性成果的产生。

4. 科研队伍整体水平偏低，高校教师组成结构不合理

目前我国高校科技队伍建设的问题体现在五个方面：第一，国际化程度低。高校科研人员参与国际交流学习与合作的机会普遍较少，全国重点高校科研队伍不能按照国际化人才需求的标准来培养、管理科研人员，还不能充分运用国际化人才资源。第二，高层次科研领军人物和拔尖人才匮乏。虽然我国高校科研队伍在总量上居世界前列，但具有创新精神与国际视野的学科领军人才不多，高校更是缺少勇于创新和能解决重大问题的研究团队。第三，高校跨学科研究能力较弱。现实中一切重大课题非通过跨学科的研究不能完成，然而我国高校科研人员欠缺对跨学科研究的严格训练，缺乏跨学科的意识、视野、情怀和对必要学术规范的了解。这与长期以来我国实行分科教学的模式有关。在这种模式下，科研人员对非本专业领域的知识和技能的了解和运用能力都很难满足跨学科研究的需要。第四，科研团队建设落后。我国高校科研团队建设主要存在如下问题：首先，科研团队凝聚力缺失。当前我国高校科研团队大多是围绕项目组成的临时项目组，“个人主义”倾向比较明显，团队整体科研能力、创新能力、凝聚力差。其次，学缘结构单一，本土化。当前我国人才多归属于某一部门或者单位，形成了终身制关系，形成了以“近亲繁殖”为特点的学院体制，呈现出了学术气氛比较沉闷、研究方法刻板、知识老化、思想僵化等特点。

(四)高校产学研政策不完善，高校科研成果难以转化

我国产学研尚存在相关政策及法律不完善、产学研衔接尚不通畅、利益分配机制不完善、缺少风险补偿机制等问题，导致大学与企业之间的产权之争时有发生，大学成果转化率低，合作研发资金非常短缺，产学研合作不长久等。高校目前产学研结合存在的主要问题：一是以项目为载体建立合作关系多，围绕多个企业共同的技术创新需求建立的持续性合作关系少。多数合作是以企业向大学、研究机构一对一地委托项目，大学、研究机构组建临时性项目组的形式进行。二是合作的组织形式松散。意向性的合作协议多，权责利界定模糊，合作关系缺乏法律约束力，合同文本可执行性差，缺乏保障持续性合作关系的组织。

目前高校科研成果转化率低下，产学研用合作效果不明显的根本原因还在于学校的科研激励机制和产学研用结合方式上存在着某些引导上的缺陷，没有达到预期的激励方向和作用，导致科研能力不高，科研成果本身的适用性、先进性、完整性、可行性、可靠性不够。

由于体制制度制约较大、产学研(尤其是企业)自身能力的限制、市场机制的不健全，我国产学研尚未形成稳定完善的合作机制，主要表现在以下几个方面。

第一，大学科研评价体系及科研人员的观念与企业的技术创新需求不符。由于体制原因，长期以来大学科研成果的价值大多单纯以获得国家经费多少、发表论文数量和所获奖励级别等来确定。这种评价体系仅体现科技成果的技术价值，而忽略了市场价值，结果导致科研单纯追求学术价值而与市场需求脱节，也使得高校巨大的创新潜力没有发挥出来。大学科研人员的研究课题选择往往倾向于以知识创新为重点，以科技成果水平的先进为目标，以学术性、科学性为衡量标准，其内容多为学科性、专业性成果；没有从目前企业急需开发的项目中寻找课题，忽视其最终研究成果产品化和工业化的可行性，忽视成果转化成产品的市场定位、市场需求等问题。这就使得高校很多科技成果鉴定之后就束之高阁，直接导致许多成果难以转化为现实的生产力。

第二，企业自主研发能力薄弱，对科技成果转化的“二次创新”不够。高新技术产业的发展，关键在于企业的“二次创新”。然而，目前在我国，企业还没有真正成为科技创新的主体，其自主创新能力薄弱。很多企业仅依赖于引进先进技术，对自主研发能力的开发重视不够。自主研发投入少、研发队伍薄弱是当前我国企业在自主创新方面普遍存在的问题。这就使得大学在科技成果转化中还必须参与“二次创新”，无形中大大增加了产学研合作的难度与大学科研人员的负担。要想使产学研合作真正取得良好效益，完全依靠高校的研发创新能力是不行的，企业也必须重视自主研发中心的建设，加大对研发创新的投入力度，增强企业研发队伍，加强和高校研发力量的交流、互动与合作。

第三，产学研合作中的融资渠道不畅。资金是促进科技成果转化的动脉系统。尽管各地政府都组建了创业投资公司、科技投资公司，并对产学研给予专项资金支持，但是政府创业资本的示范效应并没有发挥很大影响。融资渠道不畅，资金缺乏，依旧是我国大学参与产学研合作过程中遇到的一个突出问题。受特定社会地位的制约，我国高校面临着科研资金不足、缺乏中试基地的现实困境，而我国企业刚刚意识到与大学及研究院所合作创新的重要价值，现在还没有形成流畅稳定的资助支持关系。另外，由于高新技术成果转化风险较大，而我国尚没有建立完善的科技创新风险投资机制，这也影响到科技成果转化的效率。特别是对中小企业来说，大部分企业自身积累并不富裕，能够用于研究开发的经费很少，用于产学研合作的资金相对来说就更少。所以，拓宽产学研项目的资金来源是产学研合作发展过程中一个亟待解决的问题。

第四，大学产学研合作相关法律法规不完善。现行有关产学研合作的规定大多依附于其他方面的法规。截至目前，我国还没有一部专门针对产学研合作的法规。关于产学研合作中发生的利益与权益纠纷并没有具体的处理参照框架，这势必会影响产学研合作的顺利进行。

第五，中介服务结构服务不到位。近几年，我国的科技中介服务机构从无到有，从少到多，有了一定的发展，但我国的科技中介机构大多设置层次低、功能单一、机构不健全，很多中介机构服务体系不到位，甚至有些组织打着科技中介的幌子，钻国家政策的空子，谋取利益，或以推销技术成果为目的，给大学和企业造成损失。此外，全社会对中介服务的重要性认识不足，大多数中介组织制度不健全、设施不完善、服务内容和方式陈旧，从业人员素质有待提高。目前，我国大部分大学尚没有专门设置科技输出中介机构来加强产学研合作关系。中介服务信息传递不够及时和准确，导致大学的很多科技成果找不到需求而无法实现转化。另外，企业需要的技术成果找不到合适的提供者。

三、高校内部管理体制和教师队伍建设问题

当前我国高校内部管理存在着高校内部权力分配集中化和官僚化现象严重、学术权力和行政权力之间存在冲突，以及高校教师队伍建设评聘制度执行不严格、教师职称结构不合理的问题。

(一)高等学校内部权力分配制度问题突出

根据1998年颁布的《中华人民共和国高等教育法》(以下简称《高等教

育法》)，我国高等学校的内部管理体制实行的是党委领导下的校长负责制。具体而言，在我国的高等学校里，党委是学校领导的核心，统一领导学校的各项工作，支持校长独立负责地行使职权。党委的职责主要是：执行党的路线、方针、政策，坚持社会主义办学方向，领导学校的思想政治工作和德育工作，讨论决定学校内部组织机构的设置和内部组织机构负责人的人选，讨论决定学校的改革、发展和基本管理制度等重大事项，保证以培养人才为中心的各项任务的完成。校长则全面负责本学校的教学、科学研究和其他行政管理工作。

从整体来看，我国高等学校的这种管理体制是符合我国高等教育的发展规律的，并且在实践中也取得了积极的成果。但是在一些具体的管理实践过程中，还存在一些问题，主要表现为两个方面，一是校院权力分配上的权力集中化和官僚化，二是高校内部行政权力严重制约学术权力。

1. 校院权力分配上的权力集中化和官僚化

在我国高等学校内部权力分配上，当前的一个突出特点就是权力过多地集中在校级层面上，学院的权力相对比较薄弱，这主要体现在以下几个方面。一是财务权。按照1997年颁布的《高等学校财务制度》第五条的规定，我国"高等学校实行'统一领导、集中管理'的财务管理体制；规模较大的学校实行'统一领导、分级管理'的财务管理体制"。这一规定，体现了我国高等学校在财务管理上的统一性和灵活性。然而在具体的管理实践中，目前我国高等学校的财务权大多采取的是"统一领导，统一管理"的模式，财务权还主要集中在校级层面。例如，在政府拨付经费和学校自主创收经费的分配上，一般是学校按照一定标准预留部分作为校级行政及学术管理费用，然后按学校等有关规定分配到校级各职能部门，由它们来决定这些经费在各专业学院之间的分配。二是人事管理权。目前我国高等学校的人事管理权力同样集中在校级层面。按照《高等教育法》的规定，聘任与解聘教师以及内部其他工作人员属于校长的职权。这就是说，学院在人事分配上没有多少决策权。尽管我们看到一些高等学校的学院也可以自行聘任教师或其他工作人员，但是这些人员的各方面待遇等不属于学校所负担的范围，需要学院自行解决。另外，目前我国大部分高等学校对教职员工的考核也由校级相关职能部门来完成，包括教师职称的评定标准、程序等也是如此。三是资源配置权。合理的资源配置是高等学校管理的一个重要方面。从我国目前的高等学校管理现状来看，资源配置主要还是学校的事情，即学校掌握着资源配置的主要权力，学院在该方面的可支配权力十分有限，也十分弱小。

我国高等学校中的这种权力集中化倾向不仅严重制约了学院办学积极性的发挥，而且也使得学院的办学主体地位得不到体现。有调查显示，目前二级学院完全拥有办学主体地位的仅占8%。①

在我国高等学校管理中，校院权力分配的另一个突出问题是官僚化比较严重。我们知道，权力本身是使高等学校更好地运行的一种保障，或者说它是高等学校管理的一种手段，但是在现实中，我们往往把权力当成了一种目的。在校院权力分配中，这种现象一方面体现为校级层面的职能部门在高等学校各项事务中拥有绝对的决策权，而学院则完全沦为校级政策的一种执行机构；另一方面，这种现象也体现为校院领导严格的等级制度。在我国，高等学校的各级领导都具有一定的行政级别，下级领导必须服从上级领导成为一种不言自明的管理原则，所以对于高等学校中学院一级的领导来说，其自主管理学院的权力不能得到全面的保障，因此很难放手进行大胆的改革尝试。

当前，在各种教育改革的呼声下，虽然一些高等学校开始注重学院的自主发展，但是从现实情况来看，这种自主发展很多还停留在形式层面。因为与以前相比，学院的权力确实增加了不少，但这些权力事实上仅是一种“虚”的权力。例如，学院可以在课程设置、专业设置、教师聘任等方面“放开手”去自行管理，但最终的“拍板权”不是在学院层面，而是在校级层面。在这种情况下，学校看似把很多权力都下放到了学院，似乎做到了权力的“合理”分配，学院也获得了比以往更大管理学校的自由，但是由于“决定权”最终不在学院，所以依旧不利于发挥学院的创造性，很多时候学院的管理还会演变为顺应或迎合学校层面领导的意愿，从而使学院的权力完全被“架空”。

---

① 傅梅．专业二级学院协调管理研究[D]．华东师范大学，2008年．

借用公共行政与公共管理的相关理论来概括高等学校的上述权力分配模式，我们可以说“权力集中化”实际上就是学校“既掌舵也划桨”，而“权力官僚化”实际上就是学校“只掌舵，而不划桨”。而不管是前者还是后者，它们都不能让学院的自主性完好地发挥出来。

2. 行政权力对学术权力的制约

学术权力和行政权力作为一组相对的概念提出，是我国特殊的现实情况使然。由于长期以来我国政府对大学实行中央集权管理，在管理上沿袭行政管理体制，大学缺乏办学自主权。受这种外部环境的影响，大学内部也常常采用行政管理来取代学术管理，教师的自主权有限，大学内部的学术组织权力被虚化。在高校扩招之后，在社会转型期高等教育大社会的发展背景下，我们提出了学术权力、学术自由等概念。学术权力在我国当前高等教育改革的语境下，仍然主要针对高校内部行政权力膨胀而言，同时也反映出高校当今的时代任务——建设一流的大学，积极培养全面的创新型人才，自主开展基础科学研究。但在高校内部，目前新出现了一些学术权力滥用的局面，这是传统的官本位文化对学术人及其学术活动的扭曲，并不全然是兼职行政人员的教授行政权力膨胀的结果。与此同时，学术权力还必须警惕市场经济对学术活动的不良诱惑。在高校管理不够完善，民主法治尚未健全的转型期，高校杜绝市场利益对学术活动的诱惑，踏实做好长期性的、战略性的创新型人才培养和科学研究的工作。

(二)高校教师评聘制度执行不严格

在我国高校教师职称评聘制度中，我们发现存在以下主要问题。

1. 职称与职务不分，职称评审与职务聘任不分

从严格意义上来讲，职称属于人才评价范畴，而职务属于人才使用范畴。职称标志着专业技术人员的学术水平、工作能力和工作成就，是一种资格。而职务则是同职权相联系的工作岗位，任职需要相应的资格条件。高校教师职称评审是对高等学校教师的学术水平、工作能力、工作业绩的综合测试。而高校教师职务聘任则是按岗位需要，依据一定的条件双向选择。教师上岗后完成相应的任务，在此前提下享受相应的报酬。高校教师职务聘任制的最大特点是高校自主聘任教师。这种聘任制度有

利于加速建立适应社会主义市场经济体制的高校人事管理体制，提高人才评价的目的性和准确性。

2. 职务聘任制未落到实处

在高校教师评聘制度中，职称评审与职务聘任的混淆，使得聘任制未落到实处。聘任制是以岗位的需求、明确的职责和具体所需求的任职条件为聘任前提，实现社会化的竞争机制。但是由于高校用人制度相应的配套措施严重滞后，社会保障体系不健全，人才流动渠道不畅通，加之执行过程中的种种偏差，造成聘任制难以落到实处，聘任制的实质无法得以体现。

3. 职称评审体系不完善

现行高校教师职称评审体系具有很多不完善的地方，存在着重科研、轻教学，重数量、轻质量等弊端。在职称评审条件中，明确规定了教师的专著、论文、科研项目指标，而对教学工作量、教学效果等却没有明确的标准和要求。因此，一方面，这样会导致职称评审轻教学、重科研。很多教师把主要精力用于搞科研，轻视教学工作，不愿意多上课，甚至无心执教。这必然会影响教学质量，在客观上就将教师向轻教学、重科研的方向上引导。另一方面，这样会导致职称评审过于重视科研数量，而轻视科研质量。评审者只需看参评者是否符合学术成果数量的硬指标，而不需关心学术成果是创新性的，还是诠释性的；是思想深刻的，还是缺乏创建的。在这样的职称评审环境下，学术必然要为个人利益所驱动，而丧失其独立性、创新性和前瞻性。

高校教师职称评审，关涉高校师资队伍质量意义甚大。如果说职称比例结构是标明高校教师学术实力的显性因素，那么高校教师职称评审是关涉高校教师学术实力的隐性因素。我国高校教师职称比例结构及相关问题的解决，既要在高校层面注重独立自主依靠广大教师民主决策渐进式地改善，又需在高校教师职称评审上落实高校教师聘任制，健全相关制度，从而在师资质量上有所保障。

(三)高校教师职称结构不够合理

根据学校定位，我们将学校层次分为研究型大学、普通本科与高职高专三类层次院校。研究型大学，在此我们主要以“985 工程”划定的高校为研究对象；普通本科院校，主要是未进入“211 工程”的院校以及普通本科。

1999 年，教育部印发了《关于新时期加强高等学校教师队伍建设的意见》(以下简称《意见》)。关于教师职称比例结构方面，《意见》规定，到 2005 年，高校教师在职务结构方面的建设目标是“教授、副教授岗位占专任教师编制总数的比例，教学科研型高校一般为 45％～55％，少数学校可以达到 60％；教学为主的本科高等学校一般为 30％～40％；职业技术学院和高等专科学校一般为 15％～25％”。北京师范大学教育学院“普通高校教师工作状况调查”课题组于 2007—2008 年进行的调查①，结果如下：

1. 研究型大学教师职称比例结构状况

我们将我国研究型大学中级教师以上的师资结构分为四种模式：金字塔结构、卵形结构、倒金字塔结构以及凹形结构。② 研究发现，教师职称比例结构不同的院校，其结构类型的形成并非是一成不变的。例如，金字塔形结构的高校，位于顶端的数量较少的教授，其比例在逐年上升；而后来呈凹形的院校，之前也先后经历了金字塔、卵形以及倒金字塔类型的发展，成为现在的凹形结构。根据前述研究型大学教师职称比例的总体变化趋势，教授所占比例在不断增长，以后研究型大学的教师职称比例结构还会发生变化。

第一，从年龄维度来看，我国研究型大学教授、副教授主要集中于 1970 年之前出生，即 40 岁以上的教师群体；而讲师、助教则主要集中于 1970—1979 年以及 1980 年后出生的人之间，其中，30～39 岁者，讲师所占比例为 63.2％，30 岁以下者，助教所占比例为 62.1％。由此可见，

① 本次调查共计发出问卷 7300 份，回收问卷 5166 份，回收率为 70.8％。剔除无效问卷 276 份，有效问卷为 4890 份(其中，研究型大学人数为 915，普通本科人数为 2637，高职高专人数为 1338)，有效回收率为 67％。对调查问卷所收集到的数据，采用社会科学研究统计软件包 SPSS15.0 进行统计处理，下同。

② 注：金字塔结构指正高级教师数、副高级教师数、中级教师数逐层增加。卵形结构指处于中间层的副高级教师数要高于两端的正高级教师数、中级教师数。倒金字塔结构指正高级教师数、副高级教师数、中级教师数逐层递减。凹形结构指处于中间层的副高级教师数要低于两端的正高级教师数、中级教师数。吕艳，孟宪青，王红丽．从“985”部属院校情况看研究型大学师资队伍建设[J]. 高教发展与评估，2009 年第 2 期.

研究型大学教师职称随着年龄变化呈现明显的变化，年龄越大，所评职称越高。

第二，从性别维度来看，副高级以上者，男教师所占比例要高于女教师。与之对应，讲师及其以下者，男教师所占比例低于女教师所占比例。在性别上，教师职称是存在差异的，男教师要优于女教师。

第三，从学历维度来看，教授、副教授最多还是集中于博士学位持有者群体，而讲师多集中于硕士学位持有者之间，助教则最主要集中在学士群体中。

第四，从教龄维度来看，教授、副教授主要集中于教龄长的群体。教龄越长，高职称教师所占比例也越高。

第五，从专业领域来看，自然科学领域，教授、副教授所占比例约为64.6%；其次是工学领域，教授、副教授所占比例约为57.8%；最后是人文社科领域，教授、副教授所占比例仅为51.1%。在不同的专业领域，教师职称结构是不一样的。

第六，从“近亲繁殖”①的角度来看，留校任职者中教授、副教授所占比例为58.4%，非留校任职者中教授、副教授所占比例为54.8%。不难发现，研究型大学教师的职称晋升，多少受“近亲繁殖”的影响。

2. 普通本科院校教师职称比例结构状况

调查研究发现，普通本科院校教师职称结构与年龄、性别、学历等变量的关系如下。

第一，从年龄维度来看，不同的年龄段所凸显的教师职称比例也不一样。1950年前出生者，教授于其中所占比例最高，达50.7%；1950—1959年和1960—1969年出生的两个年龄段中，副教授所占比例均为最高；1970—1979年的年龄段中，讲师所占比例最高，达62.0%；最后是1980年后出生的年龄段中，助教所占比例最高，达83.4%。由此可见，与研究型大学一样，普通本科院校教师职称随着年龄变化呈现的变化更加明显，年龄越大，所评职称越高。

第二，从性别维度来看，在教授、副教授职称上，男教师所占比例

① 这里的“近亲繁殖”是指高校学生留校任教的现象，下同。

远远高于女教师。与之对应，在讲师、助教职称上，男教师所占比例低于女教师所占比例。普通本科院校教师职称存在更为明显的性别差异。

第三，从学历维度来看，博士学位持有者群体中，教授、副教授所占比例最高。持有硕士学位的群体中，讲师所占比例最高。助教则最主要集中在学士群体中。

第四，从教龄维度来看，教授、副教授主要集中于教龄长的群体。教龄越长，高职称教师所占比例也越高。

第五，从专业领域来看，教授、副教授所占比例最高者为工学领域，累加比例约为 48.1％；其次是自然科学领域，教授、副教授所占比例约为 40.4％；最后仍然是人文社科领域，教授、副教授所占比例仅为 37.6％。在不同的专业领域，教师职称结构是不一样的。

第六，从“近亲繁殖”的角度来看，留校任职者中教授、副教授所占比例为 52.8％，非留校任职者中教授、副教授所占比例为 50.1％，差异略低于研究型大学。

3. 高职高专院校教师职称比例结构状况

调查研究发现，高职高专院校教师职称结构中，教授所占比例最小，仅占 2.2％，副教授在其中应该是较高的职称。高职高专院校教师职称结构与年龄、性别、学历等变量的关系如下。

第一，从年龄维度来看，1970 年之前出生的三个年龄段中，副教授所占比例均于其中达到最高；在 1970—1979 年出生的时间段中，讲师所占比例最高，为 48.4％；在 1980 年之后出生的时间段中，助教所占比例最高，为 79.7％。与前两者一样，高职高专院校教师职称，随着年龄的增长而提高。

第二，从性别维度来看，也显然存在着男女不平等的现象。在教授、副教授、讲师三种职称中，男教师所占比例均高于女教师所占比例；在助教所占比例中，则相反。

第三，从教龄维度来看，高职高专院校教师的职称，也随着教龄的增长而有所提升。具体来说，教龄在 20 年以上者，副教授、教授在其中所占比例最高；教龄在 11～20 年者，副教授所占比例最高；教龄在 6～10 年者，讲师所占比例最高；教龄在 5 年以内的，助教所占比例最高。

第四，从专业领域来看，教授、副教授累加比例，由高到低依次为：自然科学 24.1%，人文社科 23.5%，工学 19.5%。

第五，从“近亲繁殖”的角度来看，留校任职者中教授、副教授所占比例为 32.5%，非留校任职者中教授、副教授所占比例为 21.6%，差异显著。

4. 高校教师职称比例结构问题分析

就研究型大学的教师职称比例结构来说，教授、副教授、讲师比例结构呈卵形、倒金字塔形结构的高校，其自身科研创新实力更为充实，竞争力也更强。

通过不同层次高校教师职称比例结构的分析，我们发现，无论是研究型大学、普通本科还是高职高专院校，高校教师职称比例的分配，职称的晋升，均受其年龄、学位、教龄的影响。年龄、教龄越长，教师职称提升的可能性就越大。学位越高，高校教师职称也倾向于越高，这是与我国改革开放后关于教师职称的政策法规密切相关的。

三类层次院校教师职称比例结构，均在性别方面差异显著。男性教师晋升职称相对女性教师而言更为容易。我国高校教师在职业发展方面还存在一定的性别差异。

对于研究型大学而言，“近亲繁殖”现象会影响到教师职称晋升，尤其是晋升高级职称上，相对于外校取得学位者，留校任教者晋升高级职称要为容易。“近亲繁殖”在我国作为高校普遍存在的现象，有其存在的合理性。“中国‘近亲繁殖’的教师受母校及导师荫庇，有较多资源与机会参与学术会议，申请主持或参加各级科研课题”，“中国高校‘近亲繁殖’教师的科研产出比非‘近亲繁殖’教师稍高”。① 这进而会影响到高校教师的职称晋升。而从长远来讲，中国高校教师“近亲繁殖”的利弊，仍然是一个需要探讨的话题。中国高校教师职称仍然存在着“论资排辈”的现象，主要体现在高校教师职称偏重于教龄、教师年龄等因素。

(四)大学教师创新力问题

当前，我国大学教师创新力存在的问题主要有大学教师创新力根基

① 林杰．中美两国大学教师“近亲繁殖”之比较[J]．高等教育研究，2009 年第 12 期．

不实和整体水平不高。这些问题直接表现为大学教师创新意识淡薄、创新知识缺乏、创新思维滞后、创新能力薄弱、创新成果有限。其间接表现为大学高层次拔尖创新人才培养能力不足，人才培养质量差强人意；原创性科研成果较少，影响力偏低；科技成果转化率低，服务社会能力不强。

大学教师创新力的培养与发展受到诸多不利因素的制约。一是在国家和政府层面，知识产权制度还不完善，相关资源投入不足，现代大学制度整体推进成效尚不明显。二是在大学层面，大学的权力结构、组织结构、管理结构、学缘结构、急功近利的人才观以及大学的评价制度、职务聘任制度、分配制度中都存在不利于教师创新力培养和发展的因素，而且普遍缺乏鼓励教师创新力发展的文化氛围。三是在社会层面，大学与社会尚未实现全面对接，产学研一体化的深度和广度还很有限，社会提出的课题还不能及时有效地激发大学教师的创新“欲望”，而且企业与高校不同的科研评价导向也不利于教师创新成果的评价与转化。具体来说，制约大学教师创新力提升的因素及其表现如下。

1. 高校资源配置的不合理制约了大学教师创新力的提升

高校资源配置的不合理表现为如下几个方面：第一，传统的项目制课题管理模式束缚了大学教师的创造力的发挥，特别是目前注重课题审批而忽视课题结题评估的现象十分普遍，这种现象不仅腐蚀了大学教师创新力的提升，而且导致极大的资源浪费。第二，教师资源配置管理不科学。高校人才队伍薄弱影响高校人力资源的有效配置。高层次的学科带头人缺乏，紧缺专业的教师引进难，教师获得学习进修的机会少，知识老化严重，知识更新的现代化科研型教学人才紧缺，这些都使得高校人才队伍的状况同经济发展的要求不相适应。随着高校连续扩招，高校教师队伍出现了总量不足、结构性短缺的状况，很多教师超负荷工作。①

2. 遴选聘任机制的不合理制约了大学教师创新力的提升

遴选聘任机制的不合理表现为以下几点。第一，行政权力干涉。例如，不少的院委员会由行政人员组成，而非学术专业人员；教授对人才

① 杨学义．高校教师资源配置模式研究[J]．中国高教研究，2005年第5期．

的评议结果要送交学校审核，由行政领导做最终聘任决议。这些做法带来的不良后果有二：一是行政人员由于缺乏专业知识，对于教师学术能力的判断和评价往往不准确，不利于遴选真正具有创新力的教师；二是行政管理方式倾向于从量上考察应聘者发表文章的多少或发表刊物的等级，而不是从质上评价文章本身的创新性高低。这既是一种偏颇的评价标准，也对教师形成了学术成果重量不重质的不良导向。第二，学术成果的欺骗性。目前以学术成果评价学术能力的方式虽然有一定的合理性，也发挥了重要的作用，但同时存在不足之处。一些学术成果即便是发表在高水平期刊上也不能代表教师的创新力很高。例如，依托重大课题取得的学术成果较容易在权威期刊上发表，但其本身的创新性并不一定高。同理，教师的许多任务式研究都不能反映教师本身的研究兴趣和创新能力。因此，如果不对学术成果做深入的分析和客观的评价，很难真正判断出教师的创新力水平。

3. 考核评价机制的不合理制约了大学教师创新力的提升

考核评价机制的不合理表现为：第一，考核方式重量化轻质化。科研成果用数字衡量，将极大地抹杀教师的创新力。这主要表现为注重论文的数量，忽视论文的质量和影响力(引用率)。强调论文数量和刊物等级的考核方式，使得教师放弃自己的研究兴趣，盲目追逐所谓的“研究热点”，迎合刊物的要求；还使部分教师追求在外文期刊上发表文章，这导致教师的研究紧跟国外研究的趋势，对中国本土的问题漠不关心，有碍我国学术的创新和发展。第二，考核周期过短，急功近利的风气严重。学术产出，尤其是高质量的学术产出，需要一个较长的时间过程和干扰较少的外部环境。过短的考核周期让教师疲于奔命，这是对创新力的扼杀。此外，过于频繁的考核，还会刺激学术剽窃的出现。第三，考核标准单一。单纯以论文发表为标准的考核忽视了不同学科学术创新过程的异质性。单纯以论文发表为标准的考核忽视了不同特点教师的创新力差异。有些教师擅长科研，有些教师则在教学上独树一帜。仅仅对论文进行考核，对于科研成果少但教学效果突出的教师不够公平，必将打击这类群体的积极性和创造力。第四，考核结果未与续聘条件挂钩。高校对于考核不合格的教师，一般采取抵扣奖金或津贴的办法。考核结果与奖惩挂钩，但并不影响续聘。这一问题与高校退出机制欠缺一起，导致高校无法及时淘汰创新力不足的教师。

4. 激励保障机制的不合理制约了大学教师创新力的提升

由于我国高校教师的退出机制基本上是一纸空谈。聘任制实则是终身制。高校退出机制的严重欠缺是影响教师创新力的重要因素。首先，退出机制的欠缺使已经在岗的教师缺乏竞争意识，逐渐失去学术创新的动力。其次，退出机制欠缺导致教师队伍无法正常流动，不利于活跃学术气氛和促进学科创新。

四、教育创新的评价问题

评价是制约我国教育创新的关键问题，主要有知识产权保护不够而产生严重的学术抄袭问题、高校教师评价重科研轻教学的问题、高校科研评价体系相对落后的问题以及缺乏教育创新的评价指标问题。

(一)知识产权保护不够而产生严重的学术抄袭

虽然我国已经出台了由一系列的法律制度组成的有关知识产权保护的法律和法规，但在教育领域特别是高等学校依然存在知识产权保护力度不够的问题。在学术领域，侵犯他人著作权的典型行为是学术抄袭，当前我国的学术抄袭等问题比较严重。一方面，学术抄袭的主体覆盖面广泛，从大学本科生、研究生到大学教授、院士等；另一方面，学术抄袭的形式多样。学术抄袭的表现形式主要有以下八种：①抄袭他人受著作权保护作品中的论点、观点、结论，而不在参考文献中列出，让读者误以为观点是作者自己的。②窃取他人研究成果中的调研、实验数据、图表，照搬或略加改动就用于自己的论文。③把他人受著作权保护的作品中的独创概念、定义、方法、原理、公式等据为己有。④片段抄袭，文中没有明确标注。⑤整段照抄或稍改文字叙述，增删句子，实质内容不变，包括段落的拆分合并、段落内句子顺序改变等，整个段落的主体内容与他人作品中对应的部分基本相似。⑥全文抄袭，包括全文照搬(文字不动)、删减(删减或简化，将原文内容概括简单化，删除引导性语句或删减原文中其他内容)、替换(替换应用或描述的对象)、改头换面(改变原文文章结构，或改变原文顺序，或改变文字描述等)、增加(一是指简单地增加，即增加一些基础性概念或常识性知识等；二是具有一定技术含量地增加，即在全包含原文内容的基础上有新的分析和论述补充，或基于原文内容和分析发挥观点）。⑦组合别人的成果，把字句创新排列，加些自己的叙述，字面上有所不同，但实质内容就是别人的成果，并且不引用他人文献，甚至直接作为自己论文的研究成果。⑧自己照抄或部分袭用自己已发表文章中的表述，而未列入参考文献，应视作“自我抄袭”。① 总之，从学术抄袭的程度上来看，“有原封不动或者基本原封不动地复制他人作品的行为，也有经改头换面后将他人受著作权保护的独创成分窃为己有的行为，前者在著作权执法领域被称为低级抄袭，后者被称为高级抄袭”②。

在我国，学术抄袭问题的原因是多方面的：一是个人学术道德不自律。有些学者为了追求个人的私利，不惜违反学术规范，不顾学术道德的要求，故意抄袭他人的研究成果。二是学术评价的功利化。当前我国高校和科研机构的学术评价更多的是采用量化评价，即过多地重视学术研究的数量而不重视学术研究的质量，并且在学术评价上过多地追求短期效益，这种学术评价制度严重违背了学术生产自身的规律，在这种环境下，容易滋生大量的学术抄袭事件。华中师范大学原校长张开沅教授认为：“学术道德的丧失、学术规范的缺失，与量化的职称评审制度和学术评价标准有着密切关系。大学为什么急功近利、学风浮躁乃至舞弊丛生？量化的、刚性的指标体系是根源之一。如果真正有水平，即使论文没有发表，也该认可。”③三是社会监督不力。当前我国还没建立起良好的学术监督机制，这使得学术抄袭有一定的生存空间。四是法律惩戒不严。学术抄袭属于版权侵权。依据目前的知识产权法、著作权法，对学术抄袭的处罚主要是经济赔偿和公开道歉，并没有学术方面的惩罚。这主要是因为法院认为学术问题最好由学术机构解决，但学术机构又没有相关的法律权利，这样就造成对学术抄袭的惩罚力度过轻，起不到遏制学术

---

① 教育部科学技术委员会学风建设委员会组编．高等学校科学技术学术规范指南[M]．北京：中国人民大学出版社，2010年．

② 杨玉圣．交流是幸福的[M]．北京：北京奥科德文化传播中心，2006年．

③ 贾静，冯俊杰．学术抄袭为何屡禁不止[N]．光明日报，2009年6月8日．

抄袭的作用。

总之，学术抄袭影响了我国的学术质量和学术声誉，不利于学术事业的发展，亟须加强规范和治理。

(二)高校教师评价存在重科研轻教学的倾向

随着科学的发展，当今一些前沿性的科研本身就包含着一些与教学相分离的因子。科学的不断分化与专业化带来了知识体系的复杂化，科学研究活动越来越需要大量的资金、设备和人员的投入。因此，在高校内部组织了诸多人才培养功能被相对弱化了的科研机构。如何处理好高校内部教学组织与科研组织之间的关系，成为高校科研管理工作中的当务之急。

我国高校存在重科研轻教学的教师评价倾向。高校在对各级教师的职称评定和科研奖励上只注重科研获奖级别和发表论文的数量与质量，对教学关注不够，而且对在科研成果向教学的转化方面更未给予足够的重视。教师都是为了完成指标而做科研，从而导致了高校中许多科研成果只能放在实验室和展览会上，而与市场需要和社会需要脱节。同时科研工作占用了教师大量的时间和精力，这同时也影响了教学水平的提高。

(三)高校科研评价体系相对落后

当前，我国高校科研评价存在着重数量轻质量、重形式轻内容、重人情拉关系、本位主义、门户之见等一系列弊端，这导致大学的发展偏离了学术目标，导致教学的忽略和科研的异化，同时引发了学术道德失范和急功近利等不良学术行为，严重影响了学术的繁荣和大学功能的发挥。注重理论创新和实际应用价值的质量评价导向有待进一步强化；符合哲学社会科学特点和发展规律的分类评价标准有待进一步完善；科学合理、诚信公正的评价制度有待进一步健全。因此，高校必须把改进科研评价工作作为一项紧迫任务，采取切实有效的措施抓紧抓好，推进高等学校哲学社会科学的健康发展。

(四)缺乏教育创新的评价指标

从国际上看，联合国教科文组织、经合组织、世界银行等国际组织都制定了相应的教育发展指标。例如，联合国教科文组织制定的教育发展指标体系包括教育供给、教育需求、入学和参与、教育内部效率、教育产出等。经济合作与发展组织以教育评估的CIPP模式制定的教育发展指标包括教育背景，成本、资源与学校过程，教育结果的系统。世界银行以国家的经济与社会发展为依据制定的综合性的教育发展指标体系包括教育投入、受教育机会、教育效率、教育成果、性别与教育。在教育创新评价方面，我国一直没有建立教育发展指标体系。这主要是由于教育评价本身就不受重视，关于教育创新评价尤其薄弱。创新活动得不到激励，社会上就不会重视教育创新的活动和评价。

五、创新文化建设问题

创新文化建设是创新型国家建设的重要内容。我国创新文化建设的问题主要是中庸取向的传统文化阻碍创新，以及大学课堂学术文化的异化制约着我国创新型人才的培养。

(一)中庸取向的传统文化阻碍创新

一个国家科学技术的发展道路和速度与其文化传统、思想体系密不可分。纵观历史发展，18世纪以来，世界科技中心和工业中心从英国转到德国，再到美国。为什么近现代的科技革命绕过了曾经有过辉煌巅峰时期的近现代中国？原因是多方面的，有封建体制的束缚，有社会教育的落后，有逻辑推理和实验科学体系薄弱等原因，还有非常重要的一点就是文化传统，这是潜在的、深层次的、至关重要的因素。在中国传统文化中，中庸思想体现在两个方面：一方面，“中庸”之道以和谐万物为最高宗旨，中庸之道被作为解决人与社会、人与自然、人与人等社会关系矛盾的主要手段，突出了一种和合精神；另一方面，“中庸”思想容易使人滋生保守拒变、安于现状、中庸守常、听天由命的观念。① 中庸取向的传统文化对中国社会的影响深远，中庸的思维方式对于科学的发展有其合理性的一面，即有利于保持社会各方面有礼有规的秩序，有利于培育出和平共处的和谐人格和价值信仰。但我们同时要看到中庸取向的价值观，厚古薄今、顶天承命的意识容易将社会政治、经济、道德等秩序规范“静态化”，它不能根据发展变化了的实际自觉适时地实现“自我完

① 杨长春．中国传统文化对科学发展的影响[J]．中共成都市委党校学报，2005年第2期．

善、自我变革、自我更新”，这样就会“僵化”，扭曲甚至抑制、扼杀创新活力，从而导致社会及个体安于现状、不思进取、“回避矛盾”，应有的创新发展活力受到制约。以上中庸取向的思维容易使人在科学探索上缺乏怀疑精神、批判精神和挑战权威的精神。诚如杨振宁教授所说：“儒家文化的保守性是中国三个世纪抗拒西方科学思想的最大原因，缺乏创新文化的底蕴是我们中华民族在科学技术发展上很难有大作为的缘由。”[①]在这种环境下，枪打出头鸟，谁冒尖就把谁打下来，尖子人才无法脱颖而出，创新人才难以成就大业。所以，我国“中庸”取向的传统文化是制约我国科技创新和创新型人才培养的文化因素。

(二)大学课堂学术文化的异化制约着创新型人才的培养

从教育价值观念来看，素质教育理念是培养创新型人才的前提，但长期以来，我国应试教育的价值取向制约着创新型人才的培养。我国大学课堂学术文化存在异化现象，主要表现为课堂学术文化的失落，教材中心的课堂文化对于学生学术精神养成的阻碍，知识中心的课堂文化对于学生学术能力全面发展的消极作用，以及普遍存在的课堂“幼稚文化”的问题。

1. 大学课堂学术文化的失落

大学因学术而存在，因此学术文化应该是大学的核心，然而当今大学学术文化的失落成为制约大学创新型人才培养的重要原因。大学课堂学术文化的失落主要表现在没有课堂学术批评，没有课堂学术训练，没有课堂学术探究，更没有课堂学术创新。大学学术课堂不关注学术规范、学术礼仪的养成，即使使用了学术展示(presentation)制度，也只是形式，而不是阅读、写作和展示一体化的安排。为此，高校必须重建大学课堂的学术文化，拯救大学的课堂学术，使大学课堂回归到大学本来意义上的学术文化中。

2. 教材中心的课堂文化阻碍着大学生学术精神的养成

高等学校教材制度是阻碍大学学术发展的重要因素之一。大学本不应该有教材，教材制度导致的最恶劣的结果就是学生背诵行为的盛行，

---

① 郭重庆．对中国科技发展滞后的一点思考．http：//www.gmw.cn/01gmrb/2002-06/21/18-EBB10DE61DAF54F848256BDF00002D43.htm，2002-6-21.

从而形成了“背习型的教学文化”①，做教师上课内容的笔记成为大学课堂的学习行为模式。教材、做笔记、背诵、考试成为大学课堂的基本程式，这是典型的教材中心的课堂文化。这种课堂文化造成的后果就是教师千篇一律的教学方式，统一僵化的教学策略和以不变应万变的教学模式，而更严重的后果是学生的学习行为产生主要迫于大学的制度权威②，结果是学生课堂行为的异化——带笔记本电脑玩游戏、趴桌子上睡觉、用手机发信息，甚至课堂上炒股等。为此，高校必须重建大学课堂学术文化，把课堂变成学生和教师精神文化共享的境域。

3．知识中心的大学课堂失去了大学生精神文化的涵育

大学课堂不是单纯的知识课堂，它更应该是文化课堂，而今天的大学变成了简单易行的知识课堂，它失去的是大学生精神文化的涵育。大学课堂的知识中心的文化导致教师只教知识，只教技术性知识，把课堂变成工具主义、功利主义的课堂。可怕的是因为工具主义、功利主义而消解了理想和崇高，崇拜权力、欲望和金钱，追逐形式和浮夸，消失自我和价值，没有知识批判，没有问题的探究，没有师生心灵的学术交往，相反存在的是学生学术人格的扭曲，最终失去了学生精神文化的涵育。因此，重建大学课堂学术文化已然成为一项紧迫任务。

4．大学课堂“幼稚文化”盛行

本来“大学之所以存在是因为她能把青年人和老年人联合在对知识的富有想象力的思考当中，并维持了知识和生活的联系。大学的确是传授知识，但却是创造性地传授知识”③，这是怀特海说的。而今天大学课堂从主体角度来判断，可以说是一种“幼稚文化”，它不是“老年人对着青年人”，而是一张稚嫩的脸面对无数稚嫩的脸。大量应届毕业生进入大学教师队伍中，走上讲台，用教材中心、知识中心的典型教学程式传授着功利主义和工具主义所需要的“体系化”知识，呈现出知识中心与幼稚经验

---

① 谢翌，张同柏．论大学课堂文化的重建[J]．江西师范大学学报(哲学社会科学版)，2010年第1期．

② 吴小鸥．问诊大学课堂教学[J]．现代大学教育，2004年第1期；吴小鸥．大学课堂文化人格的共生与化育[J]．高教探索，2005年第6期．

③ [英]杰勒德·德兰迪．知识社会中的大学[M]．黄建如，译．北京：北京大学出版社，2010年．

的课堂文化。一本教材成为师生博弈的手段——体现出教材中心的课堂文化；教师的一言堂成为学生被动学习的唯一途径——体现出了教师中心的课堂文化。这些文化的出现自然有其客观原因，如高等教育大众化带来了大学教师队伍的扩大，因而大量以学生身份为特征的博士、硕士毕业生进入大学教师行列，无法避免“幼稚文化”的产生，但没有制度文化的保障是这种“幼稚文化”盛行的重要原因。为此，重建大学的课堂学术文化，降低因客观存在的“幼稚文化”而导致的学生学术精神的失却势在必行。

六、教育创新的政策体系问题

一个国家的教育系统是其经济实力和国际竞争力的支柱。我国已经意识到教育创新的巨大作用和战略性意义，并将其作为国家发展的战略性决策。但在国家创新体系的建设中，教育创新整体的基础性、战略性作用还没有充分发挥出来，系统的具有中国特色的教育创新政策体系尚未建立，教育创新政策和法律法规不健全、政策不协调、政策执行不到位等问题还比较严重，科研与教育二元分离的制度安排尚未解决，大学的基础研究功能及其他功能还未得到充分有效发挥，科研与教育资源无法有效地相互整合及实现优势互补，高层次创新人才严重匮乏，有利于激发学生的好奇心、想象力和养成批判性思维能力的教育创新文化氛围尚未形成，这一切都制约了创新型人才的培养和自主创新能力的提升，阻碍了我国向教育强国迈进和建设创新型国家的进程。我国于 2006 年 2 月 9 日发布的《国家中长期科学和技术发展规划纲要(2006—2020 年)》中提出了“增强自主创新能力，建设创新型国家”的目标。一般来说，创新型国家至少具备四个重要特点[①]：①创新投入高，国家的研发投入占国内生产总值的比例一般在 2%以上；②自主创新能力强，国家的对外技术依存度指标通常在 30%以下；③科技进步贡献率要在 70%以上；④创新产出高，目前世界上公认的 20 个左右的创新型国家所拥有的发明专利数量占全世界总数的 99%。但由于教育创新体系尚未纳入我国国家创新体系

① 金振蓉．建设创新型国家：从振兴到强盛的必由之路[N]．光明日报，2006 年 1 月 11 日．

之中，教育创新体系在国家创新体系中的基础性和战略性地位还没有得到充分体现，所以我国的教育创新政策体系还没有建立起来。教育创新政策体系的缺失导致我国在建设创新型国家的过程中遇到了诸多问题和挑战，主要是教育创新与国家自主创新战略失衡，高校知识产权创新管理体制及与知识产权相关的综合体制建设方面与国家自主创新战略要求相差甚远，具体表现为：我国大学中还没有普遍设立知识产权管理部门和技术转让部门，以充实知识产权人才信息，明确处理解决产权纠纷的体制；同时，在对大学知识产权部门进行评价、促进大学知识产权活动信息的公开透明、充实知识产权相关活动经费方面也很不够。①

教育创新与国家自主创新战略失衡的主要表现是大学的创新力(高校的自主创新能力)严重不足，具体表现在人才培养创新力、科学研究创新力和社会服务创新力三个方面：第一，高层次拔尖创新人才培养能力不足，人才培养质量不尽如人意；第二，原创性科研成果较少，影响力偏低；第三，科技成果转化率低，服务社会能力不强。②

七、教育创新的发展模式问题

教育创新的发展模式问题主要是以政府还是以企业为主要驱动力的问题。西方发达国家教育创新发展模式尽管是以企业为创新主体，但普遍是以政府为主要的驱动力，而我国当前的国家创新体系则是明确以企业为主要的驱动力，这种创新发展模式不利于我国教育创新和创新型国家建设。

(一)教育创新发展模式的驱动力问题

驱动力问题是教育创新发展模式的根本问题。西方发达国家教育创新发展模式普遍采取政府主导模式，也就是说政府是教育创新发展模式的主要推动力。美国从20世纪60年代就开始通过制定专门的创新政策推动本国的科技和教育创新；80年代，制定创新政策，刺激科技创新在美国呈现出蓬勃发展之势，并且其政策的范围和内容进一步扩大。克林顿

---

① 刘宝存．创新型国家建设与中国高等教育改革[M]．北京：高等教育出版社，2009年.

② 刘宝存．国际视野下我国大学创新力存在的问题及对策研究[J]．比较教育研究，2011年第1期.

政府组阁后不久，就发表了一系列制定创新政策的声明与文件，如《技术为经济增长服务：增强经济实力的新方针》(1993 年)、《科学与国家利益》(1994 年)、《技术与国家政策》(1996 年)、《改变 21 世纪的科学与技术：致国会的报告》(总统科学技术政策办公室)等。克林顿政府还第一次通过正式文件，对创新政策做了系统说明。

长期投资和持续有力的政策支持同样是英国教育创新发展的前提。从 1998 年开始，英国政府就或独立或与其他基金或大学合作，设立了"大学挑战基金""科学创业挑战基金""高等教育创新基金"等各种帮助和扶持大学科研和创新发展的基金，每年提供过亿英镑保证大学创新能力的可持续发展。自 2009 年起，英国设立全国性的创新奖，表彰英国最优秀的创新活动，其中专门设立教育类的奖项。近年来，英国政府还先后出台了科技创新政策、知识产权政策、支持中小企业发展政策、鼓励大学变革和创新政策以及新的工业福利政策。这些政策相互协调、配合，形成了有利于教育创新的政策环境。

日本历来把发展教育作为经济振兴政策的重要环节，其教育政策非常突出。1955—1990 年，日本政府制定的 310 项国家经济计划中，科学技术和教育作为重要政策课题被置于重要地位。例如，1961 年，日本开始实施《国民经济倍增计划》，提出要在 10 年中实现国民经济年增长 7.2%、国民收入增一倍的目标，其中人才预测和教育培养是该计划的重要内容。近年来，随着日本"少子化"和"老龄化"进程加快，为了应对经济全球化带来的形势变化，保持日本的国际竞争力，日本政府从国家战略高度，推出了一系列新的重要的教育改革政策，大力推进教育创新。例如，大力开展大学法人化改革，实施高校改革课程，出台日本教育史上第一个《研究生教育发展纲要(2006—2010 年)》，实施"留学生 30 万人计划"等，以期建设一个更加优质、高效、国际化、有影响力的教育系统。①

为推动国家创新体系建设，韩国加强制定各类教育法规以及实施一系列教育改革与发展举措。例如，1963 年修订《国立学校设置令》，1972

① 檀慧玲．世界主要创新型国家教育创新政策的特点及启示[J]．内蒙古大学学报(哲学社会科学版)，2014 年第 1 期．

年提出《长期综合教育计划方案》(1972—1986 年)，1973 年制定了“加强重化学工业教育方案”，1977 年制定《第二次大学发展 10 年计划》(1978—1986 年)，1979 年颁布《学术振兴法》，1984 年公布了《韩国教员大学设置令》，1989 年拟定《教育长短期发展计划》(1989—2001 年)，1995 年制定《大学教育自主化方案》，1999 年发布“教育发展五年计划”，2000 年出台《国立大学发展计划案》，2013 年发布“学习韩国 2020 项目(2013—2020)”等。

在 2009 年重新评估国家创新体系之前，芬兰已经建立了一个教育创新的政策体系。新的评估报告中又提出了新的教育创新的政策目标，作为教育创新和国家创新体系建设的保障，特别是通过大学改革全面提升其科研、教学、合作等能力，以大学的综合改革推动国家创新体系的重构。芬兰国家创新体系与其说是企业的创新、技术的革新，不如说是教育的创新和科学研究质量的提升。①

可见，政府在教育创新网络系统中起着极为重要的作用，扮演着指挥者和协调者的角色，是教育创新的重要组织者。明确政府在推行教育创新中的重要职责，确立政府的主导地位，并制定相关政策、法规和制度保障教育创新的顺利推进，是世界主要创新型国家和地区成功实施教育创新的根本保证。而中国现在还未明确教育创新的推动力问题，还未对其形成统一的观念和认识。我国的教育创新推动力不足，教育创新政策供给不足，教育创新政策执行不到位，教育创新整体水平较低，因此教育的基础性和战略性作用就不能充分发挥，也就无法满足支撑创新型国家建设的要求。

(二)国家创新体系建设的驱动力问题

《国家中长期科学和技术发展规划纲要(2006—2020 年)》(以下简称《科技规划纲要》)指出，现阶段，中国特色国家创新体系建设重点之一：建设以企业为主体、产学研结合的技术创新体系，并将其作为全面推进国家创新体系建设的突破口。只有以企业为主体，才能坚持技术创新的市场导向，有效整合产学研的力量，切实增强国家竞争力。只有产学研

① Evaluation of the Finnish National Innovation System Policy Report[EB/OL]. http://www.evaluation.fI，2009-12-9.

结合，才能更有效配置科技资源，激发科研机构的创新活力，并使企业获得持续创新的能力。必须在大幅度提高企业自身技术创新能力的同时，建立科研院所与高等院校积极围绕企业技术创新需求服务、产学研多种形式结合的新机制。可见，《科技规划纲要》中明确提出企业是创新的主体，创新主要依靠产学研结合推动，主要是依靠市场导向。

与国外科技和教育创新模式相比，我国这种创新体系的制度设计没有凸显政府的驱动力，特别是在我国正处在全面建设小康社会的关键时期和深化改革开放、加快转变经济发展方式的攻坚时期，国家创新体系的驱动力问题越发突出。在2012年发布的《中共中央国务院关于深化科技体制改革加快国家创新体系建设的意见》中分析了我国当前体制下国家创新体系中的一些问题。当前，国际金融危机深层次影响仍在持续，科技在经济社会发展中的作用日益凸显，国际科技竞争与合作不断加强，新科技革命和全球产业变革步伐加快，我国科技发展既面临重要战略机遇，也面临严峻挑战。面对新形势新要求，我国自主创新能力还不够强，科技体制机制与经济社会发展和国际竞争的要求不相适应，突出表现为：企业技术创新主体地位没有真正确立，产学研结合不够紧密，科技与经济结合问题没有从根本上解决，原创性科技成果较少，关键技术自给率较低；一些科技资源配置过度行政化，分散、重复、封闭、低效等问题突出，科技项目及经费管理不尽合理，研发和成果转移转化效率不高；科技评价导向不够合理，科研诚信和创新文化建设薄弱，科技人员的积极性、创造性还没有得到充分发挥。这些问题已成为制约科技创新的重要因素，影响我国综合实力和国际竞争力的提升。在当前科技体制下，仅仅依靠企业的主体地位和市场导向推动国家创新体系建设是远远不够的，我国应该充分重视政府的巨大驱动力。政府驱动应该是我国教育创新发展模式的重要驱动力量。建设有中国特色的教育创新政策体系则是政府的重要责任之一。

第五章　教育创新与创新型国家建设的政策建议

如前所述，我国创新型国家建设面临着诸多问题和挑战。教育创新是创新型国家建设的基石，针对当前我国教育创新与创新型国家建设存在的主要实践和政策问题，应从以下几个方面加强教育创新，以推动我国创新型国家建设。

一、建立国家英才教育培养体系

21世纪是科学技术高速发展和知识经济逐步占主导地位的时代。国家发展、民族复兴需要“高、精、尖”拔尖创新人才。参照世界主要发达国家英才教育的实践和经验，结合我国实际需要，应从以下几个方面着手建立“国家英才教育培养体系”。

(一)加快英才教育立法工作

长期以来，党和国家一直鼓励英才及创新型人才培养。周恩来、邓小平、江泽民、胡锦涛等国家领导人在不同场合多有阐述。习近平同志指出，“人是科技创新最关键的因素。创新的事业呼唤创新的人才。我国要在科技创新方面走在世界前列，必须在创新实践中发现人才、在创新活动中培育人才、在创新事业中凝聚人才”①。我国英才教育发展三十余年，就全国而言，目前还没有关于加强超常教育的统一政策，各地的实践也基本上还处于探索的层次。新中国成立六十多年来，尚没有一部相关法律、法规明确支持和鼓励英才教育发展。虽然在一些政策中对拔尖

① 习近平在中国科学院第十七次院士大会、中国工程院第十二次院士大会上的讲话[N].人民日报，2014年6月9日.

创新型人才培养给予了高度关注，但法律制度上的完全空白，造成了政策真空地带，这使得我国英才教育处于无法可依的尴尬境地。

世界各国早已出台系列的英才教育政策，并对英才教育存在的合理性和价值进行了充分的论证和诠释。我国目前已经逐步进入教育的科学理性发展阶段，英才教育立法时机渐趋成熟。

第一，政策基础已经具备。国家一直重视拔尖创新型人才的培养，虽然一直没有合适的英才教育法案出台，但在教育政策中都有涉及对拔尖创新型人才培养的内容。这为英才教育法奠定了政策基础。

第二，民意基础已经成熟。社会上关于“钱学森之问”的探讨，已经唤起了人们对英才培养的极大关注。伴随中国国际地位的提升，无论是政府层面，还是民间民意，都希望中国能有更多大师级人才出现，政策的民意基础已经具备。

第三，利益相关群体对英才教育的理解渐趋理性。家长在经历对中国教育的长期观察之后，对教育公平的理解已经日趋深入。他们能够更客观评价子女的受教育需求与学习能力，也希望孩子能接受到适合其自身发展的教育，对于英才教育的发展，能够客观评价与接受。

第四，教育已经积累了宝贵的英才教育经验。在超常教育开展三十余年之后，以超常教育为代表的英才教育探索，已经积累了一些富有中国特色的英才教育经验。近两年来，我国部分省市政府已经进行了有组织的实验，如北京市的“翱翔”计划等。这些经验使得我们在进行政策与法律制定时，有了科学的理论依据与实践基础。

第五，我国教育已经进入结构优化期。目前，基础教育的整体结构已经日趋合理，国家关于义务教育均衡发展、城乡教育一体化等政策研讨与实践推进已经取得了阶段性成果。任何政策与法律都具有前瞻性与引领性。在这个立法条件基本具备的情况下，我们有必要尽快进行立法尝试，以引领英才教育健康优质发展。

第六，财政支持力度可以保证。法律与政策的出台，往往需要后继的财政支持来保障。在教育资源短缺的年代，由于没有足够的财政力量来公开支持英才教育的发展，英才教育一直处于资金饥渴状态。2013 年 3 月 5 日，时任国务院总理温家宝在第十二届全国人民代表大会第一次会议上宣布：国家财政性教育经费支出五年累计7.79万亿元，年均增长21.58%，2012年占国内生产总值比例达到4%。英才教育发展已经有了厚实的财政保障，需要的只是教育行政部门为英才教育切分资金份额的智慧。

所以，我们应该尽快组织相关专家做好英才教育法的立法工作，从制度安排上为英才教育提供有力的机制保障。从可操作性的角度来说，我国英才教育立法可采取分步走策略。具体来说可以分成三步走：第一阶段，2013—2015年，政策调研阶段。对全国英才教育现状进行更深入的调研和专家论证，拟定英才教育管理规程。第二阶段，2015—2016年，制定《英才教育管理规程》，以部门规章的形式下发全国，给需要英才教育政策支持的学校以明确的政策支持。第三阶段，2020年之前，制定英才教育法规。在规程中，应涵盖英才教育的各个范畴，如英才的界定、识别标准、学校类型、教学资源、教学模式、师资建设、财政模型等，为英才教育法的出台做好充分准备。

(二)建立国家英才教育管理体系

目前我们还没有专门负责英才教育管理的专职行政部门，严重影响了英才教育的正常发展。英才教育并不是独立于一般学校之外的特殊教育，我们应该借鉴英国的融合教育与美国的抽离式教育的双重优点，建立既能满足普通学校或一般学校，尤其是农村地区学校的潜在英才学生对英才教育的需求，也能满足条件优越的学校中的具有明显英才儿童特质的学生的发展需求。

本研究建议在教育部基础教育二司下设英才教育管理处，协调基础教育一司，对全国英才教育进行有效的行政管理。由基础教育处室负责英才教育的整体规划，作为其处室的日常管理功能之一，在对其管辖区域内学校进行整体规划时，将英才教育作为其中的一个独立条目，列入其工作整体安排。其工作内容主要有如下几点：①推动全国英才教育立法工作。②制定全国英才教育发展规划。③建立与国外英才教育先进国家行政部门的工作联系。④组织全国性英才教育活动。⑤推动英才教育教师队伍建设，规划教师培训与专业发展活动。⑥进行全国英才教育项目审批。⑦监督与指导各省市英才教育发展。⑧制定全国英才教育财政规划。

在地方层面，各省市教育厅/教育委员会设立省级英才教育管理机构或专责人员，直接负责该省市英才教育的发展工作，主要包括以下几点：①英才教育机构的审批与撤并。②英才的资助与管理。③当地英才教师培训。④英才教育经费的管理。⑤组织当地英才教育学校活动。

(三)完善英才识别系统和英才指标体系

我国应借鉴现代人才学、心理学、教育学、脑神经科学等领域的最新研究成果，开发在学前、小学、中学、大学等不同阶段的英才识别技术和工具，建立英才儿童识别技术体系。

1. 进行英才识别系统建设

首先，国家层面主要提供专业研究支持，成立研究机构，建立国家英才教育研究院：①建立中国英才儿童识别标准体系；②为学校提供识别技术支持；③为地方政府提供政策建议。其次，区域地方政府层面主要提供政策和信息支持：①给学校提供更切实的政策支持，尤其要提供给实验班明确的招生政策和招生指导，对学校的招生范围、时间、方式给予政策支持；②建立地方英才儿童基本信息库，以便有针对性地进行英才教育规划。英才儿童信息库应包括以下几项内容，如学生的神经生理特征、学生的智力水平、学生的非智力因素、学生的社会活动情况、学生的学业基础、学生的家庭环境和教育经历。再次，学校方面进行校内选拔与识别：①校内设立识别人员与办公室。如果是英才教育学校，则应配备识别办公室，接受校内和校外的报名。②班主任、任课教师对学生的情况进行日常观察。③建立工作流程，对每个学生建立档案。在学生的日常评价中，对学生的创新行为有所关注，将创新作品等列入学生的日常评价体系内。然后，家长评价。家长对儿童的日常观察最直接，识别的目的是为了给学生提供更有针对性的教育。因此，需要家长将儿童的日常表现、校外活动情况提供给学校，作为识别的参考。最后，社会机构评价。对于某些艺术类、我们应体育类智能等，借助社会评价机构的力量，将其评价作为参考标准。

2. 完善识别程序与方法

第一，识别年龄。识别年龄可以分几个层次：①对于随班就读学生，从幼儿时期，教师就要注意观察他们的记忆力、观察力、想象力等。对这些项目的识别，可以从任何一个年龄段的幼儿开始。②对于进入重点校实验班的学生，可以从其进入重点校时，开始对其进行日常观察。③对于进入超常教育实验班的学生，建议从10岁左右就开始对其进行正式识别与选拔。原因：①实地调研中，大部分师生都比较同意从五年级开始，避开入小学、初中、高中的考试。②中国超常教育实验班中，比较成功的识别经验也是从10岁、11岁开始。第二，建立多元识别方法体系。摒弃以一次考试作为唯一评价标准的识别方式，建立“笔试＋面试＋课堂观察＋活动观察”的四位一体识别方式。对各种不同的识别方式的结果，给予不同的权重。综合面试是最受师生欢迎的考查形式，事实证明这种考查方式的识别效度也比较高。因此，建议各地在条件允许的情况下，分层对学生进行面试识别，也可以在某些活动中增加对儿童的识别机会。

3. 建立英才识别标准体系与工具

第一，形成科学的英才识别标准体系。在超常儿童的识别上，中国学校的少儿班经历了从偏重智力因素，到智力与非智力因素双重并举；从偏重逻辑—数学智能，到兼顾语言、操作、音乐、体育等多种智能；从形式单一的结果判断，到培养与选拔相结合的过程性评价的发展过程，形成了笔试与面试结合、静态结果与动态观察并重的标准与方法。因此，在建立中国英才识别标准体系时，建议对如下标准给予重点关注：①智力标准：智力中等以上。使用多元鉴定手段，选拔一般智力在中等以上，但思维能力较强的儿童。不一定必须是超常智商的儿童才可以接受英才教育。②学业标准：整体成绩中等偏上即可。对某一学科特别优异的学生可以特别关注。③综合素质：主要是对学生非智力因素的整体考查。④创新标准：具有创新意识、创新精神和创新潜能。可以分学段测试，对此标准给予重点关注。⑤领导力标准：关注团队合作能力和个人领导力的发展。第二，给予不同标准以不同的权重。建立标准体系后，不同的学校在识别学生时，可以参照这些标准，但要针对学生的具体家庭背景、教育经历等，对不同标准给予不同的权重，以避免学生因教育背景等原因而失去接受良好教育的机会。由于儿童智能优势表现的时机和情境不尽相同，还有些处于社会弱势群体中的儿童无法得到有效的教育，因此各种类型的儿童英才性的表现不一样，这就需要建立起对不同环境中的英才儿童进行识别的技术与工具。例如，对于流动儿童的识别，就不能用与城市儿童一样的学业标准来衡量。对于农村地区和城市地区的学生，衡量其创新素质的方式方法也不应相同。

(四)探索英才培养科学模式，加强英才教育机构建设

探索英才培养模式，加强英才教育机构建设主要进行以下几方面的工作。其一，进行英才教育学校的认定与建设工作，明确各种类型英才教育学校的发展定位与教育责任。根据英才教育学校的五级划分，对不同特点的英才教育学校，给予不同的政策扶植与帮助。例如，超常型英才教育学校要承担起课程开发和师资培训的任务，作为英才教育的母体，向其他学校辐射英才教育的先进做法。示范型英才教育学校，要与超常型英才教育学校一起，承担起课程研发的任务，同时作为示范性学校，为其他学校提供英才教育的宝贵经验。其二，开发学习资源，满足学生充实和丰富的课程需求，为英才学生提供更多的选择机会。其三，进行教与学方法的变革。借鉴课改校的先进经验，既提升英才教育的现有教育教学质量，也向其他类型学校进行先进教育教学理念与方法的渗透。其四，关注社会其他培训机构的发展。

(五)建立英才教育实施体系

1. 促进学校管理机制改变，建立学校英才教育管理与教学体系

对于不同类型的学校，建立不同的英才教育管理机制。第一，按照学段划分。对于小学阶段，以兴趣培养为主，鼓励学校为学生开设多种门类的活动课程、兴趣小组、社团活动等。对于初中阶段，可以鼓励学校开始一些实验类课程，培养学生动手实践能力。对于高中阶段学校，可以鼓励学生开展深度探究活动。第二，按学校发展的不同水平划分。对于一般学校，可以要求其配备英才教育指导教师，建立英才教育识别机制，主要进行识别与干预工作。对于较为优秀的学校，可以在此基础上，要求其建立资源教室，在融合制教育的基础之上，为学生提供抽离式英才教育，给予其更多的课程选择、创新活动选择、社团参与机会等。对于优秀的学校，可以为其在学生录取、日常评价、升学等方面，提供更多自由选择的机会，支持其建立英才班级，进行基于弹性学制下的充实或加速式教育教学活动。

2. 允许在有条件的学校建立英才教育实验班

政策的制定需要听从最一线参与者的意见，尤其应该听从教师的看法。对于超常儿童的教育形式，教师们都认为可以采用超常教育班级的形式，而对超常教育学校也有支持，但支持度不高，对目前各个学校普遍采用的“常规班级＋资源教室”“常规班级＋校外教育机构”的形式并不认可。是否需要进行弹性学制，缩短就学年限，教师们的意见并不统一，但少儿班的学生们则希望缩短就学年限。师生的态度形成了较为明确的对比。为此建议每个学校根据自身的师资和生源条件，自主决定是否需要设立缩短学制的英才教育实验班。

3. 建立英才教育资源共享基地

促进学校资源共享，在易于操作的前提下，建立科技创新基地，为英才教育学校提供更多的共享资源。

(六)完善英才教育教师培养制度

目前，我国从事英才教育工作的教师多来自一般师范院校，入职前没有接受过系统的英才教育培训。因此，我们应多方面提高英才教师的专业化水平。

第一，完善师范教育内容。这一点要从两方面着手：一方面，在师范生的必修课中，加入超常教育内容；另一方面，选择少数有研究基础的院校，设立超常教育研究专业方向，对超常教育相关信息进行研究与探索。

第二，制定全国英才教育发展规划。其中，涉及英才教育师资的内容主要有：①对全国教师进行全员性培训，在培训内容中加入英才教育内容。②对重点学校、超常教育实验班学校教师进行系统调研与重点培训。了解教师基本情况，建立教师资源库，提升其专业水平。

第三，尝试建立英才教育专业认证与备案系统。在建立初期，可以委托民间超常教育研究机构进行民间认证，在时机成熟时，以此认证资格到政府相关部门备案。这样做的目的不是为了提高英才教育师资门槛，而是为了储备英才教育师资，摸清英才教育的主体力量。对于教师资格证，可以是分某分项的资格证，也可以是一个综合的资格证。

第四，建立全国英才教师培训体系。在不同地域、不同发展状态的学校，针对不同的培训对象进行区分性培训：①针对全体教师，进行英才教育理念培训，英才识别技术培训。②针对优秀教师，在上两项培训项目之上，增加教师与英才学生交往能力等的培训。③针对超常教育教师，进行专业性的教学技能技巧培训。这种有区分性的培训体系和培训内容，有助于不同层次和需求的教师了解英才教育，并能更好地关注和从事英才教育。

(七)加强英才教育保障体系建设

国家英才教育的发展需要相应的保障体系，除了上面提到的管理制度和英才教育师资方面，还要有资金支持、技术保障和制度保障。

1. 英才教育所需的财政保障

财政政策涉及三方面内容：对学校教育教学硬件设备的投入与更新，英才教育师资待遇的提升与专业发展的保障，以及英才学生的特殊学习需求的保障。目前这部分经费基本上都由学校从日常开支中支出，政府拨款中没有相应的保障。因此，研究者提出为英才教育提供财政保障的建议。财政保障工作可以分三个渠道进行。第一，建立英才教育学校常规项目拨款机制。对于具有英才教育资质的学校，给予特别的项目关照机制。为学校进行英才教育教学设备更新、学习资源研制与开发、人员培训与提升服务。为学校提供常规支持。第二，对英才教育教师给予专项补贴。参照特殊教育教师的补贴政策，对从事英才教育的教师也给予专项补贴，补贴标准可以由学校内部商定。要保证英才教育教师的工资待遇比校内同龄同级别教师高出至少一定比例。第三，建立各级“创新基金”。这部分基金用于为各所学校的常规性和临时性创新活动提供支持。可以采取项目申报的形式，鼓励学校开展创新活动与研究，通过专家评议，给予学校资金支持。例如，对于某些学校的课程研发、活动开展，政府可以给予常规支持，也可以给予项目支持并简化对这项资金的审批手续。

2. 建立英才教育研究网络，为英才教育发展提供专业保障

首先，在国家层面，参考西方国家的做法，建立国家英才教育研究

院。研究院可以选择几种途径：其一，完全新建。由于资金技术等方面的限制，这种完全新建的途径实施难度较大。其二，依托大学科研院所。选择有一定研究基础的大学，依托已有的研究力量进行重建。国家赋予其研究与部分行政管理职能。其三，依托相关学术研究组织，建立民间研究机构。由于涉及学生和学校管理机制与信任机制的建立，依托这类民间组织建立的研究院，只能部分发挥研究职能。为此，建议依托相关学术研究机构(如国家级科研院所或高校)，建立国家英才教育研究院。

其次，在各省市的教育科学研究机构中，建立相应的研究科室，负责研究英才教育信息收集，进行有针对性的英才教育研究与协调工作。这些科室可以在当地教育行政部门的指导下，组织当地学校进行有针对性的课程研究与教学研讨活动，充分利用当地资源，开发有地方特色的英才教育课程。

最后，建立英才教育学校松散联盟。以联盟学校为基础，进行更有针对性和实效性的落地研究。组织各学校教师进行基于校本的专业研究，为学生提供“生本”学习资源，制定个性化教育方案，使英才教育真正适合每一个英才儿童的发展。

3. 改进评价体系，以评价保障学生的发展权利

第一，明确选拔评价理念。评价的目的是识别学生，培养学生，为培养学生的创新精神与创新能力服务。为此，要改变一考定终身的常规评价体制，在这些常规考试之外，给英才学生一条轻松发展的路径。早发现、早识别、慢培养。

第二，建立多元人才选拔评价体系，赋予学校招生自主权。无论是高等学校，还是中小学校，都要在评价的前提下，给予其学校招生自主权，或给学校一定比例的自主招生名额，改变以纸笔考试成绩作为招生主要甚至唯一指标的考试评价体系，建立新的评价机制。

第三，突出过程性评价，开发有效的评价工具，如师生们普遍接受的综合面试等考试形式，提高评价的效度和信度。

二、改革我国博士生教育体系

研究生教育作为国民教育的顶端，是高层次创新型人才的主要来源

和科学研究潜力的重要标志。重视和发展研究生教育已成为世界主要国家在知识经济时代实现国家战略意图、增强竞争优势的战略选择。相对于我国经济与社会发展的改革与需求，研究生教育的改革与发展水平远远滞后，研究生教育——尤其是博士生教育是整个高等教育系统中最为薄弱的部分。1994 年至今，国家对研究生的资助政策与标准一直未变，研究生的个人收入远远低于当地最低生活标准。研究生资助水平不仅与中国目前的经济大国地位不相匹配，与一些发达国家相比也存在较大差距。研究生待遇偏低，难以吸引优秀生源和保证研究生安心学习、潜心研究，这已经成为提高我国研究生教育质量的一个制约瓶颈，导致优秀研究生为国外大学所吸引，流失严重。根据美国国家科学基金(NSF)历年发布的《美国大学博士学位获得综合报告》，中国在美国外籍博士生源地中名列首位，1989—2012 年，共有 72549 名中国留学生在美国获得了博士学位，占同时期美国博士总数的 7.1%，占同时期美国外籍博士总数的 23.8%。① 改革博士生培养机制已成为我国是否能够自主培养拔尖创新人才的关键。调查结果显示：学术动机、导师与学生之间的关系、资助制度、培养模式、学术环境等是影响博士生教育创新力的主要因素。因此，我国应从政策供给、投入机制、培养模式、提高博士生教育的声望等方面改革我国博士生教育体系。

(一)从政策供给上，完善博士教育相关制度的建设

1981 年 1 月 1 日起施行的《中华人民共和国学位条例》(以下简称《学位条例》)，标志着我国学位制度的建立，在我国高等教育发展史上具有重要的意义。时任教育部长的蒋南翔曾在一次讲话中说："建立学位制度是促进我国教育和科学事业向前发展的一个重大步骤"，"是新中国教育史上的一个里程碑"。② 当时建立学位制度的目的，概括起来是三个"促进"和一个"适应"。三个"促进"：一是促进我国科学专门人才的成长，主要是培养大量的博士、硕士；二是促进各门学科学术水平的提高；三是促进教育和科学事业的发展。在试行学位制度初期，培养出来的硕士、博士主要充实高校师资和科研机构的科研人员。当时的目的是希望通过

---

① 岳婷婷．改革开放以来的中国留美博士群体研究[J]．兰州大学学报，2015 年第 2 期.

② 吴本厦．我国建立学位制度的决策和立法过程[J]．学位与研究生教育，2007 年第 4 期.

这三个“促进”，来达到一个“适应”，即适应社会主义现代化建设的需要。

从三十多年的经验来看，学位制度的建立，对培养、选拔、使用专门人才，特别是高层次专门人才起了很大的作用，对国家经济、科技、教育和文化各方面的发展，都有促进作用。[①] 从学位制度建立的过程来看，中国的博士教育是特定时代背景下的产物，当时是从硕士生中选拔出了一些优秀的学生直接授予了博士学位，而博士生导师也是临时破格提拔的，因此它的建立是恢复教育文化事业、与国际学位制度接轨的需要，更是为百废待兴的经济发展培养专门人才的现实需要。不过，随着博士教育在国家经济发展中的重要性，很多国家纷纷开展博士教育改革以及出台相关政策，提升博士教育吸引力。例如，2005 年，美国研究生院委员会发布了《21 世纪的国防教育法：对研究生教育的新承诺》白皮书。报告认为，在过去的一百多年里，凭借着在工业和制造业方面的优势，美国成为一个空前繁荣和富强的国家。美国的教育体系，包括从幼儿园到研究生院，对促进新美国的形成贡献了重要力量，为美国输送了大批高素质的劳动力，满足了公共部门、私营机构和非营利组织的需求。然而，未来美国的经济成功以及国家的安全要求各层次教育采取新的战略，要求重构高等教育，对研究生教育而言更是如此。2007 年，美国研究生院委员会发布了《研究生教育：美国竞争力和革新力的支柱》。这一报告认为，大众对美国的未来竞争力有一种自满的情绪，他们认为美国在 21 世纪仍然会继续领导世界的经济发展，仍然会继续吸引世界上最优秀的人才为其服务。但随着一些国家的崛起和国际竞争的加剧，这种自满的情绪到了应该得到纠正的时候，尤其是作为国家创新力和竞争力支柱的研究生教育应该首先引起重视和改革。这一报告从大学、商业精英、政策制定者的角度对提高研究生教育在国家创新中的作用提出了一些详细的策略。

与一些发达国家相比，我国博士教育相关政策的制定，尤其是围绕如何提升博士教育质量和创新力、建设创新型国家的相关政策供给不足，这使得博士教育这一与国家创新联系最为紧密的体系没有引起广泛的重

① 以上内容根据对吴本厦的访谈录音整理而成。

视。再有就是《学位条例》自1981年实施以来，并没有根据社会经济环境的变化而相应地做出调整，这使得博士教育制度建设远远滞后于社会经济发展水平。2007年9月，国务院学位委员会、教育部、人事部决定在所有具有博士学位授予权的高等学校和科研院所，开展博士教育质量调查工作，这是中国学位制度恢复与创建三十多年来最大规模的博士教育调查项目。不过，此次调查仍没有引发职能部门和政策制定者的关注。因此，我国应提升对博士教育重要性的认识，积极推进博士教育相关数据的收集和实施现状调查，更好地推进我国博士教育的发展，吸引和培养高水平人才。

(二)建立以政府投入为主导、多元化的博士教育投入机制

在博士教育投入机制的改革上，应以政府投入为主导，统筹学校自筹经费、导师科研经费、助学贷款、社会捐助等多渠道经费来源，形成国家奖学金、普通奖学金、“三助”岗位、助学贷款、学费补偿贷款代偿等多种形式有机结合的，公平与效率、标准与层次、范围与项目、学研与就业相互统一的，多层次、宽领域、全覆盖的博士生奖励资助体系。

政府投入资金用于设立国家奖学金、普通奖学金；高校以按规定比例从事业收入提取资助经费等方式自筹资金，用于设立教学助理、管理助理岗位和加强普通奖学金对家庭经济困难学生的资助力度；助学贷款用于帮助家庭经济困难学生解决学费、住宿费；社会捐助资金主要尊重捐助人意愿使用。国家奖学金注重效率，激励学生全面发展；普通奖学金、“三助”岗位、助学贷款注重公平，解决学生在校研读期间的经济困难；学费补偿贷款注重就业导向，引导和鼓励毕业生选择国家最需要的岗位工作。

(三)建立研究为导向的、科研与教学紧密互动的博士生培养模式

科学研究与人才培养关系的理想状态，是以高水平的科学研究支撑高质量的高等教育，以高质量的高等教育支撑高水平的科学研究，二者相互支撑、相互促进。美国等教育发达国家的经验表明，积极参与科学研究活动，不仅是推动国家科学进步和技术创新的需要，也是促进学科发展的动力，同时还是提高博士教育质量的重要手段。事实证明，研究生培养与科学研究的一体化是美国研究生教育成功的重要原因。

目前，我国博士生在高校科研活动中的地位和作用显著增强，已成为科研创新、社会服务等方面的生力军。但是，由于主客观因素的制约，尽管我国绝大部分研究生在培养过程中都或多或少地参与了导师的课题工作，但科研项目的立项管理与博士生培养制度之间的有效互动机制尚未形成，特别是依托科研项目促进创新型人才培养的内在机理尚未建立。调查发现，大部分博士生认同积极参与导师课题是博士生的有效训练方式(均值为5.44)。因此，在课题研究和课题立项上，应鼓励博士生以助研的身份参与课题研究，导师的科研立项应明确培养博士生的数量；允许导师从科研经费中划拨出专门的经费作为博士生的研究津贴。在博士生招生方面，导师应按照课题研究需要公开向海内外招聘人才；鼓励博士生的研究向纵深化发展，避免博士生参与过多研究主题不一致的研究项目或课题。

(四)提升博士教育体系的声望，积极吸引和挽留高水平人才

以高声望的高等教育体系吸引世界优秀人才是发达国家的一种新“殖民”方式。而中国、印度等发展中国家人才大量外流，尤其是在博士教育阶段，损失惨重。印度媒体将这一现象喻为“奶牛现象”。因此，进行博士教育体系改革、实现自身的“造血”功能是实现人才可持续性发展的关键。博士生教育的重要性沿着两条线路展开：首先，博士教育培养了大量实施创新的主体，即高质量的研究人员和学者。他们是与国家利益相关的重要研究项目的积极参与者。其次，博士生的科研活动能够促进科学的创新，或者说博士生的研究过程本身就是一个知识创新的过程。杰姆斯(James)等人通过对一百多所研究型大学的数据分析，发现在其他变量稳定的情况下，大学教师的研究生产力(可以用出版物或引用率来测量)与一所大学博士生数量的多寡有着紧密的关系，马斯库斯(Maskus)等人利用国家统计年鉴的研究也发现，保持其他变量不变，科学与工程领域博士生数量的增加与专利申请、大学获得的专利和非大学获得专利的数量增加有着紧密的联系。

我国的博士教育经过三十多年的发展，不论是在质量上还是在规模上都取得了一定成就，但仍然面临着质量和声望危机，成为我国高等教育系统中最为薄弱的部分。实施多元化的博士教育投入机制改革，建立科学研究与博士教育紧密互动的培养模式和科研为导向的导师负责制应该是当前我国博士教育亟待解决的问题。

三、激励企业参与教育改革和人才培养

经过三十多年的改革开放和发展，中国已经迈入了创新型国家建设的历史进程。创新型国家建设对教育提出了新的、更高的要求，教育不仅要胜任产业升级和市场化对于高级人才的需求，也要适应知识经济时代对于高素质创新型人才的需要。高等教育是“科教兴国和人才强国”战略的中坚力量，在国家创新体系中承担着人才培养和知识创新的职能。虽然高等教育已经为国家培养了大量人才，但是大学办学理念和人才培养模式还存在很大的不足，其直接表现就是人才培养质量与中国产业升级的迫切要求和用人单位特别是企业的现实需要极不相称。这与作为教育需求方的用人单位在参与教育改革和人才培养中没有得到足够重视直接相关。

在美国，自20世纪80年代后期以来的近三十年中，企业强力声援各州和全国的教育改革。在企业界的积极参与下，美国形成了政界、教育界、企业界共同商讨重大教育问题的局面。在经济全球化的背景下，我国从工业经济时代向知识经济时代转型的过程中，企业参与教育改革和发展是一个必然的趋势。因此，我国政府要主动打破企业界和教育界的隔阂，形成明确的政策导向和可操作的具体措施，积极促进企业参与教育改革和发展，推动教育改革创新。

(一)广泛征求企业界对教育改革和人才培养规划的意见，给予企业参与的渠道和话语权

企业是社会财富创造的重要力量，也是用人需求方，应该作为教育的权威评价者之一参与教育系统的改革和人才培养。但是，我国在制定《国家中长期教育改革和发展规划纲要(2010—2020年)》过程中并没有有组织的、制度化的企业参与活动。教育部门应该将企业参与教育改革作为全民参与的一部分和过程，特别是要体现到国家和地方教育改革和发展战略中来，并形成实实在在的政策措施，以更好地指导企业有效、有序地参与和推动教育事业的科学发展。

(二)鼓励企业界把参与和支持教育改革作为自身社会责任的重要组成部分

企业的社会责任不仅仅在于为社会创造就业岗位和财富，更要为教育和慈善等事业的发展做出更大贡献。其中，支持教育的发展是企业履行社会责任的重要载体。政府在推进企业社会责任建设的过程中，应帮助企业树立正确的教育观和义利观，帮助企业明确自己既是教育的最大用户，也是教育的最大受益者；积极引导企业关注教育、参与教育、推动教育改革，加强对企业承担教育责任的表彰；制定相关政策和制度以保障企业的参与活动。

(三)促进企业界建立基金会，对教育捐赠给予税收减免等财政性激励

美国以及其他发达国家的经验表明：民间捐赠在办好高等教育中发挥着重要作用。税收优惠政策是发达国家推动基金会等社会事业发展的一项重要的制度安排。针对当前我国企业基金会事业滞后的现状，首先应该清除政策方面的障碍，建议教育部会同财政部、民政部、国家税务总局等有关部门尽快进行研究和协商，根据《企业所得税法》的相关规定，统一并明确对教育、慈善基金会等公益组织收入实行税收优惠政策。

(四)建立校企人员的双向交流制度，加大企业界与教育界之间的互动

目前，在人才需求方企业和人才供应方学校之间存在三大矛盾，即个人求职期望、人才专业结构、人才学历层次均与企业实际需求不符。解决这些矛盾的关键在于人才需求方和人才供给方信息对称。因此，教育部门要建立校企人员双向交流制度，鼓励并组织企业适度参与高等院校特别是工程类、经管类高校的董事会、顾问委员会或教学指导委员会。企业界人士应当对专业和课程设置、人才素质和能力结构、实践与实习环节建设甚至师资队伍建设给予建议和提供咨询。同时，对于工科类、经管类专业的师生应该制订企业实践培训计划，将其纳入师资培养和人才培养的整体工作规划。交流机制建立之后，企业也会乐意接受学生实践和实习，从中发现可以为己所用的人才。

(五)创建长效机制，鼓励和倡导企业界建立支持教育改革和发展的常设机构

在知识经济时代，企业参与教育改革和发展是历史的必然性要求，反映了历史发展的规律。基于这一前提与理论的指导，我们必须在对社会发展规律和趋势的深刻洞察的基础上，建立以企业界引领的全民参与教育改革和发展的社会氛围和运行机制。这种具有良性互动和长效的机制一旦形成，相对封闭的教育界和相对开放的企业界这两个处于不同“世界”的供求方的轮子就能协调和平稳地推动整个社会正常和高速地前行。

政府应鼓励和倡导企业界建立支持教育改革和发展的常设机构和组织，可由知识经济含量相对高的大中企业率先或牵头联合教育界和社会各界召开一些有关教育改革和发展的研讨会和论坛，从理念上凝聚共识，在此基础上可创建一些由企业或基金会赞助并有各方参与的教育研究智库。这种基于民间，又代表了教育最大的用户企业的研究成果会持续不断地提供客观、切实、独特的视角和建议，让教育真正成为政府、企业界和教育界等全社会共同参与的事业。

总之，在中国建设创新型国家和构建和谐社会的进程中，产业升级换代和向知识经济转型是必然趋势。在此背景下，企业参与教育改革和发展有现实的必要性和历史的必然性，所以政府要打破企业界和教育界的隔阂，积极引导和规范企业参与教育改革和发展，以实现教育改革创新。

四、构建创新型人才培养模式

(一)构建以实践为导向的创新型人才培养模式

1. 树立以实践为导向的创新型人才培养理念

树立以实践为导向的创新型人才培养理念就是要牢牢坚持实践是创新型人才培养的根本途径的基本理念，坚持将实践观落实到创新型人才培养的每一个环节中去，包括人才培养方案、课程设置、教学大纲、教学活动组织、教学管理与评价、师资培养等。人才培养是一项系统工程。树立实践导向的创新型人才培养理念对于合理安排人才培养活动，正确处理人才培养的各种矛盾，完善创新型人才培养模式等都具有重要意义。以实践为导向的创新型人才培养，是以提高学生的创新实践能力为目标，将实践作为培养创新型人才的根本途径。这是一种全程实践的大学教育教学观，与传统重理论教学体系的指导思想具有本质的区别。在这种教育教学观的指导下，我们必须“关注实践、立足实践”，将重实践的观念深入贯彻到创新型人才培养的各个环节，将实践活动贯穿大学人才培养的始终，赋予各类教学活动新的意义内涵。人才培养的目标应定位于富于创新精神和创新实践能力的实践创新型人才。理论教学要突出实践意义，实验实习也不仅仅是检验理论，它们将共同为学生创新实践能力的提高服务。

2. 构建“理论—实践”一体化的专业课程体系

长期以来我国高校采用的是分科课程体系，学科间的交叉融合明显不足，重理论轻实践，教学组织常以教师为中心，不仅影响学生掌握知识，更不利于创新意识和能力的培养。“理论—实践”一体化课程设置以能力为核心，根据创新型人才的素质要求设置课程内容，根据创新素质和能力结构安排课程结构。“理论—实践”一体化课程是知识学习和能力养成的共同体，是理论知识和实践知识学习的统一体。“理论教学中突出实践意义，实践中实现知识运用与创新”是该类型课程的重要特征。一体化课程的实施要采取“理论实践相辅相成”的教学组织方式，立足于专业实践来学习知识，提高能力。另外，要求教师既有扎实的理论基础和丰富的教学经验，又有生产实践经验和熟练的动手操作技能；既要了解本专业及相关行业的发展趋势，又要具有运用新知识、新技术、新工艺、新方法开展有效教学及教研的能力。因此，伴随“理论—实践”一体化课程体系建设的是“理论—实践”一体化教学改革。

3. 创设校内外结合的实践教学环境

构建校内外结合的实践教学环境是大学创新型人才培养的基础，包括实验室建设、专业教学课堂建设、实训基地建设、科技创新平台建设等。在实验室建设方面，除了要为学生提供充足、先进的实验设备与设施，重点应加强开放实验室建设与管理。“理论—实践”一体化课程的实施要求加强专业教学课堂建设，实现知识教学与实验的统一。实训基地建设既要充分利用校内资源，构建“跨专业的综合实训基地”，又要以社会机构、企业为依托为学生创设提高专业综合能力和社会实践能力的实践环境。科技创新平台主要为学生综合运用所学知识进行科研创新服务，以产学研紧密结合的校外实习、实训基地建设为重点，通过校内外产学研合作机制建设为学生提升科技创新能力创造机会。实践教学环境建设仅仅是为学生实践提供便利的客观条件。实践管理主要包括激发学生的实践积极性，支持学生的创新实践活动，引导学生科学地进行创新实践，帮助学生快速提高创新能力。

4. 加强“理论＋实践”的双师型师资队伍建设

实践创新型人才的培养要求有一支理论基础扎实、实践能力强的师资队伍，这是大学实践教育改革有效落实的保障。加强“理论＋实践”双师型师资队伍建设首先要树立全面素养的教师观。理论课教师同样需要丰富的实践经验和卓越的实践能力，而实验课教师也需要具备扎实的理论基础并掌握先进的理论知识。这要求理论教师要积极走出课堂，走进实验室，走向社会；实验课教师则要放下仪器，走进图书馆，走向科研。为了补充实践教师的巨大空缺，许多学校都在积极聘请行业企业的专业人才和能工巧匠到学校担任兼职教师，及时用工作一线的实践知识充实和更新教学内容，促进产学合作，提高教师的实践教学能力。但从长远来看，高校自身需要建立一支有利于形成理论与实践紧密结合、全面均衡发展的“理论＋实践”一体化双师型教师队伍。除了继续教育与培训、“企业实践”、“校企合作”等模式，校内“理论—实践”一体化课程教学实践是更重要、更值得关注的途径。

5. 建立以实践为导向的创新型人才评价体系

建立以实践为导向的创新型人才评价体系，不但能够为人才培养指明方向，也是人才培养活动的重要推动力量。《国家中长期人才发展规划纲要(2010—2020年)》提出，人才发展要“以用为本”，科学评价人才必须坚持以用为本。它所反映出的便是一种“实践观”的人才标准，即是不是人才需通过实践来检验。在实践中评价人才，重点评价人才的实践能力。更重要的是关注对学生创新实践的评价。创新实践包括创新实践过程、创新实践能力、创新实践成果等。其中，对学生创新实践过程的评价主要包括对其创新意识、态度、思路、行为等方面的评价；对学生创新实践能力的评价主要包括对其知识掌握水平、知识运用能力、知识创新能力、创新组织能力、协作能力等方面的评价；对学生创新实践成果的评价主要包括对其知识创新、技术创新、个体创新素养的提高等方面的评价。同时，构建重实践的创新型人才评价体系，还需要在体系构建原则、评价内容、评价指标、评价方法等方面对学生创新实践给予充分关注。

(二)构建以产学研为基础的人才培养模式

产学研用以及科研教学一体化是实践型人才和创新型人才培养的重要途径。我国应构建产学研有机结合为基础的人才培养模式，打造高层次创新型人才培养的平台和基地。

1. 校企共建科研基地模式

校企共建科研基地模式是企业与高校分别投入一定比例的资金、人力或设备共同建立联合开发机构、联合实验室和工程中心等科研基地。共建基地的优势在于：第一，可以较好发挥高校基础理论扎实、实验手段先进、研发能力强的优势，可以充分利用企业工程技术开发能力、生产过程技术实现能力；第二，科研基地使企业能对高校专业领域的技术创新进行持续投入，也使得高校的科研更加贴近市场需求，从而缩短了科技成果产品化、产业化的周期；第三，共建科研基地还能为企业储备技术和人才，对企业研发能力的持续提高相当有益。

共建基地的设立和运营都离不开资金的支持，如果没有相当的资金实力，科研基地的运营与发展都将受到制约。在共建科研基地的具体操作中，需要企业参与者有相当的资金实力。因此，这种模式比较适用于大企业与科研院所、高校的合作，而资金相对紧张的创新型中小型企业则较难参与到科研基地的共建之中。这时，政府的协调与引导作用就显得非常重要。一方面，政府可以为产学研各方牵线搭桥，并对企业，特别是中小企业，给予税收、知识产权保护等多方面的政策支持；另一方面，政府可以直接牵头推进共建科研基地的建设，如政府牵头成立的工程研究中心。

目前，我国解决企业具体技术问题的项目合作多，满足企业持续创新尤其是产业技术重大创新需求的合作载体少，产学研用合作多局限在项目层次，不利于产业重大技术的深入持续创新。政府应采取有效措施鼓励校企共建科研基地，推进我国科学技术的持续创新和集成创新。

2. 建设独立研究院所，重构高校科研组织

鉴于大学本科教学的重要性以及“本科教学还是按照院系模式为好”，为不给本科教学工作带来冲击，我国大学仍应维持以院系为主体的纵向

教学组织体系。大学科研组织重构的关键在于改革现行的以学院(系)条块分割为特征的科研管理体制，在院系体制之外建立起与教学对等平衡的科研组织体系，可率先以校级独立研究机构的建设为试点来进行，明确该类机构是学校直属的相对独立的科研实体，在校内具有独立的人员编制和经费预算。在具体的构建中，既可以对学校内现有的各类科研机构进行重新确认，也可以根据科技发展趋势，结合国家战略需求，从现实的研究条件，如学术积累、研究水平、研究队伍以及基础设施等出发进行整合。但无论采取哪种方式，独立研究机构都应能集综合性、交叉性、集成性、开放性、共享性、经济性于一体，应能吸引、培养和聚集一批最优秀的科研人才，应能为优秀科技创新团队的成长和不同学术背景的高水平学者之间的交流碰撞提供支撑。

此外，为促进独立研究机构的建设与发展，高校还应制定一些相关政策，采取一些配套措施。①研究机构的管理应实行主任负责制，应建立公开公平的人员招聘与管理制度，尽量减少干预，在宏观监督之下要为研究机构的自行运转开辟足够的空间。②为教师的学术流动创造条件。由于教师一生在科研、教学方面的优势会发生阶段性变化，学校应建立一种合同制度，帮助教师成功地通过这些阶段。这样既能让他们根据自己的能力、特点自由地确定自己某一阶段的专业或工作目标，又能使他们的工作经过一定阶段后从一种学术重点转移到另一种学术重点，从以科研(或教学)为主的岗位转向以教学(或科研)为主的岗位成为可能，从而促进教师在院系与独立研究机构之间的流动。③对教师进行合理分工。参照社会生产力发展带来分工不断细化的规律，大学内部的分工逐步细化也是一种发展趋势。高校应借助先进的科研条件和新型的运行机制，有选择地分流一批科研能力强、有发展潜力的教师主要从事科研活动，以产出一流的成果，造就一流的人才。④科学安排教授的本科教学工作。为了加强本科生教学工作，提高教学质量，各学校一般要求所有教授、副教授都必须为本科生授课，应当说这是完全正确和必要的。但为了保证那些科研能力强的教授们有足够的时间和精力从事科研活动，应对他们的本科教学工作做出合理安排，可采取由某位教授领衔、几位教师共同承担一门课或安排教授集中授课等方式，使教授们只要完成规定的本科教学工作量并保证教学质量即可。

3. 建设科技创新平台和哲学社会科学研究基地

从国际上来看，打破原有的链式管理结构，打破少数人员对科学研究及学术活动的人财物的垄断，实现资源共享、合理配置是高水平大学组织模式改革的最重要的发展方向。

我国高水平大学科研组织的构建应以横跨多个专业甚至学院作为跨学科和科研合作依托实体的科技创新平台和哲学社会科学研究基地为重中之重。这种平台是一种矩阵化、网络化、柔性化的结构，教师、科研人员和研究生都是这个网络结构中的一个节点，既属于纵向的院系结构，又属于横向的创新平台。具体而言，人事关系和教学工作可保留在院系，但科研管理服从创新平台的统一协调。

在创新平台内部，学校可进一步推进横向的组织模式，以研究项目为最基本的科研活动单元，成员可来自创新平台内不同研究所(规模较小的研究基地可不下设研究所，而设若干“教授研究室”)。随着项目的申请、执行、完成，团队不断重组、发展、解构与重组。一个个项目团队如同一个个“血红细胞”，在不断自我更新中实现创新平台整体的“器官”功能。而专业化的支持团队则发挥着统筹协调资源、营造无边界组织文化、提供知识共享技术服务等辅助功能，特别是要在营造物质空间、虚拟空间和精神空间的“场”上多下功夫，为组织内部打破壁垒，促进知识交流创造环境。另外我们要学习西方国家的做法，注意支持团队人员的精简，除创新平台层面设置少数岗位外原则上不再设其他行政人员编制。为了进一步促进打破壁垒，我们还应给予相应的外部政策机制，如指向团队的考核与激励机制，等等。具备这样特制的科技创新平台和哲学社会科学研究基地应与国家重点实验室、国家工程技术中心以及产学研用合作的各大学研究院一道构成我国研究型大学科研组织的中坚力量。

4. 产学研用人才联合培养与人才交流模式

所谓人才联合培养与人才交流模式，是指大学、科研机构与企业界通过设置人才培养专项基金、大学教授和研究人员担任企业顾问、大学学生在企业实习、企业人员在高校进行培训等多种方式进行人才联合培养和人才交流，以促进产学研各方的知识交流和知识创新。其优势在于：

一是扩大了高级科研人才的作用范围，使人才的培养和知识的交流更符合企业和市场的需要；二是企业研究人员受到了专门机构专门知识的培训，增进了其对基础理论和前沿技术的了解和认知；三是通过人员流动增进了产学研各方的知识交流和相互了解，有利于促进产学研各方的进一步技术合作。

人才联合培养与人才交流的形式很多，如设置人才培养专项基金，大学教授和研究人员担任企业顾问，大学学生在企业实习，企业人员在大学科研机构进行培训等。人才联合培养与人才交流模式，既可以是产学研各方正式的契约性合作行为，又可以是基于个人意愿的非正式合作行为，还可以是企业资助大学科研工作者或学生进行研发学习的公益性行为。就正式的契约性合作行为而言，产学研各方的技术实力和相互信任是其长久合作的重要保障，而签订知识转移与训练计划有助于对产学研各方进行约束和刺激。通过知识转移与训练计划，高校的科研人员为企业的研发计划或技术瓶颈提供咨询意见，企业对大学的课程设计及研究计划提供建议。与此同时，科研人员、大学生及企业人员互通有无，促进知识的交流和技术的提升。对非正式的合作行为而言，企业更多的是与高校科研人员个人进行交流与合作，其合作成果相当良好。对此，政府应给予相应政策支持，创造较为宽松的人才流动环境，鼓励产学研各方人员积极交流。对于公益性合作行为而言，企业作为委托方要明确受益对象和收益范围，高校作为代理人要恪守诚信义务。只有通过严格有效的预算管理和项目管理才能实现企业的公益性资助目标，才能与企业形成长期的人才联合培养与人才交流关系。

5.“三区联动”模式

推广高校科研和社会服务的创新模式——校区、社区、科学园区“三区联动”模式，由分散的科技攻关转向建立综合性、开放式知识创新区域，促使高校、政府、企业打破观念和体制围墙，结成区域性、组团式创新联盟，形成“多赢”局面。

“三区联动”模式最早是2002年6月由上海紫竹科学园区、上海交通大学及其所在的闵行区委、区政府开始实践的一种新型的有利于自主技术创新发展的开发区建设模式。“三区联动”的基本含义可以概括为：以大学校区为依托，以科技园区为平台，以资源在行政社区的集聚、共享、融合为抓手，形成强有力的区域创新集聚氛围的区域创新网络，以更好地促进大学发挥科技、知识和人才的“溢出效应”，促进科技园区发挥科技成果转化的孵化功能，提高社区的人才素质和产业结构升级，推动城市和国家自主创新能力的提高。① 其核心是大学校区、科技园区和行政社区(政府)通过制度性安排，形成“三区融合、联动发展”的区域生态创新网络。“三区联动”理念的提出，适应了中国开发区转型的内在要求，并为之提供了一条新思路——以组织(制度)创新促技术创新，以合作创新促自主创新。

五、科教融合推进创新型人才培养

我国科研与教育分离的政策安排，严重制约着创新型人才的培养。一方面，高校科研资源投入不足，难以有效支撑创新型人才的培养；另一方面，科研院所科研资源丰富，但无法培养更多的创新型人才。为此，我们应加快战略转型，及时采取科学措施，推进科研院所与高等学校的融合，建立科研院所与高等院校系统有效的沟通与联系机制，大力加强双方在科学研究和人才培养等方面的合作，充分发挥各自优势，培养创新型人才，加快创新型国家建设的进程。

(一)战略转型，科研院所转变为高等教育机构

借鉴西方发达国家经验，把以研究为主的科研院所逐步转变为兼顾科研和人才培养的高等教育机构。科研院所在师资、设施、成果转化等方面具有比较优势，但在生源质量、学科建设等方面面临较大困难；高校在生源质量、学科建设方面具有比较优势，但在科研设施、成果转化等方面面临诸多困难。我们要进一步研究科研机构与高校的融合途径，建立资源共享平台，形成教学和科研的有效合作机制。这不仅会对创新型人才的培养与科研实力的提升产生深远的影响，而且也会对我国的经济、社会发展以及综合国力的提高产生积极的推动作用。

---

① 夏光，屠梅曾．“三区联动”的内涵、机制剖析及理论演进脉络[J]．科学学与科学技术管理，2007年第9期．

(二)重视基础研究，在科研实践中培养创新型人才

高等学校的基础研究是知识创新的源泉，是技术创新的基础。世界上公认的最具创新力和竞争力的国家，大部分基础研究都由高等院校及其所属的研究机构承担。我们要统筹考虑国家高等教育体制改革与科技体制改革，支持和管理高等教育机构从事基础研究，大力建设高校创新平台，实现科学研究与人才培养的紧密结合。我们要充分发挥高等教育机构在基础研究中的重要作用，实现高层次创新型人才培养和高水平科学研究相互促进的良性机制。

(三)建设资源共享平台，完善知识创新网络

建立高等院校、科研院所和企业一体化的知识创新网络，形成资源共享平台，使知识的生产、扩散、创新、应用不再是彼此相互独立、分离的环节，而是同一过程的不同方面。把科研与教育变成知识的源泉和发动机，把企业变成知识应用的核心与主体，把创新变成全社会的行为。

(四)加大高校研发投入，支撑创新型人才培养

我们应系统改革高等学校的人才培养与科研体制；切实加大高校的研发投入，尤其注重加强对基础研究的投入；全面推广高校科研事业费制度，建立国家科研规划与高校自由探索研究相结合的科研政策；建立高校、科研院所、企业和中小学联合实施的创新型人才培养系统；改革高校的人才评价与任用制度等。

六、建立“5+1”国家创新系统

前沿知识、创新型人才与创新文化是国家创新系统建设必不可少的“三要素”。教育作为前沿知识的生产者、创新型人才的培养者、创新文化的孕育者，尚未全面纳入我国国家创新系统中，作用未能充分发挥。教育创新体系的缺失不仅使国家创新系统缺乏坚实的基础和可持续发展的动力，也使各体系间的协同创新缺乏根基。我们应开展教育创新改革试点，把教育创新体系全面纳入国家创新系统中，构建“5+1”国家创新系统。

(一)建议将教育创新体系全面纳入国家创新系统中，建立“5＋1”国家创新系统

基于国际经验和我国科技自主创新面临的困境及体制机制障碍，我们必须将教育创新纳入国家创新体系中，形成以教育创新体系为动力和基础，由技术创新体系、知识创新体系、国防科技创新体系、区域创新体系和科技中介服务创新体系组成的新的国家创新系统。(见图 5-1)通过教育创新体系的构建，实现其在知识创新、人才培养、科技成果转化及营造利于创新的文化氛围等方面的功能。

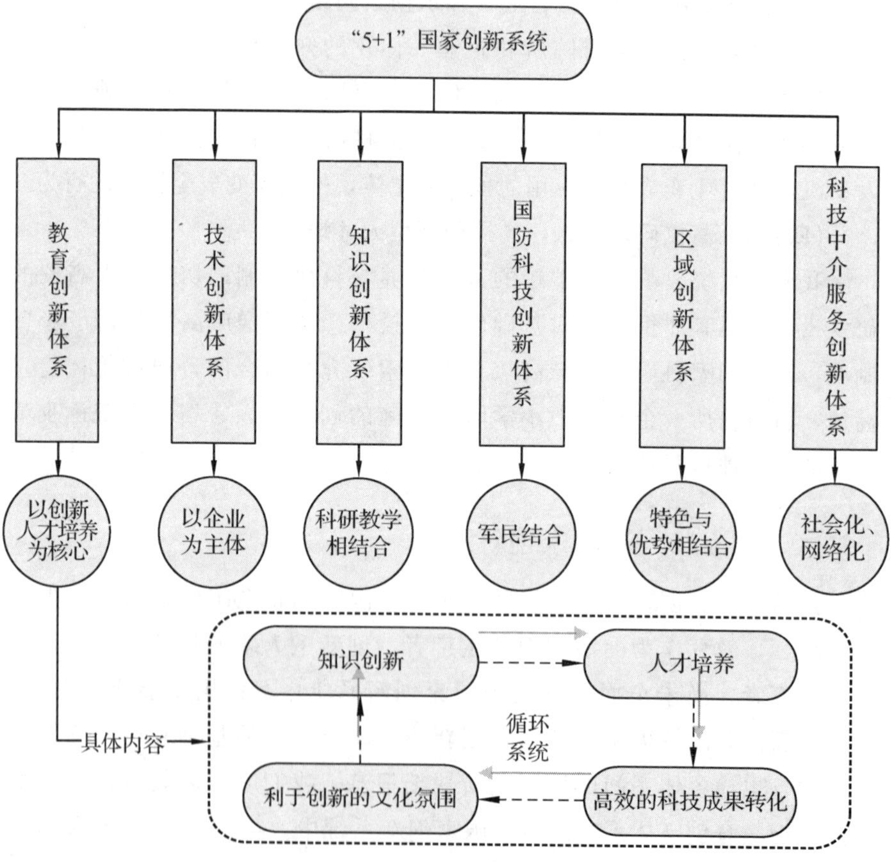

图 5-1 “5＋1”国家创新系统模型图

我们应明确教育创新体系在国家创新系统中的基础性作用，尤其是研究型大学作为知识创新主体的战略地位，将教育创新体系作为沟通各创新主体和体系间的重要“纽带”。加强顶层设计，实施科技、人才、教育和产业发展紧密联系的制度安排。

(二)加大对高校基础研究的支持，深化高校综合改革

多年来，我国基础研究经费占研发总经费的比例一直徘徊在5%左右，而创新型国家一般能占到15%～30%。2008年，我国基础研究投入强度为0.698‰，而同期的美国为4.8‰，韩国为5.4‰，日本为3.9‰，分别是中国的6.9倍、7.7倍和5.6倍。[①] 我们应实施以人事制度改革为核心的高校综合改革，整体带动高校科研评价体制改革，建立以创新、质量和人才培养为导向的科研管理和考核评价制度，建立分层分类的创新激励机制。

(三)以落实教育规划纲要为契机，加快创新型人才培养和创新文化建设

我们应改革人才培养模式，加强教学的开放性和实践性，强化社会实践、科研实践等培养环节；加强人才培养的国际化，利用国际上最先进、最优质的教师、课程等资源，立足国内培养创新领军人才；鼓励企业参与人才培养，给予其优惠的经济政策支持，构建校企利益共同体的组织体系，建立校企人员双向交流制度等制度体系，探索校企合作新模式；加强创新文化建设，课堂文化、学校文化和社会文化建设多措并举，营造有利于创新的文化氛围。

(四)以高校为基础建立社会创新传播网络，推进协同创新

我们应组织高校通过联合开展重大科研项目协同攻关，集聚大团队，构筑大平台，形成跨校合作的研究机制，承担国家重大任务，解决重大科学问题；建立校企联合研发中心，探索高校与企业“互动、互惠、互利”融合发展的长效机制；围绕重大科学问题和关键前沿技术，组织实施一批国际合作研究计划，在此基础上建立以高校为基础的创新知识传播网络。高校科研应与地方经济社会发展紧密结合，为地方战略发展提供智力支持，发挥高校思想库的作用，提高地区发展软实力。

---

① 姚常乐，高昌林．我国基础研究经费投入现状分析与政策建议[J]．中国科技论坛，2011年第3期.

（五）部署一批“5＋1”的教育创新改革试点项目

我们应结合实施中的教育体制改革试点，部署一批将基础研究、创新型人才培养、创新文化建设、产业发展和区域创新有效结合的教育创新基地试点，作为贯彻落实国家“教育、科技、人才”三大规划纲要，实现协同创新的突破口和重要抓手，精心组织实施，产生示范效应。

七、建立以人才培养为导向的大学评价机制

高校是国家创新体系的重要组成部分，是“国家知识创新的主力军、技术创新的重要方面军、科技成果转化的生力军”①，在创新型人才培养和创新文化建设等方面也具有独特优势。人才培养是高校的根本任务，培养大批创新型人才是我国创新型国家建设对高校提出的急迫要求。长期以来，我国高校存在科研与教学“两张皮”的现象，已经严重影响到高校职能的整体发挥。在诸多原因之中，科研评价机制已成为一个饱受诟病的关注对象之一。如何改进高校的科研评价机制，将科研与教学进行整合，已成为当前我国高校的重要任务。结合高校特点和当前我国现实需要，在整合科研与教学的过程中，我们应该坚持推进以人才培养为导向的高校科研评价改革。

（一）加强教学部门与科研部门的协同，在教学评估中提高科研创新融入教学的考核权重，在科研评价中加大科研成果及时转化为教学成果的鼓励和引导

《国家中长期教育改革和发展规划纲要（2010—2020年）》指出，要把教学作为教师考核的首要内容，把教授为低年级学生授课作为重要制度。在大学，尤其是研究型大学，教授既是培养拔尖创新型人才的主要承担者，又是创新科技与文化的重要实现者，还是知识、技术应用的重要参与者。教授通过对教学材料的加工，创造性地传播科学文化知识；以智力为本，拓展受教育者的能力；以身心两健为目标，塑造全面发展的人。这呼应了教学与科研不可分割的要求。当下在科研评价中，高校更应增加教学效果的指标权重，把教授对学生的指导纳入科研评价的具体指标，

① 校长共识：大学要成为国家创新的重要力量[EB/OL]. http://edu.people.com.cn/GB/4606381.html，2006-07-19.

鼓励大学教师不断改进教法，更新教学手段，更新课件内容。

高校科研工作存在很多问题，如大量低水平的重复、抄袭严重、学术不规范等。从问题表象看，好像许多高校教学科研人员仅仅满足于论文著作的发表，以及所获得的名利，其实背后涉及的是更深层次的具有“重数量、轻质量”“重科研、轻教学”等典型特征的科研评价机制。我国高校科研已经出现脱离为人才培养和社会发展服务的现象。大量学术文章被称为“文字垃圾”，成批科研成果被“束之高阁”就是最好的明证。因此，作为指挥棒的大学评价必须要进行改革。首先，评价的重心应当从论文数量、刊物类别和项目级别、经费转为研究成果的价值，包括其对教学工作、人才培养和社会服务等方面产生的实际效益。其次，科研评价应该从只关注科研成果到兼顾科研过程，应当从研究启动与实施到成果发表、推广，再到发挥学术效应和社会效应。最后，从项目、职称、奖励等资源分配方面也要改变功利取向。一方面，突出对成果质量和成果转化程度的考查和奖励，鼓励大家多出高水平成果；另一方面，也要为学术积累和沉淀留有一定的许可空间，尤其是在基础研究领域，除了使用定量科研指标，更要重视关于质量的科研指标。另外，在教学评估中也要加强对科研工作的回应与关照，提高科研创新融入教学的考核权重和奖励，鼓励科研成果及时向教学成果的转化。

(二)加强教师职称评定中科研与教学交互促进的制度设计

在职称评定制度上，教学成绩与科研成绩在教师职称评定中应享有同等重要的地位，教学科研活动和成果要受到充分的重视。教学工作并不仅仅是课堂教学，一个教学能力和水平不断提高的教师肯定需要经常进行教学反思、总结，这属于教学研究，同样也是在进行科研活动，而且其价值丝毫不逊于发表一篇学术文章或完成一个科研项目，对于大学人才培养来说甚至具有更深远的意义。当前，在教师职称评定标准体系中，教学指标所占权重明显较小，需要大幅度提高。同时，高校要对教师教学指标进行设计和细化，提高可操作性，以增强教学指标的实际效用。例如，设置详细的教师指导学生，或教师进行教学创新等方面的考核规定，制定具体的标准体系，等等。

(三)创新教学和科研模式，将科研实践融于人才培养过程，以提高学生的创新素养

在教师的指导下，通过参与科研活动，学生不仅能够得到科研技能训练，同时还可以实践所学到的专业和了解本学科发展的现状和趋势，而且也有助于学生的创新意识和能力的培养。同样，在指导学生科研的过程中，教师也可以将自己的以及其他学者的最新科研成果进行传播或应用，以“做中学”的方式提高学生知识学习和应用的水平和能力。在积极推进教学、科研模式的改革中，学校不仅要从制度、资源等方面鼓励、支持教师积极将科研项目融于教学，而且还要革新现有的课程体系、内容以及教学组织形式，加强实践教学的比重，扩展教学实验基地和场所。另外，不仅在教师评价方面要教学科研并重，在学生评价方面也要适当加强参与科研活动的指标。研究型大学拥有优秀的师资队伍、丰富的教学资源、雄厚的科研实力和广泛的社会协作能力，我们可以先在部分研究型大学展开试点工作，从制度设计入手，通过教学和科研模式的革新，将科学研究渗透到学生培养的全过程；然后根据试点情况，再进行论证分析和分步实施。

八、提升高校教师的创新力

在知识经济时代，创新力已经成为国家的核心竞争力。大学作为国家创新体系中的主体之一，是国家创新力的重要来源。因此，大学的创新力在一定程度上决定着一个国家的创新力，进而决定着一个国家的核心竞争力。然而，大学在国家创新体系建设中的这一定位能否实现及其能在多大程度上得以实现，主要取决于大学教师创新力的强弱。因为，大学教师是大学人才培养、科学研究、社会服务、文化传承四项职能的直接承担者，是创新型人才培养、原创性科研成果产出以及文化传承创新的基础性力量。我国应完善资源配置、遴选聘任、考核评价和激励保障等方面的机制，以提升我国大学教师的创新力。

(一)完善资源配置机制以提升大学教师的创新力

1. 因地制宜地进行资源配置

大学的人力、物力资源是一种稀缺资源，如何对这些资源进行合理配置是发挥大学教师创新力的关键。目前在我国，往往大项目的申请都与申请人级别相辅相成。年轻的教师只能参与，即使能力再强，也不可能被批准。因此，国家和高校可以把科研经费分为两部分，一部分个人或团队都可以申请，另一部分只给科研团队。学校可以把科研经费分为一部分自由申报，一部分由研究大学自下而上自由设计，要自上而下和自下而上相结合，因为自上而下永远调动不了所有人的积极性。学校要为愿意长期从事研究的教师特别是青年教师提供参与机会，以此来推动青年教师创新力的发展。

2. 合理配置教师人力资源

高校可将创新型人才引进作为教师资源优化配置的“捷径”，同时还应将人才的内引外联结合起来，以市场机制为导向，建立相对稳定的骨干层和出入有序的流动层相结合，双向复合的管理模式。

(二)完善遴选聘任机制以提升大学教师的创新力

首先，切实加强高校聘任自主权。从国外经验来看，将聘任权下放到学院一级，组织教授评议会，并将院长、系主任、教师和学生都纳入招聘决策成员之中，是保证学术权利发挥作用的有效途径。其次，评价标准多元化。对于学术成果，不应以论文数量和刊物级别为硬性指标，更应该注重论文本身的创新性和学术价值。此外，还可以将出版的教材、上课的讲义，甚至曾拟的考试命题等作为考查教学创新力的依据。

(三)完善考核评价机制以提升大学教师的创新力

1. 建立长效的科研评价体系

在课题组的研究中，接受访谈的教师认为要延长考核周期，对创新力考核的评价时间最好定在3～5年，鼓励教师潜心学术。频繁的考核会使研发周期较长的研究受影响。例如，有教师提出“现在没有一种评价机制长久地使教师们对研究关注，考核周期太短，不允许教师十年磨一剑，没办法让教师们静下心来做更多具有创造性的工作”。国外高校允许部分教师四五年不出成果，为教师提供潜心研究的环境。我国也可以尝试对多年连续考核优秀的教师或其他高水平人才免除聘期考核的要求，减少对高素质人才的干扰，为其创新力的发挥创造条件。

2. 对大学教师的科研、教学和人才培养采用绩效的评价理念

大学教师以创新为依据的考核评价主体是决定是否能进行有效评价

的关键部分，其中考核主体是否全面，是否具备相应能力对考核对象进行测量是全面反映考核对象的关键。以往对大学教师的创新力进行评价的主体为行政机构评价和专家评价，加入学生的评价能够更全面地反映大学教师的创新力。

3. 加强对基础研究的重视以及科研成果的转化

有教师提出“考核评价体系应该设立基础性研究的创新奖项，在一定程度上引导教师做基础性研究。我们从事科学工作，大部分情况是需要一个文化的积累过程。如果大家都不愿意做基础性研究，文化的积累就没了，知识的创新就丧失了”。学校要特别给青年教师一定时间去做基础性研究，为他们设计针对性的奖项。在课题的访谈过程中，有教师提出“现在的评价很看重学术性。评价的导向上，除了理论上的导向外，要与社会价值相联系。将成果转换为生产力，也同样是创新能力的体现”。同时也有教师认为“考核创新时要与是否为社会做出贡献相联系，要看社会效应”。

4. 建立能者上、庸者下的遴选聘任制度

首先，建立合理的教师解聘或辞聘程序，为教师的“出口”建立起严格的规定和正规的程序，建立起“能者上、庸者下”的科学聘任制。其次，定期聘任和终身聘任相结合。终身教职制度在维护学术自由、保障职业安全、吸引优秀人才等方面发挥了重要的作用，并在一定程度上保障了高等教育的质量。

(四)完善激励保障机制以提升大学教师的创新力

对不同发展阶段的教师，应该采取不同的激励保障机制。

1. 中青年高校教师创新力激励策略

在我国现有的薪酬体系下，中青年高校教师，尤其是青年教师，工资、津贴等相对较低，而他们在生活上、经济上的压力在高校教师群体中却是最大的，要面临住房等诸多问题，是高校教师群体中最需要经济支持的人群。因而，对于这部分青年高校教师创新力的激励来说，更应该侧重于物质与经济方面。只有为中青年教师提供良好的物质条件，令他们衣食无忧，才能让他们有条件将自己的时间与精力投入到创新性学术活动当中去。

2. 老年高校教师创新力激励策略

年长的大学教师往往福利待遇较好，衣食无忧，这时，对于他们来说更渴望获得一种学术上的成就感、一种尊重，获得一定的荣誉和社会地位。对于“终身教授”这一荣誉来说，“终身教授”是对已有东西的一种肯定和评价，对那些曾经为学校、为学科发展做出过贡献的人的一种认同、一种尊重，借此称号鼓励学者在获得这样一个称号后，将来能够再做出更多的贡献。显然，老年高校教师在长期不懈地从事学术创新活动，为学术事业做出贡献之后，更期望获得一种认可和尊重，也理应获得这种肯定，所以，像“终身教授”这样的荣誉激励便是比较合适的。

九、实施以人事制度改革为核心的高校综合改革

人才资源是高校的第一资源。高校人事制度改革是高校改革的核心问题，它既是社会关注的热点，也是高校改革的难点。目前我国高校的人事制度仍有很强的计划经济时代的特点，亟须建立与我国经济社会发展相适应的高校人事制度。

（一）引入竞争机制，切实实施和推进岗位管理

高校应在聘任制的基础上积极引入竞争机制，破除专业技术职务、干部职务终身制和人才单位所有制，激发学校创新活力，进一步落实高校办学自主权；根据学科建设和工作需要科学合理地设置岗位，提出岗位职责、任职条件、权利义务和聘任期限，程序规范地在校内外通过平等竞争公开招聘；在严格定编、定岗、定职责的基础上强化岗位聘任和聘后考核；积极探索强化岗位、以岗定薪、按劳取酬的工资分配制度，建立能体现高校特点的具有激励功能的人事分配运行机制。

（二）建立人才流动机制与服务体系

高校应按照“相对稳定、合理流动、专兼职结合、资源共享”的原则，建立相对稳定的骨干层和出入有序的流动层相结合的教职工资源开发机制；加强大学与企业和社会的联系，适当扩大兼职教师的数量，使教师来源多元化。国家相关部门要牵头制定有关政策，建立与用人制度改革相配套的人才流动服务体系。

(三)实施高校科研评价体制改革，建立以质量、创新和人才培养为导向的科研评价体系

科研评价改革是推动高校科研在新的起点上科学发展的突破口，是促进高校创新效率和能力提高的关键。教育部课题组针对“科研创新能力及评价”的问卷调查显示，来自50所高校2238份问卷中，“改进评价机制”以54.2%的被选择率高居“进一步推进哲学社会科学创新最需着力的地方”各选项之首。

第一，坚持评聘分离，建立和完善以创新、质量和人才培养为导向的科研管理和考核评价制度。高校应坚持科研评价质量第一的理念，将质量导向贯穿于科研评价的各个环节、各个层面；注重突出创新在评价标准的核心地位；将提高人才培养质量作为评价高校科研工作的主要标准之一，切实保证教师对教学投入的时间与精力。

第二，建立科学合理的分层分类评价体系和创新激励机制。高校应坚持分类管理和分类评价的原则，区别对待不同类型的教师和研究成果，合理利用恰当的评价方式，避免过多过频和采用统一标准评价所有科研工作的“一刀切”式的方法。高校可以将每学期考核改为三年或五年的任期考核制。教师可以分为科研为主型、教学为主型、教学科研并重型三种类型。不同层次、科类的院校可有不同的侧重。

第三，改革科研管理方式，提高科研管理的科学化水平。在管理思想上，从“以事为本”转变为“以人为本”；在目标定位上，从重视“数量和效益”转变为重视“结构和素质”；在管理模式上，从人事管理转变为战略性人力资源管理。

第四，充分发挥学术共同体在学术评价中的重要作用，正确对待学术中介机构的评价。学术评价由教师本人提供自认为最优秀、最能反映其学术水平和影响的一篇著作(或论文)，由国内或海内外同行专家双盲评审。逐步探索建立以同行专家评审为基础的高校教师评价机制。

第五，处理好近期效率与远期效率、个人作用与团队作用的关系。高校应尊重科学研究规律，区别对待基础研究和应用研究，不单纯以数量为考评标准；既重视第一作者、第一单位，强调项目主持人的贡献，也要建立对整个团队工作的奖励机制，鼓励协同创新。

(四)调整和完善相关政策，统筹部署、重新组合、优化配置科教资源，促进科教融合

高校应建立符合科技发展、创新型人才成长规律的新的科教管理体制。在国家层面，通过调整和完善相关政策，开展跨部门合作，融合科研和教育宏观管理体制；淡化界限，促进科研院所与高校的实质性合作；战略转型，以融合促进科研和教育机构的改革；重视基础研究，在科研实践中培养创新型人才；建设资源共享平台，完善知识创新网络，促进协同创新。在高校内部，要通过厘定学术权力和行政权力的行使界限来消解沟通障碍，通过尊重岗位职责需求、建设有效沟通网络、优化沟通渠道、整合各种不同沟通渠道、建立及时回应和反馈机制等消除行政权力和学术权力之间的壁垒；要充分了解和研究国际科研最新动态和发展趋势，鼓励高校建立跨学科沙龙、协同攻关团队、创新研究平台、科研促进教学、导师教研指导小组等促进高校内部各学科和院系之间的资源整合和学术交流。

(五)建立定期监督制度和制度执行的工作考核与问责机制，开展过程性评估，切实保障高校人事制度改革顺利推进

首先，为保障高校人事制度改革的有效落实，高校要建立完善的监督制度与体系，做到责任明确、层层落实。一是成立独立的从国家到地方多层次的高校人事制度改革评估与监督机构，并划拨专项经费，保证评估工作的客观、公正和有效性。二是建立灵活的巡视监察制度，定期、不定期派巡视员、监督员进行巡视监察。三是将评估考核工作常态化，做到平时考核和定期评估相结合，定期对高校人事制度改革的阶段性完成情况进行评估，在客观分析的基础上提出评估结论、改进意见等。

其次，高校要将执行和落实高校人事制度改革的工作，与各级政府、教育行政部门和高校的业绩挂钩，建立基于制度执行效果的工作考核和问责机制。一是将高校人事制度改革的执行情况作为上级督导下级政府教育工作的重要内容，作为考核领导干部政绩的重要方面。二是严格执行责任追究，形成良性的奖惩导向。对执行制度成绩突出的相关部门与人员要给予表彰和奖励，对执行不力者要进行责任追究。

十、以高校内部治理改革为抓手建立现代大学制度

学术性是高校的基本特征，是高校区别于政府、企业和社会组织的根本。高校自身的组织结构也必将反映这样的特点，即以学术权力为中心。因此，落实和扩大高校自主权的核心是遵循学术规律、坚持学术本位、彰显学术权力、尊重学术自由。因此，建立以学术制度和学术权力为核心的高校内部治理机制是建设我国现代大学制度的关键。

(一)建立以法律为依据、以学校法人化为标志的外在制度，理顺政府与高校的关系

准确界定政府与高校的法律定位，理顺政府与高校的法律关系，保证政府在管理大学的过程中依法行政，实现政府与高校关系的法治化，是改革和创新高校内部治理机制，落实和扩大高校办学自主权，建立现代大学制度的基础。

一方面，政府应当依据宪法精神对高校及其成员所从事的与教学和科研相关的工作予以鼓励和帮助，不得随意干涉；另一方面，政府应加强现有法律法规的落实和执行工作，推进具有中国特色的高校法人化改革的进程，合理配置和规范政府与高校的权力关系，促进高校的自主发展。同时，我国应在吸收借鉴世界高等教育强国发展经验的同时，充分考虑我国高等教育特殊的发展历史和现状，对高校的学术权力出台专门的立法。另外，还应明确政府在大学治理中的定位，转变政府职能，改变政府参与大学治理的方式，综合运用政策引导、经济调节、法律规范等手段加强对高校的宏观指导和有效调控，尊重高校办学自主权，减少不必要的行政干预。

(二)在高校内部建立保障学术权力的制度规范和运行机制，理顺高校内部权力关系

高等学校内部权力结构失衡，行政权力过于强大，学术权力极为弱小，民主权力微不足道，是目前我国高校存在的一个普遍现象。理顺高校内部各权力间的关系，就要进行制度创新，在高校内部建立起保障学术权力的制度规范和运行机制。

应加强高校学术委员会的作用，使高校学术权力的行使实现组织化

和制度化，从根本上提升学术权力在高校中的地位和作用。第一，要以《高等教育法》为依据，赋予学术委员会依法独立自主行使学术事务的审议、评定和决策权力，保证“教授治学”的有效落实。第二，要明确界定学术委员会与以党委和校务委员会为代表的政治权力和行政权力的权限划分，防止行政权力越权、侵犯或者干预学术权力。降低担任行政职务的学科带头人在学术委员会中所占比例，提高单纯从事科研教学工作的学科带头人的比例，保证后者人数占绝对优势，防止行政权力对学术权力的“渗透”。第三，完善学术委员会制度，形成以学术委员会为主体，以教师职务评审委员会、学位评定委员会、教学工作指导委员会等为多元的一体多元的高校内部学术体制，并以学术委员会作为学术权力表达的主要方式。第四，建立规范的评审程序和议事规则，强化程序控制，完善内部监督机制，保证评审过程和结果公正、公开。同时，辅以复议制，允许对有疑义的评审结果进行复议，并提请党委会、校务委员会等进行仲裁。

(三)完善和创新高校党委领导下的校长负责制

我国公办高校实行党委领导下的校长负责制。党委领导下的校长负责制是经国家法律法规明确确认的我国公办高校的制度性架构，是经过长期探索实践形成的具有中国特色的社会主义高等教育体制的重要组成部分。实践证明，这一制度是“行之有效的制度”，它保证了我国高校社会主义办学方向，推动了中国特色现代大学制度的建立，为我国高等教育的快速发展提供了根本保证。构建科学、合理的高校内部治理机制，落实和扩大高校自主权必须要进一步创新和完善党委领导下的校长负责制。

完善党委领导下的校长负责制，需要尊重高等教育办学规律，进一步明确规定“党委领导”和“校长负责”的关系，健全和完善“党委领导下的校长负责制”的运行机制，特别要使学术决策具有相对独立性。第一，要进一步厘清、规范党委和校长的职责职权，做到权责边界分明，保证在党委的领导下充分发挥校长独立负责主持行政工作的作用。党委是高校执政的推动主体，要对学校的发展方向、路线等全局性工作及重大决策负责，并承担决策权责任。校长要负责执行经党委会等讨论决定的重大决策，并负执行权责任。第二，要建立健全有效的校长权力制衡监督机制，明确党委及书记对校长权力的监督范围，充分重视和运用民主权力，完善“以教师为主体的教职工代表大会”制度，充分发挥学术委员会、教职工代表大会等的民主决策权。第三，要健全议事规则和决策程序，党政协同保证学校发展目标的实现。提升决策和执行过程的透明度，实行校务公开，促使大学管理更加民主化。第四，要坚持多样化和特色化，避免千校一面。结合学校自身特点和现实需要，在依法办学的前提下，积极探索构建既体现中国特色又彰显学校特色的党委领导下的校长负责制。优化高校内部治理结构，推进高等学校的特色化发展。

十一、改善我国高校教师职称比例结构

通过前述国内外高校教师职称比例结构研究我们不难发现，高校教师职称比例结构与高校创新力之间的关系，既有各自的文化差异，又有一定的规律可循。所谓规律就是，高校创新力要提高，就必须要有拥有大批具有高级职称，有真才实学的学者；而不同国家高校教师职称比例结构的形成，与各国内部高等教育文化传统与管理机制有着密切的关系。

针对我国高校教师职称比例结构中存在的问题，在对英国、美国和澳大利亚三国高校教师职称结构比较研究的基础上，我们得出如下结论，即要改善我国高校教师职称比例结构，促进高校创新力的提高，需从如下几个方面着手。

(一)赋予高校更多自主权，让高校依据自身学术水平、发展定位与战略改善教师职称比例结构

关涉高校教师职称比例结构的因素较为复杂，既有高校所属层次的因素，也有性别、年龄以及所属学科方面的因素，更有国与国之间的文化差。无论是我国还是西方，概莫能外。不同国家高校教师的职称比例因其高等教育文化传统的不同而不同。对我国而言，政策调整与行政力量对高校教师职称比例结构的影响作用较为突出。高校教师职称比例结构的变化随着教育政策的变化而变化。对于发达国家而言，其教师职称比例结构的形成，更多与其高等教育自身管理的文化传统有关。这里的管理文化传统，既包括传统的政府与高等教育间大学独立自主自治的传

统，又包括高校内部的民主治理、学术至上的原则。查阅发达国家高等教育政策文本，除具有鲜明的国家主义色彩的德国大学外，鲜有关于高校教师职称比例结构的规定。例如，美国高校教师职称结构，不同大学甚或有不同的教师职称名分，其教师职称比例结构更是根据学校自身发展需要自行确定。教师的遴选、任命，均是交由教授委员会民主公推决定。由此可见，高等教育管理体制是影响高校教师职称比例结构的重要因素。高校教师职称比例结构及其质量的提高，受到行政管理与政策调整因素的重要影响，因此，必须要在管理体制上有所调整，赋予高校充分的自主权，令其根据自身情况，制定合理的教师职称比例调整方略。这就需要教育行政主管部门在制定相关高校教师政策时灵活运用并尊重高校的实际情况，不能凡事搞“一刀切”的思维模式。

（二）高校应突出能力为本，不拘一格降人才，杜绝“论资排辈”的管理文化习惯

发达国家的高校教师职称比例结构，大体上接近于前面所提到的卵形、金字塔形或凹形结构，鲜有倒金字塔形结构。不论是前述三种类型中的哪一种，总是中高级以上教师所占比例较高，这与前述我国部分研究型大学教师职称结构类似。就这一点而言，卵形或金字塔形结构的高校教师职称比例结构适应并能促进高校创新力的提高。一所大学唯有高层次人才多了，才能从根本上促进高校创新力的发展，这也在一定程度上验证了我国民国时期梅贻琦先生的话，“大学者，有大师之谓也，而非有大楼之谓也”。也诚如担任哈佛大学校长 20 年之久的科学家康南特说：“大学的荣誉不在于它的校舍和人数，而在于它一代又一代的教师质量，一个学校要站得住，教师一定要出名。世界一流大学不仅广延名师，还创造条件，使优秀人才脱颖而出，以保证学术薪火代代相传，学术声誉长盛不衰。”①

（三）完善高校教师职称管理制度

应该说，我国高校教师聘任制度的建立是符合高校教师队伍建设需要的，但是需要建立合理的激励、竞争、淘汰机制，使高校的人才真正

① 谷贤林．国内外一流大学比较研究[J]．北京科技大学学报（社会科学版），2001 年第 3 期．

流动起来，使人才能进能出；制定明确的岗位设置、岗位职责、岗位任职条件和聘任期限，强化高校教师的岗位意识，淡化身份管理；按照“公开、平等、竞争、择优”的原则，把那些确有真才实学的优秀人才聘到真正适合他们的岗位上去，进而保证高校教师队伍的动态平衡，从而让聘任制度真正落到实处。高校还要完善职称评审体系。对专业技术人员进行科学合理的评价是一个难题，为了克服评审中“重数量、轻质量”所造成的影响，应把定性评价与量化评价有效结合起来，重点考核学术成果的质量，评价其研究成果的创新性及在国际上的影响度等；在现有评审制度基础上，实行同行评议制。

(四)加强博士研究生教育，改善高校教师的学历层次结构

美国本科以上大学教师拥有博士学位的比例为 62%，哈佛等一流大学的教师拥有博士学位的比例为 90%左右，英国大学(不含多科技术学院)为 70%，德国几乎是 100%。[①] 从学历水平来看，2008 年，获得博士学位的澳大利亚的高校教师占总体的 60%，获得硕士学位或其他同等硕士学位的近乎 20%，80%以上的高校教师拥有硕士及其以上的学位，高校教师队伍的学历水平较高。[②] 与发达国家相比，我国高校教师的学历层次仍然不够高。根据前述我国不同层次高校教师的调查，研究型大学拥有博士学位的教师仅占 52.2%，普通本科院校拥有博士学位的教师占 17.5%，而高职高专院校则仅占 0.6%。不论哪一层次的学校，与发达国家相比，我国高校教师具有高层次学位者均与之有悬殊的差距，这一点是必须要予以充分注意的。学位的高低在很大程度上标志着高校教师研究潜力的大小。我国高校科研水平不高，与我国高校教师未能接受充分的学术训练以及足够的学术准备有着很大的关系。注重研究生的学术训练，严格要求，这是提高高校师资水平，改善高校教师职称比例结构的长久之计。

(五)各层次高校需要调整自身学缘结构，合理限制“近亲繁殖”现象

借鉴国外大学的经验，如美国大学不留在校生的政策，对于激活学

① 吴水珍，李玲娣．研究型大学师资队伍建设探析[J]．教育发展研究，2005 年第 15 期．

② Department of Education and Training, Australia. *Selected Higher Education Statistics—2008 Staff Data*. http: //education. gov. au/selected-higher-education-statistics-2008-staff-date. 2013-12-26.

术团体内部科研创新力有着良好的保障作用。限制“近亲繁殖”，也是促进高校教师流动，激活高校学术交流的重要举措。无论是美国、英国还是澳大利亚，高校兼职教师均占有相当大的比重，高校教师的流动性也很强，这就在教师的生存环境上保证了学术发展的源头活水。教师的职称比例结构达到动态的平衡，这样既有助于高校科研的稳步发展，又有利于一个国家高校整体科研水平的提高。

(六)消除性别歧视现象，改善高校教师职称结构的性别比例

一般而言高级职称的女性教师比例要稍低于男性教师，这在国际上也是一个普遍的现象。例如，在英国，从整体来看，与男性相比，女性学术人员在英国高等教育中仍然处于相对弱势的地位，并且呈现学术人员级别越高，女性比例越低的现状。以 2007—2008 年为例，女性在教授、高级讲师及高级研究人员、讲师、研究人员和其他级别的学术人员的比例分别为 19%、39%、48%、46%、49%[①]，随着学术级别的升高，女性所占的比例不断减少，呈典型的金字塔状。不过，随着社会环境的变化和高校的不断努力，女性群体在学术环境中的地位也在不断提高，其学术影响力也在不断增强。英国大学和学院高等教育雇主协会(Universities and Colleges Employers Association，UCEA)2009 年发布了一份名为《我们现在身处何处？——高等教育工作福利现状》(*WHERE ARE WE NOW? The Benefits of Working in HE*)的报告。报告显示，2008 年英国高校中获得教授职称的女性比上年继续增长了一个百分点，占教授总体的 17.5%，2009 年这一比例上升至 19%。女性学术人员在教授职称水平上所占的比例呈现逐年提高的趋势，而且从近几年的数据来看，女性在高等教育各级学术人员的比例从 2005—2006 年度的 41.9%上升至 2006—2007 年度的 42.3%，2007—2008 年度达到 43%[②]，总体比例基本接近男性学术人员的水平。

以目前的发展趋势来看，在未来的几年内，女性学者的影响力还将

① UCEA. *Where Are We Now? The Benefits of Working in HE*. London: Universities and Colleges Employers Association. 2008.

② Higher Education Statistics Agency, the United Kingdom. *Higher Education Statistics*. https://data.gov.uk/data/search?q=2007—2008&parent_publishers=higher-education-statistics-agency. 2013-12-26.

不断增强，女性群体在高校学术人员的比例还有继续攀升的趋势，有望实现与男性群体持平甚至超越。不过，在总量上的平衡之外，我们还应更深层地关注不同性别群体的学术职称结构和影响力，而这在实践中更加难以操作化，女性在学术生涯发展中受自身和学术环境内外的制约因素也更多。真正实现学术人员的性别平等依然任重道远，远非一日之功。

(七)改善高校教师职称的年龄结构

高校教师的年龄结构，在一定程度上反映出高校教学、科研的活力，体现出高校教学科研水平的稳定程度，直接影响教师的连续性和继承性。关于教师队伍的最佳年龄结构问题，国外有不少学者在论证分析的基础上，得出有益的见解。心理学家认为，25～45 岁，人的知觉、记忆力、比较和判断能力、动作及反应速度等均处于最佳状态。从生理学角度看，36～55 岁则是教师进行创造性工作的最佳年龄区。①

十二、推进高等学校校院权力分配模式改革

针对我国高等学校校院权力分配中存在的问题，我们应从以下几个方面积极推进高等学校校院权力分配模式改革。

(一)树立正确的权力观念

高等学校校院权力分配模式改革的一个基本的也是首要的前提就是树立正确的权力观念。权力观念一般包括三个方面的内容，一是权力的主体，二是权力的对象，三是权力的目的。其中权力的目的是权力观念的核心。这里所指的权力观念主要是就权力的目的而言的，因为如果不明确权力的目的，那么权力的分配就有可能沦为一种简单的资源分配，失去了权力应具有的价值意义。

高等学校本身是一种公共机构，而且由于学校层面的管理更多属于行政管理，所以我们可以借鉴公共行政与公共管理的有关理论来分析高校的权力观念。另外，“权力是管理系统赖以存在的社会基础”②，管理在一定意义上就是权力的一种运用，所以从管理学的视角来分析权力观念具有一定的合理性。

---

① 李丹．西安市少儿业余拉丁舞教学现状的调查分析[J]，山东工业技术，2013 年第 11 期.

② 薛天祥．高等教育管理学[M]．桂林：广西师范大学出版社，2001 年.

从历史发展来看，西方公共行政与公共管理理论主要有“老公共行政”“新公共管理”和“新公共服务”。其中，“新公共服务”理论是目前较为流行的一种理论，而且也得到了人们广泛的支持。这种理论的主要观点包括以下几点：①服务于公民，而不是服务于顾客；②追求公共利益；③重视公民权胜过重视企业家精神；④思考具有战略性，行动要具有民主性；⑤承认责任并不简单；⑥服务，而不是掌舵；⑦重视人，而不是重视生产率。① 根据“新公共服务”理论，高等学校的权力，不管是学校层面的权力还是学院层面的权力，其根本目的应该是“服务”。因为就我国高等学校的校院权力分配改革而言，它的目的显然并不是为了改革而改革，也不是为了权力而权力，而是由于原来的权力分配模式已经出现了种种弊端和问题，不能适应高等教育发展的现实需要。换句话说，我国高等学校校院权力分配模式改革的根本目的就是通过合理的权力分配使高等学校的校院运行机制更加科学、更加高效，从而提高高等学校的管理质量。既然权力分配模式的改革是为了高等学校管理质量的提高，那权力本身也应该是服务性质的。

依据“新公共服务”的理论，正确的高等学校权力观念应该包括以下几个方面的含义。一是权力的运用应服从高等学校的公共利益，而不能为私人利益以及个人利益服务。这就要求在高等学校的权力运用中，首先考虑的必须是每一个利益相关者(学生、教师、家长等)的共享利益。二是权力的运用要注重民主性。既然权力的目的是服务，那么在具体的运用中就不能忽视各利益相关者的意见，要以平等对话来解决分歧，从而达成共识。登哈特夫妇就指出：“新公共服务的价值观规定了我们应该鼓励、模仿并且实践我们对民主理想的承诺和我们对他人的信任。作为管理者，我们可以通过使公共服务动机和价值成为组织身份和组织文化的一个重要组成部分来鼓励这种动机和价值。”②

(二)遵循合理的分配原则

高等学校校院权力分配模式改革的关键是要遵循合理的分配原则。

---

① ［美］珍妮特·V. 登哈特，罗伯特·B. 登哈特．新公共服务：服务，而不是掌舵［M］. 方兴，丁煌，译．北京：中国人民大学出版社，2010 年.

② ［美］珍妮特·V. 登哈特，罗伯特·B. 登哈特．新公共服务：服务，而不是掌舵［M］. 方兴，丁煌，译．北京：中国人民大学出版社，2010 年.

合理的权力分配原则就是高等学校的“校”和“院”两级要“各安其位，各负其责”。所谓“各安其位，各负其责”，指的是高等学校中的学校一级的管理部门和学院一级的管理部门要有明确的权责关系，并在自己的权力范围内履行自己的职责。具体来说，我国高等学校的校院权力分配改革需要明确学校和学院两级的权力范围。

1. 学校级的权力范围

学校级的权力应该包括学校的总体规划权、内外部关系协调权、招生规划权、机构设置权、学位授予权等。学校的总体规划权主要指的是对学校办学宗旨的拟定、办学目标的拟定、办学章程的制定、年度发展计划的制定、中长期发展计划的制定等；内外部关系协调权主要指的是制定学校主管部门以及上级部门下达的有关指示及安排的实施细则、与其他高等学校(包括国外高校)缔结合作协议的权力、与社会各界缔结合作协议的权力、协调高等学校内部各职能部门以及专业学院之间的权力等；招生规划权主要指的是在国家的法律政策权限内制定招生的政策、招生的程序、招生的人数以及录取标准等；机构设置权主要指的是在国家的法律法规范围内对本学校的办学性质等做出明文规定的权力；学位授予权指的是按照学校的办学章程对符合条件的毕业生给予学位认可的权力等。

2. 学院级的权力范围

学院级的权力应该包括学科与专业设置权、课程设置权、教学计划权、科研管理权、人事管理权、财务管理权、资源配置权等。学科与专业设置权主要指的是学院根据自身发展的需要、师资力量、社会发展需要等自行决定学科和专业的种类、数量、发展规划、考核评价标准等；课程设置权主要指的是学院根据学科、专业的具体安排，自行决定课程的内容、课程的形式、课程的考核、课程的学分等；教学计划权主要指的是学院自行制定本学院学期、学年的教学目标、教学方式、教学内容、教学模式、教学方法等；科研管理权主要指的是学院对本院的科研计划拥有绝对的自主决策权，同时对本院教师所申请科研经费具有自主管理的权力；人事管理权主要指的是学院应该有权决定本学院教职工的聘任、考核、职称、职务、薪酬、培训等；财务管理权主要指的是学院自行决定学校下拨经费以及自主创收经费的审批、开支、使用，学校只需履行财务监督与审计的权力即可；资源配置权主要指的是学院“在学校给定的教育资源下，依据学院发展和学科建设的需要，自主地优化配置教学、科研和行政资源”①的权力。

需要强调说明的是，我们对高等学校权力的上述分析，仅进行了校院二级的分析，所以一些隶属教师的权力也归到了学院之中，如教学模式、教学方法的选择严格说来是教师的权力，而不是学院的权力。另外，一些未列出的高等学校权力并不是不重要，而是它们的关系比较复杂，很难把它们归入是学院还是学校，这些权力我们可以称之为“剩余权”，这些在现实中需要通过协商来灵活分配。

(三)建立有效的权力约束机制

没有权力的约束，很容易出现权力的滥用与腐败现象。这种情况下的权力分配即使非常完美，也只会是“中看不中用”，不会产生预期的结果。建立有效的约束机制，是高等学校权力分配模式改革的重要保障，主要从以下两个方面着手。

1. 完善权力管理的各项制度

制度既是保证权力正常运行的重要机制，同时也是制约权力滥用的重要机制。因此，在高等学校的校院权力分配中，一个重要的工作就是建立起完善的权力管理制度。具体来说，主要包括以下几个方面：首先，对高等学校的各项权力进行清晰的界定。例如，高等学校中权力的内容、权力的条件、权力的主体、权力的对象、权力的边界、权力的所属等都要明确。其次，建立有效的权力监督机制，对权力的授予、收回、问责等要有明文规定，如权力由谁授予、由谁收回、由谁问责等方面都必须做出详细的规定。最后，明确高等学校各项权力之间的关系，特别要形成相互制约的体系。权力之间的关系不明确，容易导致权力运行的无序与低效，所以不仅要明确高等学校校院之间的权力关系，而且也要明确各个层次内部的权力关系。除此之外，权力之间要有一定的互相制约性，从而保证权力不被滥用。

---

① 宣勇．大学组织结构研究[M]．北京：高等教育出版社，2005年．

2. 积极构建和谐的高等学校权力文化

按照新制度经济学的理论，制度分为正式制度和非正式制度。正式制度，也称正式规则，指的是人们有意识地建立起来的一系列政策法规；非正式制度，也称非正式规则，指的是人们在长期的社会生活中逐步形成的风俗习惯、伦理道德、文化传统、价值观念及意识形态等。在一个社会结构中，正式制度和非正式制度具有同等重要的作用，而且正式制度只有在与非正式制度相容的情况下，才能发挥作用。① 新制度经济学的这一理论在高等学校的权力管理中也同样适用。因为，一种即使设计再完好的高等学校权力管理制度，如果遭遇习俗、习惯、传统等非正式制度的抵制时，也很难发挥作用。换句话说，完善高等学校的权力管理制度虽然是必要的，但不是万能的，而且制度很难做到“事无巨细”。因此，构建与高等学校权力管理的正式制度相和谐的非正式制度及其科学合理的关系，即权力文化，就显得尤为重要。高等学校和谐权力文化的形成，虽然有其历史传统的因素，但是如果主动地、积极地去构建同样也可以使其发生新制度经济学中所言的“渐进性制度变迁”。具体来说，可以从以下几个方面着手：首先，积极推进高等学校的民主化管理，激发每一个高等学校利益相关者的参与意识。这就要求在日常的具体权力运用中，要保证公开、公平、正义，如在管理者的选举、重大政策的制定中等。其次，高等学校的管理者要以身作则，加强修养，积极提升自己的威信，用自己的人格魅力来促进权力管理的有效运行。最后，加强国内外校级之间的交流与合作，学习先进的管理理念，推动权力文化的建设。

十三、加强高等学校学术权力的制度设计

从提升高校创新力的价值取向出发，结合我国教育改革的现实，我们需要对保障学术权力的制度进行重新设计，进而促进高校知识生产，培养创新型人才。加强高等学校学术权力的制度设计，应充分认识到学术权力的概念及其在当前中国高教改革背景下的特殊性，反思提升高校创新力与学术权力诉求之间的关系，最后进行高校学术权力的制度设计，

---

① 袁庆明．新制度经济学[M]．北京：中国发展出版社，2005年．

以保障高等教育的创新。

(一)充分认识学术权力的价值诉求

考察学术权力，不能脱离与之密切相关的学术本位、学术自治、学术独立、学术自由、学术权利等一系列价值诉求。

高校学术权力作用的真正发挥，不能脱离高校学术本位的基本定位。学术权力是大学的学术人员和学术组织基于其专业特长和学术能力对大学学术事务所拥有的控制力。① 根据这一概念，学术权力是在学术本位的基础上生发而来，是内在的生成而不是外在的赋予。但长期以来，我国高校外部以行政权力为主导，受计划经济体制的影响，高校也一度被视为准政府机关式的组织，其内外部管理的行政化十分严重。故而，改革开放伊始的1979年，苏步青、李国豪等五位沪上大学校长联合上书国务院，提出要扩大高校自主权，在其中已隐含回归学术本位、伸张学术权力的意旨。继而，1985年颁布的《中共中央关于教育体制改革的决定》，提出要扩大高校自主权；1998年的《高等教育法》更为具体地阐释了高校七项自主权；2010年的《国家中长期教育改革与发展规划纲要》，提出高校要去行政化管理。其中，均含有“落实学术权力”的要求。在这样的历史与现实语境下，我国高校学术权力容易给人造成一种错觉，即学术权力是外在赋予的，而不是内在生成的。因此，进一步理解高校学术权力，须回到学术的本位上来。学术权力的界定与行使，不能偏离“为知识而知识”的学术本位，否则，就容易出现学术权力附庸于他者②的现象。

以学术本位的视角去审视学术权力，其本身意味着是在学术独立的基础上生发而来的权力。从反面的角度考虑，学术不独立，则意味着学术活动的开展必然依附在某个权力实体上，在其掌控下进行。这样一来，学术之具有权力便成为无稽之谈。由此，学术独立基础上生发而来的学术权力之行使，客观上需要学术活动的自我管理，即学术自治；而不需要行政权力与政治势力的肆意干涉，其自身亦应拒斥某些或可扭曲学术本性的市场利益的诱惑。这样一来，学术独立基础上的学术自治及相应学术权力的伸张便具有了“象牙之塔”的色彩，这在当前高等教育走向社

① 李海萍．大学学术权力现状研究[D]．湖南师范大学，2010年．

② 此处的“他者”，或为行政权力，或为经济利益，或为政治势力。

会中心，成为社会发展的加速器的时代背景下似乎有些不合时宜。但无论如何，对待学术权力必须应带有这一点“为知识而知识”的内在诉求，唯其如此，才能承续人类历史上大学之为探究高深学问场所的本真价值使命。

学术权力的伸张，应该以张扬学术自由为价值诉求。“学术自由是高等教育的要塞，永远不能失守”①，西方学者考察高等教育史得出的这句名言，应成为高等教育研究者与管理者深入思考的话题。学术自由的合法性，亦建立在学术本位的基础上。知识的探究，说到底是在满足人们好奇心的驱动下开展的。学术自由，从其最原始的意义上讲，便是学者自由探究知识而不受任何势力干涉的自由。行使学术权力的终极目的，是保障学术自由，促进知识生产。背离学术自由的学术权力，不是真正意义上的学术权力。

回到学术本位，从高校内部利益相关者的视角来看，学术权力不能脱离学术权利。学术权利，一般涉及参与学术活动的高校教师与学生两大群体，高校师生的教学、科研以及由此而来的合法利益诉求，均可归到学术权利的范畴，亦需相应的理念文化与制度规则支持。就学术权力与学术权利的关系而言，学术权力来源于学术权利，也服务于学术权利。学术权利是学术权力的“源头”与“归宿”，学术权力是学术权利的“扩张”与“手段”。学术权力的行使，须着眼于学术权利的维护。

(二)明确当前我国高校学术权力的特殊性

明晰了高校学术权力与学术本位、学术自由、学术自治以及学术权利等概念的关系之后，在当前社会转型期我国高等教育改革的背景下，我们还应进一步认识到我国高校学术权力的特殊性。

1. 学术权力在我国提出的时间还比较短

学术权力、学术自由等概念，是在高校扩招之后，在社会转型期高等教育大发展的背景下，高等教育理论自身需要创新的过程中被提出的，它反映了高等教育理论的自觉。我国所谓的学术权力，与西方学者所谓的学术权力，既有着一定的共性，也有着一定的差异，这是由我国改革

① John S. Brubacher. *On the Philosophy of Higher Eudcation*[M]. San Francisco：Jossey-Bass Publishers，1977.

开放的特殊国情所决定的。学术权力在我国当前高等教育改革与高等教育研究的语境下，仍然主要是针对高校内部行政权力膨胀而言，承载着高等教育学者与高校师生对促进高校民主管理的期望。与西方学者将高等教育系统内部的权力均视为学术权力，不是对等的概念。如果说前者是经由中世纪大学教师“行会”组织自然生成而绵延至今的话，那么中国大学的学术权力，则往往偏向在借鉴西方学术权力理念的观照下对争得中国大学学术权力的自然诉求。

2. 高校学术权力概念反映出我国建设世界一流大学的需要

建设世界一流大学，与他国世界一流大学相比肩，意味着高等教育必须按其内在规律行事。放眼世界一流大学，无论美国哈佛、耶鲁，还是英国牛津、剑桥，尽管在组织管理形式、校园文化方面差异甚大。然而尊重学术自由，充分发挥学术权力的作用是西方一流大学的共性。而尊重学术自由、保障学术权力、改善大学管理便是当前我国在建设世界一流大学中的核心内容。

3. 学术权力是我国高校内部管理改革的需要

就总体时代背景而言，随着社会主义市场经济的深入发展，在高校内部，高校教师聘任制度的实施与完善，使高校教师不再像以往那样全部依赖“单位”以图生存与发展；教授委员会等学术管理组织的创设，为高校教师参与学术管理，发出自身利益呼声提供了制度平台；高等教育大众化以及高校收费制度的实施，促使学生权利意识的觉醒。高等教育内部师生个体较之以往有了很大的自由度，主体性也不断觉醒，其自身维权意识不断增强。行使学术权力，保障学术权利，很符合他们的维权口味，也迫切需要高校管理进一步完善，高校管理亦需要相关的理论予以阐释。从这样的背景来看，高校学术权力、学术自由等口号的提出，亦是改革开放深入与高等教育大众化发展的内在逻辑使然。

4. 就学术权力现状而言，学术权力遭受挤压既是不争的事实，也在逐步改善

《高等教育法》明确了高校自主权，规定了教师的研究自由。尤其是当前《国家中长期教育改革和发展规划纲要(2010—2020年)》提出的高校去行政化管理、制定大学章程、探索建立高校董事会制度以及尊重学术

自由，更是进一步明确了高校的学术本位，体现了有效发挥学术权力的价值诉求。与此同时，我们必须要明确，当前高校内部，在一定程度上，也存在着学术权力滥用的局面。① 学术权力的滥用，是传统的官本位文化对学术人及其学术活动的扭曲，并不全然是兼职行政人员的教授行政权力膨胀的结果。与此同时，学术权力也必须警惕市场经济对学术活动的不良诱惑。在高校管理不够完善，市场经济亦不够完善，民主法治尚未健全的转型期，杜绝市场利益对学术活动的诱惑，相比较于发达国家，其情势更为复杂，任务更为严重。②

由此不难看出，学术权力在我国有着复杂的特殊性，既具有传统的大学学术自由、学术权力所负载的文化意涵，也凸显出中国高等教育在转型期发展的困境，承载了高等教育改革的使命。对于如何通过保障学术权力以促进高校创新力的提高，我们必须在充分认识学术权力及其特殊性的基础上，分析二者间的联系，进而提出相关对策。

(三)厘清高校创新与学术权力制度保障的关系

促进大学创新，靠的不仅仅是理念的张扬，更需要制度的保障。通过制度设计促进大学创新的前提是明晰学术权力的制度与大学创新之间的关系。

什么是创新？从常识的角度来看，创新意味着创造出新的思想、理念、方法。创新与创造密不可分，无论是创造力还是创新都是非常复杂的心理和社会活动，因为与其相关的各种因素实在太多，其中包括个体先赋性的、后天的以及社会性的，等等。③ 对于二者概念在学理上的辨析也众说纷纭，莫衷一是。在当前浩如烟海的关于创新、创造的研究中，

---

① 学术权力滥用的现象，集中通过高校内部“学阀”身上体现了出来。学术圈子里的“学阀”主要是那些自身取得较为突出成就、资历较深的大学教授，凭其名誉、实力与人脉，掌控了大量的课题资源，甚至对其院系内部的人事安排与教学政策也有重大影响，其自身也往往兼职行政领导。这样一来，院系教学、学术研究的发展便全然掌握在了这些人身上，其对学术组织管理的影响很难用单一的学术权力或行政权力去理解。在他们身上，学术权力与行政权力混淆在了一起。这实质上是当前我国高校内部学术管理仍不够健全的集中体现。

② 例如，当前一些不良商家与腐败官员勾结，在其内幕曝光后，用利益收买一些专家教授，在媒体上罔顾事实与常识地“辟谣”，损害了大学教授形象，败坏了学风，越抹越黑。

③ 阎光才．关于创造力、创新与体制化的教育——兼析中美阶段性教育制度设计理念的差异[J]．教育学报，2011年第1期．

二者因其在许多方面的共性，往往混用。就二者的共性与教育改革而言，这并不妨碍教育改革的探索。就二者共性而言，自由独立精神、反思批判精神、想象力、激情等应是其必不可少的因素。在其中，尤为可贵的是自由独立精神，因为只有确立了个体的自由独立精神，方可有反思批判精神，想象力与激情等激发创新的潜力方能得以充分发挥。因此，若要实现真正意义上的创新，必须以保护个体独立自由精神为核心目的。

大学创新主要包括哪些内容？大学作为知识生产与探究学问的场所，其行为本身即带有创新的意义。根据现代大学在人才培养、科学研究与社会服务、文化传承的主要功能界定来看大学创新，大学创新则主要在于培养具有创造性的人才，最大限度地推进知识生产与科研突破以及通过上述两方面创新实现更好的社会服务和文化传承。其中，最主要的则是在于培养创造性人才与推进科研发展两方面。这两方面的落实，则主要通过高校场域内的教师、学生群体来实现。高校师生，一者是科研、教学的主体，一者是求知、探究的主体，两者的活动，均有创新的意蕴在其中。保障大学创新，就意味着必须保障高校师生独立自由的精神，彰显其主体性，发挥其主动性。

由此不难看出，实现大学创新，必须要保护好大学内师生个体的独立自由精神。因此，学术自由的价值取向绝不容许忽略，以保护学术自由为目的的学术权力亦不容忽视。放眼世界一流大学，如前所述，其共性，乃是最大限度地尊重了学术自由，保障了学术权力，从而最大限度地激发了大学师生的创造性，进而培养了大批优秀人才，产生了影响人类文明进程的优秀成果。在此意义上，对转型期我国高等教育而言，对照大学内部行政权力长期压迫学术权力，官本位扭曲学术权力，教条主义压抑学术自由①的已有制度环境，大学改革固然有制度创新的意蕴，通过制度创新以促进大学创新力的提升，固然是当前的迫切任务。但对借鉴西方一流大学经验而言，促进创新，毋宁说是要深谙其在尊重学术自由、保障学术权力方面的保守意蕴。诚如王英杰教授所言，“大学的重要

① 这里的教条主义压抑学术自由主要是指某些高校管理者将马列主义教条化，罔顾高教规律而长官意志横行，从而阻碍了大学发展。因此，解放思想、实事求是，通过高校制度创新以促进其创新力提升，是我国高等教育改革的现实需求，详见后文。

使命就是储存、传递和创造人类文明。所谓储存和传递人类文明就是保守人类文明。大学的这一使命赋予了大学保守的文化品格。大学要创造新的人类文明就要为了真理而追求真理，追求真理本身就是目的，因此它天然地反对功利，与社会即时的、功利的需要保持一定的距离”①。就此而言，我们的制度创新正恰恰在于借鉴西方大学遗传基因——尊重学术自由的核心价值取向的基础上，设计相关的制度规则，呵护学术自由，使教师、学生真正认识到学术自由之于教学、科研的不可或缺，使学术自由真正成为师生教学、科研的精神保障，而不能仅仅停留在形式上、口头上的呼喊，为学术权力正本清源，促进其作用的最大限度发挥。就此而言，大学的学术权力之保障，最终保护的是学术自由，进而促进高校创新。

(四)高校学术权力制度设计的对策

基于上述观点，立足于当前高校内部行政权力挤压学术权力，官本位扭曲学术权力的现实，从改善高校管理，促进高校创新的取向出发，我们认为，从制度层面保障高校学术权力，促进高校创新力的提高，应该从践行大学理念、完善高校领导体制、改善高校内部学术组织等方面出发，提出相关的对策。

1. 在大学理念层面，必须将回归学术本位、张扬学术自由作为大学理念的核心

大学理念是大学生存和发展之魂，大学理念的形成与守护，不是靠政策指挥，而是由一代又一代的大学师生在教育教学、追求新知的活动中生发出来。大学理念不仅反映出一所高校独特的文化，更是大学的精神，彰显着大学的独立地位。要从制度层面保障学术权力的有效发挥，就必须从一所大学的理念追求出发，在遵循这所大学理念的前提下，制定出能为全校师生所认同的行事规则，使学术自由成为“学术人”的一种价值理念、理想追求和生活常态，构建以学科为基础、以研究为主导、

① 王英杰．论大学的保守性——美国耶鲁大学的文化品格[J]．比较教育研究，2003年第3期.

以学术为本位的基层学术组织。[①]

与此同时，对待学术权力也要“正本清源”，回到学术权力的行使主体上认识，这一点在前面已有相关论述。高校的学术权力是在教师、学生独立、自由探究的基础上生成的学术权力，而不是外部赋予的权力，外部赋予的只能是依学术活动规律而设的制度环境。在组织管理与利益调整上，权力可以赋予、分配、调节甚或夺取；但是就个体自由探究新知的学术活动而言，权利则是生而具有的，因之而生的学术权力也是不可僭越的，学术权力的行使是为学术活动的有效开展服务的。我们在赋予学术权力以宽松的制度环境时，一定不能僭越其本位，任何高校管理者都必须要明白这一点。保障高校学术权力，促进创新力的提高，从根本上来说就是尊重师生主体性，保障其自由、独立品格的发挥，从而保证大学进行知识生产与学问探究的工作能够顺利进行，免受政治权力与官本位的僭越。

2. 从我国高校管理的现实国情出发，必须改革与完善高校领导体制

“党委领导下的校长负责制”是我们现阶段对高校管理体制的选择，我们必须从贯彻科学发展观和创新发展理念以及提升高校创新力的视角去完善党委领导下的校长负责制的高校领导体制。坚持并完善党委领导是保障高校政治先进性，维护高校和谐稳定的前提。与此同时，我们也要看到党委领导下的校长负责制在当前的校务管理中容易导致党委与行政分工不明、权责不清以及主要领导人职责与职权行使方式不清晰、相互关系不明确的现象。[②] 在促进高校创新力提高、建立现代大学制度的时代背景下，我们应努力将党的领导与高校管理改革有效结合起来。因此，从明确并统一权责、理顺管理关系出发，以《国家中长期教育改革和发展规划纲要(2010—2020年)》为契机，积极探讨高校董事会或理事会制度，尝试将学校管理方面的决策职权移交董事会或理事会，使其成为真正意义上的高校重大问题的决策机构，实现有效的集体领导与内部监督。董

① 祁占勇．高等学校学术权力本位治理结构的现实困境与逻辑路向[J]．高等教育研究，2011年第2期．

② 龙宗智．依法治校与高校领导体制的改革完善[J]．北京大学学报(哲学社会科学版)，2005年第1期．

事会或理事会的组成，应该按照法人结构治理的要求，设立一部分由教师、学生代表以及校外人士担任的董事，克服目前常委会内部制衡不足以及决策缺乏外部性的问题，同时也能够更有效地实现学校重大事务的民主决策与共同治理。

3. 从维护师生民主权利，发挥个体积极性的基础上，改善高校内部学术组织

教授委员会、学术委员会、高校学生会等学术组织，应该首先明确其定位。它们不是被领导、组织、管理的对象，而是对高校实施共同治理，践行高校自我管理的组织实体。这些组织中的成员个体才是高校管理的主人。明确其主体地位，彰显其主人翁的地位与作用，才能够对高校内部行政权力进行有效的制衡。同时，在学术组织成员的遴选上，我们应在遵守"民主集中制"的前提下，扩大"民主"，制衡"集中"，实现学术组织成员在高校内部最广泛的民主选举与罢免，从而使其真正能代表学术团体，尤其是高校教师的意愿与利益，也能实行广泛、有效的民主监督。

与此同时，高校内部学术组织的改革与完善，除了尊重师生主体性，践行民主原则之外，也应该深谙学术自由之于高校学术组织的要义。学术自由，尽管从其本意上来说是自由探究新知而不受任何势力干涉，但就词语本身来看，学术自由是一个偏正词语，自由乃是其核心要义。我们可以在宪法规定的范围内，逐步、稳妥地在高校内部管理组织上实现相对的民主与自由。余英时先生曾有言曰："学术自由是一般的自由在学术方面的伸展。"①高校内部师生群体首先是自由的个体，其次才是享受学术自由权利的学术人。明确这一点，我们就会对高校学术自由有着更进一步的理解。据此，我们在尊重高校师生学术自由的同时，也一定要尊重其自由独立的个性，唯其如此，方能将高校师生的聪明才智最大限度地激发出来，进而也能够据此促进其投身高校建设与发展的热情。

4. 高校学术组织亦应注重提高自身素质，自立自强

学术组织应将学术研究作为毕生从事的事业，而不是将学术职业作

① 余英时．中国思想传统的现代诠释[M]．南京：江苏人民出版社，2003年.

为一己荣华富贵的敲门砖。真正意义上的学术自治只有在那些以学术为业的团体中才能真正实现。正如龙宗智所言："教授自治体和一个高素质教授群体出现，那才能真正实现学术自治。"①唯其如此，促进学术发展的学术同行评议制度才能得以完善，高校内部的学术共同体方能在真正意义上形成，保障创新的学术权力基石方能得以牢固。

以上从制约高校学术权力发挥的最突出层面，简要探讨了保障学术权力的制度设计。在当前社会转型的背景下，高校长期以来在行政化管理背景下所形成的路径依赖与行为习惯，导致部门利益错综复杂。因此，我们必须充分认识到学术权力在当前的特殊性以及当前大学伸张学术权力的复杂性，明确学术本位基础上的学术权力、学术自由、学术自治、学术权利等诉求的内在一致性，尊重高等教育自身发展的规律，逐步推进高等教育改革，进而促进教育创新力的提高。

十四、推动地方高校融入区域创新体系

相对于部委院校和教育部直属院校而言，地方高校具有先天的劣势。例如，教学方面，生源质量低、办学经费少、师资力量差，使其难以培育大量精英人才；科研方面，科研队伍层次低、科研投入经费少、研究方向不固定，使其很难开展高水平的研究和承担国家级科技攻关任务等。但是在区域创新方面，地方高校具有全国重点高校不可替代的优势，是区域内科技创新、技术转移和成果转化的重要载体与平台，是区域人才培养、知识创造、积累与传播的重要基地，是传播科学精神、科学道德以及精神文明和文化建设的主要阵地。地方高校在区域创新体系建设进程中担负着光荣而艰巨的使命，应得到地方政府和社会的重视和支持。同时，地方高校与全国重点高校一样，应主动参与区域创新体系建设，发挥引领和支撑作用，为区域经济社会发展贡献力量。可以说，地方高校是区域科技进步的主力军，地方高校是区域内人力资源的主要培养者、知识创新的主体，地方高校是社会发展的重要推动力量。所以，我们应采取措施推动地方高校融入区域创新体系。

---

① 龙宗智．寻找相对合理的改进路径[N]．经济观察报，2009年5月22日．

(一)理顺地方高校与其他主体之间的互动机制

传统体制下的政府对创新体系各主体实行计划配置，虽然这有助于重大科技目标的实现，但很难发挥产、学、研、用等单个主体的积极性。随着改革的深化，计划机制的作用在减弱，但现有的创新中介机构和支撑服务体系较为薄弱，无法发挥市场机制的作用。同时，区域创新体系主体性要素所处的外部环境不够理想，如人才的流动受到社会保障体系和人才政策的束缚，科技成果的产业化受到融资体制的限制，政府科技信息等公共产品供给的缺失导致区域创新体系互动机制的缺位。

加强高校与地方合作最有效的手段和途径就是建立地方高校与地区龙头企业长期稳定、互惠共赢的产学研战略联盟，构筑合作创新平台，将高校优势科技资源系统地注入支柱产业、新兴产业的发展中，实现产学研合作由短期合作、松散合作、单项合作向长期合作、紧密合作、系统合作的转变。高校应瞄准地方科技创新需求，有组织、跨学科地与省市共建科技创新平台，积极承接省市委托的重大科技项目，推动区域自主创新体系的完善和产业结构的升级。

地方高校与地方共建大学科技园，引入更多应用研究和高新技术成果，重点围绕新能源、新材料、生物制药、光电、信息、软件及集成电路等新兴战略产业急需的项目成果进行培育，力求使一批拥有自主知识产权的高新技术成果及应用研究项目实现产业化。

(二)理顺地方高校内部科研管理机制

地方高校应突破传统的科技管理体制框架，建立适应服务地方需要的科技管理体制。在科研人员管理方面，对工作在第一线的科研主力设立相应的绩效考核方式，不拘一格用人才，发挥科研骨干的积极性和创造性，解决科研人员的后顾之忧；在科研项目管理方面，建立基础研究与应用研究并重的评价体系，不以项目级别论英雄。对横向课题和纵向课题实施相同的考核标准，对应用性研究和基础性研究给予相同的地位，对从事应用研究的人员和从事基础研究的人员给予相同的待遇。突出应用研究和社会服务在大学发展中的重要地位，将专利和专有技术及其科技成果转化效益作为评价应用研究的主要指标。在科研交流与合作方面，成立专门机构负责学校与地方政府、企业和科研机构的交流与合作。

(三)建设立足市场服务地方的创新型人才培养机制

地方高校应突破学科传统布局，以支持地区产业结构调整为目的进行学科布局的调整。一方面，地方高校在区域创新体系中应明确所承担的育人责任，注重实用型人才的培养，依托地方经济、产业和技术结构的特征和当地文化资源预测筹划学科建设，合理设置专业，很好地为地方经济持续发展提供科技支撑；另一方面，加强高校与企业之间的联系，与地方龙头企业或新兴行业联合设置课程，使课程设置满足企业创新需要。地方高校在培养人才方面要有一定的针对性和定向性，能培养地方上留得住、用得上的急需的高层次人才，实现复合型、应用型、创造型三者整合统一的人才培养目标。

(四)建立校地合作双向互动的服务机制

区域经济社会发展水平和地方高校相辅相成。地方高校应立足地方，面向全国，以人才和科技创新力量推动区域经济社会进步，树立校地合作、为地方经济发展服务的办学理念。地方高校应加强科技服务，普及科学，推广先进技术；应有意识地建立以自身为龙头，职业教育、培训网络为依托的科技成果推广体系；应从地方经济社会发展的紧迫需求出发，切实解决当地发展中的关键问题，在地方科技创新体系中发挥重要的骨干作用。同时，高等学校要承担起帮助中小企业改造传统技术，应用新技术、新工艺的职责，帮助中小企业采用新的生产方式和管理模式，提高产品质量，开发新产品，增强市场竞争力。

十五、加强我国高校国际研究机构建设

大力加强我国高校国际研究，是在面对新的复杂严峻的国际形势下的具有战略意义的重要现实选择。只有尽快把我国国际研究水平提升到新的高度，我们才可能拥有国际发展问题的话语权，积极化解我国进一步崛起所面临的巨大国际压力，保障我国正常的发展权，乃至赢得国际领导权。借鉴欧美日以及俄罗斯等高校国际研究的成功经验，结合我国现实需求和高校国际研究机构的研究现状，我国应采取以下几种策略加强我国高校国际研究机构的建设。

(一)高校国际研究机构是国家国际战略“智库”

着眼于我国国家发展和国际战略需要，从国家安全和国家利益的高

度出发，我们将高校国际研究机构明确定位为国家国际战略“智库”，明确要求高校国际研究机构在实现和保护国家的利益上，在我国国际战略的酝酿、形成、决策和评估中应承担其应有的责任。国际研究机构要加强国际形势、新变化及其对我国种种影响的研究，加强国际重大问题、世界关系与格局发展走向及其应对策略的研究，为党中央和国务院准确、及时地把握我国所处的国际环境和世界格局发展的瞬息万变，迅速而有效地调整和完善我国的国际战略，有效地把握机遇和应对挑战，在激烈复杂的国际竞争中实现和保护我国国家利益的最大化，并且赢得国际领导权和主动权，提供及时、有力的科学决策依据。

(二)合理布局高校国际研究机构的体系

要深入研究我国国际或区域研究中心的布局、设置机制、设置规模、管理机制与组织方式等。争取尽早提出我国关于加强高校国际研究的专项规划，并力争将此纳入我国教育发展规划框架中总体统筹研究考虑。争取经过 3 年时间的努力使其得以初步落实，5 年的时间取得比较显著的成效。再经5～8年时间在全国完成布局，并形成比较合理的高校国际研究体系与格局。少数基础条件好的高校国际研究机构力争在国际研究的某些领域进入世界领先地位。

(三)明确各高校国际研究中心的研究方向和重点的定位

高校国际研究机构应根据国家战略需要，结合考虑各校所在的地理位置、研究基础和人才结构等因素合理确定各自的研究范围和定位。借鉴欧美日等发达国家的经验，高校国际研究机构建立“少而精”的研究模式，也就是说在研究方向和区域上，加强“专”“精”“深”，而不要大而泛、广覆盖。例如，哈佛大学的费正清研究中心最终将自己的研究重点专限在中国研究范围内。对于大多数高校国际研究机构而言，它们应着力将一个地区或一个国家的研究做深做透。例如，目前广西大学集中精力研究东南亚，四川大学集中精力研究南亚和巴基斯坦。为此，国家有关部门应加强指导、协调，既避免重复设置，又忌目前的广而泛。

(四)加强高校国际研究机构的研究创新

从我国目前的发展阶段和现实需要看，当前我国高校国际研究应将加强时效性、实效性放到重要位置，同时根据国际形势的发展和我国的特点，扎实研究、努力创新，更好地解释世界格局发展的新变化。俄罗斯在这方面可以给我们很好的借鉴。由于俄罗斯是世界上的能源大国，它很强调能源在国际关系中的重要地位。俄罗斯在世界上最著名的国际研究机构就是莫斯科国际关系学院的“战略和政治地缘研究中心”——世界顶级能源研究机构。我国高校国际研究从国家战略需要出发应重点关注以下问题：①全球化与中国。②中国崛起对美国和其他西方发达国家究竟产生什么样的影响？在中国崛起过程中，如果中美发生正面冲突，该以怎样的形式妥善解决？③中国崛起对发展中国家意味着什么？④世界民主化模式与中国的民主化道路选择。⑤对于国际上不断升温的要求中国承担更多国际义务的问题，也就是针对中国的“大国责任论”，我们应该做何妥当有效的反映？如果准备承担更多的国际责任，这些责任将主要体现在哪些方面？⑥重建国际金融体系，中国是否应当发挥更加积极的作用？如何发挥？⑦如何理解美国对中国的最新定位？⑧台湾问题与中美关系。⑨人民币汇率、中美贸易与国际经济的平衡发展问题。⑩中国东盟自由贸易区问题。⑪全球治理问题。从而在帮助党和国家有效调整国际战略，积极应对挑战，主动赢得发展先机，为国家争取经济社会健康、可持续发展的良好国际环境方面做出积极贡献。

(五)改革我国现行高校国际研究机构的管理结构，创新多元的管理体制

鉴于国际研究的重要战略和现实意义，为有效提升我国高校国际研究水平，创新和建立多元的管理与运行模式和机制很有必要。我们应打破目前高校国际研究机构只单一、直接从属于某一学校的固化模式，尝试建立部校合作、校际合作、区域合作，乃至部—校—企或财团合作的多种模式。值得指出的一点是，在管理体制和运行机制的设计上，为让这些研究机构真正做出客观、中立的高水平的科研成果，提供客观、独立的信息和判断，高校国际研究中心，应实行去行政化管理，以充分保持学术研究的独立和自主。

(六)加强高校国际研究机构的国际交流与合作

由于国际研究的特殊性，其研究需建立在对一个区域或国家的充分了解和认识之上，因为对该区域或国家信息资源、情况的掌握程度，直接影响、决定了研究结果和结论的正确与价值。因此，我国高校国际研究机构应通过多种方式积极加强与国际著名研究机构、学者间的国际交流与合作。为加强高校国际研究机构的国际交流合作，可以采取以下措施，如合作研究、学术访问、研修考察、邀请国际知名专家学者授课、举办国际研讨会、与国外大学著名国际研究机构建立教师及学生交流项目、建立信息渠道的共享平台等。

(七)高校国际研究机构研究未来发展

我国高校国际研究机构要沿着"未来—现在—未来"的时间轴线深入研究未来世界关系和影响力格局的发展与变化。我国国际研究的定位不能过多局限在过去和现在，而应该注重"回顾过去，立足现在，开创未来"，并且将未来国际格局的发展变化研究与历史的总结和现实重大问题的研究相结合。只有这样，国际研究才不会囿于历史，才能合理地预见未来，方能有助于国家主动、前瞻地把握形势、调整战略，积极、有效地应对挑战，甚至还可能主动占得先机，对世界局势的发展起到积极、主动的引导作用，以实现国家利益的最大化。

十六、加强我国创新文化建设

创新型国家建设依赖于教育创新，而教育创新也亟须通过创新文化建设来推动。

(一)文化是创新的灵魂

文化是推动民族发展的强大精神力量，是决定人的行为的精神核心。它既是一种社会现象，又是一种历史现象。人类的社会生产和生活实践无一例外地需要文化作为智力支撑和保障。例如，哲学家的理性思考、科学家的科学探究、艺术家的艺术创作等，无不体现出一种文化活动。创新并不能凭空产生，它必须建立在已有的文化基础上，是对已有文化的继承和发展。文化与创新之间相互作用，相辅相成。没有文化作为铺垫，创新便会失去源泉，失去赖以生存的肥沃土壤；相反，没有创新作为动力，文化便会停滞不前，失去作为上层建筑的崇高地位。简言之，创新是文化之力，文化是创新之魂。

当前，世界进入大发展大变革大调整时期，文化在综合国力竞争中的地位和作用日益凸显。世界上越来越多的有识之士意识到只有营造有利于创新的文化氛围才会产生真正意义的创新，才会培养出创新型人才。人是创新的主体。一个人所拥有的先进文化因素的多少、所处文化环境的优劣直接影响个体创新意识的强弱、创新能力的大小以及创新成果的质量。例如，联合国教科文组织科学奖获得者中国北大方正创始人王选，一生也没有停止过创新的步伐。他继承和发展了中国古代四大发明技术，发明了汉字激光拍照系统，刷新了我国印刷业的历史。另一位该奖项的获得者——世界杂交水稻之父袁隆平，面对种种质疑和阻挠，坚持大胆创新、执着追求，不断向新领域新高峰攀登，为中国和世界粮食安全做出了杰出的贡献。又如，美国伟大创新者苹果创始人乔布斯用一生诠释了理性、批判、反思以及创新的人生态度和科学精神，将创意融入产品，将创新精神发挥到极致，成为IT行业的哲学家与艺术家。另一位美国IT业集大成者微软创始人比尔·盖茨，将创新作为微软的价值核心，坚信创新可以改变世界，在其企业内部形成了独特的价值观体系和良好的组织文化氛围，将微软推上了时代的巅峰。

纵观近代世界的科学发展历程，我们不难发现，任何一个国家一个民族都非常重视在先进文化基础上所凝聚起来的创新精神和创造能力。诺贝尔奖获得者杨振宁说过，缺乏创新文化的底蕴是我们中华民族在科学技术发展上很难有大作为的缘由。这种创新文化既包括与创新有关的价值观、态度、信念等观念文化，又包括有助于创新机制、规范实施的制度文化，是观念创新、制度创新和环境创新的精神基础和智力之源。改革开放三十多年以来，我国社会主义文化建设在理论和实践中都取得了长足的进步和辉煌的成就。但面对创新型国家的战略需要，我们在创新文化内容、文化形式和文化体制等诸多方面还存在一定的问题，不能够完全满足培养创新型人才、建立创新型制度、营造创新型环境的根本需要。如何营造一个民主和谐、便于操作的文化环境，让创新能够最大限度地得以实施，为建设创新型国家铺平道路，是我们亟待解决的现实性问题。要实现建设创新型国家的战略目标，我们必须将培育创新文化作为基础工程，努力营造追求真理、自由探索的学术氛围，培养勇于创新的科学精神、思维方式和行为方式。当然，在创新文化建设过程中，不可避免地会存在失败和冒险因素。创新之路总是要在冒险中前进，我们必须面对各种可能存在的风险，并尽力将风险降到最低。

(二)国家创新文化建设的基本路径

创新是一个民族进步的灵魂，是一个国家兴旺发达的不竭动力，也是一个政党永葆生机的源泉。在以科学技术突飞猛进为标志的创新时代，创新则进，不创新必退。国家应统一部署，统一领导，发动强大的宣传攻势，采取有力的措施，建立有效的制度，真正把全民族、全社会的力量动员起来，建构起具有高文化势能、高辐射力、高影响力的创新文化。

1. 以观念创新为先导，增强全民创新意识，营造鼓励创新的文化氛围

任何创新活动都离不开一定的创新氛围。近代世界科学中心在意大利形成，17 世纪转移到英国，18 世纪末 19 世纪初转移到法国，19 世纪转移到德国，20 世纪又转移到美国，这都与当时社会所营造的创新文化氛围息息相关。与其说科技成就了世界中心，不如说是创新文化孕育了世界中心。中国改革开放的近四十年，实际上也是中国不断强化创新意识、提倡创新精神、营造创新文化环境并经由创新来推动经济飞速发展的时期。但从根本上说，我国仍存在着创新意识不够、创新思维不强、自主创新能力不足等问题，而这些在很大程度上都与我们缺乏一种浓厚的有利于创新的文化氛围和良好的文化环境有关。创新文化建设就是要在全社会培育一种创新的文化氛围，让追求创新、成就创新、享受创新成为人们普遍认同的重要价值理念，让创新成为全社会广泛参与的“文化自觉”。因此，政府应通过舆论引导，树立以创新为荣、以创新为群体和民族进步之灵魂的价值观；要着力营造追求真理、自由探索的学术氛围；积极培育创新所需要的科学精神、价值取向、思维方式和行为方式；大力倡导敢于创新、勇于承担风险、宽容失败的精神；逐步建立一个由政府主导，企业、科研院所、高校等全民参与的国家创新体系。

2. 以制度创新为抓手，坚持以人为本，培育创新文化建设的制度环境与机制优势

制度创新是创新文化形成的基础，是文化变迁的根本动力。它不仅能够为创新主体构建一个和谐、稳定的运作机制与社会环境，而且能够提供一个有效的激励结构与动力机制，营造有利于创新文化成长的良好

环境和土壤。美国硅谷的成功在很大程度上就依赖于其市场环境、企业体制、人才激励机制等制度因素的创新。当前我国要进一步深化对市场体制、投融资体制、文化体制、管理体制、分配体制等方面的改革，在体制机制上为创新资源的开发、创新人才的积聚、创新成果的使用提供条件与保障；要进一步修订和完善规章制度，把激励创新的价值观念转化为激励创新的体制、机制、制度和规范，建立起既能够激发创新、调动个体积极性，又能够有章可循、高效快捷的体系和机制；要确立以人为本的管理，实行开放的人才流动体制，建立和健全有利于人才成长的培养机制，人尽其才、才尽其用的使用机制和有利于调动人才积极性的激励机制，使创新型人才能够脱颖而出，健康成长。

3. 以教育创新为突破口，深入推进教育改革与发展，为创新文化建设提供核心动力

教育，无论在培养高素质的劳动者和专业创新型人才方面，还是在提高创新能力和提供知识与技术创新成果方面，都具有特别重要的意义。新中国成立六十多年，特别是改革开放近四十年来，我国教育特别是高等教育取得了举世瞩目的成就，高校已经成为国家创新体系的重要组成部分，但仍存在着人才培育模式单一、课程设置与教学内容陈旧、教师创新素质不高、产学研结合不够等问题。创新文化建设应以教育创新为突破口，尽快改变教育不利于创新型人才特别是拔尖人才培养的局面，为创新型人才的脱颖而出创造适宜的教育环境。例如，转变那种妨碍学生创新精神和创新能力发展的教育观念、模式；改革以考试分数作为衡量教育成果唯一标准的评价制度；改变教师单向灌输、学生被动接受知识的局面，鼓励学生创造性发问、发散性思维、求新求变；积极推进经济体制、科技体制和教育体制的配套改革，使教育积极面向经济建设主战场；加强产学研的有机结合，促进科技成果向现实生产力的快速高效转化。

(三)教育创新依赖于文化建设

教育创新是国家创新体系的重要组成部分，是建设创新型国家的根本动力。文化是教育发展的肥沃土壤和源泉。教育创新的实现有赖于创新文化环境的建设与完善。

1. 营造创造性的课堂文化

课堂是教育创新成败的关键所在。学生的良好发展和创新能力的培养主要发生在学校开展教育教学活动的课堂之上，而课堂建设的成败则取决于课堂文化构建的优劣。

教师要鼓励学生多思考、多提问、多表达，培养学生的探究兴趣，使课堂成为师生享受探究快乐的园地；要善于利用各种学习资料的不同训练价值，循序渐进地引导学生掌握创造思维所必需的各种方法，多给学生创造思考和质疑的机会；要根据知识的类型进行教学，逐步实现基于知识分类基础上的有效教学，培养学生的主动意识，引导学生创造性思维的养成。特别需要注意的是，教师要冲破“教教材”的局限，变“教材”为“学材”，帮助学生把新知识整合到已有的经验之中，使之成为学生的“资料性的知识”。

构建多元、开放的学习氛围包括关注学生多元思维的培养、兴趣的产生与保持、探究的过程等，构建有利于创新型人才成长的课堂文化。教师要逐步扭转目前教育中普遍存在的标准化、程序化、目标化、量化的教学习惯和评价方式；要包容学生不同的个性，培养学生既广泛又专一的兴趣爱好，鼓励学生多元创造人格的形成；要充分认识学生智力发展的不均衡性，在教学设计、教学组织和过程评价中，坚持多元的视角，关照不同学生智力发展的不同；要营造开放的课堂教学文化，不断追求卓越，树立开放的教学资源观，重视学生的个性与特长，努力使学生的每一种才能都有得到认可的机会。

构建良好的课堂文化关键在教师。在课堂活动中，教师是主导。教师的文化底蕴、教育追求和教育智慧影响着学生对人类积累的精神财富的分享程度，决定着学生在课堂上个体的充分发展，也引领着课堂文化的走向。教师的精神面貌、行为习惯和思维特点，影响着学生对事物的思考方法，对外部世界的客观认识。教师要自觉地发挥在课堂文化建设中的先导性、理想性和可持续性的作用。

2. 凝练彰显学校精神的学校文化

教育创新的主体是学校。学校文化是学校的核心竞争力。文化建设是学校的灵魂工程，是学校发展最重要的动力，在传承中创新，在创新中发展。文化传承与创新是衡量学校核心竞争力的重要指标之一。学校文化往往产生于一种深刻的历史文化背景中，每所学校在历史的发展过程中都有丰富的文化积淀。优秀的传统文化是极其宝贵的精神财富，是学校文化的精义所在，也是传承、发展、创造现代学校文化的依托之本和动力之源。面对社会的发展和变革，学校应从历史发展的过程中寻找学校文化发展的轨迹，挖掘学校传统，遵循文化发展规律，以学生为本，在不断地预设、应答与坚持中形成特色，进而在坚持中发展创新。

学校应培育主流文化，塑造核心精神。学校是一个文化实体，是文化的生成地。学校文化包括学校精神文化、学校制度文化及学校物质文化，其中学校精神是学校文化的最高体现和概括，是一所学校的校风、教风、学风和政风的总和。一所学校的发展，取决于学校精神的塑造。学校精神是学校主流文化、先进文化的反映，是学校教育价值观念的选择。学校要真正认识到文化建设的重要意义，把握精神事业建设的规律，提高学校的文化自觉，对文化的本质、规律和学校的文化职责形成感性与理性相结合的认识，对学校文化建设进行全面、系统、长远的考虑。从学校实际出发，在构建包容、多元的学校文化的同时，学校要培育先进和强大的主流价值，逐步构建起能够彰显学校特色、全体成员一致认同的教育价值观，进而使这种教育价值观潜移默化地影响学校师生的价值选择、人格塑造、思维方式、学术氛围、道德操行和行为习惯等。

3. 构建有利于教育创新的社会文化

教育创新不仅依赖于课堂文化、学校文化的变革，更需要重建社会文化环境。社会、家庭与学校应共同营造有利于教育良性发展和鼓励创新的文化氛围，这是教育创新顺利实施的外部条件和重要保证。

我们应大力加强科普教育，培育科学精神。创新文化是体现了时代精神的先进文化。科学精神因其本身所具有的怀疑精神、批判精神、求是精神和创新精神，是创新文化的核心部分。当前，我国普通民众科学素养水平低，科学精神缺失现象比较严重。与发达国家相比，中国的公民科学素养水平仍有相当大的差距。我国2015年公民科学素养调查报告显示，我国公民科学素养水平为6.20％，但仍与美国、欧洲等一些国家有较大差距。上海、北京和天津的公民科学素养水平分别为18.71％、

17.56%和12.00%，位居全国前三位，分别达到美国和欧洲世纪之交水平。① 科学是推动历史进步的杠杆和基石。国家的繁荣昌盛，离不开高素质的国民，离不开科学精神的浸染和科学文化的熏陶。我国应有效整合科普资源，广泛深入地开展科普教育，大力营造热爱科学、崇尚科学的文化氛围；传播科学思想，弘扬科学精神，倡导科学方法，推广科学技术应用，培育国民的独立思考能力与创新精神。

我国应加强舆论宣传和导向，引导全社会树立鼓励竞争、敢为人先、敢冒风险、宽容失败、勇于创新的世界观、价值观。教育创新的动力和意识首先来源于全社会对社会变革的高度敏感和危机意识。当前推动教育创新的内在动力正在逐步增强。素质教育观念已深入人心。人才培养模式逐渐从服务型人才向创新型人才转变。以人为本的创新能力教育逐渐代替了以书为本的学历教育。社会各界对社会变革的危机意识、创新意识日益增强，对创新型人才的认同和渴求渐成风气。良好的外部环境条件，特别是有利于创新的社会文化环境已成为决定教育创新成败的决定性因素。但是目前全社会还缺乏对创新文化的广泛认同和参与，尚未形成有利于创新的文化环境和氛围。我们亟须树立反思传统、崇尚创新、以人为本、既崇尚成功又宽容失败的教育理念，使之与培养创新型人才的人才培养模式相匹配；加强舆论宣传引导，鼓励创新求变，在全社会营造一种有利于创新的良好的文化环境和氛围。

(四)重建大学课堂学术文化

大学课堂学术文化存在问题的严重性必然会导致提出重建大学学术课堂的紧迫性。重建大学课堂学术文化首先要重建以大学生为中心的大学课堂文化。课堂是大学生的课堂，是师生探究问题的课堂，是教学学术的课堂，是培养大学生学术阅读能力的课堂，是培养大学生汇报能力的课堂，是养成大学生的学术规范能力的课堂。

1. 重建大学课堂四层次阅读文化

大学生的大学学习经历应该是一个学术阅读经历，与其中小学时代的阅读经历的最大不同之处在于，大学生养成学术阅读习惯，为其一生

---

① 中国科协发布第九次中国公民科学素质调查结果[EB/OL]. http：//education.news.cn/2015-09/19/c 128247007.htm，2015-09-19.

的专业阅读奠定基础。有了学术阅读才会有深度的专业阅读。更重要的是，大学的学术阅读是大学批判精神、自由精神、探究精神和创新精神等大学学术精神的基础，没有学术阅读就没有大学学术精神。培养大学生的学术阅读习惯渠道有很多，但最重要的是课堂学术阅读，它是学术批判精神文化养育的途径。大学课堂应当体现学生学术的“规定阅读”和“自由阅读”的双重性。① 因此，教师应当给学生布置四种阅读材料，即必读书、推荐书、课程经典论文、专题经典论文，尤其是那些具有争鸣性的经典论文是培养学生批判精神的必读材料。通过四个层次的阅读学生才会知道这门学科的基本学术观点、这些学术观点之间的交锋、这些学术观点形成的历史背景和发展过程，对学术观点才会不盲从，不死记硬背，并学会用一种批判的眼光去分析、判断学术观点，从而养成批判精神。因此大学课堂是一种批判精神的学术文化课堂。大学课堂是一个基于学术的教学文化课堂，教学文化表现在学术讨论、学术交往、学术争论、学术启迪的氛围，但大学课堂绝不是无根据地表达自己观点的课堂，而是基于学术阅读的自由表达自己观点的课堂，因为个体经验的表达会存在个案偏激的风险。尽管每个人都会以自己的经验表达自己的观点，但课堂在阅读文化中一定是理性的，一定是自由的，一定是探究的。只有浓郁的课堂阅读文化才能培养大学生的精神文化。

2. 重建大学课堂学术汇报制度文化

大学的课堂绝不是学生坐听教师讲课的课堂，相反是学生充分表达自己观点的课堂，是自由表达自己学术观点的课堂，是体现学生探究精神的课堂，是学生汇报创新成果的课堂。“表达”“体现”“汇报”是一种能力。大学课堂不是一个探究、创新本身发生的场所，而是一个有效表达和汇报的场所。为此，如何有效地在规定时间内个体地、多人合作地、小组地、集体地表达和汇报观点、成果就成为大学课堂要解决的重要问题，这是大学所有课堂都必须要解决的问题。大学是培养专门人才的地方。学生将在毕业以后从事某一种专业工作，而在专业工作的不同时间和空间里都会有表达自己观点的机会。表达是每个人专业生存空间的“前

① [美]威尔伯特·J. 麦肯齐，等. 麦肯齐大学教学精要——高等院教师的策略、研究和理论[M]. 徐辉，译. 杭州：浙江大学出版社，2005年.

台”，是有效地与其他专业人员沟通的重要基础。在大学课堂上养成的在规定时间和地点有效地表达自己观点的能力对于学生一生的专业发展是一个重要基础。只有大学课堂上的学术汇报，才可以培养这种能力。为此，我们需要建立大学课堂学术汇报制度文化，建立学生学业评价制度，把汇报作为评价学生成绩的一个重要内容，通过这种制度培养学生的学术汇报礼仪文化，通过课堂学术汇报使大学生养成歉语、敬语表达的自觉意识和行为，养成遵守时间的习惯，养成得体肢体语言的文化表达能力，以及能够宽容地对待听众提出的任何问题的反馈能力。

3. 重建大学课堂学术规范教育的制度文化

大学课堂绝不仅仅是传递知识的课堂，而是一个大学生学术规范意识形成、学术规范制度运用、学术规范制度遵守的课堂。今天之所以会有学术失范现象的产生，就是因为学术规范教育的缺失，至少它是重要的原因之一。学术规范教育应该成为大学生教育的一个重要内容，它可以通过设置专门的“学术规范导论”这样的通识课程来实现，但更应该是大学每个课堂的隐性课程的一个部分。学术规范不仅仅是学术研究的需要，而且是大学生的诚信意识养成的一种途径，也是现代学术写作能力培养的一个重要组成部分。现代学术写作可以分为评论写作（书评写作、论文评写作和会议评写作）、文献综述写作、基于不同方法使用的原创性写作（定量方法的学术写作、定性方法的学术写作、混合方法的学术写作）、政策咨询文本写作、叙事学术写作等。所有这些写作都要依据一定的学术规范要求。大学课堂就是要训练大学生学术写作，培养其多种学术写作能力，通过学术写作训练培养其专业写作的能力，为其一生的专业发展奠定基础。这就要求大学课堂形成学术规范教育的制度文化，这种文化一定是通过大学课堂的学生学业评价制度来体现的。学生一定要完成与课堂相关的学术写作任务。这些任务是由上面论述的现代学术写作类型来选择的。因此，大学生必须要完成的学术写作类型是评论写作和综述写作，这是培养大学生批判精神、自由精神和创新精神的重要基础。学术规范教育本质是要保证学术创新，因此大学要通过重建大学课堂的学术规范教育的制度文化来培养大学生的创新精神，从而营造大学课堂的学术精神文化。

当然，大学课堂文化除了以上这些途径内容以外，还有课堂教学的方法途径，如课堂讨论、课堂游戏、案例分析、课堂点名、网络沟通、课后学习任务布置、教室布置，尤其是课堂互动。[①] 例如，“一场有效的课堂讨论和寝室里的闲聊不同，学生可以发表评论，教师间或插入提问或解释，促进学生的积极性和思考能力的发展”[②]。参与模拟游戏和角色扮演这样的活动，可以使学生们在精神运动、情感和认知领域内都得到锻炼，而且需要他们对广泛的感官刺激都保持警觉。另外，为了保障上述讨论的课堂学术文化重建的途径，还需要建立相应的课堂学术制度。例如，大学必须建立课堂教学的大纲制度。教师必须把本课程的大纲公开上网，以便学生能够做出更好的判断，从而做出课程的选择。教师需要在大学课堂上建立课堂学术契约制度。学生只要做出选择这门课的决定，教师必须与学生就大纲的内容进行协商，最后师生双方需要建立课堂契约。教师和学生必须遵守大纲所规定的教学内容，尤其是学生必须完成作业，如学术写作作业，因为通过学术写作学生可以达到学习的目的，“写作活动也能强化学生的学习过程，提高其学习质量”[③]。大学还需要建立课堂学术的诚信签名制度。大学课堂的学术规范教育的制度文化需要学生用实际行动来体现其诚信品质。学生在完成教师布置的写作任务的作业上签上自己的名字，而不是打印上自己的名字，表明这篇论文是自己写出来的，而不是抄袭的，通过签名来证明自己的诚信。最后大学应该在各院系建立教学资源中心。教师的教学大纲所需要的阅读文献等教学资源都可以在这个中心借用。

十七、加强青少年的社会责任感教育

青少年责任感的培育，是一项由学校、家庭和社会三方共同参与，从责任认知、责任情感、责任信念到责任行为等诸方面齐抓共管的育人系统工程。其中，学校是责任教育的主渠道和主阵地。学校要着力营造

---

① 真虹．中美大学课堂教学比较研究[J]．高教发展与评估，2007年第2期．

② [美]斯蒂芬·D. 布鲁克菲尔德．大学教师的技巧——论课堂教学中的方法、信任和回应[M]．周心红，洪宇，译．杭州：浙江大学出版社，2005年．

③ [美]L. 迪·芬克．创造有意义的学习经历——综合性大学课程设计原则[M]．胡美馨，刘颖，译．杭州：浙江大学出版社，2006年．

以责任感为表征的学校文化，把责任感教育纳入每个教师的教育教学中，纳入日常的实践活动中，不断建立健全学生责任感教育的长效机制和社会大环境；要以成人、成才、奉献为思想脉络，努力体现时代性、层次性、针对性和实效性，构建更为开放、灵活、实效的责任教育体系，帮助学生提高对责任的理性自觉。

(一)坚持正确导向，营造浓厚的责任文化氛围

受社会环境的影响，青少年的价值观念和价值判断标准也日趋多元化。一些学生在思想意识中重自我、轻社会；重利益，轻抱负；重索取、轻回报。这些思想意识直接影响到社会责任感的强弱。以德治国的方略和素质教育的实施对学校德育提出新要求。因此，把社会主义核心价值体系融入国民教育全过程，积极用正确的价值观引领责任感培育十分重要。学校要坚持社会主义的意识形态，引导学生树立社会主义理想信念，引导他们正确处理好个人利益与国家利益、个人需求与社会责任之间的关系，培养热爱祖国、振兴中华的使命感，树立正确的社会主义荣辱观，深切关爱祖国的前途和命运，把实现自己的人生价值同祖国的需要结合起来，用爱国主义情怀和民族精神激发青少年的社会责任感。我国要把培育责任文化作为基础工程，推进社会环境育人，努力营造一个以尽责为荣、不负责任为耻的责任文化氛围，促进学生责任意识的发展和责任精神的形成，使人的责任感最大限度地得到释放；要坚持实事求是，推进舆论环境育人，通过对身边典型人物、先进事迹的正面宣传，发挥其示范引领作用；要着力加强网络阵地建设，顺应现代信息技术迅猛发展和青少年学生接触、运用互联网等新兴传播媒介越来越广泛的新趋势，善于运用青少年熟悉的网络语言，喜闻乐见地开展网上责任教育，努力提高责任教育的覆盖面和影响力。

(二)遵循教育规律，打造完备的目标和内容体系

当前学校的责任教育仍存在很多不尽人意的地方。比如，在教育理念上，以灌输教育为主，忽视个体的自由选择；在课程内容设计上，过分重视和追求形式的完整性、系统性、严密性，忽视了内容的现实性与深刻性，且逻辑性不强，无明显的层次性、针对性；在教育方式方法上，责任教育沦落为知识教育，以道德认识教育为主，忽视对学生进行品德教育。因此，我们要不断提高责任教育的针对性、实效性、吸引力和感染力，更好地促进青少年学生健康成长成才，必须遵循教育规律、学生身心发展规律和道德认知规律等，整体规划责任教育目标和内容体系。我们要坚持以人为本，遵循学校教育工作规律和学生成长成才规律，适应社会发展要求，贴近学生实际，准确规范大中小学各教育阶段的目标和内容，科学设置大中小学各教育阶段的课程，把责任感教育贯穿始终，使大中小学责任感教育纵向衔接、横向贯通、螺旋上升，形成一个要素完整、层次清楚、灵活开放的责任感培育目标和内容体系。我们要加强人文素质教育，通过挖掘中国传统的思想文化资源，结合专业教学进行人文精神教育，重视隐性教育，增强学生的公民意识，提升对文化(包括科学和艺术)的理解力，培养学生对人类命运的关爱、对国家民族的深厚感情和强烈的社会责任感。

(三)注重知行合一，在社会实践中增强责任感

在学校的实践训练日益边缘化、形式化背景下，仅在课堂上、书本中我们是难以体会和感受到责任的分量的。要使责任感真正成为学生的内在心理品质，我们必须强化实践环节，在实践中培养责任感；要制定专门法规，使学生参与社会实践和社会服务制度化；要把社会实践作为一项重要的教育课程，制定实践教学标准，改革实践教学内容和机制，完善实践教学体系，建立科学规范的评价及监督体系，建立社会实践档案；要完善学生实践活动的保险制度，落实社会实践经费，加强综合实践课专业师资队伍建设；要加强校内外实习，实践基地建设，精心设计和组织开展形式新颖、吸引力强的第二课堂道德实践活动，多组织丰富多彩的文体活动、志愿服务、专业实习、社会调查、勤工俭学、生产劳动等，让学生多角度、多方位地接触了解社会，在其利用自己所长服务社会、服务他人的实践中，感受社会变革，体会和增强社会责任感，从而提升责任感培育的实效性。

(四)推进机制创新，构建完善的立体化培育网络

责任是自律，也是他律。责任感的培育根本在于责任制度的建设和完善。一方面，青少年学生责任感的培养需要一定的社会制度做保障。尽管责任作为一种客观的社会要求，对于任何一个主体来说都是无条件的、义不容辞的，但要使人们自觉自愿地尽职尽责，则必须与人们的实际利益挂钩。中国的现代化绝不仅仅指经济的发达，它还应该包括社会的公平、正义和道德的力量。利益因素对于履行责任的态度至关重要。所以，要促进社会公正和谐，让人民更幸福、更有尊严地活着。在个人正当利益得到保障的前提下，绝大多数人是会自觉自愿地履行社会责任的。另一方面，讲责任心，也要讲责任制，有履责要求，也要有责任追究。只有把责任心和责任制统一起来，把履责和问责结合起来，才能在全社会确立一种良性的责任导向，增强责任心，培育责任感，提高责任意识。责任感教育是需要全社会合力推进的系统工程，需要多方协调，整合资源，形成合力，共同为培养学生的社会责任感和实践能力创造更为有利的环境和条件。

十八、建设有中国特色的教育创新政策体系

我们应建立与国家创新体系紧密联系和相辅相成的教育创新体系，形成符合社会主义市场经济规律和科技自身发展规律的宏观科教管理体制，创设促进教育创新的教育创新政策体系，形成知识创新、技术创新和创新型人才培养三位一体的完善的国家创新体系。

(一)以创新目标体系建设为指向，确保教育创新体系建设的科学定位

一个明确的目标是完成任务的指针。构建一个完整的创新目标体系是实施教育创新体系建设的首要任务。教育是前沿知识的生产者、创新人才的培养者、创新文化的孕育者，是创新网络的纽带。构建教育创新体系的目标就是充分发挥教育的基础性、先导性和全局性作用，为建设创新型国家提供源源不断的动力。具体到大学而言，作为创新型人才培养和输出基地，大学要在不断增强自身的自主创新能力的同时，积极创新现有人才培养模式和机制，大幅提高创新型人才培养的质量和水平，切实发挥知识创新的主力军、技术创新的重要方面军、科技成果转化的生力军的作用，为我国创新型国家建设提供源源不断的创新型人才。当然，创新不是盲目的，每一所大学的创新活动都要立足于自身的特点和发展实际。各大学应结合自身的发展定位、办学实力、学科特点、区域环境等实际情况，确定自己的目标体系，不断构建完善的、具有自身特

点的、符合自身需要的创新体系，从而在教育创新和创新型国家建设中发挥更好的作用。

从大学在国家创新体系中的角色定位出发，大学创新的目标为：培养创新型人才，为创新型国家建设提供人力资源；搭建创新平台催生高水平科技成果；建设技术转移和社会服务体系，提高大学的社会服务水平与质量；培育创新文化和理念，引领国家和社会的未来发展等。但是当前我国大学还存在创造性人才培养模式不健全，大学人事、科研和教学管理制度缺乏灵活性，没有形成良性流畅的产学研合作机制等障碍因素。更好地发挥大学的创新作用，势必会对现行的大学教育及管理观念、管理体制、科学研究、人才培养、文化建设等方面带来冲击。因此，大学必须从教育观念、管理体制、科技研发支持与管理、人才培养模式、校园文化建设等方面加强内部治理改革，加强大学创新所需要的环境与机制建设。健全的大学创新目标体系至少应包括以下几个子体系：观念创新目标体系、管理创新目标体系、科技创新目标体系、人才培养创新目标体系和文化创新目标体系等。

（二）以创新观念体系建设为先导，引领大学教育创新体系的建设与发展

观念是创新的灵魂，基于大量科学创新理论而形成的创新观念体系，对于大学创新体系的建设与发展无疑具有极为重要的导向作用。作为一个完整的创新观念体系，不仅包含了大量与创新有关的基本概念，如创新、教育创新、大学教育创新、创新体系等，还包括对创新是如何发生的、创新的要素有哪些、创新的一般方式方法等创新过程、功能、机制等方面的认识和规定。具体到一所大学的创新观念体系中，则还会涉及与这所大学教育创新密切相关的详细内容，如该大学的特点、存在什么问题、发展机遇与优势在哪里、如何设计新的创新路径等。

1. 明确创新的意义，树立创新的意识

有了正确的认识才有可能产生积极的行为和持续的动力。首先我们要对创新的必要性和意义有一个清晰的认识。创新不是为了追求“与众不同”和“博取众彩”，而是为了更好地发展。大学教育创新不仅是大学自身发展的需要，同时也是国家、社会发展的需要。作为高等教育的举办者、管理者，教育行政部门领导要对大学创新坚持科学认识，要支持和鼓励大学创新；作为大学管理者，不仅自己要有清晰的认识和坚定的信心，同时还要让这种科学认识普及到大学的每一个角落，并不断统一思想、统一认识。

在科学认识的基础上，我们还要积极树立创新意识。不仅领导要有创新意识，每一个教师、每一个学生都要树立积极的创新意识，因为创新涉及全面的、深刻的变革，不但关系到每一个人的切身利益，更需要每一个人的积极参与和努力。大学管理者和决策者要把创新作为学校建设与发展的灵魂，作为学校一切工作的主线，将创新工作渗透到教育观念、管理体制、科学研究、人才培养等各个环节中去，并积极创设鼓励、支持教师、学生创新的制度环境，通过不断地创新实践使全校上下形成有利于创新活动开展的精神氛围和文化氛围。

需要指出的是，我们要特别重视创新文化建设。在校园文化建设上，我们应倡导百花齐放、百家争鸣、支持创新、宽容失败、鼓励敢为天下先的创新文化，弘扬追求真理、培养人才、繁荣科技、服务社会的大学精神，继续加强学术道德建设，努力营造民主、宽容、开放、和谐的学术环境。① 更重要的是，我们要使这种鼓励创新的理念和文化内化为大学管理者、广大师生员工的价值体系和行为习惯中，这样才能真正发挥其作用。

2. 提高对大学教育创新体系建设的认识

构建大学教育创新体系，不仅有利于创新型国家建设，更有利于促进大学自身发展。大学管理者对此必须要有充分的认识，既要能够在战略高度上认识到其意义、地位和作用，又要能立足实际，认识到任务的紧迫性和艰巨性，还要坚定建设大学教育创新体系的决心和信心，将大学教育创新体系建设工作列入大学发展的重要议程，并认真推进与落实。大学教育创新带来的是一场全面深入的变革，不仅关系到大学内部教学、科研、管理等领域的制度重构，需要全体教职员工以及学生的积极参与，同时还会涉及大学与大学、大学与政府、大学与企业等外部关系的重建。大学教育创新体系建设正是服务于这场浩大的变革。大学要对现存的问

① 周济．创新与高水平大学建设——在第三届中外大学校长论坛上的演讲[R]，上海：第三届中外大学校长论坛，2006年.

题与现象进行深入分析，以制定创新政策为突破，对现有大学内部治理机制进行调整，对人、财、物等资源进行优化配置，不断完善促进创新的制度环境，激发广大师生的创新积极性。另外，大学还要理顺外部关系，包括大学与大学、大学与政府、大学与企业、大学与科研院所的关系等；要将大学自身的社会定位放在时代环境中进行考量，建立起大学与国家创新体系各执行主体之间的有机联系，以大学创新推动国家创新，同时以国家创新环境进一步促进大学创新。大学内外部环境的改善将有助于大学进入良性的发展循环状态——内部创新环境产生的科技成果输出到外部变成社会效益后又会带回更多的资金、设备、机会、政策等各类有助于大学创新的资源；同时如果培养的人才越有创造力，越能满足社会需要，那么就越容易为大学带来更多的包括优质高中毕业生在内的各类创新型人才培养的资源。当然，与大学教育创新一样，每一个大学的教育创新体系建设也要走自己的路。各学校要依据自身实际和现实需求，来创建能够真正促进本校发展的教育创新体系。

3. 树立开放性的办学理念

作为国家创新体系重要组成部分的大学教育创新体系，是在知识创新、技术创新等其他子体系的相互作用中存在与发挥作用的。每一所大学也都是社会大系统中的一个子系统，大学教育创新势必会对其他社会子系统带来影响，同时也需要从外部获得相应的支持。因此，开门办学是大学实施教育创新和建设教育创新体系的必然选择。

第一，大学人才培养要坚持促进人的发展和满足社会需要并重。社会的发展促使大学不再是封闭的象牙塔，“威斯康星理念”(该理念主张高等学校应该为区域经济与社会发展服务)又推动大学从社会边缘走向中心。促进人的发展是教育的本质特征，也是大学的一个基本功能。但是，从某种意义上讲，为社会培养所需要的人才也是大学提供社会服务的内容之一。经过多年教育体制改革，我国大学与社会的关系日益紧密。大学教育质量不仅受到学生发展程度和能力水平的影响，同时是否满足社会需要也是一个重要的评价指标。如果一所大学的毕业生都找不到工作，可以想象这所大学的发展面临着多么大的难题，不仅生源会匮乏，而且就连最基本的运转经费可能都会出现问题。促进人的发展的大学基本功能不可丢，同时还必须要考虑社会对人才的需要，这就要求大学在人才培养方面必须坚持两者并重。如今，创新已成为时代的主题。大学必须要以高水平创新型人才作为人才培养的目标，适时调整学科结构和专业设置。另外，社会需求是多方面的，不仅仅是专业、学生能力，还包括教育途径、类别等。例如，除了传统的、正规的学历教育，非学历教育、短期培训、企业委托培养、远距离在线学习等需求越来越多。因此，大学要积极开放办学理念，拓展教育途径，努力满足社会的各类需要，这也是大学发展创新的一个新的立足点。

第二，大学将为社会提供更优质的服务作为促进科研创新的重要途径。“为社会提供服务”是大学的第三种功能，这是随着社会的发展应运而生的。基于大学自身的科技和人才优势，在为社会提供的诸多类服务中，科技服务占着很大的比重，其中最常见的一种形式是大学应企业要求进行有针对性的科技研发。大学提供的优质科技服务不仅满足了企业的需要，拉近了大学与社会的联系，而且对于大学自身而言也意义重大。来自外部的资金不仅为大学科研提供应用型课题和大量经费，同时也为大学科研人才的培养和科技水平的提高做出了贡献。很多大学科研人员还会将自己的这些科研课题带到教学工作中，学生们在知识学习和研究能力等方面也收益多多。近年来，在政府的鼓励与支持下，我国许多企业的技术创新能力大为提高，但仍难以满足自身发展和创新型国家建设的需要，因此大学的科技研发输出依然有广阔市场。基于“科研”和“为社会提供服务”双重功能的需要，大学应该进一步提高社会服务质量，并将其作为促进自身科研创新的重要途径。

第三，大学要重视文化传承创新，为社会提供精神支持和道德指引。关于大学的文化价值，国内外学者论述很多，如“大学之道，在明明德，在新民，在止于至善”，“大学是人类精神的家园”等。社会的发展离不开文化的滋养，同时也需要文化的引领。保守的文化必然产生保守的思想和行为，而进步的文化无疑将成为社会发展的不懈动力。在全球化程度日益加深的今天，许多学者都提出了“民族的，也是世界的”的口号。这也从某个角度反映出，文化同样是民族创造力的源泉。在我国积极推进创新型国家建设的过程中，高等教育是优秀文化传承的重要载体和思想文化创新的重要源泉，文化传承创新成为大学的第四大功能。许多学者也在教育创新研究中提出了大学在文化创新方面的重要作用。从各国的历史发展中我们也可以发现，大学常常是新思想、新文化的发源地。因此，传承中国优秀文化，消弭各种文化冲突，培育符合时代需要的积极文化，为社会提供精神支持和道德指引是大学的不变选择。

4. 大学应树立“创新导向”的教学观

知识传承是教育的重要职责，也是长期以来大学教学的主要内容。科技的飞速发展和信息时代的来临，对知识学习和人才素质提出了新的要求，创新型人才已成为新时期大学人才培养的目标。与此相对应，大学的人才培养活动必须围绕新的人才培养目标进行变革。教学活动是大学人才培养的重要途径，对学生的思想、认识、知识储备和素质能力的形成与发展具有重要影响。而指导大学教学活动的教学观必须由传统的以促进学生的科学知识学习为主的“知识导向”转向以培养学生创新精神、创新意识和创新能力为主的“创新导向”。在此，需要处理好以下几对关系。

一是继承和创新的关系。创新不是空想，不是闭门造车。没有扎实的知识储备、良好的知识结构和丰富的实践经验，很难取得真正有价值的创新。“创新导向”并不反对知识的继承学习，相反，它认为继承前人的知识是非常重要的，继承是创新的基础。但与传统的“知识导向”不同，“创新导向”强调的知识学习不是静态的，它更加关注学生的知识结构、知识学习能力和运用知识灵活解决实际问题的能力。

二是智力因素与非智力因素的关系。多年之前，国家就已经提出全面发展的人才培养观，但是在诸多因素的影响下，长期以来我国的教育还是以智力培养为主。高校招生主要以文化考试成绩为依据，大学奖学金的评定、考研、考博等都可以说明大学也并不例外。期间，素质教育的实施对“以智力培养为主”的教育带来一定冲击，但是并没有动摇其根本。而创新型人才培养目标的提出要求教育要发生根本性的变化，因为智力因素只是创新素质的必要条件之一，动机、兴趣、情感、意志和性格等非智力因素在创造过程中发挥着“始动、定向、引导、维持、强化、调节”等重要甚至更重要的作用。“以创新为导向”的教学观不仅关注学生的智力发展，同时也关注学生在学习过程中那些非智力因素的发展。这就要求传统的教学模式、教学方法和评价方式等都要发生相应的变革。

三是理论与实践的关系。这是一个恒久的命题，理论来源于实践又高于实践，对实践具有指导意义。实践是理论的基石，也是检验真理的唯一标准。学生的创新精神、创新意识和创新能力素养是如何形成的?答案是创新实践。掌握了创新知识、具备了创新意愿还是不够的。学生只有在实实在在的创新实践中才能真正领悟创新的内在价值与规律，才能逐步养成科学求真精神，形成批判意识和勇气，生成创造性地利用知识有效解决实际问题的能力。因此，“以创新为导向”的教学观要求学校要为学生创设有利于创新的开放的文化氛围、丰富的创新实践机会和充分的创新指导。这也将对传统的课程结构、教学组织形式等产生根本性的冲击，对教师的素质和能力也会提出新的要求。

5. 树立“以人为本”的现代管理观

在以创新为主题的时代变革中，组织的内部关系正在发生变化：被管理者不再仅仅是被动地接受和执行任务，而需要更加主动、积极地去寻求自身价值的实现；管理者也不再是高高在上的权威，而变成了组织者、协调者和服务者。大学是一个学术组织，“由于大学组织具有复杂性、模糊性、多样性等特点，其管理也就不是简单的科层制行政手段所能解决的”①。因此，传统的“以物为本”的大学管理观必须向“以人为本”的现代管理观转变。在管理过程中要以人为出发点和中心，围绕着激发和调动人的主动性、积极性、创造性展开管理活动。

第一，以人为本要求管理者要增强服务意识。“以物为本”的大学管理观关注较多的是组织目标的实现，人只是实现组织目标的工具之一。作为管理者的行政干部和作为被管理者的教师和学生之间出现地位级差，在管理者那里形成了高高在上的权力意识，而教师、学生则会形成服从意识。在这种组织管理背景下，教师和学生的主动性、积极性和创造性是难以得到发挥的。“以人为本”的价值核心是人人平等，行政管理人员和教师、学生都是大学的组织成员，不具有天然的“命令—服从”关系。

---

① [英]托尼·布什. 当代西方教育管理模式[M]. 强海燕，主译. 南京：南京师范大学出版社，1998年.

现代管理观强调的反而是管理者要增强服务意识。大学管理者的职责不再是防止教师和学生犯错，而是要努力促进他们的发展。

第二，以人为本就要坚持“以教师为本”和“以学生为本”。从大学组织的功能和目标出发，教师和学生是大学最重要的两种“人”的因素。大学管理“以人为本”，就是要在教师管理中坚持“以教师为本”，在学生管理中坚持“以学生为本”。管理者需要放弃过去的那种行政管理套路，尊重知识、尊重人才、尊重教师的各项权利，并将教师作为大学发展的重要的“人力资源”来对待，为教师更好地从事专业活动提供便利。同时，管理者要充分发挥学生的主动性、积极性，提高管理效能，切实从学生利益出发，为学生成长创设条件。

（三）以制度创新体系建设为保障

制度是要求大家共同遵守的办事规程或行动准则。制度的作用是协调内外部关系，提高群体的活动效率。就大学而言，制度的作用包括两个方面：一是协调大学与外部的关系；二是规范大学及其内部成员的行为。大学制度建设的目的是实现内外部的优化，提高大学的活动效率，即协调好大学与政府相关部分、企业、科研院所、中介服务等机构之间的关系，获得更多的外部支持，从而优化大学的社会生存与发展环境；建立科学合理的大学管理体制，充分调动广大教师、管理者及科研人员的积极性，提高大学人才培养、科学研究和社会服务的质量和效率，从而使大学更好地履行其社会角色与职能。

结合我国大学的现状，大学创新的制度建设需要综合考虑对各方面因素的控制影响，构建一个包括外部协调制度和内部管理制度在内的健全完善的大学制度创新体系加以保障。完善的大学制度创新体系主要包括以下几个方面的内容。

第一，制定完善的大学发展规划，将学校发展制度化、规范化。这主要包括明确大学自身的发展定位，理顺与政府、企业之间的社会关系，制定内部发展建设方案等。大学发展规划是明确大学在一段时期的发展目标、发展路径以及发展重点、难点的纲领性文件。

第二，建立产学研合作创新制度体系。这主要包括明确大学的产学研定位制度，确立产学研合作创新模式、产学研合作融资制度、成果转化激励制度等。

第三，完善创造性人才培养制度。这主要包括教学管理制度、学位管理与评定制度、教育评价制度(教师评价、学生评价)等。

第四，制定人事管理创新制度体系。这主要包括教师评价制度、人才引进制度、创新团队建设制度等。

第五，制定科研管理与组织创新制度。这主要包括学术组织结构制度和科研队伍建设、科技成果转化创新制度等。

第六，制定校园文化创新建设制度。

第七，制定社会服务创新制度。这主要包括社会合作办学制度、信息共享制度等。

(四)以知识创新体系建设为基础

在现代大学的职能中，人才培养和提供社会服务两个职能都是以大学拥有丰厚的知识积累和大量掌握先进知识的优秀人才为前提的。另外，知识创新同时也是技术创新、知识扩散与传播的基础。长期以来，基础研究一直是大学最主要的科研内容，也是大学相对于科研院所和企业研究机构最有优势的领域。对于大学来说，调动所有积极因素，建立知识生产的动力机制，构建高效率的知识创新体系，是建设大学教育创新体系推动大学教育创新的基础。

从知识生产的条件建设与我国基础研究的现状出发，我国大学知识创新体系的建设需要重点关注三个问题，即基础研究基地建设、创新团队建设和创新文化建设。

1. 加强知识创新平台建设

大学知识创新平台建设旨在优化科技资源配置，建立有利于发挥大学综合优势的新型科研组织结构和促进竞争、开放、流动、共享的运行机制，最大限度地释放大学创新活力，提高大学知识创新水平。我国在这一方面已经实施了多项重要举措，如先后设立了很多国家实验室、国家重点实验室、国家工程(技术)研究中心、国防科技重点实验室等，这些都是我国知识创新体系中非常重要的基础研究基地和知识创新平台。其中，有相当一部分基地和平台是建设在大学的，它们在整合科技资源、解决重大理论和实践问题、实现创新突破、培育科研创新团队和带动相关学科领域发展中发挥了非常重要的作用。当然，在产学研合作日益普及的今天，在大力争取政府投资建设的同时，大学充分利用企业和研究院所的优势资源，综合三方的力量，共同打造基础研究基地也是非常明智的选择。

2. 加强知识创新团队建设

创新的复杂性和艰巨性决定了高水平的学术带头人和高素质的创新团队是大学知识创新的灵魂。相对于平台的物质建设，培养高水平学术带头人和组建一流的科研团队是大学知识创新平台建设的关键所在。从我国国情出发，我们必须加强大学人事制度与科研评价制度改革，以促进优秀人才的引进和学校内部科研人员的成长。改革人事制度就是要突破现有人事管理框架，探索建立学术特区，通过人事代理制、合同聘用制等形式，建立校内外各类人员的合理流动和正常退出机制，提高科研人员的积极性和使用效率。科研评价制度改革主要是以推进学术观点、科研方法创新为重点，通过建立以质量、创新为导向的科研评价标准，激发科研人员不断提高科研创新的兴趣与能力。在人事制度和科研评价制度改革的过程中，势必还会涉及分配制度的调整。我们应努力探索有利于优秀中青年人才脱颖而出的新机制，因为他们往往是知识创新的中坚和未来。需要注意的是，在放开政策积极鼓励人才引进和培养的同时，加强人才管理也是至关重要的，我们还需要在适当程度上强化岗位聘任制度和淘汰机制。

3. 营造鼓励创新的科研文化氛围

科研文化关系到一个大学科研机构或团队的主流价值观念、道德观念、团队精神、行为准则、制度规范、管理模式等方面，它对大学科研机构推动科研工作以及科研人员参与科学研究有潜移默化的影响。[①] 浓郁的科研文化氛围能推动科研人员更投入地参与科学研究活动，同时也可以促进科研人员的快速成长。鼓励创新的科研文化必然是民主、自由、开放的文化，这种文化拥有勇于创新、蓬勃向上、宽容个性、学术民主、鼓励冒尖、淡泊名利、公平竞争、团结协作等价值取向。鼓励创新的科

---

① 甘曦之．论高校科研文化建设[J]．哈尔滨学院学报，2005年第4期.

研文化能够消除那些不利于科研创新、有碍于科研工作发展的观念、认识、行为、习惯等消极因素和现象，最大限度地激发科研人员的工作积极性和创造性。文化建设不是一蹴而就的。鼓励创新的大学科研文化的营造不仅需要有相应能使人精神放松、心情愉悦、可以心无旁骛地潜心学问的物质环境，更需要所有科研人员，尤其是领导和学术带头人拥有正确的科研价值观并切实身体力行。大学管理者和决策者还要努力加强鼓励创新的科研制度建设，为科研文化培育提供保障。

(五)以高新技术创新体系建设为龙头

高新技术是社会发展的前沿领先技术。大学是一个学术型组织而非产业部门，其参与高新技术创新的基础是雄厚的知识基础和科技研发实力。这也是直接面对高新技术需求的企业所不具备的。如今，产学研合作已成为大学提高实力、谋求发展的重要途径，而要解决大学和企业之间的分歧，拉近两者之间的关系，就需要大学树立市场观念，认真对待企业的实际需要，而高新技术成果则是大学吸引企业最重要的法宝。因此，大学应首先加强高新技术创新，并将之作为拳头产品来不断深化产学研合作关系，带动大学的全面创新与变革。从这个意义上说，高新技术创新体系应作为大学创新体系建设的龙头。

1. 以高新技术创新带动基础研究

基础研究是大学学术研究的主要内容之一，也是大学的一个重要“发家宝”，但是基础研究具有历时长、投入大、见效慢的特点。作为社会发展急需的高新技术研究往往更易得到政府的关注，而且也容易从企业获得大力支持。因此，大学可以凭借自身的科研实力积极参与到高新技术开发中，这不仅可以满足国家、企业的需要，而且科研队伍也会得到锻炼和培养，所带来的丰富的科研资源也可以带动基础研究工作的发展。当前，大学应当紧扣我国高新技术产业发展的主题，并结合本校的科研优势，从加强自身建设和校企共建两个方面努力打造高新技术创新的平台，甚至在学校发展规划中也可以向促进高新技术创新的应用研究做适当的战略性倾斜。另外，大学还应积极探索产学研合作模式，优化高新技术创新的机制，提高效益。

2. 以高新技术创新带动科研队伍建设

人才是大学科研实力的保证，科研队伍建设是大学科研工作的重要一环。除去有限的引进人才，大学科研队伍的建设主要还是要靠大学自己去培养人才。而一个科研人员的科研创新能力只有在不断的科学研究实践中才能够慢慢提高。因此，大学科研队伍建设的一个重要条件是要为科研人员提供大量的科研实践机会。与高新技术创新为核心的科研平台会给大学科研人员带来更多的来自政府或企业的科研项目，这也意味着大学科研人员有了更多的提升能力的机会。近年来，大学与企业之间已形成了多种合作模式。通过高新技术创新平台，大学与企业之间开始进行频繁的人员流动和深入的信息交流，这对于大学科研队伍建设也是大有裨益的。

3. 以高新技术创新带动制度创新

在积极参与高新技术创新的过程中，大学的内外部关系会变得越来越复杂。教学人员与科研人员之间、下属与领导之间、科研团队之间、大学之间、大学与政府之间以及大学与企业之间会不断出现新的关系类型；教师的科研与教学工作分配问题、科研人员到企业兼职的待遇与评价问题、校企联合中的责任与义务以及投入与回报的划分问题等一系列新的问题会不断涌现。而且随着大学开放程度的提高，这些新生事物对大学已有的制度体系会带来越来越猛烈的冲击，这要求大学要积极实施制度创新。大学制度创新是大学教育创新的一个组成部分，而高新技术创新会引发大学诸多方面的制度变革。

值得注意的是，大学可以有很多种形式与途径参与高新技术创新。通过与社会联合只是一种较为常见的间接形式，更为直接的方式是大学直接利用自身的科技成果创办高新科技产业完成成果转化，这也是当今世界高等教育的一个新趋势。近年来，我国许多大学都积极参与了有关大学科技园、技术创新(转移)中心等的创建，以及参与制定行业技术标准等，其目的也是更深入参与科技成果转化和高新技术产业化。当然，大学的非营利特征与产业的牟利性之间存在着冲突，我国也明令禁止高校办企业。因此，大学在制度创新过程中应有明确的边界意识。

(六)以创新型人才培养体系建设为核心

在创新体系中，最活跃的构成要素是具有创新意识、精神和能力的创新型人才。大学对创新型国家建设的重要作用之一就是人才供给。培养大批创新型人才也是大学教育创新的核心任务。创新型人才的能力标志是能够创造性地解决问题，而学生的创新意识、精神和能力只能在创造性的实践活动中来养成。因此，我国大学在以创新型人才培养体系建设为核心，深化人才培养模式改革的过程中，必须要加强对实践的关注，重视实践创新环节的设计。

1. 构建“能力本位”的实践课程体系

我国大学的现行课程体系从课程设置到知识编排，再到教学组织和学生考评，都清晰地体现了“知识本位”的特征，其实际上是服务于知识学习而非学生的能力发展。实践不仅是学生学习知识的重要方式，也是学生能力培养的重要途径。在创新型人才培养目标的指引下，在继续重视知识学习的同时，还应该构建以能力为本位的实践课程体系，以满足学生能力发展的需要。实践课程体系建设应注意两个方面：一是实践课程体系应该独立设置，即要改变实验教学附属于理论教学的现状，从学生能力培养的角度出发，以能力结构为基础，专门设置实践课程，重新编排教学内容，按照能力发展的顺序，构建起一个与理论教学体系相互照应的相对独立的实践教学体系。二是实践课程体系应具有开放性模式，要为学生提供充足的实践机会和良好的实践条件。例如，实践课程教学并不排斥科学理论学习，相反坚持用学习的理论知识来指导实践；实践教学方式是多样的，既包括调查参观、操作演示，又包括实地训练、实际问题解决；实践课程的内容应动态更新，要让学生直接面临那些当前实际存在的问题；实践教学资源丰富，既包括学校实验室又包括校外实践基地，既有学校教师授课又有一线技术人员传授实践经验。

2. 完善创新实践的制度安排

学校应实施大学生创新训练计划或科技创新资助计划，让学生有更多的机会通过参与创新研究，接触创新实践，锻炼实践能力，培养创新精神。近年来，在创新型人才培养目标的指引下，国家、地方和各大学都纷纷制订大学生创新计划，设立大学生科技创新资助项目，不仅激发了学生主动学习、参与科技实验与实践活动的兴趣与积极性，还孵化出一批学生实践创新成果。

3. 加强实践基地建设

加强实践性教学环节，是培养学生实践能力和创新能力的根本途径。

为了更好地解决大学人才培养脱离社会实际的问题，学校教育教学要和社会密切结合。校企联合的工厂实践基地不仅可以为学生提供真实的实践环境，激发学生的求知欲，激励学生的自主创新，发挥学生在学习活动中的主体作用，而且也可以为学生提供探索和发现的思维空间，是学生理论联系实际、提高知识运用能力和创新实践能力的平台。

以创新型人才为目标的大学人才培养必须改变传统的教学实践或专业实践观念与模式，建立全程实践的人才培养观，并将实践基地建设与运用作为创新型人才培养实践教学体系的必要组成部分。在校企联合构建实践基地的过程中，双方必须签订平等互利的合作协议，明晰双方的责任和义务。而大学还需要处理好学校理论教学与实验训练和企业基地实践三者之间的关系，要设计科学合理的创新型人才实践培养方案，协调好校企联合人才培养的权益关系。

4. 推动学生评价制度创新

评价对于人才培养来说，具有教育、激励等功能，是影响人才培养的重要因素。我国大学传统的学生评价中存在一些不利促进创新和个人发展的因素，如评价标准单一，评价内容不全；评价强化共性约束而忽视个性特征；评价结构不合理，重视总结性评价、轻视以改进为目的的形成性评价等。以创新型人才为培养目标要求学校对学生评价制度进行创新，并通过评价来激发、促进学生创新意识和能力的发展。首先，要全面评价与个性评价兼顾。评价指标体系要全面，要包括创新所需的一切素质要求，而不仅仅是智力学习、动手能力等有限的几个方面。同时教师要正视学生的个体差异，要挖掘每一个学生的特长，鼓励学生发展自己的个性和良好的兴趣爱好，实现多样化的人才培养模式。其次，多种评价方法要结合。每种评价方法都有自己的特点和适用范围，结合多种评价方法才有可能得出一个相对客观全面的结论。学校要提高诊断性评价、形成性评价在评价体系中的地位，关注学生的成长过程，尤其是学生创新能力的变化。最后，要建立评价后补救机制。改变当前大学评价很多都是一次性评价的现象，利用评价后补机制促进学生进一步自我完善，推动学生的创新实践和持续不断地成长。

后　记

《教育创新与创新型国家建设重大问题研究》是本人主持的国家社科基金重大招标项目“科学发展观引领下的教育创新与创新型国家建设重大问题研究”(项目编号：08&ZD002)的最终研究成果。该项目于2008年获得国家社科基金重大招标项目立项资助。项目研究过程中，在课题主持人的带领下，全体课题组成员深入实施理论研究，系统进行比较研究，认真开展实证调查研究，综合开展对策研究，取得了丰硕的研究成果，共完成调研报告9份，正式发表学术论文70多篇，向各级政府部门报送成果要报9份，其中3份成果要报被选入国家社科基金办公室成果要报专刊报送中央有关部门，并得到重要批示。经过课题组成员多年的调查、研究、分析、思考，形成了项目研究总报告。本书是在课题研究报告的基础上，进一步凝练、完善、提升而形成的成果。

2008年，“科学发展观引领下的教育创新与创新型国家建设重大问题研究”课题立项时，世界各国正因为新一轮金融危机的困扰而寻求利用创新之策摆脱经济、社会困境。今天，当本书付梓出版的时候，党的十八届五中全会已经明确提出了“创新发展”的战略。在中国，创新和教育创新的问题从来没有像今天这样显得重要和迫切。《教育创新与创新型国家建设重大问题研究》一书的主要内容包括理论研究、比较研究、实证研究和对策研究四个部分。全书对教育创新与创新型国家建设的一些重大理论、实践与政策问题，如教育创新和创新型国家建设的关系、影响创新人才培养的重要因素、教育创新主要涉及的重大问题、如何建设新的国家创新体系和教育创新政策体系等问题进行了系统的研究，可以为促进创新人才培养，深化教育改革，深入实施创新发展战略，推动创新型国家建设提供理论与政策参考。

本书是全体课题组成员集体智慧的结晶。除了课题主持人以外，参加本课题研究和本书撰写工作的主要还有：北京师范大学资深教授林崇德先生、刘复兴教授、方增泉研究员、刘宝存教授、褚宏启教授、马健生教授、朱旭东教授，中国人民大学项贤明教授、北京第二外国语学院曹卫东教授。此外，还有胡必亮、郭玉贵、段洪波、黄海刚、李进忠、檀慧玲、赵章靖、张萌、高莉、杨尊伟、李芳、刘丹等老师和研究生也参与了课题研究和部分章节的撰写、完善工作。最后，书稿由刘川生、刘复兴、檀慧玲负责统稿，在整个研究和撰写过程中，刘复兴、檀慧玲等负责了组织协调、校稿和编辑等工作。诚挚感谢各位课题组成员和各位作者们为本书的完成所付出的辛勤劳动，做出的重要贡献！此外，本课题和本书的完成得到许多领导、专家的帮助和支持。衷心感谢百忙之中参加本课题开题的中国教育学会名誉会长/北京师范大学资深教授顾明远先生，教育部原副部长吴启迪教授，中国人民大学原党委书记程天权教授，清华大学原副校长谢维和教授，教育部国家教育发展研究主任张力教授和国家社科基金办公室操晓理副主任。他们为课题研究提出了很多有价值的意见和建议。特别感谢顾明远先生不辞劳苦欣然应允为本书作序。衷心感谢中共中央党校韩庆祥教授，清华大学王孙禺教授、袁本涛教授，他们的研究成果为本书增光添彩。衷心感谢北京师范大学出版社陈红艳老师、陈倩老师，在她们精心细致的指导和大力支持下，本书才能顺利出版。

本书的出版实际上只是我们研究团队关于创新和教育创新问题研究的一个开始。由于我们的水平有限，本书内容还有许多值得进一步研究的问题和一些不足之处，恳请广大读者给予批评指正。

刘川生

2016 年 8 月